"国家金融学"系列教材 / 陈云贤 主编

国家金融科技创新

GUOJIA JINRONG KEJI CHUANGXIN

韦立坚 编著

中山大学出版社
SUN YAT-SEN UNIVERSITY PRESS
·广州·

版权所有　翻印必究

图书在版编目（CIP）数据

国家金融科技创新/韦立坚编著. —广州：中山大学出版社，2021.10
（"国家金融学"系列教材/陈云贤主编）
ISBN 978 - 7 - 306 - 07326 - 6

Ⅰ. ①国…　Ⅱ. ①韦…　Ⅲ. ①金融—科学技术—研究—中国—教材　Ⅳ. ①F832

中国版本图书馆 CIP 数据核字（2021）第 178299 号

出 版 人：	王天琪
策划编辑：	嵇春霞
责任编辑：	粟　丹
封面设计：	曾　婷
责任校对：	邱紫妍
责任技编：	靳晓虹
出版发行：	中山大学出版社
电　　话：	编辑部 020 - 84110283，84113349，84111997，84110779，84110776
	发行部 020 - 84111998，84111981，84111160
地　　址：	广州市新港西路 135 号
邮　　编：	510275　传　真：020 - 84036565
网　　址：	http：//www.zsup.com.cn　E-mail：zdcbs@mail.sysu.edu.cn
印 刷 者：	佛山市浩文彩色印刷有限公司
规　　格：	787mm×1092mm　1/16　24.25 印张　397 千字
版次印次：	2021 年 10 月第 1 版　2021 年 10 月第 1 次印刷
定　　价：	76.00 元

如发现本教材因印装质量影响阅读，请与出版社发行部联系调换

"国家金融学"系列教材

编委会

主　编　陈云贤

副主编　李善民　李广众　黄新飞

编　委　(按姓氏笔画排序)

　　　　王　伟　王彩萍　韦立坚　杨子晖

　　　　李小玲　李广众　张一林　周天芸

　　　　赵慧敏　黄新飞

"国家金融学"系列教材

总　序

国家金融与国家金融学，是两个需要清晰界定的概念和范畴。在现实中，当我们谈到金融时，大多是指国际金融或公司金融。有关国家金融的文章或书籍要在国外发表或出版，编辑提出的第一个问题往往是它与公共财政有什么区别。在理论上，现有的金融学科大致可划分为：以汇率和利率决定机制为主的国际金融学和货币金融学[①]，以资产价格决定机制为主的公司金融学和投资学[②]——还没有国家金融学。换句话说，现有的金融学研究大多聚焦于技术细节，即使有与国家金融相关的研究，也主要散见于对政策或市场的解读之中，理论性较弱且不成体系。而笔者所探讨的国家金融是聚焦于一国金融发展中最核心、最紧迫的问题，在此层面采取的政策与措施事关一国金融的健康稳定和经济的繁荣发展。因此，此处提出的国家金融学，是以现代金融体系下国家金融的行为及其属性为研究对象，从金融市场的要素、组织、法制、监管、环境和基础设施六个方面来探讨国家金融行为、维护国家金融秩序、提升国家金融竞争力。

关于现代金融体系，国内外理论界有"三体系论""四要素论"和"五构成论"等不同表述。"三体系论"认为，金融体系可大致划分为三个体系：一是金融的宏观调控和监管体系，二是金融的市场体系，三是金融的机构体系。其中，金融的市场体系包括交易对象、交易主体、交易工

[①] 参见陈雨露主编《国际金融》（精编版），中国人民大学出版社2008年版，前言。
[②] 参见王重润主编《公司金融学》，东南大学出版社2010年版，第1~8页。

具和交易价格。① "四要素论"认为，金融市场由四个要素构成：一是金融市场的参与者，包括政府部门、工商企业、金融机构和个人；二是金融工具，其特征包括偿还性、流动性、风险性和收益性；三是金融市场的组织形式，包括在固定场所内的集中交易方式、分散交易方式和场外交易方式；四是金融市场的管理，包括中央银行及有关监管当局的管理。② "五构成论"认为，金融市场的构成要素有五个：一是金融市场主体，即金融市场的交易者；二是金融市场工具，即金融交易的载体，金融市场工具可以理解为金融市场工具持有人对发行人的债权或权益；三是金融市场中介，通常是指为资金融通提供媒介服务的专业性金融机构或取得专业资格的自然人；四是金融市场组织方式，是指能够使金融市场成为现实的市场并正常运转的制度安排，主要集中在市场形态和价格形成机制两方面；五是金融市场监管，即对金融活动进行监督和调控等。它们在金融体系中共同发挥着作用。③ 与上述的"三体系论""四要素论""五构成论"相比，笔者更强调现代金融体系功能结构的系统性，并在其中探索国家金融行为对一国经济金融稳定和健康发展的影响。

一、国家金融行为是否存在，是个有争议的话题

西方经济学的传统理论认为，政府只能在市场失灵的领域发挥作用，比如需要提供公共物品时或存在经济的外部性和信息不对称时。但我们回望历史又不难看到，现实中的西方国家，尤其是一贯奉行自由主义经济的美国，每到关键时刻，政府都屡屡出手调控。下面仅举几个事例进行说明。

第一例是亚历山大·汉密尔顿（Alexander Hamilton）对美国金融体系的构建。早在美国建国之初，作为第一任财政部部长的汉密尔顿就着力建立国家信用，健全金融体系，完善财税制度，促进工商业发展，从而构建了美国财政金融体系的五大支柱——统一的国债市场、中央银行主导的银行体系、统一的铸币体系（金银复本位制）、以关税和消费税为主体的税

---

① 参见乔治·考夫曼著《现代金融体系——货币、市场和金融机构》（第六版），陈平等译，经济科学出版社 2001 年版，第 3 页。
② 参见黄达、张杰编著《金融学》（第四版），中国人民大学出版社 2017 年版，第 286～293 页。
③ 参见霍文文主编《市场金融学教程》，复旦大学出版社 2005 年版，第 5～15 页。

收体系，以及鼓励制造业发展的财政金融贸易政策。这些举措为美国的现代金融体系奠定了扎实的前期基础。对此，我们需要思考的是，在200多年前，为什么汉密尔顿已经对财政、金融有此思考，并高度强调"整体国家信用"的重要性？为什么他认为美国要成为一个繁荣富强的国家，就必须建立坚固的诸州联盟和强有力的中央政府？

第二例是1933年开始的"罗斯福新政"。其主旨是运用财政手段，结合金融举措，大力兴建基础设施项目，以增加就业、刺激消费和促进生产。其主要举措包括：第一，民间资源保护队计划。该计划侧重吸纳年龄在18岁至25岁之间的身强力壮且失业率偏高的青年人，参与植树护林、防治水患、水土保持、道路建筑、开辟森林防火线和设置森林瞭望塔等工程建设项目。到美国参与第二次世界大战（简称"二战"）之前，先后有200多万名青年参与过这些项目，他们开辟了740多万英亩①国有林区和大量国有公园。第二，设立了以着眼于长期目标的工程为主的公共工程署和民用工程署。民用工程方面，美国兴建了18万个小型工程项目，包括校舍、桥梁、堤坝、下水道系统、邮局和行政机关大楼等公共建筑，先后吸纳了400万人为此工作。后来，美国又继续建立了几个新的工赈机构。其中最著名的是国会拨款50亿美元兴办的工程兴办署和针对青年人的全国青年总署，二者总计雇用人员达2300万，占全国劳动力的一半以上。第三，至"二战"前夕，美国联邦政府支出近180亿美元，修建了近1000座飞机场、12000多个运动场、800多座校舍与医院，创造了大量的就业机会。其中，金门大桥和胡佛水坝至今仍是美国的标志性建筑。

第三例是布雷顿森林会议构建的国际金融体系。1944年7月，布雷顿森林会议在美国新罕布什尔州召开。时任英国代表团团长约翰·梅纳德·凯恩斯（John Maynard Keynes）在会前提出了"二战"后世界金融体系的"三个一"方案，即"一个世界货币""一个世界央行""一个世界清算体系"联盟。而以美国财政部首席经济学家哈里·德克斯特·怀特（Harry Dexter White）为会议主席的美国方面，则按照政治力量优先于经济实力的逻辑，采取政治与外交手段，在多国角力中最终促成了围绕美国政治目标而设立的三个工作委员会，分别讨论国际稳定基金、国际复兴开发银行和其他国际金融合作事宜。日后正式成立的国际货币基金组织、世界银行

---

① 1英亩≈4046.86平方米。

（国际复兴开发银行）和国际清算银行等奠定"二战"后国际金融秩序的组织均发端于此。可以说，这次会议形成了以美国为主的国际金融体系，左右着国际经济的运行。

第四例是通过马歇尔计划构建的以美元为主的国际货币体系。该计划由美国于1948年4月主导启动，欧洲国家成立了"欧洲经济合作组织"与之对接。"二战"后，美国对欧洲国家的援助包括资金、技术、人员等方面，其中资金援助的流向是：美国援助美元给欧洲国家，欧洲各国将美元作为外汇购买美国的物资；除德国外，欧洲国家基本上不偿还援助资金；除德国将援助资金用于私有企业再投资外，欧洲各国多数将其用于填补财政亏空。在这个体系中，美元滞留欧洲，形成"欧洲美元"。于是，国际货币体系在布雷顿森林会议和马歇尔计划的双重作用下，逐渐从"金银复本位制"发展到"金本位制"、"黄金—美元—他国货币"双挂钩（实施固定汇率：35美元＝1盎司黄金）、"美元与外国货币固定汇率制"（从1971年8月15日起黄金与美元脱钩）、"美元与外国货币浮动汇率制"（由1976年的《牙买加协定》所确立）。最终，美国运用"石油交易捆绑美元结算"等金融手段，形成了美元在国际货币体系中一家独大的局面，使其成为国际经济中的强势货币。

第五例是美国对2008年次贷危机的应对。美国联邦储备委员会（简称"美联储"）、财政部、联邦存款保险公司（Federal Deposit Insurance Corporation，FDIC）、证券交易委员会（Securities and Exchange Commission，SEC）、国会和相关政府部门联手，全力以赴化解金融危机。其主要举措有：第一，美联储作为独立于联邦政府和政党纷争的货币政策执行者，采取传统的激进货币政策和非常规、非传统的货币政策并行的策略，以市场化手段处置金融危机、稳定金融市场；第二，在美联储货币政策无法应对之际，财政部出台"不良资产救助计划"（Troubled Asset Relief Program，TARP），以政府直接投资的方式，援助主要金融机构和部分大型企业；第三，政府还采取了大幅快速减税、扩大赤字化开支等财政政策刺激经济增长；第四，美国国会参、众两院通过立法的方式及时完善法律环境，如政府协调国会参、众两院分别签署通过了《2008年紧急经济稳定法案》《2008年经济振兴法案》《2009年经济振兴法案》《2009年美国复苏与再投资法案》，以及自1929年大萧条以来最重要的金融监管改革法案之一——《多德-弗兰克华尔街改革与消费者保护法案》。可以说，美国采用货币政策、财政政策、监管政策、经济振兴计划及法制保障等多种措施，稳定了金融市场，刺激了经济发展。

第六例是2019年美国的2万亿美元巨额基础设施建设计划。该计划由特朗普政府发起，2019年4月30日美国参议院民主党和共和党就推进2万亿美元巨额基础设施建设计划达成共识，确定以财政手段结合金融举措，启用汽油税作为美国联邦政府投资的主要资金来源，并通过政府和社会资本合作的方式（Public-Private-Partnership，PPP）融资，通过大规模减税带来海外资金的回流和大量发行国债募集巨额资金投资基础设施建设，目标是创造经济增长的新动力。其主要举措包括重建高速公路、桥梁、隧道、机场、学校、医院等基础设施，并让数百万民众参与到这项工作中来；通过大规模的基础设施建设，打造和维持世界上最好的高速公路和航空系统网；等等。

由以上诸例可见，美国政府在历史进程中采取的国家金融行为，不仅包括处置国内的产业经济危机、助力城市经济和民生经济以促进社会发展，而且还包括强势介入国际经济运行，在打造国际金融体系方面有所作为。其他发达国家的此类案例也比比皆是。历史和现实告诉我们，从国家金融学的角度探讨国家金融行为及其属性，研究国家金融战略，做好国家金融布局，维护国家金融稳定，推动国家经济发展，既是一国政府在当代经济发展中面临的客观要求，也是金融理论界需要重视并深入研究的课题。

二、国家金融理论滞后于实践发展

事实上，通过采取国家金融行为以维护国家金融秩序、提升国家金融竞争力的事例，在各国经济实践中已经广泛存在，但对这些案例的理论总结与分析还远远不够。可以说，国家金融理论的发展是极大滞后于经济实践进程的。下面仅举两个案例予以说明。

案例一是美国资产重组托管公司①（Resolution Trust Corporation，RTC）与中国四大资产管理公司。

RTC是美国政府为解决20世纪80年代发生的储贷机构危机而专门成

---

① 参见郭雳《RTC：美国的金融资产管理公司（一）》，载《金融法苑》1999年第14期，第47～51页。

立的资产处置机构。1989年8月，美国国会通过《1989年金融机构改革、复兴和实施法案》(Financial Institutions Reform, Recovery, and Enforcement Act of 1989)，创立RTC，对国内出现问题的储贷机构进行重组处置。下面我们从六个方面来介绍RTC的具体情况。

(1) RTC设立的背景。20世纪70年代中后期，美国经济受到经济停滞和通货膨胀的双重冲击。政府对当时主要为低收入家庭买房、建房提供贷款的非银行储蓄机构及其储贷协会放松管制，扩大其业务范围，期望以此刺激经济恢复生机。然而，沉没在投机性房地产贷款与垃圾债券上的大量资金和不良资产使储贷机构严重资不抵债，走向破产的边缘。在这一背景下，RTC应运而生，对相关储贷机构进行资产重组。RTC被赋予五大目标：一是重组储贷机构；二是尽量减少重组损失，争取净现值回报最大化；三是充分利用募得资金处置破产的储贷机构；四是尽量减小处置过程中对当地房地产市场和金融市场的影响；五是最大限度地保障中低收入者的住房供应。

(2) RTC的组织架构。这分为两个阶段：第一阶段是1989年8月至1991年10月，RTC由美国联邦存款保险公司（FDIC）负责管理，财政部部长、美联储主席、住房和城市发展部部长和总统指派的两名私营部门代表组成监察委员会，负责制定RTC的运营策略和政策，任命RTC的总裁（由FDIC总裁兼任）和首席执行官，以开展日常工作。第二阶段是从1991年11月开始，美国国会通过《重组托管公司再融资、重构与强化法案》(Resolution Trust Corporation Refinancing, Restructuring, and Improvement Act)，原监察委员会更名为储贷机构存款人保护监察委员会，在调整相关成员后，确定RTC总部设立在华盛顿，在亚特兰大、达拉斯、丹佛和堪萨斯城设立4个地区办公室，在全国设立14个办事处和14个销售中心，RTC不再受FDIC管理。直至1995年12月RTC关闭解散后，其余下工作被重新划回FDIC继续运作。

(3) RTC的资金来源。在实际运营中，RTC的资金来源由四个方面构成：财政部拨款、资产出售后的回收资金、托管储蓄机构中的存款以及来自重组融资公司（Resolution Funding Corporation）和联邦融资银行（Federal Financing Bank）的借款。

(4) RTC的运作方式。这主要分为两类：对储贷机构实施援助和重组。援助主要是以现金注入方式帮助相关储贷机构摆脱困境，使其重获持续经营的能力。重组主要包括四个步骤：清算、托管、重组、资产管理与处置。其中，资产管理与处置主要是采用公开拍卖、期权销售、资产证券化等手段。

（5）RTC 的资产定价方法。因为 RTC 处置的资产中近一半是商业和居民住房抵押贷款，其余是储贷机构自有房产、其他贷款及各类证券等，所以 RTC 在资产估价过程中结合地理位置、资产规模、资产质量、资产期限、偿付标准等因素，主要采用传统的净现值折现方法，同时结合运用推演投资价值（Derived Investment Value, DIV）工具完善估值。为防止不良资产被贱卖，RTC 还会根据资产评估价格的一定比例设定保留价格作为投标底线。

（6）RTC 的运作成效。从 1989 年 8 月至 1995 年 12 月底，RTC 成功重组了 747 家储蓄机构。其中，433 家被银行并购，222 家被其他储蓄机构并购，92 家进行了存款偿付，共涉及资产约 4206 亿美元，重组成本约为 875 亿美元。RTC 的实践为清理破产金融机构、消化不良资产和化解金融危机提供了较为成功的范例。

美国 RTC 的成功经验也为中国所借鉴。1999 年，中国政府在处置亚洲金融危机时，就参考了美国 RTC 的方式，剥离中国工商银行、中国农业银行、中国银行、中国建设银行四大银行的不良资产，组建了华融资产管理公司、东方资产管理公司、长城资产管理公司和信达资产管理公司来处理不良资产，参与资本市场运作。

可见，在美国、中国都存在这种典型的国家金融行为，但对于这类实践，理论界还缺乏系统性的探讨、总结，对这类问题的研究仍然是碎片化的、外在的，主要侧重于对技术手段的研究。在世界范围内，上述类型的不良资产处置公司应怎样定位，其功能和续存时间如何，这些都是亟待学界研究的课题。

案例二是沃尔克法则（Volcker Rule）与金融风险防范。

为了避免 2008 年次贷危机重演，2010 年 7 月，美国颁布了《多德－弗兰克华尔街改革与消费者保护法案》，在政府监管机构设置、系统性风险防范、金融业及其产品细分、消费者保护、危机处置等方面设置了一系列监管措施。其中，沃尔克法则是最有影响的改革内容之一。[①]

---

① 参见姚洛《解读沃尔克法则》，载《中国金融》2010 年第 16 期，第 45～46 页。

该法则的提出有着特殊的背景。美国的金融监管模式是在历史进程中逐渐形成的，是一个以联邦政府和州政府为依托、以美联储为核心、由各金融行业监管机构共同组成的双层多头金融监管体系。这一体系的弊端在2008年金融危机的爆发和蔓延过程中暴露无遗：一是监管体系无法跟上经济和金融发展的步伐；二是缺乏统一监管，难以防范系统性金融危机；三是监管职能重叠或缺位，造成监管死角；四是缺乏对金融控股公司的有效监管；五是分业监管体系与混业市场经营相背离；等等。保罗·沃尔克（Paul Volcker）对此曾经尖锐地指出，金融机构的混业经营和分业监管的错配是金融危机爆发的一个重大根源。

在这一背景下，沃尔克法则应运而生。其核心是禁止银行从事自营性质的投资业务，同时禁止银行拥有、投资或发起对冲基金和私募基金。其具体措施包括：第一，限制银行的规模，规定单一金融机构在储蓄存款市场上所占份额不得超过10%，从而限制银行通过过度举债进行投资的能力；第二，限制银行利用自身资本进行自营交易，规定银行只能在一级资本的3%以内进行自营投资；第三，限制银行拥有或资助对私募基金和对冲基金的投资，规定银行在每只基金中的投资比例不得超过该基金募集资本的3%；第四，控制资产证券化风险，规定银行销售抵押贷款支持证券等产品至少留存5%的信用风险；等等。

沃尔克法则的目标聚焦于金融市场"去杠杆化"。在该法则之下，国家可以将金融行业的风险进行隔离，简化风险管理的复杂度，提高风险管理和审慎监管的效率。这是一种典型的国家金融行为。在理论上，它涉及对一国的商业银行资产负债管理和投资银行风险收益关系的深化研究；在实践中，它关乎一国金融监管模式的选择和金融经济发展的方向。然而，学界对沃尔克法则的研究或借鉴，多数仍然停留在防范金融风险的技术手段上。

三、国家金融人才短缺，金融学需要细分

国家金融理论滞后于实践发展的直接后果是国家金融人才短缺。其原因主要有三：一是金融学缺乏细分，二是国内外金融学教研主要聚焦于微观金融领域与技术分析，三是国内外金融学学生大多偏重于微观金融的技术手段分析和操作。关于国内金融学研究的现状，我们以两个高校的例子予以说明。

第一例是以"金融"命名的某大学经济学科相关专业人才培养方案中

的课程设置（如图 1 所示）。

金融学专业
投资学专业
财政学专业
金融工程专业
保险学专业
国际经济与贸易专业
经济学专业
经济与金融专业
信用管理专业
经济统计学专业
金融数学专业
互联网金融专业

金融学专业 —— 金融学、金融市场与金融机构、商业银行经营学、信用担保、国际金融学、投资学、公司金融、金融工程学、金融风险管理等

经济与金融专业 —— 微观经济学、宏观经济学、金融经济学、投资经济学、区域经济学、产业经济学、计量经济学、金融工程学、商业银行经营学、银行会计、国际金融学、金融市场学

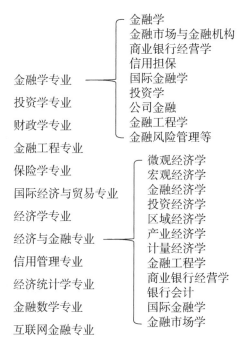

图 1　某金融大学经济学科相关专业人才培养方案中的课程设置

由图 1 的经济学科人才培养方案中的课程设置可知，该大学设置的 12 个经济类专业，涉及宏观金融学科的只有两个：金融学专业和经济与金融专业。前者的 9 门课程中只有国际金融学涉及少量宏观金融的概念，后者的 12 门课程中只有金融经济学与国际金融学涉及一些宏观金融的内容，其余多数为微观金融或部门金融的范畴。

第二例是某综合性大学金融学院金融学专业人才培养方案中的核心课程（如图 2 所示）。

专业核心课程 —— 货币金融学、公司金融、证券分析与实证分析、金融衍生工具、国际金融、金融机构与市场、投资与资产组合管理

图 2　某综合性大学金融学院金融学专业人才培养方案中的核心课程

由图 2 可知,该综合性大学金融学院金融学专业 7 门核心课程中只有国际金融涉及少量的宏观金融知识,其余均为微观金融或部门操作性金融技术的范畴。

上述两个案例告诉我们,国内的金融学教研基本上没有涉及国家金融层面的理论,缺乏对国家金融行为取向的研究与教学。

那么,国外金融学研究的情况如何呢?我们可以回顾一下 1991 年至 2020 年诺贝尔经济学奖获奖者概况(见表 1)。

表 1　1991 年至 2020 年诺贝尔经济学奖获奖者概况

年　份	获奖者(中译名)	主要贡献
1991	罗纳德·科斯	揭示并澄清了交易费用和产权在经济的制度结构和运行中的重要性
1992	加里·贝克	将微观经济理论扩展到对人类行为及互动的分析上,包括非市场行为
1993	罗伯特·福格尔、道格拉斯·诺斯	运用经济理论和定量方法来解释经济和制度变迁,更新了经济史研究
1994	约翰·海萨尼、小约翰·纳什、莱因哈德·泽尔腾	在非合作博弈的均衡分析理论方面做出了开创性贡献
1995	小罗伯特·卢卡斯	发展并应用了理性预期假说,由此重塑了宏观经济学研究并深化了人们对经济政策的理解
1996	詹姆斯·莫里斯、威廉·维克瑞	对信息不对称条件下的经济激励理论做出了基础性贡献
1997	罗伯特·默顿、迈伦·斯科尔斯	为金融衍生品的定价问题贡献了新方法
1998	阿马蒂亚·森	对福利经济学做出了贡献
1999	罗伯特·蒙代尔	分析了不同汇率制度下的货币政策与财政政策,并分析了最优货币区
2000	詹姆斯·J. 赫克曼、丹尼尔·L. 麦克法登	前者发展了分析选择性抽样的理论和方法,后者发展了分析离散选择的理论和方法

续表1

年 份	获奖者（中译名）	主要贡献
2001	乔治·阿克尔洛夫、迈克尔·斯彭斯、约瑟夫·斯蒂格利茨	分析了充满不对称信息的市场
2002	丹尼尔·卡尼曼、弗农·史密斯	前者将心理学的研究成果引入经济学研究中，特别侧重于研究人在不确定情况下进行判断和决策的过程；后者为实验经济学奠定了基础，发展了一整套实验研究方法，并设定了经济学研究实验的可靠标准
2003	罗伯特·恩格尔、克莱夫·格兰杰	前者创立了描述经济时间序列数据时变波动性的方法：自回归条件异方差；后者发现了根据共同趋势分析经济时间序列的方法：协整理论
2004	芬恩·基德兰德、爱德华·普雷斯科特	在动态宏观经济学领域做出了贡献，揭示了经济政策的时间连贯性和商业周期背后的驱动力
2005	罗伯特·奥曼、托马斯·谢林	通过对博弈论的分析，加深了对冲突与合作的理解
2006	埃德蒙·费尔普斯	分析了宏观经济政策中的跨期权衡问题
2007	莱昂尼德·赫维茨、埃里克·马斯金、罗杰·迈尔森	为机制设计理论奠定了基础
2008	保罗·克鲁格曼	分析了贸易模式和经济活动的地域
2009	埃莉诺·奥斯特罗姆、奥利弗·威廉森	分析了经济管理行为，尤其是前者研究了公共资源管理行为，后者分析了公司治理边界行为
2010	彼得·戴蒙德、戴尔·莫滕森、克里斯托弗·皮萨里季斯	分析了存在搜寻摩擦的市场
2011	托马斯·萨金特、克里斯托弗·西姆斯	对宏观经济中的因果关系进行了实证研究

续表1

年 份	获奖者（中译名）	主要贡献
2012	埃尔文·罗斯、罗伊德·沙普利	在稳定配置理论及市场设计实践上做出了贡献
2013	尤金·法玛、拉尔斯·彼得·汉森、罗伯特·席勒	对资产价格做了实证分析
2014	让·梯若尔	分析了市场力量与监管
2015	安格斯·迪顿	分析了消费、贫困和福利
2016	奥利弗·哈特、本格特·霍姆斯特罗姆	在契约理论上做出了贡献
2017	理查德·H.塞勒	在行为经济学领域做出了贡献
2018	威廉·诺德豪斯、保罗·罗默	前者将气候变化引入长期宏观经济分析中，后者将技术创新引入长期宏观经济分析中
2019	阿比吉特·巴纳吉、埃丝特·迪弗洛、迈克尔·克雷默	在减轻全球贫困方面探索了实验性做法
2020	保罗·米尔格龙、罗伯特·B.威尔逊	对拍卖理论的改进和发明了新拍卖形式

[资料来源：《盘点历届诺贝尔经济学奖得主及其贡献（1969—2019）》，见新浪财经网（https://tinance.sina.cn/usstock.mggd.2019-10-14/detail-iicezuev2135028.d.html），2019年10月14日。]

  在30年的时间跨度中，只有少数几位诺贝尔经济学奖获奖学者的研究是关于金融问题的：1997年获奖的罗伯特·默顿和迈伦·斯科尔斯研究了金融机构新产品的期权定价公式，1999年获奖的罗伯特·蒙代尔讨论了不同汇率制度下的货币政策与财政政策以及最优货币区，2003年获奖的罗伯特·恩格尔和克莱夫·格兰杰在计量经济学领域的开拓性贡献为金融分析提供了不可或缺的工具，2013年获奖的尤金·法玛、拉尔斯·彼得·汉森和罗伯特·席勒的贡献主要是对资产价格进行了实证分析；其余的获奖者则基本上没有直接触及金融问题。而在上述涉及金融问题的诺贝尔经济学奖获奖人中，只有罗伯特·蒙代尔一人在理论上探讨了国际金融问题，其他人则主要侧重于金融资产定价或金融实践的成效。

  综上可见，无论是国内还是国外的金融学，都缺乏对国家金融的理论研究，且相关人才匮乏。与之相对的是，世界范围内重大的金融变革与发展，多是由不同国家的金融导向及其行为所推动的。因此，国家金融学研究不但应该引起学界重视，而且应该在一个更广阔的维度获得深化和发展。

笔者呼吁，要培养国家金融人才，就需要对现有的金融学研究和教学进行细分。以美国与中国高校金融学教学中普遍使用的教材为例，美国的常用教材是弗雷德里克·S. 米什金的《货币金融学》①，中国则是黄达、张杰编著的《金融学》（第四版）②。这两种教材的优点是全面、系统：从货币起源讲到金融中介、金融体系，从金融市场讲到金融机构、金融监管，从中央银行讲到货币政策、外汇市场和国际金融，从金融运行的微观机制讲到资产组合与定价、业务管理与发展，等等。然而，为了满足当今经济发展对国家金融理论研究、实践管理和人才培养的需求，有必要在此类金融学教科书的基础上强化对国家金融学的研究与教学。因此，笔者建议在金融学原理的基础上，将金融学科细分为三类，具体如图3所示。

$$
\text{金融学原理} \begin{cases} \text{公司金融学} \\ \text{国家金融学} \\ \text{国际金融学} \end{cases}
$$

图3 金融学科分类

上述分类要求现有的各类大学金融学科在国内层面的教学与研究，不能仅仅局限在金融学基础理论和公司金融学两个领域，还应该包含国家金融学的设置、研究与教学发展。其中，国家金融学属于宏观金融管理范畴，研究并指导国家金融行为，即立足于一国金融发展中最核心、最紧迫的问题，要解决的是国家金融顶层布局、国家金融政策组合、国家金融监管协调、国家金融层级发展、国家金融内外联动、国家金融弯道超车、国家金融科技创新、国家金融风险防范和国家金融国际参与等课题。

公司金融学属微观金融管理范畴，研究并指导公司金融行为，即立足于企业金融行为中急需探讨和解决的问题，如公司治理结构（企业管理）、财税管理（会计学、税法）、公司理财（投资学）、风险管理（审计、评

---

① 弗雷德里克·S. 米什金著：《货币金融学》，郑艳文译，中国人民大学出版社2006年版。
② 黄达、张杰编著：《金融学》（第四版），中国人民大学出版社2017年版。

估）、战略管理（决策运营）、公司融资（金融中介）、金融工程（产融开发）、法律责任（法学、信息经济学）和国际投资（兼并收购）等课题。

金融学各门学科从不同的定位出发，阐述其主要原理和应用这些原理的数理模型，并在演绎或归纳中探讨、解说案例，最终达到引导学生学习、思考的目标。金融学原理、国家金融学和公司金融学（当然也包括国际金融学）等各门学科定位不同，相互渗透，有机组成了完整的金融学科体系。

世界各国的国家金融如果要在国内实践中有效运行，首先要在理论上创设国家金融学的同时弄清楚它与金融学（基础理论）和公司金融学的联系与区别。世界各国的国家金融如果要在国际体系中有序参与，首先也应在理论上弄清楚国家金融学与国际金融学的联系和区别，同时看清楚国际金融体系在现实中的运行与未来的发展方向，只有这样，才能在实践中不断地推动其改革、创新与发展。世界各国都希望在国际金融体系中拥有自己的立足点和话语权，这也是其在国家金融行为属性中需要去面对和解决的事宜。

中国对此已有布局。[①] 2017 年，中国召开全国金融工作会议，提出遵循金融发展规律，紧紧围绕服务实体经济、防控金融风险、深化金融改革三项任务，创新和完善金融调控，健全现代金融企业制度，完善金融市场体系，推进构建现代金融监管框架，加快转变金融发展方式，健全金融法治，保障国家金融安全，促进经济和金融良性循环与健康发展。同时，中国成立国务院金融稳定发展委员会，并强调了四个方面：第一，回归本源，把更多金融资源配置到经济社会发展的重点领域和薄弱环节；第二，优化结构，完善金融市场、金融机构、金融产品体系；第三，强化监管，提高防范与化解金融风险的能力；第四，市场导向，发挥市场在金融资源配置中的决定性作用。中国已从国家金融顶层设计的角度，一方面提出了急需国家金融人才来构建现代金融体系、维护国家金融秩序、保障并提升国家金融竞争力，另一方面也催生了国家金融学的设立、教研与发展。

四、国家金融学的研究对象

创设国家金融学的目的、意义及其他，这里不多阐述。笔者认为，国

---

① 参见新华社《全国金融工作会议在京召开》，见中华人民共和国中央人民政府网（http://www.gov.cn/xinwen/2017-07/15/content_5210774.htm），2017 年 7 月 15 日。

家金融学的体系至少包括五个层面的内涵,有待我们去研究和深化。

第一层面:国家金融学研究对象①。

国家金融学以现代金融体系条件下的世界各国国家金融行为属性为研究对象,以探讨一国金融发展中最核心而又最紧迫的问题为导向,研究政策,采取措施,促进一国金融健康稳定,推动一国经济繁荣发展。

第二层面:现代金融体系结构②。

国家金融学以现代金融体系条件下的国家金融行为属性为研究对象,从现代金融体系结构中的金融市场要素、金融市场组织、金融市场法制、金融市场监管、金融市场环境和金融市场基础设施六个子体系去探讨世界各国的国家金融行为,维护国家金融秩序,提升国家金融竞争力。

第三层面:现代金融体系内容③。

现代金融体系强调功能结构的系统性,并在其中探讨国家金融行为对一国金融稳定和经济健康发展的影响。现代金融体系至少包括六个子体系:第一,金融市场要素体系。它既由各类市场(包括货币市场、资本市场、保险市场、外汇市场和衍生性金融工具市场等)构成,又由各类市场的最基本元素即价格、供求和竞争等构成。第二,金融市场组织体系。它由金融市场要素与金融市场活动的主体或管理机构构成,包括各种类型的市场主体、各类市场中介机构以及市场管理组织。第三,金融市场法制体系。金融市场具有产权经济、契约经济和规范经济的特点,因此,规范市场价值导向、交易行为、契约行为和产权行为等法律法规的整体就构成了金融市场法制体系。它包括金融市场相关的立法、执法、司法和法制教育等。第四,金融市场监管体系。它是建立在金融市场法制体系基础上的、符合金融市场需要的政策执行体系,包括对金融机构、业务、市场、政策法规执行等的监管。第五,金融市场环境体系。它主要包括实体经济基础、现代产权制度和社会信用体系三大方面。对这一体系而言,重要的是建立健全金融市场信用体系,以法律制度规范、约束金融信托关系、信用工具、信用中介和其他相关信用要素,以及以完善金融市场信用保障机制为起点建立金融信用治理机制。第六,金融市场基础设施。它是包含各类

---

① 参见陈云贤著《国家金融学》,北京大学出版社2018年版,序言。
② 参见陈云贤著《国家金融学》,北京大学出版社2018年版,第8~10页。
③ 参见陈云贤著《国家金融学》,北京大学出版社2018年版,第8~11页。

软硬件的完整的金融市场设施系统。其中，金融市场服务网络、配套设备及技术、各类市场支付清算体系、科技信息系统和金融行业标准的设立等都是成熟的金融市场必备的基础设施。

第四层面：政府与市场在现代金融体系中的作用①。

现代金融体系的六个子体系中，金融市场要素与金融市场组织是其体系中的基本元素，它们的行为导向更多地体现为市场的活动、市场的要求、市场的规则和市场的效率；而现代金融体系中的金融市场法制、金融市场监管、金融市场环境和金融市场基础设施，是其体系中的配置元素，它们的行为导向更多地体现为对市场的调节、对市场的监管、对市场的约束和对市场原则的规范。世界各国国家金融行为导向，表现在现代金融体系中，应该是市场决定金融资源配置，同时更好地发挥政府的作用。只有这样，现代金融体系六个子体系作用的发挥才是健全的和完整的。

第五层面：国家金融行为需要着手解决的问题②。

在现有的国际金融体系中，处于领先地位的国家总是力图保持强势有为，处于附属前行的国家总是希望弯道超车以后来居上。世界各国就是国际金融体系演进"马拉松"中的"参赛者"。对于大多数发展中国家而言，在这场世界级的金融体系演进的"马拉松赛跑"中，一国的国家金融行为取向表现在现代金融体系的逐渐完善进程中。第一，应加强金融顶层布局的政策探讨；第二，应加强金融监管协调的措施探讨；第三，应加强金融层级发展的规则探讨；第四，应加强金融离岸与在岸对接的模式探讨；第五，应加强金融弯道超车的路径探讨；第六，应加强金融科技创新的趋势探讨；第七，应加强金融危机化解的方式探讨；第八，应加强金融国际参与的方案探讨；等等。这些需要着手解决的问题，厘清了世界上大多数发展中国家金融行为的目标和方向。

五、现代金融体系演进与国家金融行为互动

国家金融学研究对象五个层面的内涵，构成了国家金融学体系的主要框架。其中，现代金融体系的演进及其与国家金融行为的互动呈现出五大

---

① 参见陈云贤著《市场竞争双重主体论》，北京大学出版社2020年版，第179～182页。
② 参见陈云贤著《国家金融学》（第二版），北京大学出版社2021年版，第18～19页。

特点。①

(1) 现代金融体系的六个子体系的形成是一个渐进的历史过程。以美国为例,在早期的市场经济发展中,美国主流认可自由放任的经济理念,金融市场要素体系与金融市场组织体系得到发展和提升,反对政府干预经济的理念盛行。1890年,美国国会颁布美国历史上第一部反垄断法《谢尔曼法》,禁止垄断协议和独占行为。1913年,美国联邦储备委员会正式成立。1914年,美国颁布《联邦贸易委员会法》和《克莱顿法》,对《谢尔曼法》进行补充和完善。在"大萧条"之后的1933年,美国颁布《格拉斯-斯蒂格尔法案》。此后,美国的反垄断制度和金融监管实践经历了近百年的演进与完善,整个金融市场形成了垄断与竞争、发展与监管动态并存的格局。从20世纪90年代开始,美国的通信、网络技术爆发式发展,金融市场创新驱动能力和基础设施升级换代成为市场竞争的主要表现。与此同时,美国政府反垄断的目标不再局限于简单防止金融市场独占、操纵价格等行为,金融市场的技术垄断和网络寡头垄断也被纳入打击范围。这一时期,通过完善金融市场登记、结算、托管和备份等基础设施,提高应对重大金融灾难与技术故障的能力,提升金融市场信息系统,完善金融信用体系建设,实施金融市场监管数据信息共享等,美国的金融市场环境体系和金融市场基础设施得到了进一步完善与发展。这一切将美国的金融市场体系推向现代高度,金融市场竞争发展到了全要素推动和系统参与的飞跃阶段。

(2) 现代金融体系的六个子体系是统一的。一方面,六个子体系相互联系、相互作用,有机结合成一个成熟的金融市场体系。在金融市场的实际运行中,缺少哪一个子体系,都会导致市场在那一方面产生缺陷,进而造成国家经济损失。在世界各国金融市场的发展过程中,这样的典型案例比比皆是。另一方面,在现代金融体系的六个子体系内,各个要素之间也是相互联系、相互作用、有机统一的。比如,在金融市场要素体系中,除了各类货币市场、资本市场、保险市场、外汇市场等互相联系、互相作用外,规范和发展利率市场、汇率市场等,逐步建立离岸与在岸统一的国际化金融市场,积极发展一国金融产品和金融衍生产品市场,努力提升一国

---

① 参见陈云贤著《经济新引擎——兼论有为政府与有效市场》,外语教学与研究出版社2019年版,第137~141页。

金融的国际话语权和竞争力，等等，都是相互促进、共同完善现代金融体系的重要举措。

（3）现代金融体系的六个子体系是有序的。有序的金融市场体系才有效率。比如，金融市场价格机制的有序。这主要体现在利率、汇率、债券、股票、期货、期权等投资价格的形成过程中，应充分发挥市场在资源配置中的基础性作用，根据市场反馈的供求状况形成市场定价，从而推动现代金融体系有序运转。又比如，金融市场竞争机制的有序。竞争是金融市场的必然产物，也是实现市场经济的必然要求。只有通过竞争，金融市场要素的价格才会产生市场波动，金融资源才能得到有效配置，从而实现市场主体的优胜劣汰。再比如，金融市场开放机制的有序。现代金融体系是开放的，但这种开放又必定是渐进的、安全的、稳定有序的。这又再次表明，现代金融体系的六个子体系既相互独立又相互制约，它们是对立统一的完整系统。

（4）现代金融体系六个子体系的功能是脆弱的。其原因主要有三个方面。首先是认识上的不完整。由于金融市场主体（即货币市场、资本市场、外汇市场等参与主体）有自己的利益要求，因此在实际的市场运行中，它们往往只讲自由、竞争和需求，避讲法治、监管和均衡，这导致现代金融体系六个子体系的功能常常出现偏颇。其次是政策上的不及时。金融市场的参与主要依靠各类投资者，金融市场的监管主要依靠世界各国政府。但在政府与市场既对立又统一的历史互动中，由于传统市场经济理论的影响，政府往往是无为的或滞后的，或在面临世界金融大危机时采用"补丁填洞"的方式弥补，等等，这使得现代金融体系六个子体系的功能往往无法全部发挥。最后是金融全球化的冲击。在金融立法、联合执法、协同监管措施还不够完善的全球金融体系中，存在大量金融监管真空、监管套利、金融投机、不同市场跨界发展，以及造假、诈骗等行为。因此，现代金融体系的健全及六个子体系功能的有效发挥，还需要一个漫长的过程。

（5）现代金融体系六个子体系的功能正在或即将逐渐作用于世界各国乃至国际金融市场的各个领域。也就是说，在历史进程中逐渐形成和完善的现代金融体系，不仅将在各国金融市场上发挥作用，而且伴随着二十国集团（G20）金融稳定委员会作用的发挥和国际金融监管协调机制的提升与完善，在国际金融体系中也将发挥作用。世界各国的金融领域，不仅需要微观层面投资主体的参与，而且需要宏观层面国家金融行为的引导。在世界各国的理论和实践中，这都是正在逐渐完善的现代金融体系的客观、必然的发展趋向。

在当代中国，要加强国家金融学研究，就需要围绕现代金融体系六个子体系的功能，探讨在国内如何建立、完善现代金融体系，在国际上如何定位中国金融的作用。这必然会从国家行为属性的角度，进一步厘清中国国家金融的目标和作用。这其中涉及诸多重大课题：如何协调财政政策与货币政策？如何推进强势人民币政策？中国拥有现行世界金融体系中最优的金融监管架构，如何发挥其作用？中国在探讨国家与地方金融的层级发展时，如何避免要么"金融自由化"、要么"金融压抑"的老路，在"规则下促竞争、稳定中求发展"的前提下闯出一条新路？如何确定粤港澳大湾区离岸与在岸金融对接的路径及切入点？如何发挥中国"碳金融"的作用，在国际金融体系中实现弯道超车？金融科技尤其是网络金融与数字货币在中国如何健康发展？如何坚持金融服务实体经济，并在金融产业链中有效防范系统性或区域性金融风险？在国际金融体系的变革中，如何提出、推动和实施"中国方案"？等等。可见，现代金融体系的建设与完善，在中国乃至世界各国的发展进程中，始终映射着一国的国家金融行为的特征与取向。这些就是国家金融学需要深入研究的对象。

在现代金融体系下，国家金融学的研究与公司金融学、国际金融学和金融科技发展等密切相关、相互渗透。因此，可以预言国家金融学研究的现状与未来，取决于一国在金融理论和实践层面对国家金融与公司金融、离岸金融与在岸金融、金融科技创新发展、金融监管与风险防范，以及国际金融体系改革创新的探研和实践。国家金融学学科的创设，为从理论上探讨国家金融行为对一国乃至国际现代金融体系的影响拉开了一个序幕。它对中国维护金融秩序、提升国家金融竞争力也将发挥重要的推动作用。

《国家金融学》（陈云贤著）已在北京大学、复旦大学、中山大学、厦门大学、暨南大学等10所高校开设的课程中作为教材使用。师生们在教与学的过程中，一方面沉浸于《国家金融学》带来的国家金融领域全方位的知识盛宴，认为教材新颖、视野开阔、知识广博；另一方面又提出了对未来课程的更多设想，希望能有更多材料参考、案例剖析、课后阅研等内容。

鉴于此，中山大学高度重视，组织了以陈云贤为主编，李善民、李广众、黄新飞为副主编的"国家金融学"系列教材编委会。本系列教材共9本。其中，陈云贤负责系列教材的总体设计、书目定排、统纂定稿等工作；9本教材的撰写分工如下：王彩萍、张龙文负责《国家金融体系结构》，赵慧敏、陈云贤负责《国家金融体系定位》，黄新飞、邓贵川负责《国家金融政策组合》，李广众、李光华、吴于蓝负责《国家金融监管协调》，周天芸负责《国家金融内外联动》，李小玲、魏守道负责《国家金融弯道超车》，韦立坚负责《国家金融科技创新》，杨子晖、王姝黛负责《国家金融风险防范》，王伟、张一林负责《国家金融国际参与》。

"国家金融学"系列教材，系中山大学21世纪金融学科重点教材，是中山大学文科重点建设成果之一。它作为一套面向高年级本科生和研究生的系列教科书，力求在现代金融体系条件下探讨国家金融行为属性，从而在一国金融顶层布局、大金融体系政策组合、国家地方金融发展以及国家金融监管协调、内外联动、弯道超车、科技创新、风险防范、国际参与等领域做出实质性探研。本系列教材参阅、借鉴了国内外大量的专著、论文和相关资料，谨此特向有关作者表示诚挚的谢意。

当今世界，全球经济一体化、金融市场国际化的客观趋势无一不要求国际金融体系要更加健全、国际货币体系要改革创新，它需要世界各国国家金融行为的取向能够符合这一潮流。但愿"国家金融学"系列教材的出版，能够助力健全国家金融业乃至国际金融业的体系，开拓全球经济的未来。

2020年10月

陈云贤 北京大学客座教授，中山大学国际金融学院和高级金融研究院名誉院长、博士研究生导师，广东省人民政府原副省长。电子邮箱：41433138@qq.com。

目　录

序　言 ··· 1

第一编　金融科技与监管科技概论

第一章　金融科技与监管科技的概念与内涵 ················· 3
第一节　金融科技——技术驱动的金融创新 ················· 3
第二节　从金融科技到监管科技 ······························ 6
思考讨论题 ··· 10

第二章　金融科技的发展概况 ····································· 11
第一节　金融科技的发展历程 ···································· 11
第二节　我国金融科技产业的发展现状 ······················· 13
第三节　金融科技的产业特点与风险特征 ···················· 18
思考讨论题 ··· 22

第三章　监管科技的发展概况 ····································· 23
第一节　监管科技的起源背景 ···································· 23
第二节　监管科技的国内外发展现状 ·························· 25
第三节　监管科技与协调监管 ···································· 28
思考讨论题 ··· 31

第四章　金融科技与监管科技的现状总结与发展趋势 ······ 32
第一节　金融科技与监管科技的现状总结 ···················· 32
第二节　金融科技与监管科技的发展趋势 ···················· 37
思考讨论题 ··· 42

第二编　驱动金融科技的技术基础

第五章　大数据技术 ··· 45
 第一节　大数据的起源与概念 ································· 47
 第二节　大数据的基本特征 ····································· 48
 第三节　大数据分析技术 ·· 50
 第四节　大数据在金融领域的应用 ···························· 53
 思考讨论题 ··· 58

第六章　人工智能技术 ··· 59
 第一节　什么是人工智能 ·· 59
 第二节　人工智能的技术基础 ·································· 62
 第三节　人工智能在金融领域的应用 ························· 63
 思考讨论题 ··· 64

第七章　区块链技术 ·· 65
 第一节　什么是区块链 ·· 65
 第二节　区块链的技术基础 ····································· 68
 第三节　区块链与价值互联网 ·································· 71
 第四节　区块链在金融领域的应用 ···························· 72
 思考讨论题 ··· 74

第八章　辅助性技术 ·· 75
 第一节　云计算技术 ··· 75
 第二节　物联网技术 ··· 81
 第三节　5G 技术 ·· 84
 思考讨论题 ··· 87

第三编　金融科技产品与服务创新

第九章　金融科技与银行业、保险业创新 …… 91
第一节　智慧银行 …… 91
第二节　开放银行 …… 98
第三节　大数据与银行普惠金融创新 …… 104
第四节　区块链与银行数字供应链金融创新 …… 113
第五节　保险科技创新 …… 121
思考讨论题 …… 124

第十章　金融科技与证券业创新 …… 125
第一节　金融科技与量化投资 …… 125
第二节　智能投顾 …… 130
第三节　智能投研 …… 136
思考讨论题 …… 141

第十一章　金融科技与中国金融体系变革 …… 142
第一节　金融科技加速我国金融体系数字化转型 …… 142
第二节　金融科技加速金融生态的完善和竞争 …… 145
第三节　金融科技增强金融机构的风险控制能力 …… 147
第四节　金融科技助推我国普惠金融飞速发展 …… 148
第五节　金融科技助推经济高质量发展 …… 151
第六节　金融科技助推经济高质量发展的路径 …… 153
思考讨论题 …… 154

第四编　监管科技

第十二章　银行、证券和保险业的监管科技 …… 157
第一节　监管科技在银行业的应用 …… 157
第二节　监管科技在证券业的应用 …… 168
第三节　监管科技在保险业的应用 …… 178

思考讨论题 ………………………………………………… 181

第十三章　地方金融的监管科技 ………………………… 182
第一节　地方金融活动和监管现状 ………………………… 182
第二节　地方金融监管的"广州模式" ……………………… 185
第三节　地方金融监管的"北京模式" ……………………… 192
第四节　地方金融监管——其他地区 ……………………… 195
第五节　地方金融监管的发展趋势 ………………………… 197
思考讨论题 ………………………………………………… 200

第十四章　金融"监管沙盒" …………………………… 201
第一节　什么是"监管沙盒" ……………………………… 201
第二节　"监管沙盒"的海外实践及其对我国的经验启示 …… 204
第三节　中国金融科技创新监管试点 ……………………… 207
第四节　"监管沙盒"的意义、局限与挑战 ………………… 221
第五节　粤港澳大湾区跨境金融"监管沙盒"的建议方案 …… 223
思考讨论题 ………………………………………………… 227

第十五章　监管科技与中国金融监管变革 ……………… 228
第一节　中国金融监管变革历程 …………………………… 228
第二节　中国金融监管变革的未来 ………………………… 231
思考讨论题 ………………………………………………… 238

第五编　数字货币

第十六章　技术驱动的货币形态变革 …………………… 241
第一节　货币形态演变 ……………………………………… 241
第二节　科技发展对货币职能的影响 ……………………… 244
思考讨论题 ………………………………………………… 247

第十七章　区块链与数字货币的关系 …………………… 248
第一节　数字货币的定义 …………………………………… 248

第二节　比特币的诞生与货币意义 ················· 249
　　第三节　比特币的区块链技术实现 ················· 256
　　思考讨论题 ································ 257

第十八章　非法定数字货币 ························ 259
　　第一节　非法定数字货币的定义和发展概况 ············ 259
　　第二节　以太币 ····························· 261
　　第三节　瑞波币 ····························· 267
　　第四节　摩根币 ····························· 269
　　第五节　Libra ······························ 270
　　思考讨论题 ································ 275

第十九章　法定数字货币 ························· 276
　　第一节　法定数字货币的发展 ····················· 276
　　第二节　法定数字货币的功能 ····················· 281
　　第三节　我国法定数字货币的设计方案 ··············· 284
　　第四节　我国法定数字人民币的应用场景 ·············· 287
　　第五节　法定数字货币的未来影响 ·················· 287
　　思考讨论题 ································ 288

第二十章　法定数字货币对金融政策的影响 ··············· 290
　　第一节　法定数字货币对货币政策传导的影响 ··········· 290
　　第二节　法定数字货币对信用创造的影响 ·············· 294
　　第三节　法定数字货币和金融监管 ·················· 296
　　思考讨论题 ································ 298

第六编　金融科技对国际金融体系的影响

第二十一章　金融科技发展的全球影响 ·················· 301
　　第一节　国际金融体系的发展 ····················· 301
　　第二节　全球金融科技发展现状 ···················· 303
　　第三节　金融科技对国际金融体系运行的影响 ··········· 309

思考讨论题 ········· 312

第二十二章　监管科技发展与国际监管协同 ········· 313
 第一节　全球金融危机与国际监管协同 ········· 313
 第二节　监管科技的国际经验 ········· 316
 第三节　中国应对金融科技与监管科技发展的启示 ········· 320
 思考讨论题 ········· 322

第二十三章　数字货币发展对国际金融体系的影响 ········· 323
 第一节　国家竞争与世界货币体系 ········· 323
 第二节　数字货币对国际金融体系的冲击 ········· 327
 第三节　各国应对数字货币的措施 ········· 332
 思考讨论题 ········· 336

第二十四章　数字人民币的国际化展望 ········· 337
 第一节　人民币国际化的现状与挑战 ········· 337
 第二节　数字人民币国际化的机遇与措施 ········· 340
 思考讨论题 ········· 343

参考文献 ········· 344

后　记 ········· 353

序　言

金融科技是由新一代信息技术，即大数据（Big Data）、人工智能（Artificial Intelligence，AI）、区块链（Blockchain）、云计算（Cloud Computing）、物联网（Internet of Things，IOT）和第五代移动通信技术（5th Generation Mobile Communication Technology，5G）等驱动的金融创新。这些金融科技近年来得到迅猛发展，深刻地改变了金融体系结构的内涵。但在金融科技的研究和应用中，仍存在三个重要问题：一是业界的创新和应用如何与监管及防控风险相协调；二是学界的研究如何透过层出不穷的金融科技创新表象看到本质；三是如何培养出既精通金融理论又掌握新一代信息技术的高端复合型人才。

回答上述三个问题充满了挑战性。笔者从2012年开始研究金融科技，并在2016年为中山大学管理学院的本科生开设了量化投资课程，为工商管理硕士（MBA）和金融专业硕士研究生等开设了金融科技课程，在此期间一直在思考这些问题。陈云贤博士创立的国家金融学为笔者解答这些问题提供了非常好的思路。金融科技的创新基础、监管体系、发展路径都需要从国家经济基础和国家金融管理体系的角度去思考与研究。习近平总书记在中共中央政治局第四十次集体学习时对我国金融管理做出了重要指示，尤其指出金融要服务实体经济，在金融工作中要把维护金融安全作为国家治国理政的一件大事，要以防范和化解金融风险、牢牢守住不发生系统性风险为国家金融管理的底线思维。金融科技归根到底是金融创新，按照我国金融的顶层设计，金融科技一方面要符合监管方向并稳健发展，另外一方面要以服务实体经济为导向。近年来，互联网金融创新以及一些金融科技创新暴露出的各种风险和问题更突显了从国家金融学的角度推动金融科技与监管科技协调发展的重要性。因此，本教材试图把金融科技、监管科技、数字科技以及宏观金融管理、地方金融管理和国际金融体系等内容融合在一起，形成相对完整的金融科技分析框架。这正是本教材设计的独特之处，也是笔者将本教材命名为《国家金融科技创新》的初衷。

本书适合作为培养高端复合型金融科技管理人才的教材和金融科技从业人士的参考书。金融科技管理人才需要有三项基本能力：一是需要精通金融的理论和业务逻辑，二是需要掌握新一代信息技术的基本原理及其在金融中的应用方法，三是需要熟悉管理的理论与方法。只有具备这些能力的人，才能胜任金融科技和监管科技的产品研发与运营管理等工作。本教材适用于三类学生群体：一是金融管理相关专业的高年级本科生，教师可在三年级下学期或四年级上学期为其开设相应课程；二是高级管理人员工商管理硕士（EMBA）、MBA和金融专业硕士研究生，教师可在第一学年的第二学期为其开设相应课程；三是金融管理相关专业的博士研究生，教师可在第一学年的第一学期为其开设相应课程。本教材共6编、24章，其中第三编、第四编和第五编是重点内容，需要重点讲授。本教材相关章节的重点内容都附了相关案例以帮助读者增强理解，建议围绕这些案例开展课堂讨论；每编学习结束后，建议学生分组收集新的案例做分析和课堂汇报。若将本书作为54学时的教材，教师可以把6编内容全部讲授完；若作为36学时或者32学时的教材，教师需要将其适度压缩，建议第一编和第二编简略讲授，第三编、第四编和第五编重点讲授，第六编做适度介绍。

"长风破浪会有时，直挂云帆济沧海。"党的十九届五中全会通过的《中共中央关于制定国民经济和社会发展第十四个五年规划和二〇三五年远景目标的建议》明确提出"提升金融科技水平，增强金融普惠性"。在发展数字经济和构建数字中国的国家重大战略中，金融科技是重要驱动力，希望本教材能够助力我国培养急需的高端复合型金融科技人才！

第一编

金融科技与监管科技概论

随着金融与科技融合程度的不断加深，金融科技的时代已然到来。在日新月异的金融产品和金融服务不断改变、丰富我们生活的同时，金融风险也在悄然增加，新的金融监管理念和思想随之出现，监管科技应运而生。本编对金融科技与监管科技进行了概念的界定和分类的梳理，讲述金融科技的发展历程、产业现状和产业特点，对监管科技的起源背景、国内外发展现状和我国的协调监管体系进行介绍，对金融科技和监管科技的发展现状进行了总结并说明其未来的发展趋势。

第一章 金融科技与监管科技的概念与内涵

金融科技是金融与科技高度融合的产物。金融科技以金融为创新主体，以前沿科技为驱动，为金融赋能，提升金融服务的效率，拓展金融服务的边界。然而，金融科技的迅速发展也会不可避免地带来新的金融风险。只有健康安全的金融科技，才能真正地服务实体经济，增加社会福利。在金融科技创新的监管需求和新一代信息技术的支持下，监管科技应运而生。本章首先从技术驱动的金融创新视角阐述金融科技的定义、内涵和分类，然后介绍监管科技的定义、内涵和分类，最后分析监管科技与金融科技之间的关系。

第一节 金融科技——技术驱动的金融创新

一、金融科技的定义与内涵

金融科技是由英文 FinTech 一词直译而来，FinTech 是由 Financial 与 Technology 两个词合成的新词汇，是传统金融业和新兴科学技术不断发展并相互融合而产生的概念。金融科技虽然早已在世界范围内获得广泛关注，但对于其定义，人们尚未达成共识。从广义上来讲，金融科技是以金融行业的应用需求为导向，利用一切科学技术为金融行业的发展提供研发与应用支撑，进而提高金融服务能力，降低金融服务成本。目前，业界聚焦的金融科技偏向于更为狭义的定义，主要是指新一代信息技术（如物联网、云计算、大数据、人工智能和区块链等）在金融领域的创新应用。[①]

[①] 参见中国信息通信研究院《中国金融科技生态白皮书（2019年）》，见中国信息通信研究院网站（http://www.caict.ac.cn/kxyj/qwfb/bps/201907/P020190710343477298824.pdf），2019年7月10日。

2016年3月,金融稳定理事会(Financial Stability Board,FSB)发布《金融科技的描述与分析框架报告》,第一次在国际组织层面对金融科技的定义进行了初步阐述,即金融科技强调以科学技术推动金融服务创新,对与金融市场、相关机构、金融服务内容相关的业务模式、产品应用以及技术业态不断进行变革创新。

在发展初期,金融科技这一概念的出现通常伴随着人工智能(Artificial Intelligence,AI)、区块链(Blockchain)、云计算(Cloud Computing)、大数据(Big Data)四大技术,即人们所说的"金融科技ABCD"。然而,随着第五代移动通信技术(5G)的普及和物联网(Internet of Things,IOT)的迅速发展,金融科技的内涵得到了进一步扩展,我们也因此将金融科技的定义概括为以"ABCDGI"为主的新一代信息技术和新方法共同驱动的金融产品或者服务创新。

金融科技与一般的金融信息化、互联网金融或科技金融有本质上的区别。金融信息化是在金融行业中加入信息技术的运用,它是金融科技的基础。互联网金融指的是一般的金融行业和互联网行业通过互联网手段与信息处理技术完成资金的交融、支付与信息中介服务的金融体系,是一种商业模式的创新。对于金融本身来说,互联网金融并没有引起实质性的改变,其起到的是优化用户体验、提供便捷的交易渠道的作用。金融科技作为二者的延伸,不仅通过运用新技术、新方法带来了金融产品、服务领域的创新,更改变了金融机构与客户、监管机构以及其他利益相关者之间的运营、协作和交易方式,推动了我国金融体系的变革。而科技金融,虽然构成的词组一样,只是词组顺序与金融科技颠倒,但是科技金融在中国有特指的含义,主要是指为科技型企业融资(Corporate Financing for Technology Firms)。

二、金融科技的分类

随着新一代信息技术在金融领域应用的不断深入,市场上基于技术应用的产品和服务也不断涌现。从驱动金融科技的人工智能、区块链、云计算、大数据这四类核心技术出发,其常见的应用场景、核心驱动技术与解决痛点见表1-1①所列。除此之外,还可从业务模式出发,将金融科技进

---

① 表中仅列出金融科技的常见应用场景,其他场景将在本教材第三编详细介绍。

行分类，分为支付结算、存贷款与资本筹集、投资管理和市场设施四类；从概念角度出发，金融科技可覆盖供应链金融、消费金融、共享经济、平台经济和普惠金融等。不同的分类方式是对金融科技在不同领域的解读和剖析。从概念到技术再到应用，金融科技的复杂性和多样性意味着其分类也将是多角度、多层次的，对金融科技进行立体和全方位的了解将对接下来的学习有很大帮助。

表1-1 金融科技的常见应用场景、核心驱动技术与解决痛点

常见应用场景	核心驱动技术	解决痛点
智能风控	人工智能、大数据、区块链	增加更多风险因子，提高风险刻画准确度
智能投顾	人工智能、大数据、云计算	降低投资顾问成本
智能客服	大数据、人工智能	降低客服成本，提升客服效率
智能投研	大数据、人工智能	辅助分析员决策，提高投研效率及准确率
数字货币	区块链、大数据、云计算	降低发行成本，满足匿名支付与可追踪的要求
数字供应链金融	物联网、大数据、区块链、云计算	解决中小企业融资难问题
大数据征信	大数据、云计算	拓展征信渠道，增加个人信用评价来源
数字普惠金融	大数据、云计算、人工智能	降低金融服务成本，拓展金融服务普惠大众的场景
反欺诈	人工智能、大数据、云计算	防范欺诈行为
了解你的客户（Know Your Customer，KYC）与客户画像	大数据、人工智能	了解客户需求，挖掘潜在客户

（资料来源：作者根据相关资料整理。）

第二节　从金融科技到监管科技

一、监管科技的定义与内涵

监管科技，英文称为 RegTech，由 Regulation 和 Technology 两个词合成而来。监管科技这一概念在诞生初期，是指金融机构利用新技术更有效地满足监管部门的合规要求。此阶段的监管科技内涵主要是合规科技（Compliance Technology，CompTech）。随着监管科技的不断发展，金融监管机构开始重视监管科技，并将其应用到金融监管中。对比合规科技，监管科技主要是从监管机构的角度定义，即监管机构主动采用新技术来开展监管工作。因此，监管科技不仅包含合规科技，而且更侧重于监督科技（Supervision Technology，SupTech），即 RegTech = CompTech + SupTech。

随着对金融风险管理的重视，各个国家开始强调对金融科技应用可能带来的问题和风险进行监管，为监管科技注入新的内涵——科技治理（Technological Governance，TechGov），即 RegTech = CompTech + SupTech + TechGov。科技治理包括科技规范、数据规范与组织规范，将监管科技的范围拓展到金融科技运用、监管数据治理、监管协调、制度构建等方面。

国际上对监管科技最早的概念界定，出自英国政府科学办公室（UK Government Office for Science）。2015 年，其将监管科技定义为"可应用于监管或被监管所使用的科技"[①]。2016 年，英国金融行为监管局（Financial Conduct Authority，FCA）将监管科技定义为"运用新技术促进监管要求的达成"，并认为监管科技是"金融科技的一个子集"[②]。2016 年，国际金融协会（Institute of International Finance，IIF）认为，监管科技是"能

---

① UK Government Office for Science. "FinTech Futures：The UK as a World Leader in Financial Technologies". https：//www.gov.uk/government/publications/fintech-blackett-review，2015 – 03 – 18.

② FCA. "Feedback Statement on Call for Input：Supporting the Development and Adopters of RegTech". https：//www.fca.org.uk/publications/feedback-statements/fs16-4-feedback-statement-call-input-supporting-development-and，2016 – 07 – 20.

够高效达成监管和合规要求的新技术"[1]。这些定义主要是从金融机构的角度看待监管科技。

国内对监管科技概念界定的讨论始于2017年。与国外不同的是，我国政府更为强调监管科技对于防范金融风险的作用。中国人民银行金融科技委员会明确提出，要强化监管科技，积极利用大数据、人工智能、云计算等技术丰富监管手段，提升跨行业、跨市场交叉性金融风险的甄别、防范和化解能力。监管科技的定义在此基础上不断发展。中国人民银行金融研究所原所长孙国峰认为：从"合规"角度来看，监管科技的应用使金融机构能够有效控制合规成本，同时满足监管的要求；从"监督"的角度来看，监管科技助力金融监管机构，完善监管手段，提升监管能力，从而维护金融系统的稳定，防范系统性风险的发生。中国人民大学法学院杨东教授将监管科技定义为"科技驱动型监管"的手段[2]，并认为狭义的监管科技仅指金融机构利用科技手段辅助内部合规程序，而广义的监管科技应包含监管机构对创新技术的采用以提高监管效率。

在《中国监管科技发展报告（2019）》的基础上，本教材将监管科技定义为新一代信息技术驱动的金融监管创新，即基于人工智能、区块链、云计算、大数据等新兴技术，在维护金融体系安全稳定、提高金融监管机构监管水平、满足金融机构合规需求、保护金融消费者权利等方面发挥作用的技术、工具、手段和系统。

从监管科技的定义与应用场景出发，根据使用主体的不同，本教材将主要讨论监管科技的两大分支，即监管方使用的 SupTech 以及金融机构使用的 CompTech。

二、监管科技的分类

从应用主体分析，监管科技主要包括"监管"和"合规"两个方面。监管端在理想状态下有望实现监管报送、身份管理、异常检测等监管活动的模型化、智能化、自动化、实时化，进而实现对各种风险进行精准监

---

[1] IIF. "Regtech in Financial Services: Solutions for Compliance and Reporting". https://www.iif.com/Publications/ID/1686/Regtech-in-Financial-Services-Solutions-for-Compliance-and-Reporting, 2016–03–22.

[2] 参见杨东《监管科技：金融科技的监管挑战与维度建构》，载《中国社会科学》2018年第5期，第69～91、205～206页。

测。合规端对监管科技的应用使得数据报送、合规管理、客户核验和服务环境登录等功能更加高效便捷,使金融机构能够更好地满足合规要求,提高合规效率,降低合规成本。监管科技在监管端和合规端的应用见表1-2所列。

表1-2 监管科技在监管端和合规端的应用

监管活动	监管科技	解决痛点及典型技术
监管报送	监管端:规则翻译、机器可读 合规端:数据仓库、自动报送	解决痛点:监管规则数量多、变化快 典型技术:自然语言处理(Natural Language Processing,NLP)、区块链、云计算
客户身份管理、投资者保护与沟通	监管端:KYC/了解你的客户的业务(Know Your Business,KYB)、金融消费者保护、反欺诈、信访助手 合规端:KYC/KYB、客户身份生物特征识别、设备指纹和行为轨迹、客户登录管理、反欺诈、处罚和和解记录比对、客服机器人	解决痛点:黑产和欺诈活跃,身份盗用盛行 典型技术:机器学习、大数据、区块链、云计算、自然语言处理和生成
异常交易检测	监管端:内幕交易、操纵市场、反洗钱(Anti-Money Laundering,AML)/反恐怖主义融资(Counter Financing of Terrorism,CFT)异常检测 合规端:AML/CFT可疑交易监测	解决痛点:资本市场存在账户合谋、内幕交易和操纵市场行为,第三方支付系统存在洗钱和恐怖主义融资等行为 典型技术:大数据、人工智能、机器学习、云计算
风险监测与管理	监管端:系统性风险数据归集和识别、非法集资等涉众金融风险监测预警 合规端:交易对手信用风险管理、异常行为监测、合规风险管理、声誉风险管理	解决痛点:新兴风险层出不穷,金融业务面临不确定性扰动 典型技术:区块链、人工智能、大数据、自然语言处理、云计算

续表1-2

监管活动	监管科技	解决痛点及典型技术
人员不当行为管理	监管端：金融从业人员履历管理、违法违规信息管理 合规端：电子沟通（如邮件、社交网络、电话等）记录管理	解决痛点：金融从业人员存在道德风险 典型技术：区块链、大数据、机器学习

（资料来源：何杰：《监管科技的内涵与深圳的实践》，载《北大金融评论》2020年第3期。）

从参与主体的角度分析，监管科技主要分为三类：金融监管机构、金融机构与金融科技公司。金融监管机构对监管科技的应用在于提高监管水平和监管效率，以适应日益增长的监管压力；对金融机构来说，监管科技主要应用在合规端，利用新技术降低合规成本，满足监管要求；金融科技公司的定位是发展新兴技术（如机器学习、人工智能、区块链等），为金融机构与金融监管机构提供技术支撑。

三、金融科技与监管科技的关系

英国金融行为监管局曾将监管科技定义为金融科技的一个分支，即监管科技是"利用最新技术手段，使金融机构能够更有效地满足监管要求"[①]。但实质上，金融科技与监管科技并不属于同一范畴。[②] 金融科技体现了科技与金融的结合，而监管科技是科技与金融监管融合的结果，两者并不具有直接关系。监管科技的应用对象，除了金融科技行业，也包括传统金融行业。一方面，在金融科技的推动下，金融创新领先于监管手段与监管法规的效应更加显著。在交易毫秒级发生、风险指数级扩散的金融科技时代，传统的监管手段已经无法实时监测和处置金融风险。另一方面，技术的发展也为监管的创新提供了有力支持，并促进全新监管理念和监管

---

① FCA. "Feedback Statement on Call for Input: Supporting the Development and Adopters of RegTech". https://www.fca.org.uk/publications/feedback-statements/fs16-4-feedback-statement-call-input-supporting-development-and, 2016-07-20.

② Douglas W. Arner, Janos Nathan Barberis and Ross P. Buckley. "FinTech and RegTech in a Nutshell, and the Future in a Sandbox". https://papers.ssrn.com/sol3/papers.cfm?abstract_id=3088303, 2017-12-18.

思想的形成,如非现场监管与穿透式监管等,从而加速了监管科技的产生与发展。

◆思考讨论题◆

1. 简述金融科技和金融信息化、互联网金融、科技金融的区别。
2. 监管科技的参与主体是什么?各类主体解决的主要问题是什么?
3. 简述金融科技和监管科技的关系。

第二章 金融科技的发展概况

在经历了金融信息化和互联网金融时代之后,我国金融科技的相关政策陆续出台,投融资规模显著增加,与此同时,金融科技在不同领域和区域表现出不同的发展态势。本章将对金融科技的发展历程、我国金融科技产业的发展现况进行整体介绍,并归纳金融科技的产业特点和风险特征。

第一节 金融科技的发展历程

在金融业发展的进程中,科技不仅成为金融创新的重要推手,而且与金融业逐步融合,创造了一个全新的金融科技时代。从业务管理、运营电子化和自动化到新型金融产品和金融服务的激增,金融科技在提升金融机构工作效率的同时,更是改变了整个金融行业的运营模式,为金融发展提供了源源不断的创新动力。总体而言,金融科技发展共分为三个阶段。

第一阶段为金融信息化阶段,聚焦于金融业信息数据的集中化与电子化。金融信息化即利用信息与数据技术为传统金融机构提供业务互联、数据汇总整合、办公电子信息化等服务,以此来提高服务效率、降低服务成本。金融信息化从根本上来讲不属于金融科技,却是金融科技发展的基础,尤其是对于金融机构来说,只有在高度金融信息化的基础上才能进一步推动金融科技的应用普及。金融科技的应用不仅仅是利用相关前沿技术提升日常金融业务的效率,更为重要的是融合科技与金融,以技术为驱动,创新金融服务模式。在金融信息化阶段,金融与科技并没有完全融合,科技企业与金融机构完全分离,大多数科技企业仅仅按照金融机构的业务服务需求,提供相关的互联网技术(Internet Technology,IT)、数据服务以及解决方案。① 例如，金融机构运用IT软硬件实现办公的电子化和自动化，提高业务处理效率；信息技术企业为金融机构提供金融数据存储处理的数据库软件和对应的硬件设备。两者的关系仅仅是技术需求方与技术提供方的关系，并不涉及更深层次的融合。自动柜员机（Aotomated Teller Machine，ATM）、销售点终端（Point of Sale，POS）机以及账务系统、信贷系统是金融信息化的代表应用。

第二阶段为互联网金融阶段，着眼于金融服务的网络化。互联网金融即利用互联网渠道对接前端服务，大大提升服务的便利性。2008年的金融危机是金融科技发展历程中的一个分水岭：一方面，消费者对传统金融机构的信任度大幅下降，市场中大量的金融专业人员的流动也为金融创新提供了人才基础；另一方面，更高的监管要求使得传统金融机构的合规成本以及服务门槛提高，为金融科技初创公司的出现提供了市场机会。随着科技从后台支持的位置逐渐走向前端，纯线上化金融业务得到发展。金融机构依托互联网实现对传统金融渠道的变革，科技也逐渐渗透金融机构最核心的业务。尤其是移动互联网和智能手机的普及与发展，大大加速了互联网金融的发展进程。以支付宝为例，2008年，支付宝推出手机支付业务，最开始的手机支付主要应用于电子商务，应用场景并不广泛。在智能手机普及后，其应用场景逐渐通过二维码拓展到线下的消费场景，大大拓宽了服务场景的边界，改变了当代人的支付习惯。2013年，支付宝联手天弘基金推出余额宝产品，18天内吸引客户数超250万户，远远高于传统基金业的获客量，彰显出互联网金融的巨大潜力。在此情形下，互联网保险、互联网理财、网络众筹平台以及电商小额借贷等新兴金融业务模式如雨后春笋般在网络上不断扩张，众多金融机构也开始利用互联网进行大规模的业务布局。相关业务规模的不断扩张，实现了金融业务在资产、交易、支付等方面的互联互通。②

第三阶段为金融科技阶段，集中于运用人工智能、区块链、云计算、大数据等新一代信息技术直接驱动金融产品和服务的创新。金融科技打破了金融机构的传统生态体系，拓宽了金融服务模式的边界。不少金融科技

---

① 参见董洁《金融科技与金融监管》，载《中国商论》2020年第4期，第60～61页。
② 参见微众银行、艾瑞咨询《2019年中国金融科技价值研究报告》，见艾瑞网（http://report.iresearch.cn/report/201912/3507.shtml），2019年12月31日。

企业以不同的业务模式介入金融市场,成为金融科技的参与者。① 不单是科技在金融业务和产品中的应用,越来越多的以科技驱动的金融创新出现在世人面前。人工智能、区块链、云计算、大数据等新兴技术与金融的融合,改变了传统金融业信息采集、投资决策、风险控制和资金清算等金融业务与金融服务的各个环节,有效地降低了交易成本,提高了运营效率,能够提供更加精准高效的金融服务。代表性应用包括量化投资、智能投顾、数字供应链金融等。

第二节 我国金融科技产业的发展现状

一、金融科技产业概况

1. 政策支持

与世界上其他金融发达国家一样,我国对金融科技的发展和应用高度重视,鼓励金融科技创新发展。2017年5月,中国人民银行成立了金融科技委员会,旨在加强针对金融科技工作的研究、规划和统筹协调。金融科技委员会的目标在于为金融科技发展战略和相关政策做好规划指引,加强金融科技业务中的信息共享和协调工作,对金融科技发展的动向和潜在风险进行密切关注,同时加快推动金融科技应用试点,积极推进金融科技标准研究。2017年6月,中国人民银行发布《中国金融业信息技术"十三五"发展规划》,提出要加强金融科技和监管科技的研究与应用。同年7月,国务院印发了《新一代人工智能发展规划》,将智能金融发展上升到国家战略高度,提出了多个金融科技领域的具体发展方向,包括建立金融大数据系统、提高金融多媒体的数据处理和信息提取能力、创新新型智能的金融产品以及服务模式、发展金融新业态。2019年8月,中国人民银行印发《金融科技(FinTech)发展规划(2019—2021年)》,文件提出,到2021年,建立健全我国金融科技发展的"四梁八柱",通过金融与科技的高度融合,提升金融业的科技应

---

① 参见创业邦研究中心《2019中国金融科技产业研究报告》,见创业邦网站(https://oss.cyzone.cn/2019/0925/f49e074aa461ce8c8299d477d360b4f7.pdf),2019年9月25日。

用水平,实现金融产品和服务内容的数字化、网络化、智能化,提升人民对相关金融产品及服务的满意度。

2. 投融资规模

在相关政策推动金融科技合规与良性发展的前提下,我国金融科技产业的投融资规模快速增长,市场发展处于全球领先地位。英国知名咨询机构 FinTech Global 发布的报告显示,2018 年中国金融科技投融资规模达到 205 亿美元,投融资金额是 2017 年的 6.6 倍,相当于 2014 年到 2017 年 4 年间中国金融科技投融资的总额。蚂蚁金服、京东数字科技、度小满等一系列金融科技代表公司都获得了巨额的战略融资,并进入高速成长的历史时期。其中,蚂蚁金服募集的融资金额达到了 140 亿美元,约占 2018 年中国金融科技投融资总额的 68.3%。在 2019 年全球金融科技 100 强榜单[由国际会计与咨询机构毕马威(KPMG)与金融科技投资公司 H2 Ventures 联合发布]中,蚂蚁金服与京东数字科技分别名列第一位和第三位,这显示出了我国金融科技企业巨大的发展潜力和空间。

3. 区域分布

从地区分布来看,北京、上海、深圳、广州、杭州等已成为中国金融科技发展的领先城市。北京依托京东和百度等互联网公司的创新优势以及金融总部云集的资源优势,重点在西城区、海淀区和朝阳区布局具有全国领先优势的金融科技企业聚集区,显现产业聚集效应。上海借助优越的金融创新环境和国际金融中心地位,大力扶持金融科技企业,上海自贸试验区在金融开放创新试点方面取得了重要成果。依托中国平安和腾讯在金融科技领域的领先优势,深圳正致力于打造具有国际影响力的金融科技中心。此外,国际化金融创新中心和高新技术产业园也为深圳的金融科技发展提供了相关基础以及技术支持。广州凭借其国际商贸中心优势,在金融、科技和贸易三轮驱动基础上,不断推动金融科技在供应链金融、贸易金融、绿色金融和地方金融中的应用,金融科技产业迅速增长。杭州依托蚂蚁金服、恒生电子等金融科技领先企业,形成了"一湾五镇多点"的多层次、协同发展、错位竞争的新金融空间支撑体系,助推金融科技企业迅猛发展。

4. 支撑技术应用情况

从支撑金融科技的新一代信息技术应用来看,人工智能企业主要分布于京津冀、长三角和珠三角三大区域。中关村互联网金融研究院发布的

《中国金融科技和数字普惠金融发展报告（2019）》显示：上述三个区域的人工智能企业数量在全国人工智能企业总数量中所占比例分别达到43.8%、29.4%和16.1%；区块链企业数量和融资数量则呈现出东多西少的发展态势，截至2018年，我国区块链领域专利申请数量达到2435项，申请数量占全球总数量的比重达到82.1%；云计算产业发展的主导区域为华北、华东和华南，这三个区域占全国总量的比重分别达到23.1%、21.7%和20.2%；物联网产业发展主要集聚在东部发达地区，截至2019年6月底，我国已经设立江苏无锡、浙江杭州、福建福州、重庆南岸区、江西鹰潭等5个物联网特色产业集聚区基地。各类新兴技术的迅猛发展使得科技与金融业务的融合不断深入，金融产品和服务创新层出不穷，大幅改变了金融业现有格局。

二、我国金融科技企业类型

我国金融科技企业主要分为三类：从互联网公司成长孵化的金融科技公司、传统金融机构数字化转型孵化的金融科技公司以及大型企业基于供应链和消费金融等金融服务场景孵化的金融科技公司。

1. 从互联网公司成长孵化的金融科技公司

互联网巨头公司结合自身优势和现有的平台、客户资源，逐步将金融深度融入各类生活场景中，与公司自身业务构成了闭环生态系统[①]；同时在系统完善后，为更多的金融机构提供成熟的大数据、云计算、区块链、人工智能等技术支持，并通过合作的方式使彼此都能够获得在金融科技领域的延伸。近年来，百度、腾讯、阿里巴巴等互联网巨头公司的业务已逐渐覆盖了银行、证券、保险、基金、信贷、第三方支付等各类金融领域，并成为金融科技行业中的领先代表。

◆业界案例◆

京东数字科技

京东数字科技起步于2013年开始独立运营的京东金融。京东金融从数字金融模式出发，主要为京东商城提供"白条"等消费端产品和供应链

---

① 参见创业邦研究中心《2018—2019中国金融科技白皮书》，见创业邦网站（https：//oss.cyzone.cn/2019/0402/1382923a6a7e1b6c875f323f1c3a7b80.pdf），2019年4月2日。

端服务。2014年，京东金融上线国内首个互联网消费金融产品——"白条"，该产品迅速成为行业效仿的目标。2015年，京东金融首次提出"金融科技"概念，为金融机构提供科技服务，引领中国互联网金融整体向金融科技升级，推出了以银行为核心客户的金融机构风控解决方案。针对银行和保险等金融机构的数字化转型需求，京东金融推出了资管科技平台系统、保险金网上代销系统、资产证券化云平台等数字化系统工具，大大加快了传统金融机构的数字化、智能化进程。2015年10月，京东金融在深圳证券交易所（简称"深交所"）发行国内首个互联网消费金融资产支持证券（Asset-Backed Securities，ABS）。同年，京东金融发布农村金融战略，积极依托金融科技助力"三农"产业发展。2018年，"京东金融"品牌正式升级为"京东数字科技"，实现了从金融科技驱动向数字科技导向的转变，由消费和金融领域向实体产业领域转型升级。

（资料来源：作者根据相关资料整理。）

2. 传统金融机构数字化转型孵化的金融科技公司

在金融与科技不断融合的过程中，传统金融机构开始进行数字化转型，希望能够借助自身客户优势，借力新兴技术超越其他金融集团。招商银行、中国建设银行、中国平安保险等传统金融机构充分利用大数据、云计算等前沿技术开展智能投顾、智能营销等互联网金融业务。证券与基金机构也通过人工智能等技术丰富和拓展公司业务模式，致力于提升用户的服务体验。与此同时，一些传统金融机构将科技能力对外转化为服务，出现了一些由各大银行成立的金融科技子公司。这些公司由于拥有大数据、人工智能等新技术平台的搭建能力和行业应用服务能力[①]，同时对行业有更加深入的认识和了解，因此在金融科技竞争中发展势头迅猛。

◆**业界案例**◆

建信金融科技

2018年4月18日，由中国建设银行成立的从事金融科技行业的全资

---

① 参见中国信息通信研究院《中国金融科技生态白皮书（2019年）》，见中国信息通信研究院网站（http://www.caict.ac.cn/kxyj/qwfb/bps/201907/P020190710343477298824.pdf），2019年7月10日。

子公司建信金融科技责任有限公司（简称"建信金融科技"）在上海市浦东新区开业，注册资本16亿元。借助大数据、人工智能、区块链等技术，建信金融科技主要开展大数据及智能风控服务、互联网金融服务、金融机构核心系统建设、客户全生命周期管理等服务，涉及的重点产品包括数据集成、数据分析、客户风险画像、普惠金融业务风险模型、电子支付平台、智能投顾等。建信金融科技通过市场化的手段全面提升前沿金融科技的吸收能力、转化能力、实践能力，持续壮大创新实力，将传统金融与人工智能、大数据、云计算、区块链等新技术深度融合，致力于构筑未来银行的全新产品和服务。

（资料来源：作者根据建信金融科技有限责任公司网站资料整理。）

3. 大型企业基于供应链和消费金融等金融服务场景孵化的金融科技公司

随着技术的进步以及民众对服务的要求提高，部分大型企业开始寻求向金融科技转型，试图将原有的服务与金融科技相关模式和技术结合起来。大型企业在用户端上具有得天独厚的优势，掌握了大规模的用户个人信息与相关消费数据，因而在新兴技术的加持下，能够更好地提供基于用户需求的产品及服务，甚至开创出新的业务增长点。在金融科技的趋势浪潮下，诸如苏宁、美的、海尔等大型企业在原有服务的基础上，拓展相关的金融服务应用场景，在消费金融、供应链金融、智能营销、智能风控等方面都实现了突破。

◆业界案例◆

苏宁金融

苏宁金融凭借苏宁线上线下海量的用户群体、特有的线上到线下（Online to Offline，O2O）零售模式和从采购到物流的全价值链经营模式，建立了投资理财、消费贷款、保险、基金等业务模块，打造了苏宁易付宝、苏宁理财、任性付、供应链融资、电器延保等一系列产品。苏宁金融下设商业智能管理中心，专门负责整个苏宁金融的大数据中心建设，以集团生态圈的内外部数据为基础，建立征信数据体系，并以此为基础进行客户分析和风险控制。特别针对众筹、理财、企业贷款、消费贷款等互联网业务，设立三道审批程序，进行严格审查。一方面，苏宁金融为企业客户提供供应链融资和企业端支付结算的金融服务，为个人客户提供线上支付、线下扫码付和消费贷款等金融服务；另一方面，苏宁金融运用生物特征识别、大数据风控、智能营销、智能投顾、金融云等五大核心金融科技，进行基于数据的精准营销和风险控制，为各类金融业务的快速发展提供全方位技术保障。

（资料来源：作者根据相关资料整理。）

第三节　金融科技的产业特点与风险特征

一、金融科技的产业特点

1. 以数据和技术作为产业核心驱动力

金融行业由于客户群庞大、业务种类复杂多样，在日常业务中会产生海量的数据。随着信息技术的发展，大数据、云计算等新技术的出现使得对这些海量数据的信息利用挖掘成为可能。区块链为信息流的整合与传递构造了平台，而人工智能为数据的信息提取、信息利用（如投资决策、风险控制等）提供了方法。因此，金融科技以数据为基础、以技术为动力，利用人工智能、区块链、云计算和大数据等前沿技术对数据进行采集、融合、治理与分析，并最终在服务端提供新型、高效、智能和创新的金融服务。

在金融科技的广泛应用下，生产、服务、生活等实体经济行为可逐步实现数字化。数据可以充分流通，来源也更加多元化，多源异构超高维成为金融大数据的典型特征。医疗、教育、出行等生活中产生的各类数据都能够与金融数据相融合，使金融产品或服务的研发能够得到其他行业资源的补充，进而准确地匹配企业和个人的金融服务需求。在强大的数据基础支撑下，大量金融机构开始运用新兴技术来推动业务的创新和发展。这些新兴技术改变了传统的风险定价模型、金融信息采集来源以及投资决策过程，成为传统金融变革的重要因素。与此同时，跨行业数据的融合也催生出跨行业的应用，金融机构通过数据和技术可以更好地洞察实体企业的经营状况，从而将金融服务嵌入企业经营需要的场景中去，更好地服务于实体经济。

2. 多种技术交叉融合

金融科技的创新模式越来越复杂多样，各个业务领域所依赖的新兴技术不断增多，使得技术交叉融合成为金融科技领域的一个重要特征。首先，目前金融科技领域所关注的前沿科技就是由多学科交叉所形成的成果。例如，区块链的诞生融合了计算机科学、数学、信息学、密码学以及金融学的知识。同样，任何一个具有创新性的金融科技业务模式都不是某个前沿技术的单一运用。只有实现对大数据、人工智能、区块链以及云计算等前沿信息技术的交叉运用，才能真正实现一个新的业务模式突破。例如，数字供应链金融综合了大数据、人工智能、区块链以及物联网等关键性技术；5G、文本处理以及语音处理等先进技术在银行等金融机构的前端服务大放异彩，为金融科技的创新提供了新的驱动力。

金融科技的模式创新需要众多先进技术的融合应用，虽然提高了模式创新的门槛，却拉近了前沿科技与应用场景的距离。金融科技的创新主体只有在多种技术交叉融合的帮助下，才能更为准确地把握市场需求，并在控制金融风险的前提下提供更加个性化的金融服务，满足多元化的金融服务需求。

3. 无界开放的金融服务

随着金融科技的发展，金融服务的边界不断被拓宽，金融行业将与其他行业紧密连接，形成一个开放共享、共建共赢的生态圈。一方面，在金融科技的帮助下，传统的金融机构可以为客户提供更高效便捷的金融服务；同时也可以依托传统金融机构的平台，为企业提供技术服务。如在开放银行的概念下，商业银行将其数据和产品向场景平台开放，把银行的服务融入社会生活、生产、管理的各个环节，用户则可以通过场景平台获得全方位的银行服务。另一方面，科技公司等非金融机构也可以在给企业提供技术服务的同时，借助金融科技提供附加的金融服务。无界开放金融意味着金融机构、科技公司以及实体应用公司三者之间进行联合，使金融服务能够既打破服务场景的局限，也打破物理时空的局限，实现服务范围上的"无界"，从而在全生态环境中为实体企业的全场景提供金融服务。

二、金融科技的风险特征

1. 数据安全风险

金融科技时代，数据成为推动经济社会创新发展的关键生产要素。数据的开放与开发推动了跨组织、跨行业、跨地域的协作与创新，并催生出各类全新的产业形态和商业模式；与此同时，数据安全风险也在不断增加。一方面，数据在不同主体间的流动和被加工导致数据的安全管理边界被打破，管理主体的风险控制能力被削弱；另一方面，随着数据资源商业价值的凸显，针对数据的攻击、窃取、滥用等事件频发，并呈现出产业化、高科技化和跨国化等特性。国际货币基金组织（International Monetary Fund, IMF）在其主办的《金融与发展》（Finance & Development）杂志中指出，黑客对网络的攻击成为金融科技在应用中最容易遭受的威胁。随着大数据等技术在金融领域的广泛运用，数据信息与金融服务的联系日趋紧密，黑客将有更多机会对金融行业进行攻击，一旦数据入侵成功，便会造成严重后果。而若数据服务商有针对性地将目标对准政府机构或大型金融企业，并进行相关信息的收集，一旦出现数据安全漏洞，将有可能泄漏国家金融信息并造成国家金融安全隐患。在数据使用方内部数据泄密和外部攻击的双重压力下，数据安全已经成为社会广泛关注的重大安全议题。

◆业界案例◆

携程漏洞事件

2014年3月22日，漏洞报告平台乌云网在其官网上公布了一条网络安全漏洞信息，指出携程安全支付日志可遍历下载，导致大量用户银行卡信息［包含持卡人姓名、身份证信息、银行卡号、信用卡验证值（Card Verification Value, CVV）、6位银行识别代码（Bank Identification Number, BIN）］泄露，而这些信息可能直接引发盗刷等问题。由于携程用于处理用户支付的安全支付服务器接口具备调试功能，将用户支付的记录用文本保存了下来，同时因为保存支付日志的服务器未做严格的基线安全配置，存在目录遍历漏洞，导致所有支付过程中的调试信息可被黑客任意读取。最终，大部分用户采取立即注销原有银行卡并另行开通新卡的避险措施。

（资料来源：索冬冬、林晓丽：《携程被爆泄露用户银行卡信息》，载《广州日报》2014年3月24日第B1版。）

2. 隐私保护风险

从我们日常使用的金融产品和服务来看，涉及的个人信息较为广泛，包括个人身份信息、信用、财产、上网行为、消费记录等，这意味着信息的收集、交易、存储等各个环节都有被泄露和滥用的风险。一方面，由于数据服务商能够获得用户大量私密信息，一旦信息出现泄漏，用户权益将受到极大损害，金融科技公司和相关行业的信誉也会受到很大影响。我国目前关于个人信息保护的法规主要包括《全国人民代表大会常务委员会关于加强网络信息保护的决定》（2012年）、《电信和互联网用户个人信息保护规定》（2013年）及《中华人民共和国网络安全法》（2016年）等，但这些规定涵盖的范围有限，惩处力度也有待提高，我国关于尊重隐私、保护个人信息的政策制度还需要进一步完善。① 另一方面，我国居民的隐私保护意识不够强烈，在很多情况下为了获取更便捷的服务而忽视了个人信息的安全，进一步加大了隐私保护的难度。2020年10月13日，备受关注的《中华人民共和国个人信息保护法（草案）》终于面世。据《法治日报》报道，该草案确立了个人信息处理应遵循的原则，强调处理个人信息应当采用合法、正当的方式，具有明确、合理的目的，采取安全保护措施等。该草案对个人信息的使用做出了严格的保护性要求，也明确了处理个人信息需要遵循的流程规则。例如，对个人信息的处理需要事先充分告知个人，并在得到个人的授权同意后才能进行处理，且个人有权撤回自己的授权同意。此外，针对个人敏感信息，该草案提出了更为严格的限制措施，强调只有在具有特定目的以及充分必要性的前提下，以及得到个人单独同意或者书面同意后才能对个人敏感信息进行处理。② 随着《中华人民共和国个人信息保护法》的立法推进，隐私保护风险将逐步得到有效控制。

◆业界案例◆

支付宝前员工出售用户资料牟利

阿里巴巴旗下公司支付宝的前技术员工利用工作之便，在2010年分多次在公司后台下载了超过20GB的支付宝用户的信息资料，并将用户信息多次出售给电商公司、数据公司。电商可以通过这些信息精准定位用户，掌握目标消费群体的具体情况。这些用户资料包括用户的姓名、手机号码、电子邮箱、家庭住址、消费记录等。非法交易使得用户隐私难以得

---

① 参见李继尊《关于互联网金融的思考》，载《管理世界》2015年第7期，第1~7、16页。
② 参见朱宁宁《聚焦个人信息保护突出问题、落实个人信息保护责任——个人信息保护法草案首次亮相》，载《法治日报》2020年10月14日第02版。

到保护，安全风险和隐患也随之增加。

［资料来源：王珩：《从支付宝"内鬼"事件浅谈大数据时代个人信息保护》，见华中师范大学新闻传播学院媒介伦理案例库网站（http：//media-ethic.ccnu.edu.cn/info/1168/2095.htm），2018年11月20日。］

3. 金融风险的多维度关联性增加

金融科技的发展使各类机构提供的金融服务不断渗透趋同，跨行业、跨领域的金融产品相互交错，金融业务之间的交叉性增强，形成一个庞大的共生体系。金融科技的跨界、普惠和共享特征在一定程度上改变了系统性风险的触发机制，除了传统的通过股权关系、债务关系、产品结构关系等导致的金融风险传播以外，金融科技的应用使得金融风险因数据关联、技术关联、场景关联等具备了更强的传染性。如当底层数据提供有误时，一系列基于数据的分析和决策都将产生误差；人工智能算法的缺陷可能导致算法交易系统在同一时间出现故障；智能风控模型的错误评估则可能导致大量普惠金融集中违约……在金融科技时代，每个环节的误差都可能触发一系列风险，而当单个平台发生金融风险时，业务的交叉性将会导致风险被传递到其他平台上。同时，金融科技的发展加快了信息传播速度，这意味着金融风险的传导速率也将更快、涉及范围将更广，演变为大规模系统性风险的可能性也就越大。① 因此，对现代金融科技风险的监控也应形成一个跨主体、跨领域的联合监管体系。

◆**思考讨论题**◆

1. 简述我国金融科技企业的三种类型。
2. 阐述金融科技的产业特点。
3. 金融科技面对的主要风险有哪些？

---

① 参见周代数《金融科技监管：一个探索性框架》，载《金融理论与实践》2020年第5期，第62～68页。

第三章 监管科技的发展概况

金融科技的快速发展使得金融产品和服务不断创新,与此同时,金融风险也出现了新的特征,从而对金融监管提出了更高的要求。因此,监管科技适时地被引入讨论和应用。本章从监管科技的起源开始讲述,介绍监管科技产生的原因和社会背景,接着就监管科技的国内外发展情况展开论述,对各国监管科技相关政策或体系进行介绍分析,最后从分行业的协调监管、中央与地方的协调监管以及粤港澳大湾区的协调监管三个方面讲述由监管科技推进的协调监管体系。

第一节 监管科技的起源背景

2008年国际金融危机给各国经济与金融的发展带来了严重的冲击,金融危机的直接成因是金融创新过度和金融监管缺失。这次金融危机使政策制定者与学术界意识到危机发生之前的监管框架存在一定缺陷,即注重防止单个金融机构的倒闭,但缺乏对整个金融体系的保护。当系统性风险累积到一定程度后被释放,便会对整个金融体系下的绝大部分金融机构产生致命威胁,进一步导致风险扩散。

在对金融危机的反思中,政府以及学术界最早达成的共识是加强宏观审慎监管,防范系统性金融风险,即考虑对整个金融体系的保护,扩大监管者的管理权限,注重防范潜在的系统性风险累积。

除了宏观审慎监管,学术界还提出重新制订国家和国际金融监管模式、提高金融体系监管协调性以及创新监管技术等。金融创新的复杂多样性特征使金融监管的范围和难度与日俱增,需要监管科技紧跟金融创新的步伐而不断进步与变革,这就需要监管机构在技术层面进行创新来提高监管能力与监管效率。

在金融危机过后,世界各国纷纷加强了金融监管力度,扩大了监管范围,并提高了监管要求,这也直接导致各国金融机构遵守监管法令的成本急剧增加。2014年,美国前六大商业银行在满足新的合规要求方面就花费了700多亿美元。据统计,全球主要的商业银行、资产管理公司、证券公司的合规成本占其经营成本的比重不断攀升,分别从2008年全球金融危机前的2.8%、2.1%、3.3%上升至2015年的4.5%、3.4%、4.7%。[①]

为了适应新的监管要求,避免因违反监管政策而遭受巨额罚款,金融机构纷纷开始应用大数据、云计算和人工智能等技术来提高合规效率,降低合规成本。金融机构可以利用监管科技进行自动化分析来检查其是否符合反洗钱等监管政策。

在监管层面,金融监管往往落后于金融创新。对金融监管机构而言,面对高速发展的科学技术,监管机构难以及时掌握新技术的架构、优势、局限以及技术与金融业务的结合点,金融科技创新使得金融风险的隐蔽性和复杂性更强。同时,新技术应用于金融领域,也模糊了传统金融业务的边界,被监管对象呈现多元化和综合化的趋势,大量的新型金融组织、类金融机构与金融科技企业进入金融市场,进一步扩大了金融监管的范围,增加了监管的难度。

金融危机爆发后,各国通过制定监管规则以防范金融风险,合规要求变得繁复冗长,监管部门的监管压力和监管成本也日益增加。据统计,2016年,美国证券交易委员会累计执法超过850次,涉及处罚金额达到40亿美元。2017年,中国证监系统仅针对监管机构和个人合规性所开具的罚单就高达249张,涉及处罚金额达到5.73亿元。而传统的监管手段主要依赖市场准入监管与现场检查,在面对层出不穷的金融创新与质量参差不齐的监管报送数据时,早已力不从心。因此,创新性监管技术的应用成为金融监管机构的迫切需求。

---

① 参见傅强《监管科技理论与实践发展研究》,载《金融监管研究》2018年第11期,第32~49页。

第二节　监管科技的国内外发展现状

一、国外发展现状

据全球知名创投研究机构 CB Insights 统计，2013—2017 年，全球监管科技领域股权融资超过 600 宗，融资金额超过 50 亿美元。全球主要金融强国纷纷布局监管科技相关产业，其中监管科技相关交易数量排名前五的国家分别是美国、英国、加拿大、印度、以色列，交易数量占比分别是 73%、9%、3%、3%、3%。下面主要介绍美国、英国、澳大利亚在监管科技方面的发展。

1. 美国

美国三个影响较大的金融监管部门——金融业监管局（The Financial Industry Regulatory Authority，FINRA）、货币监理署（Office of the Comptroller of the Currency，OCC）、商品期货交易委员会（Commodity Futures Trading Commision，CFTC）分别在发展监管科技上采取了一系列举措：美国金融业监管局于 2017 年发布"创新外展计划"，希望借此来推动金融应用与金融监管的创新，于 2018 年 9 月发布了监管科技白皮书，总结了监管科技在五大方面的应用；美国货币监理署于 2016 年创建的"创新办公室"建立了一个和与金融科技、监管科技相关的金融创新公司直接对话的渠道，以此鼓励将新技术应用在金融监管领域；2017 年 5 月，美国商品期货交易委员会成立 CFTC 实验室，希望实现监管效率的提高，加强监管部门与新金融行业之间的联系。

2. 英国

英国金融行为监管局于 2014 年 10 月设立了创新项目，主要包括五个方面的内容：一是通过与金融科技公司对话，了解对方需求，并为金融科技公司适应监管提供帮助；二是为金融科技公司提供合规指导，提升其业务合规性；三是通过与机构合作共享技术，完善并发展监管科技；四是实施"监管沙盒"（Regulatory Sandbox），为金融科技公司提供更好的发展环境，同时在"监管沙盒"内试验新技术的效果；五是鼓励国际合作，在企业和政府层面进行广泛的合作。

3. 澳大利亚

澳大利亚独特的"双峰"监管模式是该国金融的总体监管框架，该模式下金融监管的两大目标是确保金融体系稳定和保障消费者权益。澳大利亚审慎监管局（Australian Prudential Regulation Authority，APRA）主要从宏观审慎的角度对监管科技行业的风险进行监管；澳大利亚证券和投资委员会（Australian Securities & Investments Commision，ASIC）是监管科技的监管主体机构，从行为监管方面指导监管科技行业的发展。[①] 澳大利亚通过建设金融创新的试验环境，为监管科技相关公司提供非正式指导，进行监管科技的应用试验，鼓励企业积极拥抱监管科技，同时与国际监管部门开展合作交流。

从各国不同的举措中可以看到，由于各国金融发展水平以及监管需求的差异，其在发展监管科技上的侧重点也会有所不同。美国更加注重新兴技术在金融监管上的创新和应用。美国金融业监管局在2018年9月发布了监管科技白皮书，提出监管科技主要应用于监督与监测、客户识别及反洗钱合规、智能监管、风险管理、投资者风险评估领域。监管科技可以加强风险管理，提高监管、合规管理的效率，但同时需要注意可能存在的监管科技供应商管理难、客户数据隐私被泄露等问题。英国鼓励金融科技公司在监管科技领域的创新，重视"监管沙盒"的应用。澳大利亚侧重于发展监管科技应用试验。

二、国内发展现状

1. 政策支持

近年来，我国监管层对监管科技的发展力度不断加大，相继出台了一系列监管科技的相关政策，并在实践中探寻人工智能、云计算、区块链、大数据等技术在监管上的应用。对监管科技政策的梳理见表3-1所列。

表3-1 监管科技政策梳理

时 间	政策及会议	主要内容
2016年12月	《"十三五"国家信息化规划》	区块链被列入国家信息化规划

---

① 参见巴曙松、胡靓、朱元倩《澳大利亚监管科技：现状及经验》，载《经济社会体制比较》2020年第4期，第21～29页。

续表 3-1

时　间	政策及会议	主要内容
2017年6月	《中国金融业信息技术"十三五"发展规划》	加强金融科技与监管科技的研究与应用
2017年7月	全国金融工作会议	提出监管科技与国家金融战略的需求实现高度契合
2017年10月	党的十九大报告	提出了数字中国、智慧社会的创新发展思路，要"深化简政放权，创新监管方式"
2018年8月	《中国证监会监管科技总体建设方案》	明确三大阶段、五大基础数据分析能力、七大类32个监管业务分析场景

（资料来源：作者根据相关资料整理。）

　　2017年5月，中国人民银行成立金融科技委员会，主张通过监管科技的应用，提高监管效率、降低监管成本。2017年7月，国务院在《新一代人工智能发展规划》中指出，要建立人工智能安全监管和评估体系，构建人工智能安全监测预警机制。2018年8月，中国证券监督管理委员会（简称"证监会"）在《中国证监会监管科技总体建设方案》中对证券业监管科技进行了顶层设计，明确监管科技1.0、2.0、3.0各类信息化建设工作需求和工作内容。2018年11月30日，中国人民银行办公厅发布《关于做好反洗钱监测分析二代系统上线工作的通知》，自2018年12月起，逐步上线运行反洗钱监测分析二代系统，将大数据技术应用于反洗钱监测中。2019年8月，中国人民银行发布了《金融科技（FinTech）发展规划（2019—2021年）》，要求"运用数字化监管协议、智能风控平台等监管科技手段，推动金融监管模式由事后监管向事前、事中监管转变，有效解决信息不对称问题，消除信息壁垒，缓解监管时滞，提升金融监管效率"，进一步明确了我国监管科技未来三年的发展方向。

　　2019年12月，中国人民银行支持北京市开展金融科技创新监管试点，首批试点项目涵盖了数字金融等应用场景，聚焦物联网、大数据、人工智能、区块链等前沿技术。2020年4月，中国人民银行支持在上海市、重庆市、深圳市、河北雄安新区、杭州市、苏州市等六市（区）扩大金融科技创新监管试点。

目前，国内的监管科技产业正从初级阶段进入加速上升阶段；与此同时，我国监管层对监管科技的重视程度不断提高，监管科技在我国具有迅速发展的前景。

2. 监管科技的应用领域

目前，监管科技在我国金融监管中的应用日渐丰富。从应用场景出发，主要可分为在银行业、保险业、证券业以及地方金融协调监管中的应用。

在银行业监管中，监管科技主要应用于行为监管领域（如反洗钱、反恐怖融资等）、风险预警领域（如异常值分析、市场行为分析等）、宏观系统性风险监测领域等。在保险业监管中，监管科技集中应用在保险公司自身的风控管理上，实际应用程度相对较低。在证券业监管中，监管科技应用范围涉及证券发行、信息披露、证券投资交易、证券违法行为、证券市场风险以及证券投资者保护等方面。在地方金融协调监管中，各地方政府利用监管科技对金融风险事件进行穿透式、无缝隙、多维度监测和预警，并寻找风险传导机制，防范区域性、系统性风险的发生。

第三节　监管科技与协调监管

近年来，随着经济社会发展的加速，我国金融体系市场化、创新化、网络化、数字化、国际化程度日渐提高，我国金融市场的发展速度明显加快。传统的金融分业经营模式已经逐步被多种类、全方位的综合性混业经营所取代，跨界业务和交叉性金融产品不断涌现。市场发展的新动向对金融监管提出了新的监管理念，即开放的、包容的、协调的监管理念。加强监管、确保金融稳定发展已成为当前金融业的重要任务。面对错综复杂的经济与金融环境，顺应金融科技发展趋势，通过科技手段提升金融监管能力和效率，降低监管成本，为金融创新与发展提供强有力的后盾具有迫切性和深远的意义。

一、分行业的协调监管

作为金融监管体系的重要组成部分,金融协调监管能够有效填补金融监管漏洞、降低监管成本、提高监管效率。党的十九大报告明确指出,要健全金融协调监管体系,需要构建一个"无缝式"的金融协调监管体系,既防止监管真空,又避免监管重叠。

由于我国的金融业体量庞大且关联复杂,金融治理需要不同机构的协调配合。2013年,我国建立了以"一行三会",即中国人民银行、中国银行业监督管理委员会(简称"银监会")、中国证券业监督管理委员会(简称"证监会")、中国保险业监督管理委员会(简称"保监会")为主体的金融监管协调部际联席会议制度,标志着我国金融监管协调走向正式化、制度化。2017年7月,全国金融工作会议宣布,在"一行三会"之上设立国务院金融稳定发展委员会,在更高层次上推动金融协调监管。2018年3月,我国将原中国银行业监督管理委员会和原中国保险业监督管理委员会合并为中国银行保险监督管理委员会(简称"银保监会"),同时将拟定银行业、保险业重要法律法规草案和审慎监管基本制度的职责划入中国人民银行,形成了以"一委一行两会"为主体的监管模式。

但是,面对复杂的金融风险和金融创新,分业监管的体系也存在很多不足,尤其是对金融创新风险和系统性风险的防范与化解相对困难。因此,依托监管科技,打通各监管部门和监管机构间的数据隔阂,并通过人工智能方法建立系统性风险监测防控体系,可能是加强分业监管协调的有效途径。

二、中央与地方的协调监管

我国金融业除了纳入"一行两会"分业监管的金融机构外,还纳入了很多地方性的金融机构,如小额贷款公司、融资租赁公司、典当行、地方交易所等,但一直缺乏有效监管。长期以来,这些地方金融机构的金融许可是由地方政府下设的金融服务(工作)办公室(简称"金融办")批准;但地方政府金融办的主要功能是为地方政府起草各种涉及金融的政策文件,协调地方政府和"一行两会"与金融机构的关系,以及招商引资等,监管职能十分薄弱,缺乏充足的监管人员、完善的监管制度和先进的监管手段。由于地方金融监管的薄弱,一些地方金融机构以及一些非法的地方金融活动（例如非法黄金交易、非法外汇交易、非法集资等）往往野蛮生长，造成较大的金融风险甚至社会风险。《中共中央、国务院关于服务实体经济防控金融风险深化金融改革的若干意见》（中发〔2017〕23号）首次明确将我国"7+4"类金融机构的监管职能划给地方金融监管部门。其中，7类金融机构包括小额贷款公司、融资担保公司、区域性股权市场、典当行、融资租赁公司、商业保理公司、地方资产管理公司；4类金融机构是指投资公司、农民专业合作社、社会众筹机构、地方各类交易所。这是中央首次赋予地方政府金融监管事权，也是我国金融监管体制的一次重大改革。这次改革明确了地方金融监管的目标导向和监管机构定位，使金融监管体系更加完善，中央与地方的金融监管权责划分也更为明晰，标志着我国地方金融监管进入一个新时代。

然而，因为各个地方金融监督管理局的成立时间短，存在人员编制缺乏、监管经验不足、监管手段落后等现实问题，所以仅成立机构和赋予职能是远远不够的。要在短期内克服地方金融监管不足，可行的途径是通过引入监管科技，直接提升地方金融监管的能力。各地金融监督管理局可以通过监管科技进行非现场监管，克服人员编制缺乏的问题。监管科技的大数据与人工智能技术能够克服监管经验不足和监管手段落后的问题。因此，监管科技不仅能以更低的监管成本实现更高的监管效率，而且能促进地方金融监督管理局与"一行两会"等监管机构实现数据共享，同时通过技术打破中央和地方的行政沟通壁垒，提高中央和地方监管的协调效率。

三、粤港澳大湾区的协调监管

建设粤港澳大湾区是国家的重大战略部署。在全球金融风险加大的背景下，进一步加强粤港澳金融监管合作是维护区域金融安全与稳定的现实需求。粤港澳大湾区具有"一国两制""三套监管体系"的特征，三地的法律法规不同，行业标准、数据格式、信息技术设施也都存在差异。许多难题是难以通过传统的途径（如行政协调的方式）去破解的，因此，依托金融科技成为最有效的途径。例如，对于金融纠纷或者金融诉讼，很难在粤港澳大湾区内通过司法部门之间的协调让三地司法机构获取有关的证明材料，但是可以通过区块链技术把金融交易的各种关键数据作为电子证据链，从而实现三地的信息共享；对于征信数据，也很难通过传统手段获得三地行政机构的证明和确认，但是可以通过大数据征信来实现三地的征信数据共享。因此，粤港澳大湾区的金融协调监管的重点是要加强对大湾区内金融机构的信息安全管理，通过监管科技实现跨境、跨行业、跨市场的金融业务监管协调和信息共享，这是推进粤港澳大湾区跨境监管一体化的关键途径。

◆思考讨论题◆

1. 简述监管科技在银行业、保险业、证券业中的应用。
2. 简述中央与地方的协调监管体系及监管科技的作用。
3. 对利用监管科技促进粤港澳大湾区的监管协调，你有什么建议？

第四章　金融科技与监管科技的现状总结与发展趋势

近年来，金融科技发展势头迅猛，出现了数字普惠、技术融合、跨界开放、人机交互的发展趋势，致力于以更低的门槛与更低的成本触达更多人群和中小微企业。监管科技也推动形成了非现场监管、穿透式监管等新型监管模式，并破除了协调监管的技术壁垒，赋能系统性风险的防控。本章对金融科技与监管科技的现状进行了总结，并对其发展趋势进行了介绍。

第一节　金融科技与监管科技的现状总结

一、金融科技的现状总结

1. 全球金融科技的产业生态形成

金融科技近年来迅速发展，已在全球范围内形成产业生态。据毕马威2019年发布的《金融科技脉搏》报告显示，2017—2018年，全球金融科技领域融资额从508亿美元上升到了1118亿美元，增长幅度为120%。2020年9月，在外滩大会"浙江大学全球金融科技中心论坛"上，由浙江大学-蚂蚁集团金融科技研究中心、浙江大学国际联合商学院、浙江大学互联网金融研究院等联合发布的《2020全球金融科技中心城市报告》显示：全球金融科技排名前十的国家包括中国、美国、英国、澳大利亚、加拿大、新加坡、日本、德国、荷兰和法国。全球金融科技中心城市的第一梯队共包含8座城市，分别是上海、北京、深圳、杭州与旧金山（硅谷）、纽约、伦敦、芝加哥，中国城市占据半壁江山。

2. 金融科技促使新兴金融业态崛起

随着大数据、云计算、区块链等前沿技术的快速发展，我国金融模式的创新步伐也随之加快，小额贷款公司、点对点信贷（Peer to Peer，P2P）公司、众筹平台、消费金融公司以及产业发展和股权投资基金等新兴的金融业态不断出现，大大丰富了金融服务的模式。这些模式主要可以分为四大类型：互联网类、消费类、准银行类以及股权类。一方面，随着金融创新模式与科技融合的程度不断加深，这些模式的发展呈现出数字化、多样化、融合化以及实体化的趋势，对传统金融业态形成有益的补充①；另一方面，金融机构通过新技术可以更加便捷地获取医疗、教育等其他行业的相关数据，深入挖掘用户需求并快速做出反应，进而提供更多基于场景的金融产品服务，有效提高金融服务实体经济的效率。

3. 金融科技的创新驱动力是不断涌现的新一代信息技术

近年来，大数据、人工智能、云计算等信息科技前沿技术获得了巨大的发展，推动了金融科技领域相关模式的创新。供应链金融、量化投资、数字货币等以相关前沿科技为基础的金融创新越发受到市场的关注，成为驱动金融业提高服务效率、降低服务成本的良好方法。

传统的金融服务具有较强的同质性，金融科技公司不但面临着传统金融机构向金融科技转化的竞争，还要面对科技公司向金融领域过渡的竞争，竞争态势明显。在这种情况下，如何利用金融科技为传统的金融赋能，提高相关服务的效率与水平，甚至是创造新的金融服务模式，成了未来在激烈的服务竞争中取得优势的关键，受到众多金融科技公司的关注。因此，相关前沿技术的发展成为金融服务模式创新的强大驱动力。

4. 金融科技提高了金融赋能实体经济的能力

金融科技并没有脱离金融的本质，金融的本质在于资金融通，而资金融通发展的核心在于提高金融服务效率、降低金融服务成本以及拓展金融服务边界或者是应用场景。金融科技更是要以科技为创新驱动力来为金融赋能，助力实体经济发展，赋能普惠金融，探索新型服务模式。一方面，供应链金融等新型模式以助力实体经济、发展普惠金融为出发点，变革授信放贷模式，为中小企业的经营发展赋能；另一方面，智能投顾、数字货币等金融科技应用探索新型的金融服务场景，开拓金融服务边界，以新的金融服务模式为金融传统业务赋能。

---

① 参见许桂华、谭春枝《我国新兴金融业态的发展趋势、问题及应对策略》，载《经济纵横》2016 年第 6 期，第 101～105 页。

5. 金融科技需要思维变革

在金融科技的浪潮中，思维变革是推动产业发展的重要一环。新的技术不断涌现，新的金融服务痛点也不断产生，必然会导致新的金融服务模式需求，进而出现服务模式的创新。要在不断向前发展变化的行业环境中始终紧跟需求，解决金融服务中的痛点问题，就需要从业者或企业经历互联网化、数字化、科技化思维的转变。金融企业只有在这样的理念和思维之下，加以"机器"的配合，从实际场景出发，将金融科技应用到具体业务中去，才能最终实现"人机"的协调和融合。

二、监管科技的现状总结

1. 监管科技的核心技术

当前，新兴信息技术日新月异，金融科技也在快速发展。新的技术应用与新的监管场景都对监管科技提出越来越高的要求，因此，监管科技要不断加快与新技术的融合，提升监管科技的智能化、标准化、集成化程度，以实现"以科技对科技"的需求。

监管科技的核心技术主要包括人工智能、区块链、物联网、大数据、5G 等。目前，监管科技的人工智能技术大多数是与大数据技术结合以提供数据资源，仍然处于辅助地位，在相关功能的调用和最终决策等环节上都需要人工干预。今后，人工智能逐渐会在监管科技中占据主导地位，监管科技将会引入更多的智能元素，并尽量减少人工审批决策环节，做到自动化采集监管数据、智能化分析风险态势和人工智能自主化决策，以实现金融监管的全链条智能化。

区块链有去中心化、开放性、信息不可篡改性等特性，有助于基础信任机制的建立；同时，通过提供实时可靠的交易状态，可大幅降低监管的成本。物联网是各种信息传感设备与互联网结合之下形成的一个巨大网络。将物联网与金融监管结合起来，可以有效拓展获取数据的来源，例如抵质押品数据、企业经营情况关键监控数据等，使监管决策的依据更加充分。区块链与物联网技术分别提升了数据来源的真实性与广泛性，可以使数据质量有飞跃式的提升，二者的结合将会是未来监管科技发展的一个大方向。

大数据时代下的金融监管信息具有多源异构的特征，应用监管科技所需的储存能力和计算能力也随之提高，因此依托超级计算机建立监管科技大数据云计算平台是十分必要的：一是可以将运算集中在一个较小范围的计算机集群中，在最大限度上集中资源并方便管理；二是通过平台可以让各级监管部门分享强大的运算能力，扩大监管系统的使用范围。目前已经有许多大数据云计算平台开始运行，但其底层技术还有很大的发展空间。在运算效率方面，可以对大数据分析的超算资源调度技术、监管科技核心算法并行化技术等技术进行优化；在数据安全方面，可以进一步提升多源异构金融大数据集成管理与部署技术、敏感性金融数据可信安全存储与访问控制技术。

5G是最新一代的移动通信技术，其技术的性能目标是提高数据速率、减少延迟、节省能源、降低成本、扩大系统容量和实现大规模设备连接。在未来，5G技术可以与人工智能、大数据等技术深度融合，全方位提升监管科技的效能，让监管机构获得维度更广、可信度更高的信用评级数据，更深入地掌握企业或个人的实时资产状态，开展更加有效的风险监控和全流程监测。

2. 监管科技的应用场景

根据德勤2017年发布的报告《监管科技崛起》（*The RegTech Universe on the Rise*），监管科技大致可以分为五类应用场景，分别是交易行为监控、合规数据报送、法律法规跟踪、客户身份识别以及金融压力测试。

在金融机构与客户的交易活动方面，监管科技的应用能使洗钱、内部交易等可疑交易行为得到有效监控。基于线上渠道产生的海量数据，监管机构和金融机构可以借助大数据、云计算等技术对交易前、交易中、交易后三个阶段进行实时监控，并据此提供相应的指导意见。

在合规数据报送方面，金融机构需要向多个监管机构报送不同结构、不同统计维度的数据，合规成本较高。而应用程序编程接口（Application Programming Interface，API）技术、云计算等方式使得实时的数据交互成为可能，金融机构可以运用监管科技自动生成合规报告，降低合规成本。

在法律法规跟踪方面，可利用人工智能和大数据等技术，通过自然语言处理的方法，寻求法律法规之间存在的内在规律，并利用这些规律预测无法观测的或未来的数据，进而改善传统的人工合规方式，提高合规效率。

在客户身份识别方面，随着金融业务的线上转移，防控金融风险要求金融机构充分了解自己的客户，做好客户身份识别工作。区块链技术的发展使得金融机构能够实现KYC信息分布式存储和认证共享,当经过认证的KYC信息被存储到区块链上后,其他金融机构和监管机构也能同时得到相同信息。在自然语言处理、生物识别技术等技术的帮助下,客户识别效率也能够得到进一步提升。

在金融压力测试方面,人工智能、大数据等技术能够帮助金融机构模拟真实情境下的金融状况,进行极端条件下的压力测试,并在多元化的模拟环境中进行金融新模式、新产品的创新试验[①],进而提前预知风险和处理突发极端状况,实现监管与创新的平衡。

3. 监管科技的国际比较

在过去的几年中,全球金融企业都已经意识到监管科技的需求与巨大机遇,监管科技方案提供商正在积极研发相关的技术和软件。国际上发展监管科技的代表性国家主要有美国、英国、澳大利亚、新加坡等,这些国家的监管科技产业发展也各具特色。美国的监管科技侧重于底层技术架构,强调趋势前沿追踪,创新能力突出。英国重点发展"监管沙盒",鼓励并大力指引金融科技公司在监管科技领域的创新。澳大利亚则着力于推动监管科技应用试验,联合监管部门、创新中心与监管科技初创企业组建行业协会,培育监管科技。新加坡成立了专业的组织——金融科技与创新组织(FinTech & Innovation Group,FTIG)来负责金融科技的政策、发展和监管。

相较于金融发达国家,中国的监管科技起步较晚,但发展积极性很高,市场潜力巨大。从应用行业分析,国内的监管科技前沿成果主要分布在银行业、证券业、保险业和地方金融监管中。与国外金融发达地区不同的是,我国的监管科技发展重点在于SupTech,即金融监管机构所使用的"监测科技"。随着"强监管"成为金融领域的主旋律,监管科技将成为我国防范金融风险、构筑金融新生态的重要手段和途径。

[①] 参见薄纯敏《监管科技五大应用场景——2018年中国监管科技发展研究报告》,见亿欧智库网站(https://www.iyiou.com/analysis/2018092882270),2018年9月28日。

第二节　金融科技与监管科技的发展趋势

一、金融科技的发展趋势

1. 数字普惠

近年来，随着金融科技的快速发展，数字普惠金融日趋火热。2015年，我国发布了《推进普惠金融发展规划（2016—2020年）》，其中提出："普惠金融是指立足机会平等要求和商业可持续原则，以可负担的成本为有金融服务需求的社会各阶层和群体提供适当、有效的金融服务。"[①] 但普惠金融存在风险高、成本高的特点，因此传统的手段难以发展普惠金融。而金融科技则是支撑和发展数字普惠金融的基础：一方面，大数据的应用使银行对贷款对象有更加清晰和全面的认识，通过建立小微企业与其他普惠主体的画像，实现贷款业务的自动审批和实时监测。区块链技术和供应链金融的发展，将解决"链"上企业的信用和资质问题，保证资金流入有切实需要的主体，在有效控制银行风险的同时，进一步优化农业企业、小微企业和"双创"主体的融资环境。另一方面，互联网金融公司、综合电商平台、互联网小额贷款平台等通过大数据、机器学习、人工智能等手段，既能精准分析用户的信用水平，提供切合其消费水平的消费分期和小额借贷服务，还能分析用户的消费习惯和收入水平，制订个性化的投资理财计划，使其拥有更多的投资渠道，优化收入和支出的跨期配置。在金融科技的支撑下，数字普惠金融将成为普惠金融的主流形态，并通过金融产品和金融服务的创新不断拓宽普惠金融的广度与深度。

2. 技术融合

人工智能、区块链、云计算、大数据、5G以及物联网等前沿技术在不断发展的过程中，正趋于形成一种融合的生态，各类技术不是独立、分割的，而是相辅相成的关系。首先，大数据能够将海量的信息集成在一起，形成庞大的数据库，而云计算作为计算基础，能够有效地提高数据处

---

① 国务院：《国务院关于印发推进普惠金融发展规划（2016—2020年）的通知》，见中华人民共和国中央人民政府网（http://www.gov.cn/zhengce/content/2016-01/15/content_10602.htm），2016年1月15日。

理分析能力。其次，区块链技术的出现使得每一笔交易都能得到记录，并且数据具有不可篡改性。区块链技术和大数据技术的结合可以避免人们对数据造假所造成恶劣结果的忽视，能够在一定程度上提高数据的真实性。

人工智能的应用使金融机构可以基于大数据提供的信息向客户提供更加精准、有针对性的服务。同时，选用人工智能的服务作为高附加值服务也成了获取更多用户的主要因素，这进一步丰富了数据基础，对客户群体筛选、欺诈风险鉴别以及信用评定等环节有至关重要的作用。物联网能够反映更加真实的企业生产经营状况，可以在技术方面提供支持，帮助金融机构更好地了解、分析客户并进行风险防控。第五代移动通信技术的出现则进一步加深了金融与科技的融合程度，将使未来金融行业在数据采集上呈现一个爆发式的增长，并为云计算、大数据、人工智能等技术向金融领域的深度渗透提供网络环境保障。

3. 跨界开放

以互联网、物联网、大数据、人工智能、云计算等为代表的新兴技术，正在让生产、服务、生活等实体经济行为逐步可数字化，"金融+科技"正式进入深层次的产业融合阶段，金融业务综合化、自动化、智能化的发展趋势愈加明显。实体经济的数字化和线上经济的数字化相互打通，可以使金融机构通过数据和技术更好地洞察实体企业的经营状况，从而将金融服务嵌入企业经营需要的场景中去。随着"十四五"期间银行的数字化转型，尤其是开放银行理念的普及，银行将突破传统物理网点、手机应用程序（Application，App）的局限，通过数据 API 驱动，将场景金融融入互联网生态，围绕客户需求和体验，形成"金融+教育""金融+医疗""金融+制造业""金融+社交"等多种跨界金融服务。

4. 人机交互

随着人工智能技术的迅猛发展，智能系统将普遍存在于人们生活中的各个方面。与传统的机器接受人的指令而做出的单向反应不同，智能化的机器人不仅能对人的行为做出反应，还能通过自适应学习感知与理解人的潜在需求，成为交互行为的主动发起者[①]，人与机器之间可以进行双向的交互学习。当技术得到进一步发展之后，人机交互装置可以通过传感器提

[①] 参见孙效华、张义文、秦觉晓等《人机智能协同研究综述》，载《包装工程》2020 年第 18 期，第 1～11 页。

取人头皮上、大脑皮层上的电场或磁场等信号、参数,进行数据提取、分类和分析,最终通过控制体外设备对人体周边环境进行增强或改善,形成人脑与电脑的共生。人类和机器的界限将随着科技进步而逐渐被打破,人机协同智能决策的出现将给金融行业带来全新的变革。

二、监管科技的发展趋势

1. 监管科技赋能监管新模式

监管科技将会加快监管与新技术的融合,赋能监管新模式,主要包括非现场监管、穿透式监管、"监管沙盒"等。

非现场监管是指银行业监管机构基于银行业金融机构报送的各种经营管理和财务数据、报表与报告,运用一定的技术方法就银行的经营状况、风险管理状况和合规情况进行分析,以发现银行风险管理中存在的问题,评价银行业金融机构的风险状况。在非现场监管下,银行业金融机构按统一规定的格式和口径报送基础报表与数据,形成银行业监管的基本数据库。监管部门从数据库中采集所需要的数据,进行非现场分析。监管部门在对有关数据进行核对、整理后,审查资料的真实性、准确性和完整性,并按照事先已经设计出来的软件系统和一套风险监测、控制指标,自动生成资产质量、流动性、资本充足率、盈亏水平和市场风险水平等一系列指标值,根据这些指标值,进行风险监测与分析。

穿透式监管是指监管者根据实质重于形式的要求,要求金融机构进行信息披露,由此透过金融产品的表象,追溯金融机构最初的资金来源和追查最终的资金去向,综合所有的信息判断金融业务的本质,并履行相应的监管职责。金融穿透式监管可以分为资金端和资产端的穿透,简单来说就是研究"钱从哪里来"和"钱到哪里去"这两个问题。从技术上来看,区块链技术有助于实现监管信息的共享与监管的一致,大数据、分布式技术能够实现数据的实时采集,智能合约技术可以对交易数据进行风险预测,从而快速解决信息分割的问题,实现交易资金的实时结算,达到对资金流向的穿透式监管。①

"监管沙盒"是指金融监管部门在其为促进金融创新所设立的专门机

---

① 参见中国人民银行党校37期专题研究班第四课题组《基于金融风险防范的监管科技发展思考》,载《国际金融》2020年第3期,第46~50页。

构中制定的一项管理机制，由一套监管制度和监管技术系统作为主要载体，对暂未实施的创新型金融产品、服务、业务模式进行内部测试，全面掌握其漏洞及风险，可以推动监管模式由事后、事中监管向事前监管转变。一方面，"监管沙盒"可以在极大程度上降低企业的试错成本；另一方面，"监管沙盒"也提高了金融科技创新的效率。由于"监管沙盒"需要对参与测试的创新型金融产品进行全流程的风险监测、预警与管控，所以对监管科技系统的技术水平要求较高，可以采用大数据、区块链和云计算等技术对监管系统进行升级改造，实现对测试产品资金动向、交易数据、用户数据的全流程跟踪与监控。

2. 监管科技赋能国家金融协调监管

当前由国务院金融稳定发展委员会、中国人民银行、中国银行保险监督管理委员会、中国证券监督管理委员会构成的"一委一行两会"架构虽然在一定程度上符合如今金融混业经营发展加速的大趋势，但归根结底还是分业监管架构，跨界协调监管是其一大痛点。只有打破监管分散发力的现状，凝聚各个金融市场协同发展，形成统筹监管的共识，做好中央与地方监管部门之间的协同监管，才能使监管跟上金融发展的进程。监管科技的发展使国家金融协调监管有望在技术的助力下在各个方面实现跨越式的进步，做到真正的跨界协调监管。

一方面，通过大数据技术，监管层能够多渠道获取经济、金融及相关行业的海量数据，丰富金融统计数据来源，增强数据采集的全面性和完整性，为决策分析提供来源广泛、类型丰富的数据资源。同时，监管科技的运用有助于数据资源的整合，从而打破信息孤岛，实现信息的全方位共享。通过对各金融机构进行综合的、全面的数据采集，不仅能够横向打通不同监管部门以及金融机构的信息管理壁垒，还能纵向增强各级监管部门的信息互联互通，将原先割裂的金融监管数据实现实时共享，使各职能部门、监管部门、资质审核部门等能实时查看所需信息，实现信息的协同和对称。另一方面，借助区块链技术，监管层可以建立中心化、信息不可篡改、互相信任的信息交流平台，充分利用其特征，有效实现监管信息透明化。区块链技术的应用有助于建立基础信任机制，整合金融协调监管的基础设施，提供实时可靠的共享监管信息，从而助力金融协调监管。总的来说，监管科技能够从技术上破除传统上由于行政和制度障碍所形成的协调监管壁垒，减少重复监管，堵塞监管漏洞，提高我国金融协调监管的效果。

3. 监管科技赋能系统性风险防控

随着金融科技的发展，创新型金融产品不断涌现，各个金融市场、金融业态之间的关联更加紧密，呈现出复杂的网络特征和联动关系。在当前的市场环境下，局部爆发的风险事件很可能会蔓延到其他行业与地区，形成系统性金融风险，进而威胁国家金融安全。因此，借助新兴技术实现对系统性金融风险的识别、监测、预警和防控，是我国监管科技发展的重要目标。

一方面，伴随着监管科技的发展，监管数据来源得以不断拓展，监管信息孤岛将不断被打破，监管信息的互联互通可以缩短协调监管的决策周期，提升决策效率，实现决策对经济和金融运行情况的快速响应。同时，基于各级监管数据，利用监管科技深度挖掘信息，有助于识别金融体系结构性变化与系统性风险之间的关系，使监管层能够在进行微观审慎监管的同时，从宏观层面识别、监测和防范系统性风险，从而进行更为精准的宏观审慎监管。另一方面，监管层可以利用监管科技推动金融风险全链条、立体化、高效率的联动处置，对金融风险进行主动发现与预警、实时监测、分析与辅助定性、配合与协助处置。各级监管机构通过运用大数据、云计算、人工智能技术，能够将内部和外部的风险相关数据统一接入、深加工、存储，实时获取相关风险预警信息，并智能化地形成预警信号推送至相关风险预警系统，自动生成风险报告并触发预警，进而跟踪预警和处置，形成"预警、通知、处置和关闭"的闭环处理流程。通过这种方式，监管层能够及时发现问题，提升金融风险识别能力，将各类金融风险消灭在萌芽状态。在实时联动的金融风险预警系统下，即使金融创新发展迅速，监管层也能够实现实时协调监管，从而遏制由于监管滞后于创新而导致的监管漏洞、监管套利或系统性金融风险。

总之，金融科技与监管科技二者相互协调发展是金融行业与新一代信息技术融合的必然趋势。同时，金融科技和监管科技也在改变国际金融体系格局。我国在金融科技与监管科技的发展进程中都处于和发达国家并跑甚至部分领跑的地位，这是我国金融业"弯道超车"的重大机遇。因此，我们需要从国家金融学的高度出发，才能充分认识和深入洞见金融科技与监管科技的发展趋势。

◆**思考讨论题**◆

1. 简述金融科技的发展趋势。
2. 简述监管科技的发展趋势。
3. 简要说明未来金融科技可能赋能的领域。

第二编

驱动金融科技的技术基础

金融科技是新一代信息技术驱动的金融创新。新一代信息技术主要是指 A、B、C、D、G、I 六大基础支撑技术，A 是指人工智能（Artificial Intelligence，AI）、B 是指区块链（Blockchain）、C 是指云计算（Cloud Computing）、D 是指大数据（Big Data）、G 指第五代通信技术（5th Generation Mobile Communication Technology，5G）、I 是指物联网（Internet of Things，IOT）。A、B、C、D、G、I 等新一代信息技术的相互融合、相互渗透，共同为金融科技和监管科技的应用提供了强有力的技术支撑。其中，大数据、人工智能和区块链是直接驱动金融科技创新的核心技术，云计算、物联网和 5G 是辅助性技术。本编分四章对上述六大技术做简要介绍并详细阐述每种技术在金融领域的应用。

第五章　大数据技术

大数据是2013年以后出现的商业概念，是数据科学的新近发展。大数据的兴起是由三方面因素推动的：一是得益于企业已经基本实现了信息化建设并进行了长期数据积累，各种信息管理系统主导了企业的管理和业务。二是互联网的发展在网络上积累了大量可以开源的数据，尤其是移动互联网的发展与电话卡的实名认证使得公众的各种信息可以被有效关联和采集，打破了信息孤岛。三是人工智能等数据分析处理技术得到迅速发展，使得文本、编码、图片、声音和视频等非结构化数据也成为有价值的信息。本章将从数据科学发展的两个阶段的典型案例，即数据仓库阶段的"啤酒－尿布"案例和大数据阶段的"未卜先知怀孕"案例出发，通过案例对比阐述大数据的概念和内涵，然后介绍大数据的基本特征和大数据分析技术，最后对大数据在金融领域的应用进行分析。

◆业界案例◆

**从数据仓库到大数据："啤酒－尿布"案例
与"未卜先知怀孕"案例**

1. 数据仓库阶段："啤酒－尿布"案例

20世纪90年代，美国一家超市管理人员建立了数据仓库，在对各种商品销售数据进行关联分析时发现了一个新奇且令人难于理解的现象：每个周五，啤酒与尿布两件看上去毫无关系的商品会经常出现在男性购物者的同一个购物篮中。

通过调查分析发现，原来在美国有婴儿的家庭中，一般是年轻母亲在家中照看婴儿，年轻的父亲前去超市购买尿布。由于当地妇女一般在周五晚上外出聚会，而年轻父亲在照看婴儿的同时一般会观看球赛。因此，年轻的父亲在购买尿布的同时，往往会顺便为自己购买啤酒，这样就会出现啤酒与尿布这两件看上去毫不相干的商品经常会出现在同一个购物篮的现象。超市发现了这一独特的现象，在卖场将啤酒与尿布摆放在相同的区域，让年轻的父亲可以同时找到这两件商品，并很快地完成购物，结果发现啤酒和尿布的销量迅速增长。

数据科学的作用：一是可以把客户的购买数据记录下来形成数据仓库；二是可以通过数据挖掘技术发现数据间的关联关系。

2. 大数据阶段："未卜先知怀孕"案例

美国第二大的超市塔吉特百货（Target）的一位男性顾客投诉该超市的门店竟然给他还在读高中的女儿寄孕期常备物品的优惠券，这位父亲不相信自己的女儿怀孕了，认为超市门店的广告不利于自己女儿成长。这家全美第二大零售商会搞出如此大的乌龙？但经过这位父亲与女儿的进一步沟通，他才发现他的女儿真的已经怀孕了。那么，塔吉特百货是如何做到"未卜先知怀孕"的呢？

数据科学再次发挥了巨大的作用。在数据收集方面，塔吉特百货为每个顾客办了会员卡，并且根据会员卡识别编号记录下顾客的各种统计数据信息：年龄、是否已婚、是否有子女、所住市区、住址离塔吉特百货的车程、薪水情况、最近是否搬过家、钱包里的信用卡情况、常访问的网址等等。塔吉特百货还可以从其他相关机构那里购买顾客的其他数据信息：种族、就业史、喜欢读的杂志、破产记录、婚姻史、购房记录、求学记录、阅读习惯等等。通过这些数据，塔吉特百货就可以对顾客进行画像，知道每个客户的消费习惯。

然而，怀孕是一件非常私密的事情，通过画像还做不到精准地预测和发现怀孕的顾客。分析师想到了通过一个迎婴聚会的登记表先建立一个高质量的小数据库，然后对这些新生儿母亲顾客的历史消费数据进行大数据建模分析，发现了许多非常有用的数据关联：比如许多孕妇在怀孕的最初20周会大量购买补充钙、镁、锌的善存片之类的保健品，在孕中期的开始会买许多大包装的无香味护手霜。最终，分析师通过25种典型商品的消费数据构建了"怀孕预测指数"的大数据模型，能够在很小的误差范围内预测顾客的怀孕情况。

因此，通过"怀孕预测指数"，塔吉特百货就能早早地把孕期常备物品的优惠券寄给顾客。同时，塔吉特百货把大数据分析技术从孕妇这个细分顾客群开始向其他细分客户群推广，使得其销售额从440亿美元迅速增长到了670亿美元。

3. 从"啤酒-尿布"到"未卜先知怀孕"的思考

两个案例形象解读了数据科学的发展。那么,你能从数据源、数据分析、数据应用效果三个方面,通过对比两个案例的异同来说明数据仓库与大数据的区别吗?你可以结合本章各节内容来寻找上述问题的答案。

(资料来源:作者根据网络流传的通识性案例故事整理。)

第一节　大数据的起源与概念

数据科学伴随着计算机技术的应用迅速崛起。早在1989年,全球知名研究机构高德纳公司(Gartner Group)首次提出"商业智能"(Business Intelligence,BI)这一术语。商业智能通常被理解为将企业中现有的数据转化为知识、帮助企业做出明智的业务经营决策的工具,其主要目标是将企业所掌握的信息转换成竞争优势,提高企业决策能力、决策效率、决策准确性。① 在数据处理过程中,需要利用数据仓库、联机分析处理(On-Line Analytical Processing,OLAP)工具和数据挖掘(Data Mining)等技术。随着互联网络的发展,企业收集到的数据越来越多,数据结构越来越复杂,一般的数据挖掘技术已经不能满足大型企业的需要,这就使得数据处理机构在收集数据的同时,也开始寻求新的方法来解决大量数据无法存储和处理分析的问题。

2011年5月,全球知名咨询机构麦肯锡推出研究报告《大数据:创新、竞争和生产力的下一个前沿》,首次将大数据定义为大小超出了传统数据库软件工具的抓取、存储、管理和分析能力的数据群,大数据作为一个全新的概念被正式提出来。2012年,在瑞士达沃斯小镇召开的世界经济论坛上,大数据成为重点议题之一。与此同时,美国政府发布《大数据研究和发展倡议》,直接推动了大数据研究的飞速发展。2012年,全球首家大数据处理公司斯普伦克(Splunk)在美国纳斯达克上市,成为全球首

---

① 参见肖华、吴湘宁《商业智能的功能及发展》,载《电脑知识与技术》2009年第15期,第4010～4011页。

家上市的大数据处理公司。Splunk 公司的核心业务就是处理大量数据，并且通过图文等形式将数据的信息表达出来，使得原本看似没用的数据变得非常有价值。① 2012 年也被称作大数据发展元年，至此，大数据成为全球的热点。

发展大数据技术的目的在于提高从大型复杂的数字数据集中提取知识和洞见的能力，提高数字数据中访问、组织、收集和发现信息的技术水平。② 关于大数据的概念虽然未有统一的定义，但大数据与传统数据库的概念并不相同。麦肯锡公司的研究报告尝试将大数据定义为大小超出了传统数据库软件工具的抓取、存储、管理和分析能力的数据群。研究机构 Gartner 认为，大数据需要新的处理模式才具有更强的决策力、洞察发现力和流程化能力来适应海量、高增长率与多样化的信息资产。维基百科对大数据的定义是利用常用软件工具捕获、管理和处理数据所耗时间超过可容忍时间的数据集。③ 国务院发布的《促进大数据发展行动纲要》提到，大数据是以容量大、类型多、存取速度快、应用价值高为主要特征的数据集合。一般而言，大数据具有"4V"的特征，即规模（Volume）大、多维度（Variety）、价值（Value）密度低、高速度（Velocity），或者说，起码要具备这些特点的数据科学，才能被纳入大数据范畴。

第二节 大数据的基本特征

一、规模大

数据规模大是大数据的首要特征。随着信息技术的高速发展，数据开始爆发性增长。社交网络［微博、推特（Twitter）、脸书（Facebook）］、移动网络、各种智能工具、服务工具等，都成为数据的来源。据统计，全

---

① 参见徐忠、孙国锋、姚前主编《金融科技：发展趋势与监管》，中国金融出版社 2017 年版，第 23～24 页。
② 参见方环非《大数据：历史、范式与认识论伦理》，载《浙江社会科学》2015 年第 9 期，第 113～120 页。
③ 参见孟小峰、慈祥《大数据管理：概念、技术与挑战》，载《计算机研究与发展》2013 年第 1 期，第 146～169 页。

球的数据量已经达到了千万亿兆的量级,从 2005 年到 2011 年增长了 8 倍,2020 年,全球的数据量达到 25 千万亿兆的量级。例如,淘宝网近 4 亿的会员每天产生的商品交易数据约 20 TB;脸书约 10 亿的用户每天产生的日志数据超过 300 TB。① 从规模上,"未卜先知怀孕"案例数据要远远大于"啤酒-尿布"案例用到的数据。金融市场上积累的数据量更是惊人,仅就结构化的交易数据而言,近 10 年全球主要指数和成分股的逐笔交易数据就超过 600 TB。

二、多维度

大数据最重要的特征是多维度。正是因为大数据包含了多个维度的信息,既可以弥补单一维度信息导致的失真,又可以通过多维度数据相互交叉验证来确保信息的真实性和有效性。多维度信息包括:企业内部原始的经营、交易信息;物联网世界产生的物流信息、人机交互信息;互联网世界中人与人的交互信息;通过手机终端或者 App 应用感知的位置信息;等等。大数据的多维度还体现在数据结构上。传统数据仓库一般是结构化数据,如"啤酒-尿布"案例的商品销售数据;而大数据中,非结构化数据的占比达到 80%,包括网页、图片、传感器的监测数据、视频数据、音频数据、位置信息、来自日常运营系统的各类信息等等。"未卜先知怀孕"案例中,数据就是多维度的。在金融系统中,往往存在各种不真实信息或者欺诈行为,因此需要多维度数据交叉验证,才能保障交易背景的真实性并形成足够的信用信息。

三、价值密度低

价值密度低是大数据的重要特征。在现实世界所产生的数据中,有价值的数据所占比例很小。相比传统的小数据,大数据最大的价值在于通过从大量不相关的各种类型的数据中,挖掘出对未来趋势与模式预测分析有价值的数据,并通过机器学习方法、人工智能方法或数据挖掘方法深度分析,发现新规律和新知识。② 例如,在"未卜先知怀孕"案例中,塔吉特

---

① 参见工程师之余《大数据的四大特点与六大行业领域应用》,见电子发烧友网(http://www.elecfans.com/rengongzhineng/796132.html),2018 年 10 月 11 日。
② 参见工程师之余《大数据的四大特点与六大行业领域应用》,见电子发烧友网(http://www.elecfans.com/rengongzhineng/796132.html),2018 年 10 月 11 日。

百货从外部采集大量顾客行为数据和大量商品数据，但从这些数据中提取的价值与其数据规模相比而言是很小的。这一点在金融应用中更为突出，如为了提高一点对客户的信用评估的准确度，就需要分析大量客户行为数据。

四、高速度

大数据的处理要求高速度（Velocity），即通过算法对数据的逻辑处理速度非常快（1秒定律），可从各种类型的数据中快速获得高价值的信息，这一点和传统的数据挖掘技术有着本质的不同。大数据的产生非常迅速，主要通过互联网传输。生活中每个人都离不开互联网，无论是电脑、手机终端、小程序还是家用电器的物联网，每天每个人都不可避免地提供大量的数据资料。① 对这些数据的处理往往具有非常高的时效性。例如，在"未卜先知怀孕"案例中，如果算法处理数据过慢，比如孕妇已经购买过无香味护手霜，再推销护手霜的效果就会大打折扣。在金融市场应用中，对大数据处理速度的要求更高，如在金融市场中，大数据分析的毫秒级的速度差别都能影响到高频算法交易的收益。

第三节　大数据分析技术

大数据处理的流程是利用合适的工具对海量数据进行提取与集成之后按照某一标准统一存储，再对存储的数据进行分析，从中提取有益信息并将结果展现出来。② 相比于传统的数据处理，大数据处理的流程包括高维异构的数据采集和清洗、高维异构数据的融合、数据预处理和数据挖掘、敏感数据安全访问和隐私保护等。

一、数据采集

目前，大数据的主要数据来源有三个途径，分别是万维网（Web）系

---

① 参见工程师之余《大数据的四大特点与六大行业领域应用》，见电子发烧友网（http://www.elecfans.com/rengongzhineng/796132.html），2018年10月11日。

② 参见徐忠、孙国锋、姚前主编《金融科技：发展趋势与监管》，中国金融出版社2017年版，第31页。

统、传统信息系统和物联网系统。

Web系统是大数据中最主要的数据采集渠道。随着Web 2.0的发展，整个Web系统包含了大量的价值化数据。Web系统数据中，结构化数据和非结构化数据都有，文本等结构化数据偏多，数据的价值密度相对较高。目前，针对Web系统的数据采集通常通过网络爬虫程序来实现。近年来，随着移动互联网的发展以及手机短视频的流行，通过手机App端等移动互联网系统采集大数据成为关键领域，其对用户行为和内容数据采集的质量很高。

传统信息系统是大数据最基本的数据来源，虽然传统信息系统的数据占比较小，但是由于其数据结构清晰，且以结构化数据为主，同时可靠性很高，因此传统信息系统的数据往往也是价值密度最高的，如"未卜先知怀孕"案例中采集的参加迎婴聚会客户的登记表数据。

物联网是大数据新兴的数据采集渠道，也是促使大数据迅猛发展的重要推手之一。物联网的数据占据了整个大数据的90%以上，可以说，因为物联网才有了大数据。物联网的数据大部分是非结构化数据和半结构化数据，包括能耗信息、资产属性信息、诊断类数据和信号类数据。能耗信息是计算各种能耗的数据，如功率、电压等。资产属性信息是采集各类硬件设备（资产）的位置信息、参数信息等。诊断类数据是采集设备运行的各类监测数据。信号类数据是通过设备发送的各种信号信息。物联网规模大，虽然物联网数据的价值密度低，但一些物联网数据对金融业来说确实极为关键，它可以避免人为数据造假，可以为资金流、订单流等数据提供客观数据的交叉验证。

二、数据存储[①]

大数据来源不同，数据结构是多种多样的，可分为结构化数据、半结构化数据、非结构化数据等。传统的结构化数据库已经无法满足数据多样化的存储要求，因此，大数据的存储系统必须对多种数据以及软硬件有较好的兼容性，以便适应各种应用算法或者数据提取、转换与加载。较为常见的大数据存储技术有三种。

---

① 参见徐忠、孙国锋、姚前主编《金融科技：发展趋势与监管》，中国金融出版社2017年版，第31页。

（1）采用大规模并行处理（Massively Parallel Processing，MPP）系统架构的新型数据库集群，重点面向行业大数据，采用无共享（Shared Nothing）架构，通过列存储、粗粒度索引等大数据处理技术，再结合MPP系统架构高效的分布式计算模式，完成对分析类应用的支撑。

（2）基于Hadoop[①]技术扩展和封装，重点应对传统关系型数据库较难处理的数据和场景。围绕Hadoop衍生出相关的大数据技术，充分利用Hadoop开源优势，打开了大数据存储的瓶颈。目前，最为典型的应用场景是通过扩展和封装Hadoop来实现对互联网大数据存储、分析的支撑，这里面有几十种非关系型数据库（NoSQL）技术。

（3）大数据一体机，这是一种专为大数据分析处理而设计的软、硬件结合的产品，由一组集成的服务器、存储设备、操作系统、数据库管理系统以及为数据查询、处理、分析而特别预先安装的软件组成，具有良好的稳定性和纵向扩展性。

上述常见的大数据存储技术也存在弱点，就是数据高度膨胀，导致数据访问难。例如，在量化投资分析中，如果采用传统数据库技术，要对100 TB以上的逐笔数据一次性做分析并提取因子，需要耗费极大的存储空间和几个月的装载读取时间。因此，需要研发高压缩、高分析效率的大数据存储分析技术。目前，国家超级计算广州中心和深圳天软科技有限公司合作，在超级计算平台上研发了高压缩的大数据存储系统，对结构化数据压缩率在1/40，非结构化数据在1/20。高压缩大数据分析技术将会是金融大数据存储和处理的关键方向。

三、数据预处理

数据预处理环节是对广泛异构的数据进行抽取与集成、清洗以及脱敏等操作，包括三个方面。

1. 数据抽取与集成

大数据的一个重要特点就是多样性，这就意味着数据来源极其广泛，数据类型极为繁杂。要想处理大数据，首先必须对所需数据源的数据进行抽取与集成，从中提取出数据的实体和关系，经过关联和聚合之后采用统一定义的结构来存储这些数据。

---

① Hadoop的中文名是海杜普，全称为Hadoop Distributed File System（海杜普分布式文件系统）。

2. 数据清洗

在提取数据时，需要对数据进行清洗，以保证数据质量及可信性。数据清洗就是对采集的数据进行过滤，排除错误数据或者无关的数据。数据清洗不仅有利于提高搜索处理效率，还能对用户信息多一层保护。

3. 数据脱敏

数据脱敏，顾名思义就是对数据中涉及的用户敏感信息（身份证号、电话号码、银行账号等）进行变形处理，以达到保护隐私的目的。

四、数据挖掘[①]

数据挖掘是指运用计算机技术从大量的数据中将隐藏的有价值的信息提取出来的过程。数据挖掘具有四个特征：一是基于海量数据；二是非平凡性，即挖掘出来的知识是不简单的；三是隐藏性，即数据挖掘要发掘的是现象背后的本质，而非表面信息；四是价值性，即挖掘出来的知识能够给社会带来直接或间接价值。数据挖掘主要的方法有统计分析、聚类分析、决策树、人工神经网络（Artificial Neural Network，ANN）、规则归纳等。

第四节　大数据在金融领域的应用

金融业本身就是基于数据和信息的产业，大数据驱动金融业产生深刻的变革。金融机构在业务开展过程中逐渐积累了包括用户基本信息、资产负债情况、资金交易记录等海量高价值数据。目前，大数据在金融领域的应用正处于蓬勃发展阶段，其主要应用可以分为五个方面。

一、征信领域

征信是金融服务的基础，尤其是信贷服务的前提。根据2013年出台的《征信业管理条例》的定义，征信是指对企业、事业单位等组织的信用信息和个人的信用信息进行采集、整理、保存、加工，并向信息使用者提

[①] 参见徐忠、孙国锋、姚前主编《金融科技：发展趋势与监管》，中国金融出版社2017年版，第32～33页。

供的活动。2014年6月14日，国务院发布《社会信用体系建设规划纲要（2014—2020年）》，其中一项重要的工程就是建立全国集中统一的金融信用信息基础数据库。

在大数据时代，大数据推动征信业的进一步发展。首先，征信的数据来源更加多元，既包括传统金融机构的用户信息和交易数据，也包括政务数据、税务数据、交通执法数据、互联网平台数据等，广泛的数据来源直接促进了征信质量的进一步提升。其次，征信产品的覆盖度也将从金融体系扩展到互联网和移动互联网用户。在对传统征信产品的改进方面，以信用报告为例，大数据时代的信用报告可以结合客户的生活习惯、性格特点、财务状况、兴趣爱好等信息数据综合评判个人信用状况。与此同时，征信产品的形式也可以更加多样化，可以是报表、报告、可视化图表、详细的可视化分析或者简单的文字信息、视频信息等。因此，大数据征信具有特征数据范围广、数据更新快和具有对比性（可评级）三个典型特征。

尤其是从金融业的视角看，大数据拓展了企业信用评估的边界。大数据有独特的内涵。以信贷服务的信用评估为例，传统信贷首要依赖高质量的征信报告数据；当征信报告不能满足信用评估时，就需要增加授信主体的财务数据；如果财务数据仍不足以完成信用评估，就需要继续增加授信主体的各种业务数据。由于财务数据、业务数据都是内部数据，存在粉饰、造假等风险；因此，往往还需要借助与授信主体关联的外部系统大数据来补充、佐证和核验，才能形成可信的信用评估。随着大数据技术的发展和国家对社会征信体系建设的重视，基于大数据的征信服务将成为金融服务业的基础产业。

◆业界案例◆

基于大数据的个人征信服务——百行征信

在我国的个人征信领域，目前国家只授权一家市场化公司——百行征信有限公司提供个人征信服务。百行征信是在中国人民银行监管指导下，由市场自律组织——中国互联网金融协会与芝麻信用、腾讯征信、前海征信、考拉征信、鹏元征信、中诚信征信、中智诚征信、华道征信等8家市场机构共同发起组建的一家市场化个人征信机构。截至2020年10月底，百行征信已拓展金融机构超1800家，签约信贷数据共享机构近1000家，百行个人征信系统收录个人信息主体超1.5亿人，所有征信产品累计使用量突破3亿笔。其中，百行征信普惠金融服务通过基于征信机构和政务部门特有的信息，创新数据共享方式，实现金融数据和非金融数据的有效融合，运用大数据、机器学习、人工智能等技术，从多维度、多角度描述信息主体的征信评价，并运用于金融系统的风险控制中。

（资料来源：李冰：《第二张个人征信牌照申请获受理，京东数科、小米等入局》，载《证券日报》2020年12月7日第B1版。）

二、大数据画像

大数据可以为金融业带来更精准的客户画像。所谓客户画像，是根据客户的社会属性、生活习惯、行为习惯等信息抽象出一个标签化的用户模型，这个标签就是通过对用户数据的分析得出的高度精练的特征标识。[1] "客户画像应用主要分为个人客户画像和企业客户画像。个人客户画像包括人口统计学特征、消费能力、兴趣、风险偏好等数据。企业客户画像包括企业的生产、流通、运营、财务、销售和客户数据，以及相关产业链的上下游等数据。"[2] 因此，作为客户画像的"原料"，数据是否充分全面直接决定了画像的效果是否精准。通过精准的客户画像，使用者可以实现精准营销和获客。

以银行为例，在传统情形下，客户来银行开户、办卡、转账、按揭等，银行只有基本的个人身份数据和结构化的交易数据，银行对于客户的认知是模糊的。基于银行自身拥有的数据进行客户画像，基本上很难得出真实的结果，甚至可能得出错误的结论。在大数据时代，银行等传统金融机构可以整合更多的外部数据进行更精准的客户画像，比如个人客户在社交媒体和电商网站上的数据、企业用户的产业链上下游数据等。如此，整合多维度数据之后进行客户画像，精确度就会高很多。

三、大数据风险控制

风险控制是金融机构的核心能力。在大数据时代之前，金融机构主要通过传统的制度建设和客户小数据分析做风控。以银行为例，主要依赖信

---

[1] 参见李恒超、林鸿飞、杨亮等《一种用于构建用户画像的二级融合算法框架》，载《计算机科学》2018年第45期，第157～161页。
[2] QYUooYUQ：《大数据在金融行业的应用》，见CSDN网站（https://blog.csdn.net/dsdaasaaa/article/details/94763757），2019年7月5日。

贷经理或风控经理对客户的判断来规避风险，主观因素在其中起到了很大作用。进入大数据时代以后，金融业的风险管理将升级换代。基于社交网络分析技术实现风险预警与管理从"单点"扩展到"网络"，从"平面"扩展到"多维"，风险信号将更为全面。金融机构引入有价值的外部数据，将其与行业内信息进行有效整合，可以构建更加全面的企业信用风险分析数据源。随着大数据技术的发展，近几年，大数据风控已经改变了金融机构传统的风控模式。尤其是新崛起的互联网公司，例如蚂蚁集团、微众银行（腾讯金融）、京东数字科技（京东金融）、度小满（百度金融）、新网银行和马上消费金融等，纷纷依托其互联网产业积累的大数据开展互联网信贷，并采用大数据做在线智能风控，借助互联网进行普惠金融创新。

◆业界案例◆

阿里小额贷款的大数据风控

蚂蚁集团的阿里小额贷款基于其零售平台的回款保障，可对其供应商开展 B2B（Business to Business，指企业对企业之间的营销关系）模式的应收账款贷款（如图 5-1 所示），采取在线风险监控措施。

图 5-1 阿里小额贷款业务流程

（1）贷前调取企业的电子商务经营数据并辅以三方认证信息，判断企业经营状况、信用情况和偿债能力。

（2）贷中通过支付宝、阿里云以及未来的物流系统监控企业资金流、信息流和物流情况，为风险提前做出预警。

（3）贷后对违约客户处以限制或关停其网络商铺等措施，并向其他网络客户通报其潜在风险。

(资料来源:邹丽:《基于大数据的小微企业融资模式研究——以阿里金融为例》,载《财会通讯》2016年第32期,第15~18页。)

四、大数据反欺诈

反欺诈是金融业的重点工作。不论是传统金融的银行业、保险业,还是网贷、众筹等新兴的互联网金融模式,银行卡盗刷、虚假交易、冒用身份等欺诈行为都屡见不鲜。反欺诈技术也一直在进步,最初仅仅是设置用户密码等基础手段,现在的机构已经普遍建立了自己的反欺诈系统。大数据技术的发展为金融业反欺诈提供了更强大的工具。

基于大数据的反欺诈的核心主要由身份评估和信用评估构成。身份评估包括用户设备异常评估、地理位置评估、行为相似度评估、交易环境异常评估等方面;信用评估则通过对欺诈信息库、失信信息库、高危账号库、欺诈关联图谱的比对分析得出。

五、大数据预测

大数据为我们带来了更及时、更完备的状态呈现,在此基础上,我们可以更及时地做出对未来的预测。对于金融业来说,预测是大数据的核心应用之一,尤其是能够为证券市场、外汇市场、大宗商品交易市场等创造巨大价值。例如,我们可以根据客户历史交易行为和流失情况来建模,从而预测客户流失的概率。

◆业界案例◆

证券基金的大数据应用

2012年,海通证券自主开发的"基于数据挖掘算法的证券客户行为特征分析技术"主要应用在客户深度画像以及基于画像的用户流失概率预测,通过对100多万名样本客户半年交易记录的海量信息进行分析,建立了客户分类、客户偏好、客户流失概率的模型。

再如股价预测:2011年5月,英国对冲基金 Derwent Capital Markets(德温特资本市场)建立了规模为4000万美元的对冲基金,通过分析推特的数据内容来感知市场情绪,从而指导投资。实践证明,这支基金取得的收益远比其他对冲基金要高。

（资料来源：赵怡雯：《海通证券："数据挖掘算法"留客户（上海金融创新奖巡展）》，载《国际金融报》2013年1月31日第02版。吴倩：《年化收益率40%，互联网基因更胜基金经理？》，载《广州日报》2014年7月11日第A18版。）

虽然上述金融业的大数据应用取得了蓬勃发展，但依然有许多障碍需要突破。比如，由于金融数据属于敏感数据，很多金融机构的数据不能对外开放，甚至不能离开自由的存储分析设备；因此，金融企业存在严重的数据孤岛效应，数据的共享严重不足，未来有可能需要结合联邦学习和多方安全计算等技术来克服。此外，还存在大数据人才相对缺乏、数据的安全问题难以保障、外部数据融合等问题。但从总体看，金融业对大数据的重视和渴望程度非常高，研发力度空前。在金融科技蓬勃发展的驱动下，我国金融业的大数据应用将迎来突破性的发展。

◆思考讨论题◆

1. 请根据"啤酒-尿布"案例和"未卜先知怀孕"案例的对比，分析数据科学从数据仓库到大数据的变化，可从数据源、数据处理和数据应用三方面回答。

2. 大数据的"4V"特征是什么？

3. 大数据在金融领域的应用除了书中介绍的五大方面，还有哪些应用？

第六章 人工智能技术

人工智能是以计算机科学、逻辑学、生物学、心理学和哲学等众多基础学科为基础的复杂科学。简单来说，人工智能的本质就是对人的思维进行模仿，以此代替人类工作。随着人工智能技术不断发展，在许多方面，人工智能已经可以完成对人的替代，并且完成对"人"思维的进化。近年来，随着机器学习等人工智能的发展，人工智能越来越多地被应用在智能投资、智能投顾、智能风险管理等方面。本章将介绍人工智能的基本概念、技术基础和人工智能在金融领域的应用概况。

第一节 什么是人工智能

一、人工智能的概念

在斯坦福大学的研究报告中，人工智能被定义为"一种受到人类感知、思考、推理和行动方法启发但又有所区别的科学与计算机技术"。通俗地说，人工智能是对人类智能进行模仿的各种科学技术的总称。[①] 由此我们可知，人工智能并不是一门独立的学科或技术，而是一门综合性学科，涉及计算机科学、哲学和认知科学、数学、控制论、信息论、神经生理学、心理学、语言学等多学科。人工智能的目标是实现机器对人类脑力劳动的替代，制造出能像人一样行动、思考的"机器"。

---

① 周伟、张健、梁国忠著：《金融科技——重构未来金融生态》，中信出版社2017年版，第312页。

二、人工智能的发展历程[①]

1. 第一次浪潮（1956—1980 年）：人工智能的诞生

1956 年 8 月，在美国汉诺斯小镇宁静的达特茅斯学院中召开了一场后来被一致认为是人工智能起源的学术研讨会，与会专家们围绕"用机器来模仿人类学习以及其他方面的智能"这一主题展开了为期两个月的讨论，尽管会议没有达成普遍的共识，但是却为会议讨论起了一个名字——"人工智能"。这一事件标志着人工智能的诞生，1956 年也被视为"人工智能元年"。

在达特茅斯会议之后的数十年间，人工智能迎来了高速发展。计算机解决了一些数学证明以及学习使用英语等问题，人工智能的快速发展使得研究人员乐观情绪高涨，认为具备人类思考能力的机器在不久的将来就会出现。在这一时期，相关研究成果呈井喷态势涌现。1958 年，约翰·麦卡锡（John McCarthy）组建了世界上第一个人工智能实验室，并且发明表处理（List Processing，LISP）语言，这是人工智能界第一个最广泛流行的语言。此后，麦卡锡还提出分时概念，改变了计算机的处理方式，极大地推动了人工智能的发展。马文·明斯基（Marvin Minsky）把人工智能技术和机器人技术结合起来，开发出了世界上最早的模拟人活动的机器人 Robot C。此外，明斯基还提出了"虚拟现实"（Virtual Reality，VR）的概念。1956—1970 年，是人工智能发展的第一个"黄金时代"，许多开创性的研究成果在这期间出现。

2. 第二次浪潮（1980—1997 年）：人工智能开始产业化

1980 年，卡耐基梅隆大学为美国数字设备公司（Digital Equipment Corporation，DEC）制造了一个专家系统 XCON-R1。这个系统从 1982 年到 1988 年平均每年为该公司节约了 4000 万美元，取得了巨大的成功。在经历了 20 世纪 70 年代的人工智能发展低潮之后，该系统重新燃起了整个社会对人工智能的信心。1981 年，日本新一代计算机技术研究所提出研发具有人工智能的第五代计算机，当时被称为"人工智能计算机"，这也为人工智能的发展奠定了重要基础。1983 年，英国开始了预算为 3.5 亿英镑的软件可靠性和度量标准（AIvey）工程，关注大规模集成电路、人工智能、

[①] 参见谷来丰、赵国玉、邓伦胜著《智能金融——人工智能在金融科技领域的 13 大应用场景》，电子工业出版社 2019 年版，第 144～160 页。

软件工程、人机交互（包含自然语言处理）以及系统架构。在美国，由美国的计算机和半导体厂商组成的微电子与计算机技术集团（Microelectronics and Computer Technology Corporation，MCC）在系统架构设计、芯片组装、硬件工程、分布式技术、智慧系统等方向发力。在这个时期内，算法也得到了突破性的进展。1982年，约翰·霍普菲尔德（John Hopfield）证明了Hopfield 网络可以学习并处理信息，戴维·鲁姆哈特（David Rumelhart）则提出了反向传播算法。它们和1986年发表的分布式处理的论文一起，为20世纪90年代神经网络的商业化打下了坚实的基础。

3. 第三次浪潮（1997年至今）：人工智能迎来爆发期

进入20世纪90年代中期，人工智能再次迎来了爆发式发展。1997年5月11日，国际商业机器公司（IBM）制造的超级计算机深蓝（Deep Blue）在经过多轮较量后，击败了国际象棋世界冠军加里·卡斯帕罗夫（Garry Kasparov）。这个事件标志着人工智能的研究到达了一个新的高度，也给人工智能做了一次大规模的宣传。2000年后，随着大数据的普及、深度学习算法的完善、硬件效能的提高，人工智能的应用领域变得更广，应用程度也变得更深，其中标志性的事件就是2015年谷歌（Google）旗下深度思考（DeepMind）公司开发的第三代人工智能围棋程序阿尔法狗（AlphaGo）先后战胜了职业棋手樊麾、李世石和柯洁。

◆小品◆

从 AlphaGo 到 AlphGo Zero（阿尔法元）看人工智能的演变

2017年10月19日凌晨，国际学术期刊《自然》（Nature）指出，谷歌新智能 AlphGo Zero 从零开始自学，在无任何人类指导的情况下自学围棋，并以100:0的战绩击败"前辈"——AlphaGo。这对人类造成极大的冲击，世界顶尖围棋手柯洁从最初想战胜 AlphaGo 转为要向机器学习围棋智慧。

2015年，AlphaGo 借助48个 TPU（神经网络训练专用芯片），参考了海量的人类棋谱并自我对弈3000万盘，又经数月训练，最终以4:1大败九段棋手李世石；随后，AlphaGo 经过进一步演化后，以3:0战胜世界顶尖棋手柯洁。AlphaGo 尽管战胜了人类，但是人类可以宣称 AlphaGo 的获胜还是基于人类的围棋智慧，即海量的人类棋谱。

AlphGo Zero 则完全抛弃了 AlphaGo 的思路，仅用4个 TPU，完全抛弃人类棋谱，闭门自我训练3天，自我对弈490万盘棋，训练完成后，以

100∶0 的战绩完胜 AlphaGo。

这种进化学习和机器智慧，是未来人工智能发展的重要方向。未来的人机交互，也包含着人类学习机器的智慧。

（资料来源：作者根据相关资料整理。）

第二节 人工智能的技术基础

谈起人工智能，人们首先就会想到机器学习、深度学习、神经网络、卷积神经网络、图形处理单元（Graphics Processing Unit，GPU）、机器视觉、生物识别、自然语言处理、语音语义、知识图谱、支持向量机、贝叶斯定理、监督学习、无监督学习等专业术语。究其原因，是由于人工智能技术属于前沿交叉学科，本身所涉及的领域和层次非常广泛，算法、算力、具体技术和场景需要区别开来梳理。人工智能的研究领域主要有五层：最底层是基础设施建设，包含大数据和计算能力；往上一层为算法，包括机器学习、深度学习等；第三层为重要技术方向和问题，如计算机视觉、语音工程、自然语言处理等；第四层为具体技术，如图像识别、语音识别、机器翻译等；最顶端为行业解决方案，如金融、医疗、交通等。具体分层体系如图 6-1 所示。

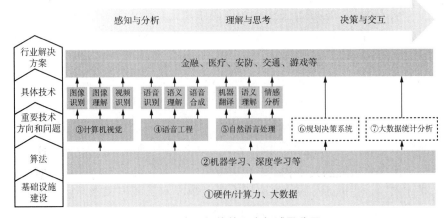

图 6-1 人工智能的研究领域及分层

［资料来源：Bruceoxl：《人工智能杂记——人工智能时间简史》，见 CSDN 网站（https：//blog.csdn.net/u013162035/article/details/79535577），2018 年 3 月 13 日。］

第三节 人工智能在金融领域的应用

云计算和大数据的快速发展为人工智能提供了基础支撑，深度学习带来的算法突破提高了复杂任务处理的准确度和效率，极大地推动了语音识别、计算机视觉、机器学习、自然语言处理、机器人等人工智能技术的发展。[①] 金融行业拥有的海量数据、行业边界清晰、资本等优势给人工智能提供了天然的应用场景和发展保障。当金融遇上人工智能，不仅仅是技术驱动带来的效率提升，更是颠覆了金融行业的原有格局。

当前，人工智能在金融科技领域的应用已非常广泛，人工智能在金融科技领域的 13 大主要应用场景分别是智能支付、智能营销、智能客服、智能征信、智能风控、智能投研、智能投顾、智能开户、智能交易、智能理赔、智能保险、智能机具和智能安保。这些应用场景将在本教材第三编和第四编详细介绍。

大多数人工智能在金融领域的应用，是把文本处理、语音识别、图像识别等方面的人工智能移植到金融领域来。例如，文本处理技术被广泛用于从各种分析师报告、舆情信息中抽取出投资者的情绪，用于人工智能的投资预测；语音识别和图像识别中的深度学习算法等同样被用到金融行业的身份识别甚至模型的优化当中。这些人工智能算法适合于金融行业的各种业务场景。但就金融市场系统本身而言，一般的人工智能算法存在局限性。因为金融市场是复杂的演化系统，属于社会系统而不是自然系统。社会系统的特点是参与者自身的行为会影响社会系统，而社会系统反过来又会影响参与者，两者是相互作用、相互影响的关系。而类似语音识别、图像识别等，是属于自然系统的应用，即参与者很难直接影响自然系统。因此，如何用人工智能来反映社会系统的特性是一个难题。于是，计算实验建模（Agent-Based Modeling，ABM）作为一种适合于研究金融市场这样的复杂演化社会系统的人工智能方法兴起了。计算实验是通过计算模型描述系统中微观主体的行为特征及其相互关联演化以及环境背景，从而模拟系

---

① 参见伍旭川《人工智能发展趋势、挑战及对金融安全的影响》，载《财经智库》2018 年第 3 期，第 26～43、141～142 页。

统的基本运动并在此基础上实验分析系统的集结行为与演化规律的一种科学研究方法。① 计算实验方法近年来与金融科技逐渐融合。一方面，大数据为计算实验构建的虚拟投资者提供了行为分析和校准；另外一方面，机器学习等方法丰富了虚拟投资者的学习行为。因此，计算实验对于金融复杂演化系统的建模有很强的优势，包括在证券市场的制度设计、金融系统性风险管理等方面取得较好的应用。②

随着人工智能技术的迅猛发展，许多行业将面临颠覆性的变革，人工智能技术有可能在未来重塑各行各业的人才战略、运营模式及与客户的合作模式。金融科技领域也必将随着人工智能技术的不断发展而产生巨大的变革，传统的银行、保险、证券等金融业态在未来将可能以全新的面貌展现在世人面前。

◆思考讨论题◆

1. 人工智能的技术基础有哪些？
2. 请思考未来人工智能主要的应用领域有哪些。

---

① 参见张维、熊熊、张永杰著《计算实验金融研究》，中国科学出版社 2010 年版，第 5 页。
② 参见崔毅安、熊熊、韦立坚等《金融科技视角下的计算实验金融建模》，载《系统工程理论与实践》2020 年第 2 期，第 373～381 页。

第七章 区块链技术

第一节 什么是区块链

一、区块链的概念

2008年11月,在中本聪的论文 *Bitcoin:A Peer-to-Peer Electronic Cash System*① 中首次提出区块链的概念。那么到底什么是区块链呢?工业和信息化部指导发布的《中国区块链技术和应用发展白皮书(2016)》对其的解释是:狭义来讲,区块链是一种按照时间顺序将数据区块以顺序相连的方式组合成的一种链式数据结构,并以密码学方式保证的不可篡改和不可伪造的分布式账本。广义来讲,区块链技术是利用块链式数据结构来验证和存储数据、利用分布式节点共识算法来生成和更新数据、利用密码学的方式保证数据传输和访问的安全性、利用由自动化脚本代码组成的智能合约来编程和操作数据的一种全新的分布式基础架构与计算范式。

简而言之,区块链是一种数据以区块为单位产生和存储,并按照时间顺序首尾相连形成链式结构,同时通过密码学保证不可篡改、不可伪造及数据传输访问安全的去中心化分布式账本。

◆小品◆

快速了解区块链

假如你是一位女生,某天,你的男友对你说:"我很爱你,七夕我送你一条项链作为爱你一生一世的见证!"你把这句话截屏发到你俩都在的

---

① Satoshi Nakamoto. *Bitcoin:A Peer-to-Peer Electronic Cash System*. https://bitcoin.org/bitcoin.pdf,2008-12-31.

微信群里，你的男友再也无法抵赖。当然，你得发个红包感谢微信群中的朋友为你点赞并作证，这个红包就是记账的奖励。你也可以把红包做成通证（Token）的形式，那么大家的记账奖励就变成了可以流转的数字资产。

在微信群中，你的闺蜜、爸妈、朋友、同学就是记账"节点"。你、男友、截屏信息、说这句话的时间和地点等信息被打包起来形成一个结构化的信息包，这个信息包就叫"区块"。当然，人们一般不会把所有信息都放到链上或者在链上公开所有信息。例如，你把信息发到微信群时会涂去一些私密的对话，这就是上链信息的选择和隐私保护。

最后，如果你的男友要赖，即使他把你的手机记录都删去，你也可以从亲朋好友等多个"节点"中翻出这个账本对质，这就是区块链的分布式账本的应用。此外，如果七夕之前你不想要项链，和男友商量把项链换成戒指，那么之前的区块也不能被删除，需要把这些更新信息生成一个信息块再发到微信群里进行更新，这个新的信息块还包含了上一个信息块的部分信息，相当于增加了一个新的区块到链上。这就体现了区块链不可篡改和可追溯的特性。

如果微信群里同时有商家、银行和快递公司，你的男友即使抵赖，到七夕的时候，商家会自动从他的信用卡账户中扣款并派快递公司把项链送给你。这就是智能合约。这就解决了合约执行难的问题。

（资料来源：作者根据相关资料整理。）

二、区块链是源于比特币的技术系统创新

2009年1月3日，中本聪发布了比特币系统并挖掘出第一个区块，被称为"创世区块"，最初的50个比特币宣告问世。可以说，比特币是区块链技术的第一个应用与实践。比特币本质上是由分布式网络系统生成的数字货币，其发行过程不依赖特定的中心化机构，而是依赖于分布式网络节点共同参与一种被称为工作量证明（Proof of Work，PoW）的共识过程以完成比特币交易的验证与记录。PoW共识过程（俗称"挖矿"，每个节点被称为"矿工"）通常是各节点贡献自己的计算资源来竞争解决一个难度可动态调整的数学问题，成功解决该数学问题的"矿工"将获得区块的记账权，并将当前时间段的所有比特币交易打包记入一个新的区块，按照时间顺序链接到比特币主链上。比特币和区块链系统一般具备五个关键要

素，即公共的区块链账本、分布式的点对点网络系统、去中心化的共识算法、适度的经济激励机制以及可编程的脚本代码。区块链技术为比特币系统解决了数字加密货币领域长期以来所必须面对的两个重要问题，即双重支付问题和"拜占庭将军问题"。

双重支付问题又被称为"双花"，即利用货币的数字特性两次或多次使用"同一笔钱"完成支付。在传统金融和货币体系中，因为现金（法定货币）是物理实体，所以能够自然地避免双重支付；其他数字形式的货币则需要可信的第三方中心机构（如银行）来保证。区块链技术的贡献是在没有第三方机构的情况下，通过分布式节点的验证和共识机制解决了去中心化系统的双重支付问题，在信息传输的过程同时完成了价值转移。

"拜占庭将军问题"是分布式系统交互过程中普遍面临的难题，即在缺少可信任的中央节点的情况下，分布式节点如何达成共识和建立互信。① 区块链通过数字加密技术和分布式共识算法，实现了在无须信任单个节点的情况下构建一个去中心化的可信任系统。②

截至 2018 年，比特币系统已经运行了整整十年。比特币系统软件全部开源，系统本身分布在全球各地，无中央管理服务器、无任何负责的主体、无外部信用背书。在比特币运行期间，有大量"黑客"无数次尝试攻克比特币系统，然而，神奇的是，这样一个"三无"系统，近十年来一直都在稳定运行，没有发生过重大事故。这一点无疑展示了比特币系统背后技术的完备性和可靠性。近年来，随着比特币风靡全球，越来越多的人对其背后的区块链技术进行探索和发展，希望将这样一个去中心化的稳定系统应用到各类企业应用之中。需要说明的是，区块链虽然诞生于比特币，但区块链不等同于比特币或者数字货币，比特币所用的区块链技术是第一代区块链技术；区块链技术从比特币中分离出来后，经过不断发展，其技术也不断升级，产生了更多技术特性和更广阔的应用。因此，区块链是源于比特币的技术系统创新。

---

① 参见范捷、易乐天、舒继武《拜占庭系统技术研究综述》，载《软件学报》2013 年第 6 期，第 1346～1360 页。

② 参见袁勇、王飞跃《区块链技术发展现状与展望》，载《自动化学报》2016 年第 4 期，第 481～494 页。

第二节　区块链的技术基础

一、区块链的数据结构[①]

要了解什么是区块、什么是链，首先需要了解区块链的数据结构，即这些交易以怎样的结构保存在账本中。区块是链式结构的基本数据单元，聚合了所有交易相关信息，主要包含区块头和区块主体两部分。区块头主要由父区块哈希值（Previous Hash）、时间戳（Timestamp）、默克尔树（Merkle Tree）等信息构成。区块主体一般包含一串交易的列表，每个区块中的区块头所保存的父区块的哈希值唯一地指定了该区块的父区块，在区块间构成了连接关系，从而组成了区块链的基本数据结构，如图7-1所示。

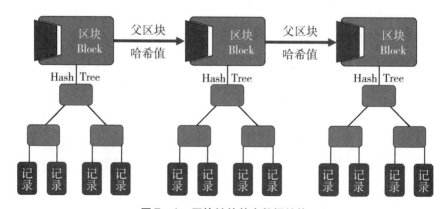

图7-1　区块链的基本数据结构

（资料来源：作者根据相关资料整理。）

二、区块链的底层密码算法

区块链的底层关键技术是密码算法。成熟的密码算法包括哈希函数、

---

① 参见李倩《探一探区块链技术背后的历史，如何一步步走到今天的呢》，见电子发烧友网（http://www.elecfans.com/d/672137.html），2018年5月4日。

数字签名、对称加密、数字证书、安全套接层（Secure Sockets Layer, SSL）加密传输、共识机制等等。此外，盲签名、环签名、零知识证明、同态加密和后量子密码等创新的密码算法也逐步被应用于区块链。密码技术与航天航空技术、核技术等都是国家核心技术。比特币、以太坊等公有链用的是美国主导的国际密码算法标准，而最流行的联盟链——超级账本（Hyperledger Fabric）也采用了美国主导的国际密码算法标准。当前，国内大多数区块链技术都是基于超级账本进行应用修改。随着《中华人民共和国密码法》在2020年实施，要求政务、金融等关键领域采用国产密码算法标准。同时，中国人民银行发布的《金融分布式账本技术安全规范》也要求基于国产密码算法。因此，国内不少联盟链开始对国产密码进行改造，但是国产密码的改造涉及底层的密码算法、安全容器和加密硬件，由于超级账本没有开源，国产密码的改造存在难度。只有基于国产密码算法研发自主可控的区块链技术，才能实现把区块链作为核心技术的自主创新。目前，深圳区块链密码创新联盟研发了完全基于国产密码和自主代码的联盟链——聚龙链，在区块链核心技术的自主创新方面取得了突破。

三、区块链的六大技术特点[①]

1. 去中心化

区块链数据的存储、传输、验证等过程均基于分布式的系统结构，整个网络中不依赖一个中心化的硬件或管理机构。作为区块链的一种部署模式，公共链网络中所有参与的节点都可以具有同等的权利和义务。

2. 可靠数据库

区块链系统的数据库采用分布式存储，任一参与节点都可以拥有一份完整的数据库拷贝。除非能控制系统中超过一半以上的算力，否则，在节点上对数据库的修改都将是无效的。参与系统的节点越多，数据库的安全性就越高；并且区块链数据的存储还带有时间戳，从而为数据添加了时间维度，具有极高的可追溯性。

3. 开源可编程

区块链系统通常是开源的，代码高度透明，公共链的数据和程序对所

---

① 参见邹均、张海宁、唐屹等著《区块链技术指南》，机械工业出版社2016年版，电子书第136～140页。

有人公开，任何人都可以通过接口查询系统中的数据。区块链平台还提供灵活的脚本代码系统，支持用户创建高级的智能合约、货币和去中心化应用。例如，以太坊（Ethereum）平台即提供了图灵完备的脚本语言，供用户来构建任何可以精确定义的智能合约或交易类型。关于以太坊的更多内容请参考第五编第十八章第二节。

4. 集体维护

系统中的数据块由整个系统中所有具有记账功能的节点共同维护，任一节点的损坏或失去都不会影响整个系统的运作。

5. 安全可信

区块链技术采用非对称密码学原理对交易进行签名，使得交易不能被伪造；同时，利用哈希算法保证交易数据不能被轻易篡改；最后，借助分布式系统各节点的工作量证明等共识算法形成强大的算力来抵御破坏者的攻击，保证区块链中的区块以及区块内的交易数据不可被篡改和伪造。因此，区块链技术具有极高的安全性。

6. 准匿名性

区块链系统采用与用户公钥挂钩的地址进行用户标识，不需要传统的基于公钥基础设施（Public Key Infrastructure，PKI）的第三方认证中心（Certificate Authority，CA）颁发数字证书来确认身份。通过在全网节点运行共识算法，建立网络中诚实节点对全网状态的共识，区块链系统间接地建立了节点间的信任。用户只需要公开地址，不需要公开真实身份，而且同一个用户可以不断变换地址。因此，在区块链上的交易不和用户的真实身份挂钩，只是和用户的地址挂钩，具有交易的准匿名性。

区块链技术的核心优势是去中心化，能够通过运用哈希算法、数字签名、时间戳、分布式共识和经济激励等手段，在节点无须互相信任的分布式系统中建立信用，实现点对点交易和协作，从而为中心化机构普遍存在的高成本、低效率和数据存储不安全等问题提供解决方案。

四、区块链的分类[①]

从应用场景的需求出发，目前区块链可以分为公有链、联盟链和私有

[①] 参见邹均、张海宁、唐屹等著《区块链技术指南》，机械工业出版社2016年版，电子书第59～70页。

链三类。

公有链不受任何机构控制，完全公开，各个节点的地位完全平等，并且可以自由加入和退出网络，并参与链上数据的读写。例如，比特币、以太坊都是公有链。

联盟链则有更为严格的权限控制，各个节点通常有与之对应的实体机构组织，通过授权才能加入与退出网络。各机构组织组成利益相关的联盟，共同维护区块链的健康运转。例如，供应链管理中的区块链系统就是联盟链。

还有一种彻底的私有链，各个节点的写入权限收归内部控制，而读取权限可视需求有选择性地对外开放。这种私有链仍然具备区块链多节点运行的通用结构，适用于特定机构的内部数据管理与审计。

第三节　区块链与价值互联网[①]

传统互联网是信息互联网，互联网仅是信息传递的工具。传统的计算机技术系统和网络解决不了数字资产的"双花"问题，因此不能传递价值。区块链基于分布式网络，使用块链式的数据存储结构实现数据的不可篡改，应用加密算法保证数据安全可靠，共识算法保证网络公平性，以及时间戳技术实现数据的可追溯性。因此，区块链通过构建新型的社会信任机制，解决了"双花"问题，使得数字资产可以在互联网中传递，对价值互联网的建设意义重大，主要体现在三个方面。

一是为价值互联网提供基础设施，通过身份认证、隐私保护、基础价值传输协议等功能，推动形成价值互联网的信任基础和信息传递机制。

二是区块链的应用带来价值互联网门槛的降低，能够将更多用户纳入价值互联网系统，可以有效扩大价值互联网的规模并提高其价值。例如，区块链有潜力推动普惠金融进程，将更多落后地区的居民纳入金融体系，从而进一步提高价值互联网的价值。

三是区块链通过去中介化等方式，可以有效降低社会交易成本，促进

[①] 参见周亮《区块链在价值互联网建设中的应用介绍》，见电子发烧友网（http://www.elecfans.com/blockchain/778277.html），2018年10月1日。

价值互联网的形成。例如，区块链有望应用在全球范围内的小额跨境汇款场景中，从而省去数百亿美元的手续费。

第四节　区块链在金融领域的应用

金融是在不确定环境中进行资源的时间和空间配置。在这个过程中，信息不对称是不可避免的，这其中既有资金提供者和资金使用者之间信息沟通的不顺畅，也有市场参与主体资产定价能力和风险定价能力的差别。这些因为信息不对称所产生的信任问题，正是所有的金融中介和金融基础设施存在的理由。

区块链可以被理解为一个基于计算机程序的公开总账，它可以记录在区块链上发生的所有交易。区块链去中心化、不可篡改、公开透明的特点可以极大地提高金融资源的配置效率，并且可以解决信任问题。因此，在区块链技术发展过程中，其与金融的结合一直是政府、金融机构重点关注的对象。

一、数字货币

数字货币可以分为两大类。一类是私人数字货币，即不依赖于国家信用而仅依靠技术创造的数字货币，如比特币、以太坊等。比特币的出现直接助推了数字货币的发展，在其诞生的十年里，尽管比特币的价格经常出现过山车式的暴涨暴跌，但总体呈上升趋势。比特币自身的快速发展，加上它开源的特性，极大地刺激了人们模仿和创新的欲望。由于区块链的技术优势，私人数字货币具备了去中心化、全球流通、匿名性高、安全性高等特征，因此迅速受到了金融机构和监管当局的关注。另外一类数字货币是中央银行依托国家信用采用区块链技术发行的法定数字货币。这是各国中央银行应对私人数字货币冲击的重要手段。我国中央银行在法定数字货币方向的探索也走在世界前列。2014年，中国人民银行就成立了专门的数字货币研究团队。2020年10月，中国人民银行数字货币在深圳市罗湖区开始了较大规模的测试，取得初步成功。中国人民银行数字货币的进展将会不断加速。

关于数字货币的详细内容将在本教材第五编详细介绍。

二、支付清算

理论上的区块链支付为交易双方直接进行，不需要中间机构参与。区块链分布式记账技术可大大提升现代支付清算机制的效率，使得银行、交易所等机构的管理成本大大减少。当前，商业贸易、证券交易的支付清算一般需要借助于银行，传统的交易方式要经过开户行、对手开户行、境内清算组织、国际清算组织、境外银行等，支付清算过程中的每一家机构都有自己的账务系统，彼此之间需要建立代理关系，互有授信额度。同时，每笔交易需要在本银行记录，还要与交易对手进行清算、对账等，导致速度慢、成本高。基于区块链技术构建一套通用的分布式银行间金融交易协议，为加入银行提供跨境、任意币种实时支付清算服务，将会使得跨境支付更加便捷、高效且成本低廉[1]。例如，全球已有42家大型银行和金融集团加入R3区块链联盟并制定了可交互结算的标准，未来，区块链在支付清算领域的应用将会逐渐改变现有的支付清算模式。

三、票据市场[2]

对于票据市场，区块链的应用将是未来的核心。一方面，以区块链技术为基础实现票据市场的点对点交易，能够打破票据中介的现有功能，实现票据价值传递的去中介化；另一方面，区块链的信息不可篡改性也使得票据一旦完成交易，将不会存在赖账现象，可避免"一票多卖"、打款背书不同步等行为，有效防范票据市场风险。另外，区块链交易记录前后附带相连的时间戳，也提供了透明化、可信任的追溯途径，从而有效降低监管的审计成本，避免了票据造假风险。当然，除了票据之外，诸如场外股权、债券转让等其他非场内交易性金融资产，利用区块链账本的安全透明、不可篡改及易于跟踪等特性，实现其登记、发行或管理环节的数字化，往往也能促进票据市场的高效安全运行。

---

[1] 参见黄国平《区块链发展及其在金融领域的应用》，载《金融时报》2019年12月23日第11版。

[2] 参见黄国平《区块链发展及其在金融领域的应用》，载《金融时报》2019年12月23日第11版。

四、征信服务

区块链技术在征信领域的应用是近年来学术界研究的热点问题。区块链上存储的数据质量高、安全性和可靠性强、不易篡改,天然适用于个人征信的应用场景。传统征信业在征信系统和基础设施方面耗费了大量资源,存在信息不完整、数据错误、使用率低、成本高等问题。如果使用区块链技术,所有信息节点将以加密的形式存储并共享客户在本机构的信用信息,客户在申请贷款时就可以不用通过中国人民银行查询征信,贷款机构直接调取区块链的相应数据就可以完成征信审查工作。

五、证券市场[①]

我国证券市场尚未发展成熟,针对其交易流程与监管机制中存在的问题,区块链的应用将彰显出一定的优势,因此,推进区块链与证券市场的结合成为重要趋势。在传统证券交易市场,证券交易需要通过大量中介机构完成,必须经历开户、委托、配对成交、清算结算四个阶段,涉及银行、证券公司、投资人、证券登记结算机构等众多主体,各机构需协调配合才可促成每一笔交易的完成。而在使用区块链技术的证券市场中,证券和资产以数字形式出现,可以使交易双方通过智能合约和加密技术实现自动配对,无须中央机构的参与,这样能够简化传统证券交易冗长的交易流程,实现投资者与证券发行方的直接交易,节省大量人力和物力成本。

◆思考讨论题◆

1. 区块链的技术特点是什么?
2. 区块链在金融领域的应用是如何降低信息不对称的?

[①] 参见黄昌文《论区块链技术在证券市场的应用及法律监管》,载《中国经贸导刊(中文版)》2020 年第 2 期,第 131~132 页。

第八章 辅助性技术

大数据、人工智能和区块链是直接驱动金融科技创新的核心技术,云计算为金融科技提供了算力基础,物联网为大数据提供了更丰富的数据来源和为金融数据融合创新提供了支持,5G则为金融科技的应用提供了高速的网络支持。本章将详细介绍云计算、物联网和5G这三种驱动金融创新的辅助性技术。

第一节 云计算技术

随着大数据时代来临,面对海量、复杂的数据信息时,传统的计算机运算能力无法满足分析海量数据的算力要求,传统的数据处理方式也无法满足数据挖掘的要求,云计算技术应运而生。云计算是传统数据分析(数据挖掘、统计分析、机器学习、智能算法)的升级,也是虚拟化技术、分布式计算、海量数据存储与管理技术的融合发展。[①] 此外,人工智能近年来的快速发展也对云计算技术的发展起到了巨大推动作用。

一、云计算的概念

云计算是一种服务,由一个可配置的共享资源池组成,用户能够按需使用资源池中的网络、服务器、存储设备、应用和服务等资源,几乎不需要花费任何精力去管理。相比传统的自建或租用数据中心方式,云计算让我们能够像使用水、气、煤、电一样使用IT基础服务。在云计算出现之前,传统的IT部署架构是"烟囱式"的,即"专机专用"系统。在这种

[①] 参见葛文双、郑和芳、刘天龙等《面向数据的云计算研究及应用综述》,载《电子技术应用》2020年第46期,第46~53页。

部署架构下,一个应用系统部署在一个服务器上,再配套存储设备和网络连接。这种部署模式很难实现硬件配置与应用系统需要的 IT 资源匹配。例如,在"双十一"时,淘宝、天猫等购物网站的业务量会猛增,对 IT 资源的需求也会相应增加,而平时,这些应用系统并不需要这么多资源,这就需要对 IT 资源进行合理分配,否则就会造成极大的 IT 资源浪费。这种情况类似中国的春运,春运时,铁路的运力是平时的几倍甚至更多,但是过了春运,运力就会立即降下来,避免资源浪费。

2010 年后,云计算发展迅猛,利用虚拟化技术的云基础架构有效地解决了传统基础架构的问题。相比"烟囱式"的传统部署架构,云基础架构在原有的计算、存储、网络硬件层的基础上增加了虚拟化层和云层,通过将基础硬件设备虚拟化,屏蔽了硬件层自身的差异性和复杂度,形成统一资源池,并通过云层对资源进行统一调度,支持不同应用系统实时的动态调整资源需求,实现真正的资源按需配置,不仅提升了 IT 资源的利用效率,而且有效降低了应用系统对于硬件的依赖性,保障了系统稳定。

基于云基础架构的云计算服务能够按照用户需求提供资源配置,云计算服务厂商通常会提供云主机、云硬盘、云数据库等各类产品。以云主机为例,用户能够自主选择云主机的中央处理器(Central Processing Unit,CPU)、内存、镜像、系统盘和数据盘的配置,并根据配置按年、按月或者按时付费。这极大地方便了用户动态使用 IT 资源,并逐渐成为主流的 IT 服务方式。

二、云计算的技术服务形式[①]

云计算有四种技术服务形式:基础即服务(Infrastructure as a Service,IaaS)、平台即服务(Platform as a Service,PaaS)、软件即服务(Software as a Service,SaaS)和新近诞生的云原生。

1. 基础即服务

基础即服务,是指在这种形式下,计算能力、存储、网络或者其他基础性计算资源,甚至是组合而成的虚拟数据中心都是可能提供的服务。用户只要开发应用程序,不需要管理和维护底层物理基础设施。

[①] 参见徐忠、孙国锋、姚前主编《金融科技:发展趋势与监管》,中国金融出版社 2017 年版,第 48 页。

2. 平台即服务

平台即服务，是指在这种形式下，用户部署采用特定的编程语言、框架或者工具开发的应用程序，而不用关心基础设施怎么样、在哪里，类似于微信小程序。

3. 软件即服务

软件即服务，是指在这种形式下，用户通过网络能够使用服务商运行在云基础设施之上的应用。用户通过各种终端登录服务门户，使用相关应用系统，并按照使用量支付费用，比如钉钉。

4. 云原生①

2020年后，云原生开始兴起。云原生，顾名思义就是软件应用从原始设计开发就是基于云的，开发者无须考虑底层的技术实现，可以充分发挥云平台的弹性和分布式优势，实现快速部署、按需伸缩、不停机交付等。云原生是以容器、微服务、DevOps（英文 Devlopment 和 Operations 的组合，是一组过程、方法与系统的统称）等技术为基础建立的一套云技术产品体系，极大地降低了各种软件应用的开发和部署成本。

三、云计算的产品分类

从产品角度来看，云计算又可分为公有云、私有云、混合云和超算云四类产品。

1. 公有云

公有云企业利用自有的基础设施直接向外部用户提供服务，用户通过互联网访问云服务。公有云企业的客户往往覆盖多个行业，因此需要提供全面、丰富的产品线，保障服务的安全性和稳定性，同时还要能够满足灵活采购、快速调配的需求。这对企业的技术水平、资金规模和运营能力都有较高的要求。目前，公有云市场的用户以中小企业和科技属性企业为主；未来，大型企业和传统企业也将逐步迁移至公有云，公有云市场发展空间巨大。

2. 私有云

私有云服务指的是为单一用户在其自有机房部署云基础架构并提供相

---

① 参见后端小王《云原生（Cloud Native）概念与实践》，见 CSDN 网站（https://blog.csdn.net/qq_34896199/article/details/108535699），2020年9月11日。

应的服务，用户可根据自身需求部署应用程序。私有云企业需要为用户提供定制化的产品，提供运维支持并保障数据安全性。由于中国独特的IT投入结构导致私有云规模较大，部分私有云未来将向公有云迁移或采用混合云。

3. 混合云

混合云，顾名思义，指的是用户的云架构中既包括公有云也包括私有云。该产品不仅要求数据能够在公有云和私有云之间便捷迁移，而且需要兼顾系统的安全性和经济性。

4. 超算云

超算云，即基于超级计算（又称高性能计算）提供的云服务。超级计算是计算机科学重要的前沿性分支，它不仅是一个国家综合科研水平的重要标志，也是综合支撑国家安全、经济和社会发展等可持续发展的不可替代的信息技术手段。[①] 近十年来，在"863"计划（国家高技术研究发展计划）等多个国家科技计划的持续支持下，我国在超级计算领域取得了长足发展。从技术上看，以"天河""神威""曙光"等为代表的超级计算机的性能在"TOP 500"排行榜中长期处于世界领先位置，一共获得过11次"TOP 500"榜单的第一名，占全部次数的55%。但是，超级计算机的体系结构和一般计算机集群是不一样的，所以大部分商业软件都无法直接在超级计算机上部署运行。为了能够既发挥超级计算的算力，又兼顾各种商业软件尤其是金融软件服务的易用性，服务提供方把超级计算的算力虚拟成超算云，在云平台上提供和普通计算机一样的虚拟机环境。目前，这项技术已经在中山大学国家超级计算广州中心的"天河二号"超级计算机上开展了商业应用和提供面向金融的服务。

四、云计算的关键技术

1. 虚拟化[②]

虚拟化技术是云计算技术中的核心技术，也是云计算的重要特征。云计算的各个操作环节都是基于虚拟平台来实现的，虚拟化技术能够将一切

[①] 参见历军《中国超算产业发展现状分析》，载《中国科学院院刊》2019年第6期，第617~624页。

[②] 参见徐忠、孙国锋、姚前主编《金融科技：发展趋势与监管》，中国金融出版社2017年版，第50~52页。

数据以逻辑的方式排列呈现，使云计算更加智能。云计算中的虚拟化技术是指通过云计算平台中的虚拟软件来实现数据计算，改变了以往数据在硬件平台中的计算方式。虚拟化技术也使云计算的各个资源得到高效率应用，能够根据每个用户的使用习惯和日常需求有选择性地进行资源分配，使负载动态更为平衡。虚拟化技术屏蔽了底层复杂性，用户可以按照简单方式使用 IT 资源，将用户从物理硬件和软件绑定中解放出来。

虚拟化技术具有兼容性、封装性、隔离性、硬件独立性等特征，使得用户各项操作都与硬件操作无直接关联，因此在系统功能的可靠性上相对更高，也更稳定。云计算将用户需求和基础设施分离，实现了资源利用的弹性与灵活性。

2. 分布式计算①

分布式计算就是把一个大任务分解成很多小任务，并分配不同计算资源对其进行计算和处理。该技术能够突破传统计算机的单独作业模式，使多台计算机协同作业。在分布式计算技术中，分布式的文件系统能够把海量的数据信息以分布式方式进行存储，改变了海量数据集中化存储的单一缺陷，并能够在完成分布式存储后将各个任务进行分解，尤其可解决大型任务的烦琐问题，使多台计算机实现共同操作和并行计算。事实上，大家熟知的面向服务的体系结构（Service-oriented Architecture，SOA）、万维网服务（Web Service）和 Hadoop 平台都属于分布式计算的范畴。

3. 数据管理技术②

数据管理技术是云计算技术的一大优势，云计算能够对用户上传的海量数据进行存储与读取，再对所存储的海量数据进行分析，其对已存储数据的操作频率和读取频率都明显快于新数据的传输频率。如何从所存储的海量数据中立即获取所需要的信息数据，是数据管理技术的关键所在。云计算的数据管理技术的优势就在于它能够对海量数据进行高效率存储和管理。当前较为常见的管理技术有 BT③ 管理技术和 HBase④ 数据模块，这些

---

① 参见徐忠、孙国锋、姚前主编《金融科技：发展趋势与监管》，中国金融出版社 2017 年版，第 51 页。
② 参见刘罡《云计算关键技术及其应用》，载《信息与电脑（理论版）》2016 年第 18 期，第 68～69 页。
③ BT（Big Table）分布式数据存储系统是谷歌为其内部海量的结构化数据开发的云存储技术。
④ HBase（Hadoop Database）是一个分布式的、面向列的开源数据库。

技术均能对海量数据进行智能管理。

4. 软件定义一切[①]

软件定义一切（Software Defined X，SDX）是云计算向纵深演化的最新发展。SDX 的逻辑是把计算机资源通过池化封装、隔离，从而实现用户利用计算资源的自由。目前，SDX 中成熟和应用化的概念包括软件定义网络（Software Defined Network，SDN）、软件定义存储（Software Defined Storage，SDS）、软件定义数据中心（Software Defined Date Center，SD-DC）。SDX 不仅仅是一种技术逻辑，更重要的是一种全新的思维逻辑。

五、云计算技术在金融领域的应用

云计算被称为互联网时代的水和电，是互联网时代最重要的基础设施。经过近十几年的发展，云计算已经进入一个全新的发展阶段，并逐渐渗透每个具体领域，成为各行业尤其是金融行业转型的核心驱动力。云计算也是金融科技的底层技术核心，是金融科技最重要的基础支撑之一。下面简单介绍银行业、基金业和互联网金融等行业的云计算应用。

1. 银行业

许多银行已经在大力发展云计算，如招商银行便是国内较早从内部开始启动云平台建设的银行。同时，招商银行也成立了云服务公司，用以对外提供 IT 能力的输出。无独有偶，除了招商银行外，中国建设银行、中国工商银行等都开始以云计算为依托，成立具备 IT 能力输出的金融科技公司。由此可知，云计算正成为银行业盈利或进一步了解客户需求的新途径。这些银行在"云"上采用了包括 SaaS 化的软件在内的一系列技术，如招商银行的掌上生活 App，便已经深入电子商务的范畴，可以更好地了解最终客户。

2. 基金业

在基金行业，不少机构把云计算作为自身重要的管理能力，特别是伴随着业务的高速发展，基金机构希望借助云计算降低管理成本，而建立大规模资源池就是其应用途径之一。此外，在新技术的冲击下，基金行业正面临转型，从一对一地帮客户买卖基金，向利用新技术帮助客户做出投资

---

① 参见徐忠、孙国锋、姚前主编《金融科技：发展趋势与监管》，中国金融出版社 2017 年版，第 52 页。

选择转变。其中,智能投顾便是基金行业新的发展趋势。这也指明了未来基金行业的发展方向——在买卖基金等投资方面,将更多地根据客户设定的规则,由应用或者人工智能完成买卖。这正是在云计算技术发展的前提下,基金行业在业务模式上的巨大变化。

3. 互联网金融

互联网金融诞生于互联网,主要通过云计算平台实现重要的弹性能力和敏捷交付支撑能力。当前,互联网金融正逐渐分化为两种:一种是中小型互联网公司,以使用公有云为主;另一种是较大型的金融集团(如中国平安),其基于成本考虑和监管方面的严格要求,往往选择建设私有云。

第二节 物联网技术

物联网技术影响了信息化发展进程,制约和决定了金融物联网的组成与运作内涵。本节主要就物联网的概念、发展历程、关键技术以及物联网在金融领域的应用进行简要说明。

一、物联网的概念[①]

按照国际电信联盟的定义,物联网(IOT)就是物物相连的互联网,物联网通过智能感知、识别技术与普适计算等通信感知技术,广泛应用于网络的融合中,实现对对象的智能标签、智能控制以及环境监控。通俗地说,物联网其实就是通过智能传感器、计算机识别技术、通信技术等把物品连接到网络上,通过实现物与物之间的协作来完成任务,而不一定需要人来介入。

二、物联网的发展历程[②]

1999年,美国麻省理工学院(MIT)的凯文·阿什顿(Kevin Ashton)教授首次提出物联网的概念。1999年,美国麻省理工学院建立了

---

① 参见于斌、陈晓华主编《金融科技概论》,人民邮电出版社2017年版,电子书第465~466页。

② 参见于斌、陈晓华主编《金融科技概论》,人民邮电出版社2017年版,电子书第471~491页。

"自动识别中心"(Auto-ID),提出"万物皆可通过网络互联",阐明了物联网的基本含义。早期的物联网是依托射频识别(Radio Frequency Identification Devices,RFID)技术的物流网络,随着技术和应用的发展,物联网的内涵已经发生了较大变化。2003年,美国《技术评论》提出传感网络技术将是未来改变人们生活的十大技术之首。2005年,国际电信联盟(ITU)发布的《ITU互联网报告2005:物联网》也引用了"物联网"的概念。

虽然物联网的概念早已被多次提及,但物联网技术本身一直未能引起人们足够的重视,直到2008年,为了促进科技发展并寻找新的经济增长点,各国政府才开始将目光投放在物联网上,并将物联网作为下一代的技术规划。

2009年,欧盟委员会(European Commission,EC)发表了《物联网——欧洲行动计划》,描绘了物联网技术的应用前景,提出欧盟政府要加强对物联网的管理,促进物联网的发展。

我国对物联网的发展也给予了高度的重视。2009年8月,时任国务院总理温家宝提出"感知中国"的概念,把我国物联网领域的研究和应用开发推向了高潮。率先建立了"感知中国"研究中心的城市是无锡,中国科学院、相关运营商以及多所大学相继在无锡建立了物联网研究机构。

随着技术和应用的发展,物联网的定义和范围早已发生了巨大的变化,覆盖范围有了较大的拓展,不再只是最初提出的只基于射频识别技术的物联网,如今的物联网是多种技术在生活各方面的综合运用。

三、物联网的关键技术[①]

1. 传感器技术

这是物联网技术中最重要的一种技术,是物体监控管理中的重要组成部分。要是将处理系统比喻成人类的大脑,传感器就是人的感官系统。对于收到的信号,传感器在处理之后再发送给计算机。传感器技术就是在要监测数据的环境中设置很多的传感器,形成无线网络。每个传感器都可以作为一个节点,能够独立工作,还可以和其他传感器一起形成网络联系,

---

① 参见聂跃光《物联网关键技术与应用研究》,载《计算机产品与流通》2020年第9期,第142页。

把共同的信号传输给集结点。当外界条件有变化时，传感器就能够感知到，先把信号传输给集结点，再传送给计算机实施处理。该技术有效结合了电信号、生物、物理等学科，在很多领域中都得到了广泛的运用，可以对各种环境下的各种物理量进行监测，比如压力、溶液浓度、温度等；除此之外，该技术还具备部署容易、价格较低、隐蔽性好的优点，在军事领域中得到了有效的运用。现阶段的传感器技术实现了信息化、微型化、智能化以及集成化，正朝着生物传感器方向发展。所以，传感器技术在物联网技术中的运用具有重要影响。这种技术对于金融服务来说，一方面提供了对生产和资产的直接感知；另一方面通过物联网数据，可以与资金流、订单流和物流比对校验，防止骗贷等事件的发生，促进金融业健康发展。

2. RFID 技术

RFID 技术就是射频识别技术，是利用电磁波对信息进行获取以及传输，反馈给处理器实施处理，能够高效地验证身份以及获取信息的技术。该技术主要包括三个部分。

（1）电子标签：它是系统信息的主要载体。标签通常都是在被检测物体的外表，其进入读写器范围内就能够给出一个电信号，激活标签工作，再把信息传输给读写器。

（2）阅读器：其作用是对信息进行阅读以及改写。

（3）天线：其主要作用是在标签与阅读器间进行射频信号传输。

3. 网络通信技术

物联网除了感知层很发达，同时还有很好的网络通信功能，包括无线传感技术以及互联网应用技术，常被运用到车载导航、智能查表等领域当中。

四、物联网在金融领域的应用

物联网以其全新的架构体系，让实体世界实现有组织、主动的感知互动，让虚拟经济从时间、空间两个维度上全面感知实体经济行为，准确预测实体经济的走向，让虚拟经济的服务和控制融入实体经济的每一个环节，这必将推动金融数据的融合与创新。

传统的金融模式偏重于实体经济，而互联网金融侧重于虚拟化的网络金融且只能实现信息流和资金流的"二流合一"，传统金融和互联网金融都无法解决目前金融信用体系存在的根本问题，即信息不对称以及对实体企业缺乏有效掌控的问题。

而物联网金融建立在实体经济已有的智能化、网络化基础上,可以连接实体经济和虚拟经济的每一个环节,可以达到资金流、信息流、实体流和生产流的"四流合一"。以数字供应链金融为例,很重要的是保障贸易背景的真实性和物品的真实性。一方面,物联网有助于提供精确真实的物流信息(例如,可以知道运输车辆的轨迹,可以对仓库的物品状态进行确认和实时状态感知);另一方面,还可以通过互联网获得工厂的生产流,实现信息流、资金流、物流和生产流的"四流合一"。由此,通过物联网技术可以达到立体化、全方位地掌握实体经济动态的目的,全面降低虚拟经济的风险,提高对实体经济风险的掌控度,这种全新的金融模式必将深刻而深远地变革银行、证券、租赁、保险、投资等众多金融领域的原有模式。

第三节 5G 技术

一、5G 的概念

5G 是指第五代移动通信技术,其性能指标比第四代移动通信技术(4G)有质的飞跃,包括用户体验速率达到 0.1~1Gb/s、端到端毫秒级时延、连接密度高达 $10^6/km^2$ 等,网络能力的提升实现了从语音到短信文本,再到图片、音乐以及视频等的使用功能。与此同时,移动通信标准的迭代促使各代标准融合统一,各国家、各行业的通信产业参与者以及使用者能够在统一标准下创造行业价值,5G 时代的开启也是万物互联时代的起点。

二、5G 技术对金融领域的影响[①]

5G 由于可以实现数据在各种终端间的迅速且大规模的传输,使得很多经济服务可以被搬到线上,并进行交互感很强的体验,被誉为"数字经

---

① 参见梁毅芳《"5G+金融"的应用前景及挑战》,载《金融科技时代》2020 年第 8 期,第 37~40 页。

济新引擎"。5G 同时也为云计算、大数据、人工智能、区块链、物联网等技术向金融领域的深度渗透提供了网络环境保障，辅助新技术加快应用落地，从而拓展金融服务边界。因此，5G 技术是金融科技最重要的基础设施。5G 对金融领域的影响主要体现在两大方面。

1. 前台金融服务体验的持续优化

5G 高速的网络传输使得前台金融服务体验可以持续优化，金融可得性、满意度日益提升。5G 将逐步替代 4G 或 Wi-Fi（无线通信技术），实现对现有底层基础支撑技术的升级换代，推动金融机构前台服务体验的优化，以及业务形态与服务模式的创新升级。

2. 中、后台金融管理和金融决策智能化、集中化

如图 8－1 所示，5G 将进一步催生万物互联，产生大量数据，而海量数据的归集将为金融机构的决策提供数据分析、数据挖掘的依据；同时，5G 与物联网、人工智能、大数据等支撑技术的融合应用，将进一步增强金融机构的风险预警、识别与防治能力，推动金融决策的智能化。

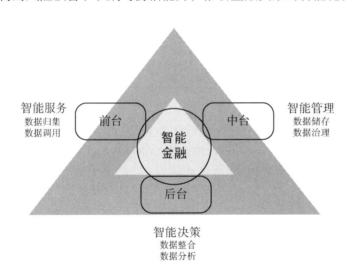

图 8－1　5G 背景下的智能金融

（资料来源：梁毅芳：《"5G＋金融"的应用前景及挑战》，载《金融科技时代》2020 年第 8 期，第 37～40 页。）

三、5G 在金融领域的应用场景①

1. 5G 赋能智慧银行

在 5G 网络环境下,大数据、人工智能、虚拟现实、增强现实(Augmented Reality,AR)、多媒体等技术被灵活应用于银行业务之中,助力前台客户营销、普惠金融服务创新成效;中、后台对多维度金融数据进行收集和计算分析,通过数据驱动智能决策,从而使金融行为全流程监测和风险管控更加精准、更加智能化。

"5G+"叠加"大数据+""智能+"等派生应用,使得 5G 时代银行业的转型必将是一个应用场景多元化、数据立体化、服务个性化的转化过程。随着智慧网点、远程虚拟交易、智能风控、普惠金融以及开放银行等诸多银行业务应用场景的相继面世,银行业现有的金融服务时空约束将被极大限度地突破。

2. 5G 推动证券业的数字化

在 5G 技术的带动下,券商业务交互方式得以创新,极大地降低了券商获客的门槛,也改变着现有的交易投资格局。"5G+"实时视频等多种交互方式促使业务摆脱时空限制,实现中台证券业务前置,后台项目团队高效协作,进一步催生业务决策的数字化。

5G 技术助力数据实时采集,使证券业务工作协同开展成为可能,从而支撑券商数字化转型。同样,5G 叠加生物识别、语音识别、数据挖掘、全息技术、机器人等技术,将使证券业务更加智能化,进而推动移动私人银行、AR 投资助手等新应用场景落地。

3. 5G 助力保险业变革

5G 技术应用落地必将推动实现"人-物""物-物"的互联,通过实时数据联通传导,保险业前台可以收集、沉淀更丰富的客户行为习惯数据和社交数据;同时,中、后台承保风险管理和保险查勘定损、理赔处理也将更加快速、精准、智能,极大地改变甚至颠覆了现有的保险产品、营销、承保、理赔发展模式。

同样,5G 叠加生物识别、大数据分析、人工智能和机器学习等技术,

---

① 参见梁毅芳《"5G+金融"的应用前景及挑战》,载《金融科技时代》2020 年第 8 期,第 37~40 页。

第八章 辅助性技术

将催生出新的保险需求，助力保险新产品研发和经营模式转型升级，智慧营销、产品创新、远程核保、智慧风控、远程查勘等保险业务应用场景也将应运而生。

◆思考讨论题◆

1. 某互联网小额贷款公司需要构建自己的客户管理系统，请讨论该公司应该选择哪种云计算服务。

2. 假设你是一位银行支行的行长，你将如何利用5G和其他技术设计一个充满科技感的银行网点？

3. 你认为除了供应链金融，物联网技术还有哪些应用？

第三编

金融科技产品与服务创新

银行、保险、证券是我国现代金融业的三大支柱，如今这些传统金融机构面临着数字化转型的迫切需要：一是服务对象普惠化的需要，二是服务体验精细化的需要，三是降低服务成本的需要，四是加强风险控制的需要。为了满足这些需要，银行、保险和证券机构纷纷开始拥抱金融科技，包括两个方面：一方面是传统金融机构利用金融科技对传统业务进行升级与重塑；另一方面是传统金融机构、互联网机构和实体企业都参与开发金融科技的创新产品与服务。本编首先根据行业特点，分别介绍银行业、保险业和证券业的金融科技创新，然后介绍金融科技与中国金融体系变革。

第九章　金融科技与银行业、保险业创新

本章将重点介绍与银行业、保险业相关的金融科技创新应用。我国的银行业与保险业均受中国银保监会监管,进行金融科技创新的特点是生态化,即与其他领域的企业进行深度合作,融入各种生活场景,形成开放融通的生态圈,为客户提供更高质量的服务和更优秀的体验。接下来将从智慧银行、开放银行、大数据与银行普惠金融创新、区块链与银行数字供应链金融创新以及保险科技创新五个方面进行介绍。

第一节　智慧银行

一、智慧银行的定义及其特征

IBM公司在2008年于美国公布了"智慧的地球"愿景,"智慧银行"这个概念就是作为该愿景的核心组成部分首先被IBM公司提出的。其目的是让银行以新的电子技术和互联网技术去塑造新的商业银行业务模式,包括集中的风险管理、创新的业务模式和动态的IT基础架构三大方面。

目前,智慧银行还没有明确统一的定义。2012年,时任中国银行董事长肖钢提出,智慧银行是指充分运用先进科技成果和银行经营管理经验,高效配置资源,敏锐洞察,引领客户需求,并做出灵活快速反应的一种高度智能化的金融商业形态。[①] 杨再山认为,智慧银行是传统银行和网络银行的高级阶段,是传统商业银行以智慧化手段与新的思维模式重新审视自身的需求,并利用新兴的科技塑造新服务、新产品、新的运营和业务模式,实现规模经济,以提升效率和降低成本,同时达到有效的客户管

---

① 参见肖钢《坚持科技引领、建设智慧银行》,载《人民日报》2012年9月11日第24版。

理、高效的营销绩效的载体。① 北京银行提出,智慧银行不是对银行现有服务与技术创新的简要融合,而是一场理念、策略、流程的变革和实践,是利用成熟的智能技术和设备,对银行传统经营模式、管理体制机制、业务体系以及品牌文化的再造与重塑,是一场以技术为开端和介质,对银行进行系统性的智慧创新的建设。②

智慧银行的特征主要有三个。

1. 智能感知

智慧银行通过一系列智能设备(如摄像头、传感器等)获取多维度的客户信息,并建立模型提取其中有效的特征信息,对信息加以处理和理解,从而把握用户的真实需求,为提供进一步的服务提供支持。

2. 互联互通

在大数据和云计算技术的驱动下,智慧银行能够整合线上线下的服务渠道。一方面让客户的信息在各个渠道都能及时有效地传播共享,另一方面让各渠道相互配合,共同为客户提供服务,达到"一点接入,全渠道响应"的效果,使客户随时随地都能够获得高质量的银行服务。

3. 智能决策

智慧银行通过运用机器视觉、语音识别、大数据决策、金融机器人、机器投顾等人工智能技术重塑后台的智能决策系统,对海量数据进行分析,做出实时客观的决策,以避免传统人工决策的低效率和主观性。

二、智慧银行的技术架构③

如图 9-1 所示,智慧银行的技术架构可以简要概括为"云+端+智能"。

---

① 参见杨再山《电子渠道创新助力智慧银行建设》,载《中国金融电脑》2015 年第 10 期,第 22 页。

② 参见黄鑫雨《北京银行转型"智慧行"的"小"秘密》,载《新京报》2018 年 3 月 14 日第 B08 版。

③ 参见李麟《共享+智能——未来的银行长这样》,见中国金融四十人论坛(https://mp.weixin.qq.com/s/gcxvyDQ_PssR1IHuPRZA2g),2017 年 1 月 13 日。

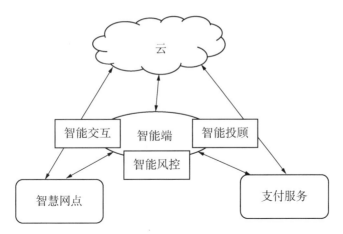

图 9-1 智慧银行的技术架构

［资料来源：李麟：《共享+智能——未来的银行长这样》，见中国金融四十人论坛（https：//mp.weixin.qq.com/s/gcxvyDQ_PssR1IHuPRZA2g），2017 年 1 月 13 日。］

1. "云+端"是扁平式的双层基础设施架构体系

"云"是指为运用大数据、云计算、区块链、物联网等技术而建成的 IT 基础设施，这些基础设施集成了分布式计算、并行处理、网络计算、分布式存储等技术，能够将多源异构的数据集中储存处理，让银行的系统架构和运营流程更优化，效率和安全性更高。

"端"则是用户直接接触的各种银行渠道的载体，它既是银行大数据的来源，也是给客户提供服务的界面，应用智能机具、定位技术、AR/VR 技术、生物特征识别等技术，采用全新交互方式感知客户需求，为客户提供泛在化的智慧银行服务。

2. "智能"是指银行在处理各种业务时的智能决策

智能决策包括智能交互、智能风控、智能财富管理等。人工智能技术使银行拥有了"智慧"，使机器能够真正地替代人进行决策并大幅提高运营管理效率，是智慧银行技术架构的中枢。

3. "云+端"是智慧银行的"躯体"，"智能"是智慧银行的"大脑"

"云+端+智能"的技术架构能够大幅提高银行的服务效率与水平，并将服务延伸到更广阔的生态系统中，针对不同客户的需求提供差异化服务，进而形成垂直整合、横向延伸、定制服务的生态，扩张银行业务规模，增加客户黏性，提高银行竞争力。

三、智慧银行的创新性应用

1. 智慧网点

随着技术的进步与租金、人力成本的提高,银行网点运营的效益逐渐与成本不匹配,业务量也已经被线上业务赶超。但银行网点仍然是银行与客户接触最重要的渠道,是传统银行业务的基础,为客户带来的面对面的信任感和复杂业务的服务能力依然是不可替代的。

智慧网点是传统网点降本增效的一个有效转型路径,它通过5G、物联网、人工智能、大数据、生物识别等技术提高网点服务的智能化水平。智慧网点主要通过各种智能设备与客户进行智能交互,例如,智能机器人、远程柜员机(VTM)、移动智能柜员机(MIT)、智能迎宾机、人脸互动大屏终端、智能广告机等,在兼顾服务成本的同时为用户提供高质量的互动沉浸式创新金融服务体验。

◆业界案例◆

全国首家互联网智能科技银行——农业银行浙江乌镇支行

2018年起,中国农业银行浙江分行就开始以金融科技为支撑,大力推动网点转型工作。同年10月,中国农业银行浙江乌镇支行建成全国首家互联网智能科技银行。放眼望去,敞亮、整洁的大堂,科学的动线分区设计,智能互动屏等设备有序布放,网点处处透着科技气息。该智能科技银行网点有三个特点:

一是智能感知。陈晓是网点常客,刚进来还没坐稳,理财经理小金就迎了上来。小金指向远处的摄像头,笑着解释道:"摄像头一识别到您,我就收到短信了。"依托人脸识别技术建设的到店提醒系统,让客户一迈进网点就能获得一对一的服务。排队一小时,办理五分钟,曾是群众最大的"痛点";但在乌镇支行,几乎看不到人排队。"我们研发了客户轨迹分析系统,搭建多点识别装置,实现客户动线、热力图分析管理,结合客流数据动态排班,解决排队问题。"相关人员介绍。

二是高效敏捷。银行网点开发了"智能一站清"的应用:存款100万元只需25分钟,比传统清点缩短30多分钟。融入票据介质识别、标识后台比对、扫码读入等最前沿技术,银行全部柜台业务几乎都能"一站式"办结。在大厅右侧的自助设备区,全国首台语音识别ATM机的使用率一直很高。基于科大讯飞技术，张张嘴、输入密码就能取款，这无疑大大提升了服务效率。

三是智能个性服务。面对大屏幕上闪烁的头像和理财分析，即便是常接触"黑科技"的"90后"沈晏，也会感到新奇："为什么推荐给我的理财产品都是稳健型的？"疑惑很快得到解答。"这是个性化智能推送，在大屏幕前，系统抓取人脸识别身份，根据大数据和行为分析，比对你的偏好，生成画像，推送适合的金融产品。"乌镇支行大堂经理解释道。拿起手机对准屏幕"扫一扫"，沈晏购买了10万元理财产品。为客户定制个性化服务方案，是依托金融科技实现精准营销的成果。

在金融科技赋能下，转型后的智慧网点功能更人性化，服务效率、体验焕然一新，为客户带来新奇满意的金融服务体验。

（资料来源：王锡洪：《看智慧银行如何"智慧"》，载《中国城乡金融报》2020年5月3日第A1版。）

2. 银行支付服务

银行支付服务是指银行在收付款人之间作为中介机构提供网络支付、预付卡的发行与受理、银行卡收单等货币资金转移服务，是银行与客户交互的重要渠道。随着互联网金融的迅速发展，以微信和支付宝为代表的第三方互联网支付公司凭借简单实用、覆盖面广、增进社交的支付服务应用，不断获取规模大、黏性高的客户群体资源，挤占了银行原本的获客空间。

因此，为了能够在竞争对手的压力之下继续生存和增长，银行开始不断地对其支付服务进行创新，主要思路是拓宽支付服务场景和保障支付安全，让银行支付服务的触角延伸到生活中的方方面面，逐渐形成完整的支付生态，从而大幅提高服务的便利性、高效性与安全性。

◆业界前沿◆

基于TEE（可信执行环境）解决方案的智能数字信用卡

由中信银行与华为合作发行的"基于TEE解决方案的智能数字信用卡"是深圳市2020年第一批金融科技创新监管试点应用，该项目从五个方面提升了金融服务水平。

一是在服务渠道方面。运用大数据、人工智能等技术，与华为合作实现行内数据（中信银行用户）与行外数据（华为公司用户）融合应用，在保障客户隐私安全的前提下，将信用卡服务扩展到华为场景渠道，为华为手机用户提供便捷的金融服务。

二是在场景安全方面。创新结合华为智能终端安全芯片（Secure Element，SE）、可信执行环境（Trusted Execution Environment，TEE）等安全技术，保护手机账号、手机终端密码、隐私信息（如指纹）等，为客户提供从硬件、系统、应用到云端的端到端安全服务，实现信用卡申卡、用卡服务环境的安全可控。

三是在数据应用方面。通过大数据技术与华为共同搭建目标客户筛选模型，在华为场景实现相对精准的定向服务，提升目标客户申卡效率，同时有效防控恶意申卡风险，确保风险总体可控。

四是在风险防控方面。采用电子身份标识（eID）、光学字符识别（OCR）、图像识别等技术确保"实名、实人"校验，并由银行人员为客户提供智慧人工面签服务，对客户进行"实意"校验，有效防控客户伪冒、欺诈办卡风险。

五是在金融服务提质增效方面。通过智能数字信用卡，提升客户体验及服务质量。

［资料来源：中国人民银行深圳市中心支行：《深圳金融科技创新监管试点应用公示（2020年第一批）》，见中国人民银行深圳市中心支行网站（http：//shenzhen.pbc.gov.cn/shenzhen/122805/4066290/index.html），2020年7月31日。］

3. 智能风控

银行传统的风控环节不仅成本高昂，而且存在有效性差、效率低等问题，在银行要争取长尾用户的情况下，传统风控已经不能满足需求。将金融科技与风控结合，提升风控环节的智能化水平，是银行风险控制发展的大势所趋。

见表9-1所列，智能风控就是结合大数据和人工智能技术制定智能风控策略，并将其应用于传统风控流程，从而对传统风控进行全方位的优化。对比传统风控，智能风控利用了更多维度的信息，并通过算法、模型和规则避免了人工主观性的影响，从而能够得到更为精确的结果。

第九章　金融科技与银行业、保险业创新

表 9-1　智能风控策略

阶　段	名　称	介　绍
贷前	目标客户筛选	进行精准营销
贷前	审批	决定是否对客户发放贷款
贷前	授信	确定发放贷款的额度
贷前	定价	确定贷款利率
贷中	调额	根据所监控的各项风险指标调整授信额度
贷后	催收	对不良贷款进行催收
综合	反欺诈	防范欺诈风险

［资料来源：中国人民银行重庆营管部：《重庆市金融科技创新监管试点应用公示（2020 年第一批）》，见中国人民银行重庆营管部网站（http://chongqing.pbc.gov.cn/chongqing/107662/4068545/index.html），2020 年 8 月 7 日。］

◆业界案例◆

"磐石"智能风控产品

"磐石"智能风控产品是重庆市 2020 年第一批金融科技创新监管试点应用，由度小满负责提供技术方案，光大银行重庆分行提供金融场景。该产品从四个方面提升了银行的风控能力。

一是使用互联网多维数据增强风险识别能力。利用大数据补充金融机构传统小微企业风控数据维度，在尽职调查、贷后管理等线下风控环节的基础上，提升小微企业风险综合识别能力。

二是使用人工智能技术提升传统风控模型效果。利用人工智能技术［集成学习、深度神经网络（Deep Neural Networks，DNN）］对多维的大数据进行深度挖掘，实现多维度数据的联合建模，通过高维稀疏技术，有效提升传统风控模型效果，将相关金融服务拓展到小微企业场景。

三是借助科技手段提升全周期的风控管理能力。利用金融科技能力，实现实时动态的小微企业相关的风险监测，构建事前、事中、事后全周期风控预警。

四是采用匿名化技术保障信息安全。基于密码算法构建的数据去标识化技术体系通过对信息的技术处理，使信息主体在传输的过程中无法被识

别,有效避免合作过程中数据的直接交互,在数据联合建模等流程中实现对金融信息安全的保护。

[资料来源:中国人民银行重庆营管部:《重庆市金融科技创新监管试点应用公示(2020年第一批)》,见中国人民银行重庆营管部网站(http://chongqing.pbc.gov.cn/chongqing/107662/4068545/index.html),2020年8月7日。]

4. 智能财富管理

由于民众财富积累日益增多,理财需求日益增大,并且中国互联网、人工智能行业高度发达,使得智能财富管理体现出很好的潜力和前景。人工智能将财富管理模式带入由客户需求驱动并通过财富管理平台进行资产配置的新时代,成为银行转型的重要推进器,为此银行纷纷推出智能财富管理产品。

2016年12月,招商银行最早推出了智能财富管理产品"摩羯智投"。"摩羯智投"的推出开创了中国财富管理领域"人与机器""线上线下"的深度融合服务新模式,也开启了垂直金融自场景的融合服务新模式。过了近一年,其他银行也开始推出各种智能财富管理平台,中国工商银行在2017年11月推出了"AI投",中国银行在2018年4月推出了"中银慧投",银行智能财富管理平台开始遍地开花。

虽然银行的智能财富管理取得了较快发展,但技术含量和证券市场的智能投顾还存在一定的差距,智能财富管理更像是理财产品的智能营销和一键购买,而非真正具有投资决策分析能力的智能投顾。因此,未来银行的智能财富管理在投资策略和智能算法等核心功能方面还需要不断升级优化。

第二节 开放银行

一、开放银行的概念

开放银行是指银行以API、软件开发工具包(Software Development Kit,SDK)、H5[大部分基于超文本标记语言第五版(HTML5)编程语言的网络传播方案①〕等标准化技术为载体,通过双向开放深化银行与第三方机构的业务连接和合作的一种商业模式。开放银行主要从四个维度②实现银行的开放化。

1. 服务对象的开放化

开放银行开放自身的支付工具、账户服务,以下沉和扩展金融服务目标客群,使得金融服务覆盖的客群更加多元、范围更加广泛。

2. 行业场景的开放化

开放银行以场景为核心向用户提供金融服务,如旅游场景、运动场景、医疗场景等,即从独立的流程向嵌入式服务转变、从单一金融产品向综合解决方案转变、从纯金融服务向"行业+金融"融合转变。

3. 迭代进化的开放化

商业银行借助自身金融优势,与互联网金融科技公司、行业龙头企业共同拓展业务边界,共同打造良好的开放生态。在此过程中,商业银行能够更广泛地获取客户的意见,吸取同业及互联网的优秀研发经验,加速银行功能的更新迭代,促进银行自身的转型进化。

4. 风险经营的开放化

开放银行使金融服务与非金融服务交融,容易产生新的风险敞口,使得风险经营开放化,增加风险管控的难度。同时,非金融服务部分强调客户体验,让银行必须在体验与安全之间寻找合适的平衡点,对客户信息的保密性、数据采集的合规性和传输的安全性等风险内容进行深入的思考,出台适宜、适度的风险控制方案。

二、开放银行的生态③

在银行的长期演变过程中,基于开放的转型升级方向,将会形成至少包括账户层、中间层、生态层在内的三层生态结构。此外,监管层提供监

---

① 参见张宇婷《H5 的新媒体语境传播及应用研究——以〈人民日报〉H5 产品〈快看呐!这是我的军装照〉为例》,载《西部学刊》2018 年第 9 期,第 23～25 页。
② 参见钱斌《加快开放银行建设、提升金融服务实体经济效率——专访工商银行网络金融部总经理钱斌》,载《债券》2020 年第 9 期,第 22 页。
③ 参见中国人民大学金融科技研究所、中国人民大学国际货币研究所、中国人民大学银行业研究中心《开放银行全球发展报告》,见中国电子银行网(https://www.cebnet.com.cn/20200312/102645757.html),2020 年 3 月 12 日。

管支持与政策规范，多方共同协作，构建金融产品服务消费者价值最大化的开放生态体系。

1. 账户层

账户层主要为开放生态提供数据及底层金融服务。账户层拥有海量的用户数据以及基础的金融功能、业务，但缺乏雄厚的技术实力，通过提供底层的账户数据和金融服务参与到开放生态后，既能将产品和服务嵌入更广阔的应用场景中，收获更多流量，又能获得外部技术支持和指导，从而丰富自身产品体系，优化内部风控和管理机制，以满足更多用户的需求。

2. 中间层

中间层在开放生态中主要起到数据流通和技术支持作用。中间层虽然没有账户层大量的真实数据，但往往拥有互联网基因和强大的技术背景，对数据流通和管理分析有着较为成熟的模型和体系，能够在账户层的基础上进行进一步的传输和研发活动，为生态层的应用提供了有力的支撑。此外，中间层既能通过开放银行体系获得关注度和影响力，增加用户流量，也能借助账户层的数据和服务完善自己的模型与产品体系。

3. 生态层

生态层是开放生态中最接近客户的一层，直接面向用户提供产品和解决方案。生态层拥有大量的应用场景，是连接市场的重要渠道。基于账户层提供的数据和服务，并在中间层的支持和引导下，生态层能够得出更清晰的用户画像，更好地为客户提供最有针对性的服务。

4. 监管层

监管层承担着保障开放生态健康有序运行的重要作用。一方面，开放体系有利于多方协作共赢，可能会吸引大批机构加入，从而增加市场的不稳定性，因此监管层要在制定行业规范的同时对市场参与者的资质进行监督，防止发生系统性金融风险。另一方面，数据在共享的过程中存在泄漏、被攻击、被窃取的风险，监管层在出台应用程序接口规范后也要加强对信息的安全保护，严厉惩治非法盗取、泄露数据的行为。

三、中国开放银行的实践[①]

开放银行的概念 2013 年就被中国银行采用。2015 年开始，微众银行等直销银行诞生，推出了全在线的银行服务模式。这些银行普遍采用了开放式银行的系统架构，并以 API、SDK、H5 为主要的外联数据交互方式，是中国开放银行的先行者。

2018 年，随着金融科技的普及，多家传统商业银行开始布局开放银行领域。7 月 12 日，浦发银行推出业界首个无界开放银行 API Bank。8 月底，中国工商银行在半年报中提到要打造无所不包的开放银行、服务无所不在的身边银行、应用无所不能的智能银行。9 月份，中国建设银行提到要将数据以服务的方式向社会开放，把技术服务推向社会，为整个社会赋能。同时，招商银行宣布迭代上线招商银行 App 7.0 版本和掌上生活 App 7.0 版本，通过 App 打造一个开放式平台。从此，中国的开放银行进入快速发展阶段，2018 年也被视为开放银行发展元年。部分银行的开放银行实践见表 9－2 所列。

表 9－2 部分银行的开放银行实践

银 行	年 份	载 体	开放银行实践
中国银行	2013	API	推出了中银开放平台，开放了 600 个 API
华瑞银行	2017	SDK	推出了一款综合金融服务 SDK 产品"极限"，包括支付、电子钱包、电子卡包、极度贷、场景贷、企业经营贷等六大类 SDK 产品
南京银行	2017	API、SDK、H5	联合阿里云、蚂蚁金服创新提出建设"鑫云＋"互联网金融开放平台，主要集中在互联网支付、消费信贷、云计算等领域

[①] 参见中国人民大学金融科技研究所、中国人民大学国际货币研究所、中国人民大学银行业研究中心《开放银行全球发展报告》，见中国电子银行网（https://www.cebnet.com.cn/20200312/102645757.html），2020 年 3 月 12 日。

续表 9-2

银 行	年 份	载 体	开放银行实践
中信百信银行	2017	API	建立"智融 Inside"平台作为开放银行统一入口。目前已经开放了 350 多个 API；输出信贷、理财、银行账户、智能风控等能力
工商银行	2018	API	启动了智慧银行 ECOS 建设工程，互联网金融场景服务开放平台（API 开放平台）正式开放运营，对外输出 9 大类、40 种业务、400 余项功能服务的开放服务能力
浦发银行	2018	API	在业内率先推出 API Bank（无界开放银行）。截至 2019 年上半年，无界开放银行已发布 304 个 API 服务
建设银行	2018	API、SDK	推出开放银行管理平台。通过标准统一的 API，将账户开立、支付结算、投资理财等金融服务，封装到 SDK 中
招商银行	2018	API、H5	正式上线两款迭代产品，以 App 为抓手打造开放式平台。开放用户和支付体系
众邦银行	2018	API、SDK、H5	推出"众邦银行开放平台"，服务范围已经覆盖了供应链金融、投资、融资、钱包支付、公共服务等，总计 180 多个接口
邮储银行	2019	SDK	与多家头部互联网企业对接，将零售信贷产品嵌入消费场景和经营场景

[资料来源：中国人民大学金融科技研究所、中国人民大学国际货币研究所、中国人民大学银行业研究中心：《开放银行全球发展报告》，见中国电子银行网（https://www.CEBNET.com.cn/20200312/102645757.html），2020 年 3 月 12 日。]

◆业界案例◆

浦发的"全景银行"——未来的开放银行

浦发银行认为，未来的开放银行应进一步强化科技创新，在遵循监管要求的前提下，助力产业数字化、平台化转型，为广大用户创造差异化价值和极致体验。这一新的发展方向被称为"全景银行"。"全景银行"是银行围绕用户生命周期的需求构建生态场景,与商业生态系统共享品牌、渠道、流量、技术等资源,运用数据智能动态感知需求,实现智慧联动,提供聚合金融及非金融的综合产品和服务,从而为用户创造个性化价值,实现极致体验的平台化商业模式。

"全景银行"的愿景是面向"全用户",贯穿"全时域",提供"全服务",实现"全智联"。"全用户"是指涵盖C端、B端、G端、F端及其生态关联方的广泛用户群体。"全时域"是指覆盖用户全生命周期的不同时点和场景。"全服务"是指满足用户全生命周期不同时点、场景需求的泛金融服务。"全智联"是指以数据和人工智能为驱动,智慧感知种类用户的需求,并进行实时行为联动。服务内容方面,"全景银行"从各类用户的需求出发,构建包括金融和非金融产品、服务的泛金融整体解决方案。

"全景银行"体现出三大特征,分别是以用户体验为驱动,以信任重塑为基础,以价值共创为目标。以用户体验为驱动,即从洞察及解决用户痛点出发,整合内外部资源满足用户需求,提供优质服务和极致体验;以信任重塑为基础,即提升各行业的整体数字化水平,基于数字信用,减少行业客户与金融机构之间的信息不对称,建立信任;以价值共创为目标,即开放能力,赋能生态合作伙伴,协同共赢,为用户创造综合化、差异化价值,实现银行与用户的共生共荣。

"全景银行"以用户需求为出发点,构建非金融场景,支持生态关联方进行信息、商品、服务及资金的交换,缓解或解决生态关联方的信息不对称,促进协同共赢。在此过程中,银行将面向更加开放的合作伙伴生态,整合金融和非金融的产品和服务,有机、适时地嵌入用户场景旅程,实现更广泛的用户触达,为用户创造差异化价值。同时,"全景银行"提供较高的数据智能水平,能够与用户进行实时、高效的互动,建立信任,并通过引导用户转移到新的收入机会来提升盈利水平。

[资料来源:浦发银行:《开放金融之全景银行系列蓝皮书》,见浦发银行 API 开放平台(https://open.spdb.com.cn/develop/#/noticeDetail/2),2020年9月1日。]

第三节　大数据与银行普惠金融创新

一、小微企业融资难、融资贵问题与普惠金融

我国小微企业数量众多，大部分的税收和就业岗位都是由小微企业提供的。小微企业对国家经济的正常运行有着不可或缺的作用，因此，小微企业的发展得到了国家越来越多的重视。但即使如此，小微企业融资难、融资贵的问题一直以来都没有得到很好的解决，阻碍了小微企业的良性发展，这已经成为国家经济发展的一大痛点。

小微企业融资难、融资贵的原因是多方面的，但最主要的原因是在我国以银行为主导的融资结构下，对于银行而言，给小微企业贷款的风险效益与风险成本之间并不匹配。由于小微企业经营管理水平不高、资金来源不稳定、担保落实不到位，导致其信息不对称程度高、信用风险高、交易成本高。与此同时，银行在利率上限的限制下，贷款给小微企业的利率回报难以覆盖风险和成本。

为此，政府大力推动银行普惠金融的发展。"普惠金融是指立足机会平等要求和商业可持续原则，以可负担的成本为有金融服务需求的社会各阶层和群体提供适当、有效的金融服务。小微企业、农民、城镇低收入人群、贫困人群和残疾人、老年人等特殊群体是当前我国普惠金融重点服务对象。"①

金融的核心是风控，普惠金融要真正解决小微企业融资难、融资贵问题，以较低的成本对广泛的小微企业进行较为精准的风险控制是关键。这样才能使银行贷款的收益和成本相匹配，小微企业可以按照与其风险水平相称的利率获得贷款，所有正常偿还的贷款利息能够弥补个别不良贷款的损失，使普惠金融的模式能够不断地运行下去。在传统金融模式中，对小微企业进行精准风控难以实现，而大数据技术的发展使得银行普惠金融服

---

① 国务院：《国务院关于印发推进普惠金融发展规划（2016—2020年）的通知》，见中华人民共和国中央人民政府网（http://www.gov.cn/zhengce/content/2016-01/15/content_10602.htm），2016年1月15日。

务的风控获得了突破。

二、银行大数据采集与治理

1. 内部数据采集与治理

因为银行的业务规模大和数据采集过程严密，银行能够采集到大量的内部业务数据（见表9-3）：在银行开户时，银行就能够获得客户的多维度高质量数据；此外，银行在接触企业客户的过程中，还需要实地走访企业，查阅客户的资金流水和信用行为，并采集到相应的数据。但目前银行对内部数据进行挖掘、分析和运用的水平较低，这些内部业务数据还未得到有效的开发利用，未来应用发展空间广阔。

表9-3 银行主要内部业务数据

数据类别	数据内容
征信数据	还款表现、房贷信息、额度信息、查询信息、客户基本信息等
金融账户数据	交易层银行数据、交易层商户数据、银行流水信息等

（资料来源：作者根据相关资料整理。）

2. 外部多维度大数据采集与治理

除了内部业务数据，银行还能从外部获得多渠道的大数据（见表9-4）。这些外部大数据具有独立、客观、可信性强等优势与特点，对其进行挖掘能够提升银行智能风控的效果：一方面，接入外部数据不同于内部数据的采集，不需要复杂的验证审核，能降低工作量；另一方面，内外部数据互相钩稽验证，能以更加丰富的信息内容降低信息不对称的程度。

表9-4 银行接入的外部大数据

数据类别	数据内容
政务数据	信访局、人力资源和社会保障局、民政局、国土资源局、市场监督管理局、市住房公积金管理中心、公安局、财政局、残疾人联合会、海关、税务局、司法机关、供电局等国家机构的数据
中央银行征信数据	借款人和其配偶他行贷款情况（贷款状态、逾期次数、逾期时长）、对外担保情况、征信查询次数、贷记卡使用率等信息

续表9-4

数据类别	数据内容
互联网征信数据	芝麻评分、微信白名单、银联智策、前海征信、91征信等
电商平台数据	客户画像、电商消费行为数据等
运营商数据	手机种类、充值信息、通话信息、上网信息、定位信息等
航空数据	订票信息、飞行信息等
社交数据	微信、微博等社交网络平台信息

(资料来源：作者根据相关资料整理。)

◆业界案例◆

金融与政务数据融合的普惠金融创新

基于区块链的金融与政务数据融合产品是上海市2020年第一批金融科技创新监管试点应用，由中国银联股份有限公司独立研发运维，上海浦东发展银行股份有限公司、上海银行股份有限公司提供小微企业融资金融场景。

该产品可利用政务等领域的数据，为金融机构的小微企业信贷融资、身份认证、风险控制等场景提供支撑，扩大银行普惠金融服务范围。通过与各地大数据管理局、相关委办局合作所获得的小微企业的工商、税务、社会保险等政务数据赋能金融服务，将大数据技术和区块链技术融合，在保障用户隐私与数据安全的前提下，打破"数据孤岛"。通过多方数据融合应用，打造集线上授信审批与线下调查确认为一体的风控体系，切实提升小微企业获得融资服务的效率。其应用创新包括三个方面。

一是在用户授权方面。将小微企业数字身份凭证（如统一社会信用代码）及相关授权记录上链存储，并采用智能合约技术实现小微企业对自身的工商、税务等数据的自主管理，使小微企业能在线上将数据授权给特定的金融机构安全使用。

二是在数据应用方面。综合运用区块链、大数据、云计算、深度学习等技术搭建数据共享平台，使得金融、政务等相关机构既可通过联盟伙伴的方式灵活加入，发布公开或经用户授权的数据资产目录，也可提出数据合作需求，提高各方数据融合应用的效率。

三是在数据使用合规方面。通过智能合约改变数据共享方式，相比传统的 API 调用、透传等方式，实现数据共享的全生命周期安全管理、链上存证及业务协同、链下数据共享。采用隐私计算技术实现数据本身不传输，但数据价值可被使用，保障数据共享全程透明可审计，确保多方数据的融合应用合法合规，融合历史可追溯。

[资料来源：中国人民银行上海总部：《上海金融科技创新监管试点应用公示（2020 年第一批）》，见上海金融网站（http：//jrj.sh.gov.cn/ZXYW178/20200721/3d7ceb1d86ba449d8ac877add4d05111.html），2020 年 7 月 21 日。]

三、基于评分卡的大数据智能风控技术

为了达成智能风控的目标，银行需要构建贯穿业务全流程、覆盖关键控制节点的体系化智能风控模型并分别应用到信贷业务的各个环节之中，然后通过数据信息的持续输入来不断校正模型精度。其中，最常用的是评分卡类大数据智能风控技术。

1. 评分卡模型

评分卡是传统的一类风控模型，主要是对客户实行评分制，并根据评分结果进行分级，从而对客户的信用风险、欺诈风险等有一个较为准确的评判。根据风控环节，评分卡类模型可分为四种：A 卡是申请评分卡，在贷前预测客户开户后一定时期内的违约概率，拒绝信用风险过高的客户的申请；B 卡是行为评分卡，在贷中根据账户历史上所表现出来的各种行为特征，预测该账户未来可能出现的逾期行为；C 卡是催收评分卡，在贷后对客户是否需要催收和应该采取的催收措施进行预测；F 卡是欺诈评分卡，对客户可能存在的欺诈行为进行预测。

2. 基于逻辑回归的评分卡模型构建

如公式 9-1 所示，逻辑回归（Logistic Regression）模型假设贷款申请者的违约概率 P 和他的 k 个特征变量 x_k 之间存在非线性关系，是目前应用最广的个人信用评分建模方法，解释性较好。结合多维大数据，可以为决策提供透明的决策依据。通过增加前述的互联网征信、履约信息、行为稳定性和公检法等多维信用数据，尤其是把非结构化数据转换成有价值的结构化数据，提升了模型的效果。

$$P[y=1|(x_1,x_2,\cdots,x_k)] = \frac{1}{1+e^{-(\beta_1 x_1+\beta_2 x_2+\cdots+\beta_k x_k)}} \quad (9-1)$$

3. 评分卡模型的风险识别能力分析

柯尔莫戈洛夫-斯米尔诺夫（KS）值、基尼系数（Gini Index）是用于评价模型区分能力和预测能力常用的统计指标。KS 值是在使用同一评分标尺下，累计好客户百分比与坏客户百分比的最大差距。如果评分区分好坏客户的能力越高，KS 值就会越高。理论上，KS 的取值在 0～100% 之间，常见的模型 KS 的取值范围多在 25%～75% 之间。基尼系数是以累计的好账户和坏账户为坐标的曲线下面积的比例。基尼系数越高，说明模型的区分能力越强。基尼系数等于 0 说明模型没有任何区分能力，基尼系数等于 100% 则是理论上完美的评分卡。从业界的实践看，一般在银行的中小企业、微企业贷款中，如果没有应用大数据，其评分卡模型的 KS 值一般小于 30%，基尼系数一般小于 40%，因此对潜在违约客户区分度较差。应用大数据后，其评分卡模型的 KS 值一般大于 40%，基尼系数一般大于 50%，因此对潜在违约客户具有较好的识别效果。在实践中，还可以通过运用机器学习方法进一步提高 KS 值和基尼系数，但是 KS 值和基尼系数也不是越大越好，太大了容易造成过拟合，即基于历史数据训练的规则过度匹配历史数据特点，却丧失了对未来数据的适应性，从而造成未来的实际应用效果差。

4. 基于大数据的评分卡模型在普惠金融中的应用

对小微企业等客户用评分卡模型进行有效区分后，就可以直接应用到普惠金融业务当中。应用包括三个方面。

（1）基于风险的客户分群。基于风险的客户分群是评分卡应用于审批、额度核给、早期预警和早期催收策略设计的重要环节。审批和额度核给是基于新进件客户的相关申请信息、人行征信以及外部数据，利用评分卡对客户进行评分，确定新进件客户风险等级，然后确定是否授信以及授信额度。

（2）智能授信审批。传统的银行普惠金融业务都是采取人工审批，难以满足大量的授信申请，同时其审批决策容易受主观因素影响，缺乏标准，最重要的是难以识别授信中的欺诈问题。基于大数据构建了客户风险评估模型后，可以引入人工智能进行智能自动授信审批，可以有效识别欺诈行为，并自动拒绝高风险申请者，自动核准低风险优质客户，有效节约审批中的人工环节，控制未来的坏账损失。这既提高了授信审批的效率，又提高了授信的质量。

（3）优化贷款额度的结构。基于大数据的信用评分模型，可以通过风险系数来调整"贷款倍数""金融机构信用授信额度倍数"，在低风险客群适度放宽授信金额、高风险客群减少额度、总授信规模不变的情况下，降低总体风险。

◆研究示例◆

互联网银行的欺诈风险控制研究

该研究建立了一个基于机器学习模型的实时反欺诈体系，包括离线数据建模过程、确定最优临界点、模型的部署和实时决策四个部分。

一是离线数据建模过程。该研究基于存量历史数据，构建不同的机器学习模型以识别欺诈风险，通过比对各类机器学习算法，发现极端梯度提升（Extreme Gradient Boosting，XGBoost）性能最优，且各类算法各有优缺点。因此，该研究巧妙地通过二次建模的方式，融合不同算法的优点，构建多个机器学习模型，并通过比对不同模型的接收者操作特征（Receiver Operating Characteristic，ROC）曲线下的面积（Area Under Curve，AUC）、KS 值等信息，选择最优的欺诈识别模型；同时标准化模型输出结果，使模型输出为 0～100 之间。

二是确定最优临界点。基于最优的欺诈识别模型，构建误识率、召回率及精度的目标函数，寻找最优的临界点，记为 a 和 b。基于此，定义不同的欺诈风险，即当模型分大于或等于 b 时，为欺诈高风险；当模型分大于或等于 a，且模型分小于 b 时，为欺诈中风险；当模型分小于 a 时，为欺诈低风险。

三是模型的部署。将模型转化成预言模型标记语言（Predictive Model Markup Language，PMML）文件，通过决策引擎系统实时调用模型，即对每一个授信客户进行欺诈识别。

四是实时决策。要想实现欺诈模型的实时决策，需要实现四个步骤：第一，实时采集用户的点击流数据，如浏览页面用时、回退次数、陀螺仪位置等；第二，对用户行为数据进行加工，生成模型特征；第三，将模型特征作为入参，实时调用 PMML 的欺诈模型；第四，根据不同的欺诈风险，在决策引擎中返回不同的决策结果。若客户为欺诈高风险，则拒绝该客户的授信申请；若该客户为欺诈中风险，则进行人工干预或者启动案件调查或和其他模型综合决策；若该客户为欺诈低风险，则实时通过处理。具体的评分卡建模流程如图 9-2 所示。

数据采集	特征加工	数据预处理	特征选择	建模	模型评估
• 通过App埋点或者SDK的方式采集用户的设备及客户行为数据 • 通过网络服务器收集用户所有的点击流数据 • 通过查询外部数据接口，获取客户的其他信息	• 基础属性特征集 • 行为特征集：由用户点击流、操作行为轨迹等数据提炼加工得出 • 场景特征集：用户习惯操作的场景 • 关联特征集 • 资债特征集 • 涉黑情况：指客户在负面名单上的命中情况	• 缺失值处理 • 噪声数据处理：用分箱的方法来处理，即通过考察数据的"近邻"来光滑有序数据值 • 变量类型处理：文本类变量转化为数据数值标签形式，连续数值变量通过证权重方法进行离散化 • 数据标准化	• 信息价值指标（Information Value，IV）筛选法：计算单变量的IV值，筛选出IV≥0.05的特征集 • 皮尔森相关系数：计算任意两个变量之间的相关系数，若两个变量的相关系数绝对值>0.95，则剔除IV值较低的那个变量	• 一次建模：随机森林模型 • 分层抽样：提高样本的代表性 • 二次建模：逻辑回归、决策树、随机森林、支持向量机、神经网络、XGBoost	• AUC：ROC曲线下与坐标轴围成的面积，直观地反映了ROC曲线表达的分类能力 • KS：KS值越大，表示模型能够将正、负客户区分开的程度越大

图 9-2　评分卡建模流程

［资料来源：贾坤：《互联网银行的欺诈风险控制研究》（硕士学位论文），中山大学管理学院 2020 年，第 22～23 页。］

四、基于知识图谱的大数据智能风控技术

由于评分卡类模型主要考虑的是单一信息点的属性，但客户间的隐藏关联往往包含更多未知的潜在价值信息，因此基于知识图谱的大数据智能风控技术就有了用武之地。

知识图谱指由节点（实体）和节点之间错综复杂的关系构成的拓扑网络，包括节点（实体）、关系（边）及权重三个要素。节点（实体）包括

手机号码、身份证信息、银行卡卡号、设备、互联网协议（Internet Protocol，IP）等，关系（边）包括家庭关系、担保关系、资金往来关系、设备关联、手机关联、家族关系、同事关系等，而权重高低则依赖于关系强弱。其形成的知识图谱的拓扑结构如图9-3所示。而知识图谱类模型就是利用从拓扑网络中提取出的指标（如度、聚类系数、距离等）建立的模型，核心是从关系的角度解决普惠金融的风控问题。

图9-3　知识图谱的拓扑结构示意

（资料来源：作者绘制。）

知识图谱在银行的应用领域很广泛，如 AI 反欺诈、风险预警、特征衍生、聚类营销等。其最具优势的应用是识别团伙欺诈行为，这也是目前银行进行反欺诈的最大痛点。团伙性欺诈一般涉及多个银行账号、客户和设备协同作案，在单笔申请、交易或者单个账户视角并不能看出任何风险，但是在建立多维度、多属性关联后，欺诈团伙往往呈现出明显的异常模式子图，并且已知的风险可通过关联关系进行传播扩散，知识图谱能够发现更多风险关系和节点。通过社区发现算法，可以将相同特征的人聚成群组，从而做批量分析和特征学习。在此基础上，进一步根据群组特征分析与挖掘，可以对特定人群制定特定的反欺诈策略。

◆业界案例◆

基于知识图谱的安全金融服务

该项目是广州市 2020 年第一批金融科技创新监管试点应用，由广发银行股份有限公司、同盾科技有限公司共同研发，基于知识图谱技术分析企业关联关系和客户经理关系网络，实现快速的风险挖掘、风险分析，为对公客户提供安全信贷服务，为个人客户提供安全理财产品销售服务。该项目包括三个方面的服务创新。

一是关联关系快速构建。本项目提供可视化的图谱构建配置、图谱管理和配置化的知识展示功能，业务人员可根据需求指定分析对象，快速生成图谱，分析指定对象的关联关系。相对于传统的单点式风控模式，本项目从更多维度实现对用户的风险挖掘、风险分析，降低群体性业务风险的发生概率。

二是对公安全信贷服务。将业务场景转换为图结构或图关联指标的形式，实现数据由单点到图的转换，深度分析企业间存在的投资关系、担保关系、一致行动人关系等，辅助业务人员进行贷前风险识别，提升对公信贷审核效率和风险防控水平，为企业客户提供更安全的信贷服务。

三是安全理财销售服务。丰富对客户经理异常行为的合规风险识别与监测手段，将传统的客户经理交易行为监测与基于知识图谱的图关联监测相结合，配置客户经理关联指标规则，对客户经理异常行为进行风险监控，降低内控合规风险，为个人用户提供更安全合规的理财服务。

[资料来源：中国人民银行广州分行：《广州金融科技创新监管试点应用公示（2020 年第一批）》，见中国人民银行广州分行网站（http：//guangzhou.pbc.gov.cn/guangzhou/129134/4076790/index.html），2020 年 8 月 24 日。]

第九章　金融科技与银行业、保险业创新

第四节　区块链与银行数字供应链金融创新

一、供应链金融的概念与存在的问题

1. 供应链

供应链是在社会化分工下,企业由原本的独立生产变为企业间协作生产,把原材料转化为中间品或者产成品,最后由下游经销商完成销售所形成的链条式结构。上下游企业间的管理需要一个核心企业,这类企业通常自身规模较大,行业地位较高,因此能够施加给其他企业较为明显的影响。核心企业利用规模化效应,既可以对上游企业采取赊账的采购方式,也可以要求下游企业即时付账。

2. 供应链金融

供应链金融是银行等资金方以核心企业的信用和信息为基础,面向核心企业的上下游大量中小企业做出的系统性融资安排。在银行实践中,一般把供应链金融认为是以核心客户为依托,以真实贸易背景为前提,运用自偿性贸易融资的方式,通过应收账款质押登记、第三方监管等专业手段封闭资金流或控制物权,对供应链上下游企业提供的综合性金融产品和服务。①

3. 传统供应链金融存在的问题

传统的银行供应链金融一般以核心企业信用为基础进行授信,通过核心企业把授信再转移给上下游企业,这种模式存在规模难以扩大且风险高的缺点,尤其是大量轻资产化、平台化的供应链能获得的贷款少,且信用难以在链条上传递并触达上下游的中小企业。同时,将风险集中于核心企业的信用额度,不满足大数定律,一旦核心企业出现问题,风险会集中暴露,从而造成供应链融资难、风控难和监管难等突出问题。

二、供应链金融的组织模式

一般而言,供应链金融常见的组织模式有金融机构主导型、核心企业

---

① 参见穆长春、狄刚《基于区块链技术的供应链金融分析》,见人民创投区块链微信公众号（https://mp.weixin.qq.com/s/K2UroKFIPNe8HAAkqZ8_7g）,2020 年 4 月 11 日。

主导型和平台化企业主导型三种。①

1. 金融机构主导型

在金融机构主导型的供应链组织模式（如图9-4所示）下，商业银行负责服务方案的制订和信息平台的建设，融资条件、业务流程等方面的设计均由银行主导。由于银行对金融业务的熟知，金融业务流程的效率可以得到有效保证，同时金融机构面临的风险也能得到有效管控。由于该模式下中小企业和金融机构间仅存在提供资金服务的关系，地位相对平等，有利于激发融资需求方的活力和提升客户体验。

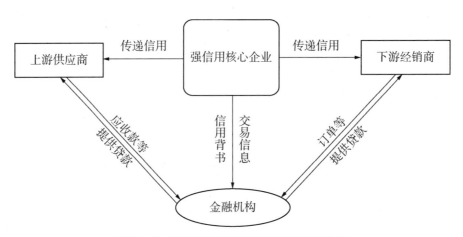

图9-4 金融机构主导型的供应链组织模式

（资料来源：作者根据相关资料整理。）

然而，金融机构主导的供应链金融的局限之处也比较突出：一方面，金融机构并不具有产业经验，在业务流程设计和风控标准的制定上比较难突破原本金融行业的束缚，最终的服务方案无法最大化地惠及更多的融资需求者。另一方面，金融机构主导的模式从内生上来讲缺乏成长动力。社会经济活动日新月异，每天都有新的业态出现，有新的行业即存在新的融资需求，金融机构主导的模式无法及时地捕捉到需求并跟进。

2. 核心企业主导型

一些供应链中的强信用核心企业基于对自身成长的需求以及对其链上

---

① 参见洪伟《区块链技术在供应链金融中的应用研究》（硕士学位论文），中山大学管理学院2020年，第29～33页。

中小企业营运能力、发展潜力的了解，其供应链金融使用了核心企业主导型的组织模式（如图9-5所示）。不同于金融机构主导的模式，核心企业在此模式中凭借其强大的财力和资源整合能力组建并控股商业保理公司，一方面能够挣脱传统金融机构在制度、管理上的诸多束缚；另一方面，由于商业保理公司与核心企业的紧密关系，可以很好地解决信息不对称的问题，该模式是目前被采用得最多的组织模式。

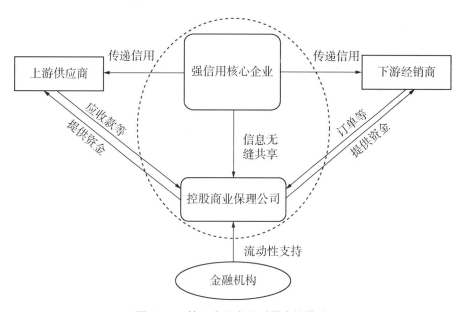

图9-5 核心企业主导型供应链模式

［资料来源：洪伟：《区块链技术在供应链金融中的应用研究》（硕士学位论文），中山大学管理学院2020年，第31页。］

3. 平台化企业主导型

无论是金融机构主导模式还是传统核心企业主导模式，都离不开一个具有强大信用背书作用的核心机构。但在某些产业中可能存在规模小、无核心企业的问题，无法采用这两种模式，比如参与主体为广大农业个体生产者的农产品产供销链条，再比如以代为采购服务或代为销售服务为业务模式的产业。

在此时，这些产业可以选择平台化企业主导型的供应链金融模式（如图9-6所示），建立一个平台作为核心企业。该类平台机构并无大额可抵押资产，但其身后却真实存在一个活跃的产业和大量有融资需求的小微企业甚至是个体。

目前看来，平台化企业主导型供应链模式由于缺乏有效的信用增强手段，在实践中遇到了融资难的问题，急需借助新的模式来进一步释放产业的增长活力。

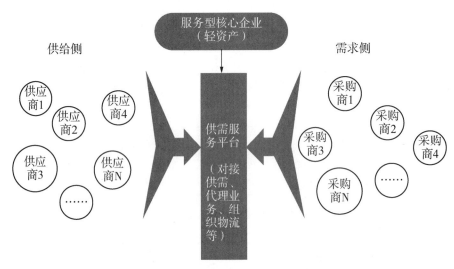

图 9-6　平台化企业主导型供应链模式

［资料来源：洪伟：《区块链技术在供应链金融中的应用研究》（硕士学位论文），中山大学管理学院 2020 年，第 33 页。］

三、基于区块链的数字供应链金融

区块链技术融合物联网、大数据和人工智能等技术，可以打破供应链金融系统的"信息孤岛"，改变供应链金融信息高度不对称的现状，从而降低交易成本。区块链技术的去中心化、不可篡改、全程留痕、可以追溯、集体维护、公开透明等特性，有助于解决传统供应链金融中存在的信任问题，重建供应链金融的信用机制，将供应链由以核心企业为主的中心型信用共同体变为多节点记账的网状结构信用共同体。图 9-7 展示了区块链技术在传统供应链金融模式中的嵌入框架。合约参与方通过智能合约生成数字信用凭证以实现信用在链条上的传递，有利于破解供应链金融信息造假、信用难以直接触达真正需要资金的中小企业等难题，实现供应链金融体系的资金流、信息流、物流和商流的"四流合一",降低信息不对称和保障交易背景的真实性,从而有效解决供应链上中小企业面临的融资难题。

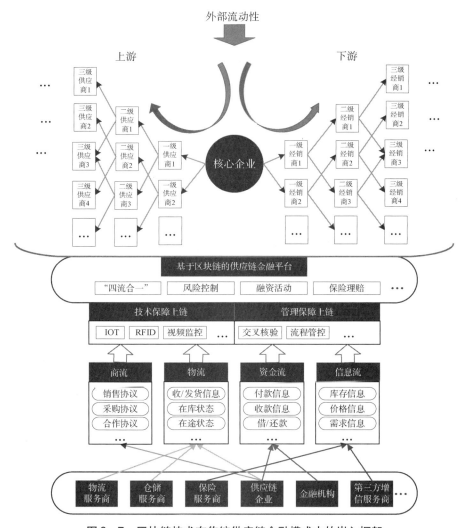

图9-7 区块链技术在传统供应链金融模式中的嵌入框架

[资料来源:洪伟:《区块链技术在供应链金融中的应用研究》(硕士学位论文),中山大学管理学院2020年,第38页。]

这种基于区块链技术等金融科技构建的新型供应链金融,将不再依赖于核心企业的授信额度，它通过解决"链"上企业的信用和资质问题，将逐笔授信直接触达上下游中小微企业。这种模式在保证资金能够流入有切实需要的主体的同时，还能符合小额分散的大数定律和风险动态可控的原则，从而在有效控制金融风险的同时，进一步改善供应链上的中小企业的融资环境。

◆业界案例◆

聚龙链赋能惠农数字供应链金融

2019年10月24日下午，中共中央政治局就区块链技术发展现状和趋势进行第十八次集体学习。中共中央总书记习近平在主持学习时强调，要把区块链作为核心技术自主创新的重要突破口，并把区块链技术应用于金融等领域，解决中小微企业融资难问题。聚龙链是2018年由区块链密码创新联盟在国家密码管理局支持下自主研发、基于国产密码和自主代码的联盟链技术，满足金融、政务等核心领域对安全和加密的高要求，与实体经济紧密结合，助推实体经济的发展。

聚龙链作为全国首个拥有自主代码、自主密码的联盟区块链平台，率先用区块链技术打造"惠农工程"，为农业供应链金融赋能。目前，"聚龙链+供应链金融"构造了数字普惠供应链金融平台，通过整合核心企业、资金方、物流企业、供应商、供销商等多方资源，数据多方维护协同上链进行供应链数据存证确权，构建应收凭证的安全流转、拆分及持有融资，通过区块链技术实现多方信任节点信息相互核验，实现资金流、信息流和物流的"三流合一"，大大降低了供应链金融中的信息不对称风险，使得银行等金融机构可以基于交易的真实性进行授信，从而实现核心企业信用分拆和链式传递，为上下游的中小企业提供成本更低、效率更高的融资服务。

2019年，聚龙链的数字惠农供应链金融的第一个应用在内蒙古外贸综合服务平台落地。其贸易背景是内蒙古的农业核心企业在瓜子等农产品采购中，由于核心企业属于农产品加工企业，轻资产，获得银行授信很少，无法支付足额的采购款，因此一般只能拖欠采购商的货款（欠款达80%），需要等到瓜子等农产品加工销售获得回款后才能支付给采购商。采购商由于无法拿到货款，只能延期多个月才能支付农民采购款，造成农民在瓜子等农产品出售中被"打白条"的问题，影响了农业生产。

如图9-8所示,通过聚龙链构建的数字惠农平台,农产品加工核心企业首先向政策性银行申请一个总体的授信额度,政策性银行把授信额度拨到核心企业在商业银行的监管账号①。数字惠农供应链平台通过区块链技术把核心企业的授信额度做成数字信用凭证,供核心企业在有商业银行、农产品收购商、监管仓库、担保等多方参与的平台上使用。当农产品收购商的瓜子进入合作的监管仓库时,监管仓库在线上完成货品担保,并将入库单上链。核心企业根据入库单,从线上转给农产品收购商一个数字信用凭证(从总的授信额度中拆分扣减),然后农产品收购商就可以通过数字信用凭证到商业银行进行贴现,获得货款的现金,这样农民很快就能获得付款,避免了"打白条"的问题。从风控的角度,这样的数字供应链授信是安全低风险的。由于核心企业没有拿到资金,因此不存在挪用资金和骗贷动机。农产品收购商用来贴现的数字信用凭证有真实的入库单以及核心企业的确权数字凭证作为真实贸易背景,不存在造假问题。因此,农产品加工核心企业就可以从政策性银行拿到足够的授信和较低的利息,解决了融资难和融资贵的问题,同时破解了农民被"打白条"的长期难题。

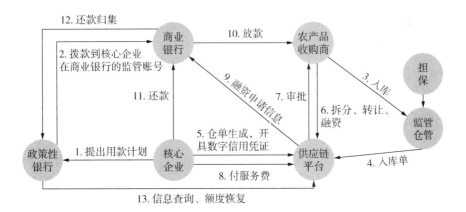

图9-8　聚龙链的数字惠农供应链平台

据悉,这是首个通过区块链技术赋能农业供应链,直接进行惠农金融服务的落地应用,针对这一应用,作者在国际经济合作与发展组织(Or-

---

① 政策性银行不具体开展业务,所以将惠农专项贷款委托给当地的商业银行,用来开展供应链金融服务。

ganization for Economic Co-operation and Development，OECD）的全球区块链政策高峰论坛做了主题报告介绍，获得与会各国的政府高级官员、业界专家和学者的高度关注。

（资料来源：作者根据相关资料整理。）

◆业界案例◆

落实"互联网+转型"战略
——中信梧桐港供应链金融生态

2011—2014年，虚开仓单和重复质押等问题层出不穷，在"上海钢贸"和"青岛港事件"爆发后，很多银行的大宗物资供应链金融业务受到了重创。5年过去了，部分出资方还是谈"仓"色变，迟迟不开展钢铁、煤炭等大宗物资仓单业务。但是，随着"中国2025战略"逐步落地，很多制造业客户对于原材料采购的资金需求量非常大，期待可以通过存货质押、代理采购等业务模式融资。

中信梧桐港供应链管理有限公司开发出基于电子化可信仓单重建供应链信用体系的服务。在系统方面，利用物联网与区块链等技术，陆续开发了仓储管理系统、仓单认证平台，有效地支撑智能仓储与仓单认证业务。在风险控制方面，基于多元化工商数据与业务数据，开发了大数据风险控制系统，搭建了高信用等级的标准库。同时，建立可信化仓单体系，围绕核心企业，吸纳供应链上下游的生产商、贸易商、银行等参与方，打造了供应链循环生态。在落地场景方面，如图9-9所示，中信梧桐港结合铜、铝等大宗物资项目，开发了一系列业务应用场景与业务系统开展服务，可以分为六个组成部分，包括咨询规划服务、商贸服务、物流服务、技术服务、金融服务、风控服务。

第九章　金融科技与银行业、保险业创新

风控服务
前期：主体、贸易真实性。
中期：价格、保值、发票、物流。
后期：违约处置。

金融服务
预付类：未来货权、产能预售。
存货类：动产融资。
应收类：保理。

技术服务
平台建设：数字供应链平台建设服务。
平台运营：数字供应链平台运营服务。
技术输出：提供IT、物联网、区块链、大数据、人工智能技术输出服务。

咨询、规划服务
供应链解决方案：提供个性化的供应链优化方案，降本增效。
产业园区规划：为政府、产业园开发商、运营商提供产业规划、园区规划、产业导入、运营服务。

商贸服务
会员服务：会员综合服务。
代理采购：提供供应端的代理采购服务。
分销执行：提供销售端的分销执行服务。

物流服务
仓储：提供仓储、操作服务。
运输：提供多式联运管理服务。
融资监管：提供监管、认证服务。

图9-9　基于区块链的中信梧桐港数字供应链金融生态

［资料来源：上海大学现代物流研究中心、万联供应链金融研究院、北京德和衡律师事务所：《中国物联网+供应链金融白皮书（2020）》，见万联网（https：//kbase.10000link.com/book_details.aspx？id=49），2020年9月17日。］

第五节　保险科技创新

一、保险科技简介

保险科技涵盖了人工智能、区块链、云计算、大数据等底层技术，契合了保险行业应用场景和数据驱动的需要，促进了保险业在产品研发、市场营销与服务、传统产品定价等前台业务方面的发展，还在风险控制、客户售后管理等后台业务方面开始全方位和多维度的变革。在技术的支撑下，保险科技不断开发出各类契合保险消费者和实体经济需求的业务场景，实现回归保障本源、提高运营效率、降低风控成本、创新商业模式等功能，最终赋能保险业高质量发展。全国政协委员、原保监会副主席周延礼表示，保险科技是"保险+科技"发展的深度融合，是驱动现代保险业转型升级换代的重要引擎。

二、保险科技的创新方向[①]

保险科技创新相对银行金融科技创新而言还处于起步阶段。按照在保险经营中参与环节的不同,当前中国保险科技的创新主要有三大方向,即销售端创新、产品创新、中后台创新。

1. 销售端创新

销售端创新的主要模式是通过将互联网流量转化销售保单,替代传统的通过代理人或者其他中介渠道获客。保险公司通过精准营销在搜索引擎或者各种平台上投放广告,潜在客户点击广告则被导流到公司网站,随后,公司推销保险产品。在这种模式中,平衡流量的质量和费用是盈利的关键,即获得优质流量(从而提升转化率)的同时控制广告费用。典型代表包括慧择保险、小雨伞保险等。

另一种模式是建立帮助保险代理人展业的 App,吸引代理人在 App 上展业,分享代理人收到的保险公司的佣金。典型代表包括保险师、i 云保等。

2. 产品创新

产品创新包括基于传统保险产品的改进(如众安保险开发的百万医疗、车险)和基于新场景的创新产品(如华泰保险开发的退货运费险、手机碎屏险、酒店退订险)。产品创新的载体主要是专业互联网公司(如众安保险等),近年来传统保险公司(如平安保险、中国人民保险)也在积极拓展此类业务。

基于传统保险产品的改进的一个例子就是众安保险在 2015 年推出的百万医疗,通过免赔额实现了"低价+高额保障",大幅拓展了传统的重疾险和中端短期医疗险以外的保险需求。需要注意的是,此类业务和传统的保险产品具有一定的替代关系,例如百万医疗的快速扩张客观上蚕食了部分低保额重疾险的市场。

基于新场景的创新型产品是基于客户潜在保障需求而开发的创新产品,覆盖了未被传统保险产品覆盖的日常生活中的风险和基于新生活方式带来的新风险,包括航班延误、网购退货费用、酒店退订损失等。此类业

---

① 参见田眈、薛源、毛晴晴等《保险科技未来真正有前景的方向是什么》,见中金点睛微信公众号(https://mp.weixin.qq.com/s/4s7G81U8dPtR3UxXNT9olw),2020 年 8 月 4 日。

务和传统保险产品没有重叠，对保险业来说，这些产品带来的保费是净增量。

3. 中后台创新

中后台创新主要包括精准定价、事前风控和事后理赔协助服务三个方面。

一是精准定价。利用大数据和智能定价模型实现精准化定价，通过为不同的客户进行全息画像，有针对性地对各个客户群体进行产品定价。

二是事前风控。基于保险公司的保单数据进行客户风险分析，对客户进行行为监控。

三是事后理赔协助服务。事后理赔协助服务主要有两种：第一种是消除理赔过程中的信息不对称从而有效识别欺诈行为；第二种是通过数据服务协助稽核人员高效完成理赔处理，如平安保险和中国人民保险开发的AI车险查勘定损。

◆业界案例◆

平安寿险改革中的金融科技

寿险一直以来都是平安的核心业务，但平安集团董事长兼首席执行官马明哲认为，寿险市场已经发生了很大的变化，包括市场、环境、消费者需求，原来的传统模式应对新的需求已经逐渐不适应了。于是，中国平安在2019年开始推动平安寿险改革。

平安寿险的改革被平安集团首席保险业务执行官陆敏归纳为三大路径：一是渠道改革，即代理人渠道、线上渠道、银保渠道，通过这三个渠道的改革，强化未来发展势头；二是以客户需求为导向进行产品改革，不仅是寿险产品，还会从"寿险+""金融+""服务+"三个方面做系统化产品体系的改造，根据不同代理人的销售能力、不同消费者需求展开，进一步推动综合金融；三是科技推动改革，运用科技打造全新的数字化经营平台，实现经营管理的"先知、先觉、先行"。可以看出，金融科技是整个平安寿险改革中的重要推动力。

在渠道改革方面，平安集团主要从客户和代理人两方面发力，通过金融科技进行降本增效。在客户方面，平安集团利用大数据和人工智能对客户进行全息画像，对客户进行精准营销，拓宽获客渠道。另外，平安集团还使用智能语音机器人与客户进行沟通，让智能语音机器人覆盖集团的金融销售场景和客户服务场景,在降低人力成本的同时还给客户带来了更智能的体验。在代理人方面,在招聘过程中使用 AI 面谈官进行面试,还开发了智能个人助理 AskBob 为代理人服务。

此外,在产品改革方面,平安集团通过 AI 图片定损技术、语音识别、光学字符识别(Optical Character Recognition,OCR)、人脸识别等技术为车险出险客户提供在线服务,实现智能闪赔。

[资料来源:春春:《全方位解读平安寿险改革,阵痛期后能否迎来新契机?》,见知乎网(https://zhuanlan.zhihu.com/p/133940347),2020 年 4 月 21 日。]

◆思考讨论题◆

  1. 智慧银行下一步发展的重点会是什么?
  2. 开放银行如何重构银行的服务体系?
  3. 大数据技术在银行普惠金融中,除了风控,还有哪些方面的应用?
  4. 区块链技术如何与大数据融合推动数字供应链金融发展?
  5. 保险业积累了大量的数据,但金融科技应用却相对落后,你觉得可以从哪些保险产品或者服务进行保险科技突破?

第十章　金融科技与证券业创新

本章重点介绍与证券业相关的金融科技创新应用。金融科技赋能证券业主要集中在量化投资、智能投顾、智能投研三个方面。借助大数据与人工智能，一方面发掘更多的信息和投资机会，提高证券市场的价格发现功能和获利；另一方面通过人工智能的运用，降低人力成本，减少人的行为偏差对理性投资的干预。

第一节　金融科技与量化投资

量化投资是指以先进的数学模型替代人为的主观判断，将投资者的经验通过建立模型与制定策略的方式固化到计算机中，并由计算机生成交易信号，由系统自动执行指令交易的过程。量化投资的特性天然适合与金融科技结合，尤其是利用大数据与人工智能技术对传统的量化策略中的数学模型进行优化或者重构，是量化投资发展的一大方向。

一、因子挖掘

因子投资策略是最重要的量化策略之一，是通过主动管理的方式将投资组合有意识地暴露到某些因子上来试图获得超额收益的投资方式。

根据经典的资本资产定价模型（Capital Asset Pricing Model，CAPM），投资收益是因为承受了系统性风险贝塔（Beta）和特有风险阿尔法（Alpha），因此，能够获得超额收益的因子可分为 Beta 因子和 Alpha 因子两类。Beta 因子能够产生系统性风险补偿收益，即 Beta 收益，一般是被大家公认能够带来超额收益的因子。Alpha 因子则是可以产生对股票特有风险（非系统性风险）补偿的收益，即 Alpha 收益，需要额外挖掘，在被大众所熟知后转变为 Beta 因子。因此，投资者为了获得超额收益，就要不断升级因子挖掘的手段,从而能够抢在其他投资者之前发现新的 Alpha 因子,利用金融科技进行因子挖掘就是一种比较先进的方法。

二、大数据因子

一直以来,投资者都只能在市场行情数据、公司财务数据、宏观经济数据等金融小数据中挖掘 Alpha 因子。随着金融科技的发展,投资者可以对多源异构的大数据进行分析和处理,从中提取出以从前的技术水平不能提取出来的因子。这种大数据因子一般能够让投资者在一段较长的时间内取得较为理想的超额收益:一方面,大数据因子来源于大数据,可覆盖范围更广,可以比传统因子体现出更多的金融市场特点,获取 Alpha 收益的能力更强;另一方面,大数据因子的获取难度较大,需要有足够的数据资源和硬件资源,被大众熟知后转为 Beta 因子的速度较慢。

◆研究示例◆

基于微信公众号文本挖掘的投资者情绪指标

通过挖掘全新的微信公众号文本数据来构建投资者情绪指标是对投资者情绪研究的一次有益尝试和补充,有利于帮助读者理解投资者情绪对市场的影响,并借此构建出有效的投资策略。

该指标的构建主要有两个步骤:一是运用"爬虫技术"采集公众号中的股票评述文章数据,所获数据包括标题、正文、阅读量、发表时间等维度,为构建投资者情绪奠定基础;二是通过自然语言处理的方法进行文本挖掘,从而构建投资者情绪指标。具体方法如下:首先,运用派森(Python)编程对文本进行清洗、分词、分段等;然后,在百度 AI 平台上构建基于双向长短时记忆循环神经网络(Bi-LSTM RNN)算法的情感分析模型,标注整理 10000 条样本数据训练模型,再将文本数据导入模型处理后得到情绪值;最后,结合文章的阅读量数据根据是否加权进行建模,构建投资者情绪指标。

如图 10-1 所示,为了检验该指标的有效性,该论文构建了一个量化择时策略:①当滞后一期的投资者情绪指标波动率大于 0 时,则形成股市向上趋势,并将剩余资金全数以市价买入投资标的;②当滞后一期的投资者情绪指标波动率小于 0 时,则形成股市下跌趋势,并将所持有的投资标的全数以市价卖出。策略年化收益为 34.82%,远高于基准收益,且 Alpha、Sharpe 值（夏普值，表示承受每单位风险所能获得的超额报酬）较高，表明策略具有较强的获取超额收益的能力，最大回撤仅为 7.23%，远远高于基准。综合表明，这是一个明显有效的策略。也就是说，基于微信公众号挖掘的投资者情绪波动率是一个有效的 Alpha 因子。

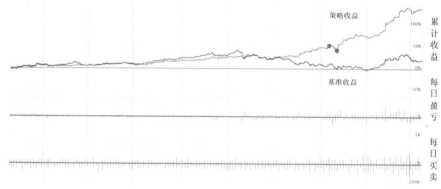

图 10-1　择时策略的累计收益、每日收益、每日买卖时序

[资料来源：张思明：《基于微信公众号文本挖掘的投资者情绪与股票市场相关性的实证研究》（硕士学位论文），中山大学管理学院 2020 年，第 52 页。]

三、因子智能提取

人工智能算法给因子挖掘带来另一种新的可能，就是通过算法让计算机将数据以各种方式组合起来，智能地提取海量可用的 Alpha 因子。2015 年，世坤咨询（World Quant）发表了 *101 Formulaic Alpha*（《101 个公式化的阿尔法因子》），该论文通过遗传规划算法寻找数据和算符、公式之间的有效结合方式，最终得出了 101 个 Alpha 因子。

与传统的因子挖掘方法不同，这种挖掘方式完全取决于智能算法，是纯技术性的，虽然能够找到大量与众不同的新因子，但最终生成因子的金融可解释性较弱，较难被传统投资者接受。因此，人工智能算法在量化投资的可解释性上还是一个有待探索的重要问题。

四、机器学习预测

机器学习有很多预测算法，即把数据输入机器模型中让模型不断地学习、进化，最终能够通过这些数据预测出想要的结果。将机器学习应用到量化投资中，可以通过输入因子及其他金融数据来预测市场。由于机器学习模型是非线性的，其预测结果一般能够比传统的线性模型的预测更为精确，能够给投资者带来更多超额收益。

在量化投资中使用机器学习预测主要有两种方向：一是预测市场或证券的收益、波动率等信息，二是预测市场或证券的涨跌方向。

◆研究示例◆

用于预测石油波动率的人工智能模型

该人工智能预测系统采用分类器的遗传算法机器学习，用于预测石油期货的波动率。该系统将外部信息引入预测模型，使模型不断进化，最终能够提前一天给出石油期货价格波动率的可靠预测。

首先需要采用分类器系统进行预测策略的基因编码，这里所说的基因编码可分为两部分。

第一部分是采用分类器系统，即使用二进制位，用 1、0 和 # 编码市场状况，分别代表相应的市场条件为真、假和二者皆可，图 10-2 的第一个编码表示"石油在当天的对数收益为正"这一市场条件为真。

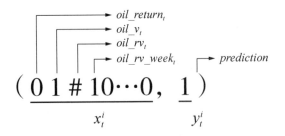

图 10-2 基因编码规则

第二部分是对波动率是否高于给定阈值的预测。根据图 10-2，例如当市场条件为当天石油的对数收益非正值，石油超额波动率高于最近 20 天的平均值，石油的已实现波动率不相关，石油的已实现波动率高于最近

5 天的平均值……且全球金融压力指数（The Global Financial Stress Indicator, GFSI）不高于其最近 20 天平均值时，该策略预测下一天的石油波动率超过阈值，编码为 1。

基因编码完成之后，遗传算法根据每条策略的收益，模仿大自然的优胜劣汰的遗传机制，对策略的"基因"进行杂交、变异，从而繁殖新策略和淘汰差的旧策略，最终得到较为准确的预测规则，使系统能够根据市场状况预测石油波动率。

[资料来源：Fan Wang, Junqin Lin and Lijian Wei. "An AI Model for Oil Volatility Forecasting". *IEEE Intelligent Systems*, 2020, 35 (3), pp. 62-70.]

五、智能交易模拟

随着计算机算力的不断提高，如今可以用计算机模拟出在特定金融市场中的投资者的交易行为。计算实验建模（Agent-based Modeling）正是对复杂金融系统和投资者微观参与行为进行建模的一种尝试，将金融市场视为包含多个具有适应性的异质主体（Agent）所组成的系统，在既定的市场结构下，运用智能信息技术对这些主体的适应和学习行为及其交互作用进行微观建模，从而形成模拟金融市场。在模拟市场中，通过微观参与主体的行为实验来揭示市场集结层面的动态特性及其成因。①

在量化投资中，我们可以基于计算实验进行智能交易模拟，将模拟出的市场特性作为因子用于量化策略之中，或者利用模拟出的市场环境对已有策略的效果进行测试。这种方法相当于使用了"未来"数据，如果对市场和投资者行为的模拟贴近现实，那么最后得出的量化策略将会有更强的未来适用性。

◆业界前沿◆

自适应智能交易系统 Altreva

Altreva 是一款用于预测股票、外汇、比特币、交易型开放式指数基金（Exchange Traded Fund, ETF）、商品或其他市场的软件应用程序。它基于计算实验的技术，创建了模拟市场模型，其中有成千上万的虚拟交易者将

---

① 参见崔毅安、熊熊、韦立坚等《金融科技视角下的计算实验金融建模》，载《系统工程理论与实践》2020 年第 2 期，第 373～381 页。

他们自己的交易策略应用于真实世界的市场数据，并在模拟出的虚拟市场上进行交易、竞争和进化。他们的集体行为被用来产生未来一天的市场价格预测和交易信号。虚拟市场模型与真实市场并行发展，降低对历史数据的过拟合程度，这样可以更好地适应不断变化的市场条件，使模型具有更稳定的性能。

该智能交易系统包括两个主要部分：基于主体的模型和交易系统。其中，基于主体的模型接收市场报价并生成价格预测，交易系统会根据交易结果和用户的交易偏好决定何时发出新的交易信号预测。

该智能交易系统中，虚拟投资者的交易策略是通过遗传算法构建的，虚拟市场采用双向拍卖集合竞价机制来对虚拟投资者提交的订单进行撮合交易并生成价格。每个虚拟投资者先随机生成一个包含多条策略的策略库，投资者从策略库中选择满足当前市场条件的最优策略并采取对应的下单行动，选择业绩好的交易策略作为父辈，通过交叉和变异创造出新的交易策略，利用新的策略淘汰一部分表现差的策略。这使得虚拟投资者的策略库能像自然界的生物一样优胜劣汰，不断进化，智能越来越高。

（资料来源：作者根据 Altreva 网站资料整理。）

第二节　智能投顾

一、智能投顾的定义[①]

根据美国证券交易委员会于 2017 年 2 月发布的《智能投顾监管指南》所述，智能投顾是典型的注册投资顾问，其基于在线算法程序，通过创新技术为客户提供具有自由裁量权的财富管理服务。智能投顾所服务的客户将个人信息和其他数据输入交互式数字平台（如网站或移动应用程序）中，根据这些信息，机器人顾问为客户生成一个投资组合，进而管理客户的账户。欧洲证券监管部门认为，智能投顾是应用自动化工具的投资顾

---

① 参见郭雳、赵继尧《智能投顾的发展现状与概念界定》，见腾讯金融研究院微信公众号（https：//mp.weixin.qq.com/s/w6-PGiAZqy-E_p57iN_kDg），2019 年 6 月 5 日。

问，结合投资者提供的个人信息，智能投顾通过算法为客户提供金融工具的交易建议。根据澳大利亚证券和投资委员会于2016年8月发布的《面向零售客户提供数字金融产品建议监管指南》所述，智能投顾是使用算法提供自动化金融产品建议的技术，不存在人类顾问的直接参与。它包括一般建议或个人建议（如关于投资组合的建议），也包括综合性的财务规划。我国在《关于规范金融机构资产管理业务的指导意见》中提到，运用人工智能技术开展投资顾问业务应当取得投资顾问资质，非金融机构不得借助智能投资顾问超范围经营或者变相开展资产管理业务。

二、智能投顾的发展[①]

传统的投顾服务之前一般存在于基金公司或者投资顾问公司等专业中介机构为高净值投资者提供的投资咨询或者资产管理的服务当中。随着互联网金融、金融科技以及相关政策的发展，这类专业的、高成本的服务逐渐"平民化"，演变成智能投顾服务。投资者通过电脑技术，在互联网金融平台和移动、电脑设备上即可接受与传统投顾服务有着相同或更高质量的服务。

智能投顾最初来自国外的金融科技公司，如财富前线（Wealthfront）、卓越理财（Betterment）和未来顾问（Future Advisor）等，这些公司提供的低成本、自动化、个性化的服务面世后迅速获得了投资者的认可，也吸引了嘉信理财、高盛等传统金融机构加入。国外主要智能投顾平台见表10-1所列。

表10-1 国外主要智能投顾平台

平台	投顾模式	投资标的
Wealthfront	基于现代投资组合理论的资产配置，偏向于投资建议	包括美国股票、新兴市场股票、美国债券、房地产、大宗商品等在内的11类ETF
Betterment	基于现代投资组合理论的资产配置，偏向于风险偏好	包含12只ETF，其中包括大/中/小型价值基金

---

① 参见张加海《智能投顾基金的组合优选策略》（硕士学位论文），中山大学管理学院2020年，第19~22页。

续表 10-1

平　台	投顾模式	投资标的
Schwab Intelligent Portfolios	基于现代投资组合理论、布莱克-利特曼（Black-Litterman）模型，偏向于大类资产配置	4 只嘉信和其他公司的 ETF，涵盖股票、债券、新兴市场、房地产和大宗商品
Personal Capital	免费的财务在线管理工具+收费的线下投资服务	传统投资顾问涉及的产品、股票、债券、地产等
Estimize	基于众包模式预测上市公司的每股盈余（EPS）和收入，为机构投资者提供收费 API，偏向于量化选股	美国股票
Trefis	细拆收入构成并量化，预测上市公司收入，偏向于量化选股	美国股票

[资料来源：张加海：《智能投顾基金的组合优选策略》（硕士学位论文），中山大学管理学院 2020 年，第 19～22 页。]

◆业界前沿◆

Wealthfront 智能投顾平台

　　Wealthfront 智能投顾平台主要给用户提供的服务是智能化的投资组合咨询服务，用户还能够通过 Wealthfront 平台投资 ETF 基金。相比传统的投资理财，Wealthfront 的优势是费用非常低，因为智能化的服务为平台节约了人工成本。

　　Wealthfront 在进行正式的投资之前，会通过问卷调查（包括投资原因、年龄、收入、家庭情况、投资关注点和风险承受能力等）对用户的风险偏好进行充分的了解，并对客户进行用户画像。Wealthfront 根据行为经济学家的研究成果，将问卷简化为 10 个问题，这 10 个问题可以评价出客户客观承受风险的能力和主观承受风险的愿望。通过这些问题，Wealthfront 会给每个客户的风险承受能力打分。另外，Wealthfront 会评价客户是否有存足够的钱为以后的退休生活做打算，退休后收入越高，越能够承受风险。根据风险容忍度不同，Wealthfront 将会向投资者推荐不同的资产配置方案。

接下来，Wealthfront 根据之前对客户的了解，开始代替客户进行操作。Wealthfront 会代理客户向美国证券托管和清算公司 Apex Clearing 发出交易指令，买卖 ETF。

在交易完成之后，Wealthfront 会实时监测用户账户，定时调仓。

除了投资组合咨询，Wealthfront 还提供其他服务，包括税收损失收割（Tax-loss Harvesting）、税收优化直接指数化（Tax-Optimized Direct Indexing）、单只股票分散投资服务（Single-Stock Diversification Service）。

（资料来源：作者根据相关资料整理。）

我国智能投顾行业起步较晚，不过已经有不少互联网公司提前在智能投顾领域布局。弥财 App 在 2015 年 6 月正式对外服务，成为国内市场上首家公开提供智能投顾服务的公司，之后宜信财富的投米 RA、京东金融的京东智投、拿铁财经的拿铁智投、百度的百度股市通、北京口袋财富的理财魔方等智能投顾平台纷纷亮相。而传统金融机构也不甘落后，券商和基金公司也都在研发智能投顾产品。国内主要智能投顾平台见表 10 - 2 所列。

表 10 - 2　国内主要智能投顾平台

平台名称	方法论	机　构	投资标的
蚂蚁聚宝	现代资产组合理论	蚂蚁金服	余额宝、招财宝、存金宝、公募基金、香港基金
百度股市通	信息搜索、智能分析	百度	A 股、港股、美股
京东智投	现代资产组合理论、资本资产定价模型（CAPM）	京东金融	固收理财、债券基金、股票基金、定期理财、票据理财、京东小金库
聚爱财 Plus	现代资产组合理论、Black-Litterman 模型、风险平价模型（Risk Parity Model）	聚爱财	公募基金、个股、期权
蓝海智投	现代资产组合理论	蓝海智投	国内 ETF 和 QDII、海外 ETF

续表 10-2

平台名称	方法论	机构	投资标的
理财魔方	现代资产组合理论、多因子模型	口袋财富	股票、基金、银行理财、网络理财
积木盒子	现代投资组合理论	积木盒子	公募基金和固收产品
投米 RA	现代资产组合理论	宜信财富	全球 ETF
贝塔牛	现代资产组合理论、Black-Litterman 模型	广发证券	股票
iVatarGo	现代资产组合理论、量化投资	长江证券	股票

[资料来源：张加海：《智能投顾基金的组合优选策略》（硕士学位论文），中山大学管理学院 2020 年，第 19～22 页。]

虽然国内号称智能投顾的平台有不少，但是真正实现对外宣传效果的投顾系统并不多。大多数智能投顾都是简单地根据投资组合理论，通过在 App 上向投资者问一些问题，试图测出投资者的风险规避系数，然后结合投资者的特点，简单地配置其合作方的资产组合（一般都是合作的基金）。有些机构只是提供了一键下单的功能，后台的投资组合仍然是资管部门的投资经理人工配置的，并非真正的以大数据为基础、以量化算法计算的结果，资产配置、智能策略、智能算法等核心功能并不完善。其中，不乏采取投资策略组合对接专业投研策略公司的做法，相当于投资研究外包的方式，而投顾系统本身只是一个交易系统和展示平台，与智能投顾完全无关。另外，因为智能投顾的从业人员除了收取咨询费用还能收取销售佣金，一些平台打着"智能投顾"的旗号推荐自己的理财产品，投资建议的独立性和客观性难以保证。

三、智能投顾的服务流程[①]

嘉信智能组合（Schwab Intelligent Portfolios）提出智能投顾一般应该包含四个服务流程（如图10－3所示）。

图10－3　智能投顾的服务流程概括

（资料来源：姜海燕、吴长凤：《智能投顾的发展现状及监管建议》，载《证券市场导报》2016年第12期，第4页。）

一是在给投资者提供建议之前，智能投顾需要获取投资者的个人信息。嘉信智能组合为投资者设计的调查问卷里包括投资者的年龄、收入、财富、风险承担意愿、产品类型偏好等问题，并且对一些问题设置了分数，最后进行加总。风险承担能力和风险承担意愿的最高分都是100分，分值越高代表用户的风险承担能力或意愿越强。这些分数是为用户构建个性化投资组合的基础。Wealthfront也是通过调查问卷了解、评价投资者的风险偏好和风险承受能力，得到风险偏好分数，用于资产配置模型中。客户访问Wealthfront公司网页便可填写金融资产规模和投资倾向等个人信息，该公司依据每个客户提供的资料，为其提供相应的投资组合建议。Betterment则只需要了解投资者的年龄、年收入状况、投资目标和投资期限，并没有风险偏好调查。Betterment认为，投资期限、投资目标以及资金支出计划是资产配置需要考虑的首要问题，其本身就反映了投资者的风险承受能力。Betterment为投资者提供了三个目标选择：安全保障（Safety Net）、退休基金（Retirement）和一般投资（General），并详细解释了每个选项的具体含义。

二是智能投顾在根据投资者提供的信息构建优化投资组合之前，需要确定基础资产类别和可选择的资产。首先根据数据质量、透明度和系

---

①　参见姜海燕、吴长凤《智能投顾的发展现状及监管建议》，载《证券市场导报》2016年第12期，第4～12页。

统功能确定代表各资产类别的标的指数，分为股票、固定收益、大宗商品和现金四大类，然后在每一类下面再进行细分，比如股票细分为新兴市场股票、美国市场股票、高股息股票等。对选定的标的指数，智能投顾根据风险高低、规模大小、买卖价差、跟踪误差、费率等选择每一指数标的的 ETF 基金，作为组合构建的基础资产。Wealthfront 建议的投资组合由追踪 12 个指数化资产的 ETF 基金构成，包括国内外股票、债券、实物资产等。

三是基于投资者目标和风险管理规则对投资组合进行优化与调整，并为投资者提供组合调整建议。其中，采用下行风险优化模型进行组合规划和构建的比较多，也有的采用 Black-Litterman 模型、资本资产定价模型、戈登增长模型等，有的联合采用几种模型。在资产管理过程中，智能投顾会根据以上模型，对投资组合进行后续跟踪、风险管理和组合调整，判断组合是否能够满足投资者的目标，或者面对不利的市场行情。当组合与投资者的目标明显偏离，或个别资产价格达到风险阈值时，智能投顾将提出组合调整建议。

四是对资产管理绩效进行事后评价。可以通过税收收割交易次数、组合调整次数、节税比率、跟踪误差四个指标评价投资建议的优劣。

第三节　智能投研

一、智能投研简介

智能投研是基于大数据和机器学习技术，实现对海量研究数据、信息、研究成果等进行智能化的处理和分析，挖掘数据之间的智能化关联，拓宽投资信息来源，提高获取信息的及时性，减少基础数据处理的工作量，以此为金融机构的专业从业人员（如分析师、基金经理等）提供投研帮助，提高其工作效率和分析能力。目前，智能投研业务模式的发展已初显雏形，但尚未形成规模。智能投研的发展历程如图 10-4 所示。

第十章　金融科技与证券业创新

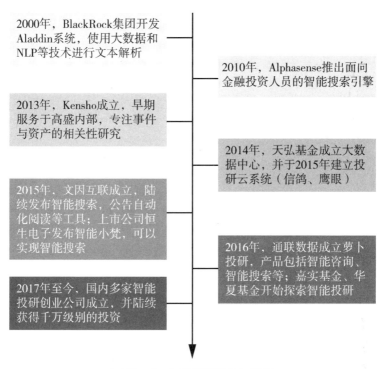

图10-4　智能投研的发展历程

[资料来源：鲸准研究院：《智能投研行业分析报告》，见鲸准网站（https：//www.jingdata.com/report/409.html），2018年7月19日。]

二、智能投研的业务流程[①]

智能投研的业务流程从本质上看与传统投研一样，如图10-5所示，一般包括三个步骤。

（1）信息搜索及知识提取。通过互联网信息门户、金融终端、书籍文献、公司网站等途径获得市场、行业、公司、产品的基本信息，并提取信息中的数据及知识。

（2）分析研究。基于第一步中得到的知识，运用逻辑推演、运算等方法提炼出观点。

---

① 参见李嘉宝《基于智能投研提高券商投研能力的探讨》，载《金融纵横》2019年第6期，第65~71页。

（3）观点呈现。将分析研究结果以合适的方式呈现出来。智能投研在传统投研的基础上与人工智能、大数据等技术深度融合，对传统投研中的每一步的效率和质量进行大幅度的优化。

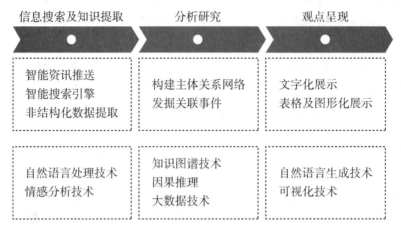

图 10-5 智能投研的业务流程及其核心技术

（资料来源：李嘉宝：《基于智能投研提高券商投研能力的探讨》，载《金融纵横》2019 年第 6 期，第 65 页。）

在信息搜索及知识提取步骤中，智能投研基于自然语言处理技术实现智能资讯推送和智能搜索引擎，从而使系统具有较强的联想能力，能够理解更为通俗化、模糊化的搜索表达。智能投研基于自然语言处理技术和情感分析技术实现对非结构化数据的提取，通过实体提取、段落提取、关系提取、表格提取等方式从海量信息（如交易数据、卫星照片、天气数据、快递数据及社交媒体数据等）中抓取相关信息，并将其转化为机器可以识别的结构化数据，使信息来源更加广泛。

在分析研究步骤中，智能投研基于知识图谱技术，可以从公司公告、券商研究报告、第三方机构报告、新闻等资源中自动批量提取出公司的股东、子公司、供应商、客户、合作伙伴、竞争对手等信息，构建出研究主体的关系网络。基于因果推理和大数据技术，智能投研可以在海量的事件之中发现有关联的事件。

在观点呈现步骤中，智能投研基于自然语言生成技术可以实现对研究结果的文字化展示，基于可视化技术可以将研究结果的数据自动转化为表格或图形化展示，并最终进行自动排版。

第十章 金融科技与证券业创新

三、智能投研的业界应用

当前智能投研在业界主要有两大方面应用：一方面是提供有价值的预测资讯，如美国肯硕（Kensho）公司的金融量化分析软件沃伦（Warren），主要是通过各种事件关联和金融知识图谱，为投资者提供事件对金融市场的影响分析研究服务。另外一方面是通过大数据和人工智能实现企业的估值和风险分析，提供有价值的投资咨询报告，如 ValueGo 估值机器人，通过剩余收益模型对上市公司进行基本面估值分析，并从财务分析的角度自动生成投资研究报告。

◆业界前沿◆

Kensho 公司的金融量化分析软件 Warren

Kensho 是一家将云计算与金融咨询业务结合起来的数据分析公司，其目标是建立更为智能化的金融量化分析软件，为证券分析师和交易员提供更加优质、快速的数据分析服务。

Kensho 开发的软件被命名为 Warren，名字源于沃伦·巴菲特。该软件的界面类似于谷歌的搜索界面，客户可以在搜索框中输入自然语言风格的问题，如"昨天发布的货币政策对哪只股票的利好最大"，而 Warren 会给用户一个比较精准的回答，如"××公司的股票将会上涨最多"。

在这个过程中，Warren 扫描全世界市场上可以查询到的、直接或间接影响金融股票市场的一切因素和实时变化的各种宏观与微观大数据，诸如药物审批、经济报告、货币政策变更、社会事件等，利用极其复杂的统计学、人工智能、机器学习、大数据算法、数量经济学理论和模型，识别各种事件的概念、关系和网络，自动提取事件特征，真正理解语义的内外在含义，自主构建并修改知识库和知识图谱，自动触发事件对资产价格的影响并对未来价格走势进行预测，最后通过自然语言表达出来。Kensho 创始人纳德勒说："这从根本上是一支数量分析专家队伍。"

Kensho 公司给传统金融市场带来了巨大的冲击，因为要得到与 Warren 相同精度的答案，通常要花费金融分析师几天的时间，高盛声称 Kensho 将使金融分析师失业。此外，Warren 将削弱金融市场的信息不对称性，让信息对金融市场的传导影响更快速，使机构的套利难度增大。

目前的 Warren 还不具备取代金融分析师的能力，因为它只是模拟分析师分析数据的过程,并不能真正理解变量之间的相关性以及事件和资产之间更深层次的因果逻辑,这些还是要靠金融分析师对行业的深度理解来进行判断。但是当人工智能、神经网络真正和 Warren 的机器学习模型相结合,可以让 Warren 识别和理解待选择变量的语义、变量之间的影响因子的时候,量化分析的全自动化的时代将会到来。

(资料来源:作者根据相关资料整理。)

◆业界前沿◆

ValueGo 估值机器人

ValueGo 估值机器人是由中山大学管理学院陈玉罡教授团队领衔研发的上市公司基本面估值智能投研工具。它是一款集成了大数据和云计算在内的智能化企业估值客户端,只需输入代码即可查询 2000 多家上市公司的优劣势和内在价值,帮助投资者利用价值投资的理念、方法和工具进行投资。

ValueGo 估值机器人主要解决了进行公司研究时面临的两个痛点:一是这家公司的质量好不好,二是这家公司值多少钱。对于 ValueGo 估值机器人来说,前者通过分析公司的产品竞争力、管理费用水平、增长潜力、产业链地位和资本支出水平得出,后者通过剩余收益估值模型计算得出。

ValueGo 估值机器人将巴菲特的价值投资从理念变成了工具,节约了每天查阅公司财务报表和计算公司价值的时间,使公司研究效率在一夜之间提高了 7000 倍,成本降为 1/1250。例如,现在分析师撰写一家公司的报告约需要 50 小时,撰写 2500 家公司的报告需要 12.5 万小时;而 ValueGo 估值机器人仅需 18 小时即可完成 2500 家公司的报告。如果请分析师撰写,以每小时支付 500 元(这个薪酬在金融领域是偏低的)计算,完成 2500 家公司的报告需要花费 6250 万元,而金融机构使用 ValueGo 估值机器人的成本仅为 5 万元。

目前,ValueGo 估值机器人的智能化水平还不高,得出结论的方法还是传统的财务模型分析方法,在未来还有很大的改进空间,还可以衍生出更多的金融科技产品和金融技术服务。例如,用机器人来管理投资人的资金,让机器人选择好公司、对低估值的股票进行投资;用机器人来识别财务报表里的虚假信息,避免金融机构踩雷;让机器人自动读取一家非上市公司的财务报表，并为风险投资、市盈率（PE）、收购公司等提供一份目标企业的价值投资报告；等等。

（资料来源：陈玉罡：《投资痛点催生 ValueGo 估值机器人》，载《大众理财顾问》2017 年第 9 期，第 24 页。）

◆思考讨论题◆

1. 量化投资采用了哪些金融科技手段？
2. 量化投资和智能投顾有何不同？
3. 什么是适应性学习？在智能交易中有什么优势？
4. 目前国内的智能投顾平台发展如何？
5. 智能投研目前能替代传统投研的哪些工作？还需要在哪些方面进行改进？

第十一章　金融科技与中国金融体系变革

数字化转型是世界经济变革的重要趋势，完成经济数字化转型将成为我国经济发展历史上的重要跨越。金融体系数字化转型必须是以5G、大数据、物联网、人工智能、区块链、云计算等一系列金融科技的发展作为基础条件。2019年8月，中国人民银行发布的《金融科技（FinTech）发展规划（2019—2021年）》中提到，金融科技是金融创新的技术动力器，各金融机构要不断发展金融科技的创新能力和实用性，努力达成金融与科技深入融合的目标。由此可见，金融科技近年来的快速发展直接加速了我国金融体系数字化转型。

第一节　金融科技加速我国金融体系数字化转型

金融科技从商业银行、保险、证券等方面全方位推动我国金融体系进行数字化转型。

一、商业银行的数字化转型[①]

2014年至今，全球银行业进入数字化爆发期。数字化转型从分歧走向一致，并随着银行业战略转型与投入变革的交替升级，呈现出逐步加速的趋势。2014年开始，我国银行开始全面推行数字化转型，并且都把数字化作为战略目标来推进。除了技术成熟以外，新兴的金融科技巨头对传统银行业务的颠覆也成为推行数字化转型的直接原因。我国商业银行进行数字化转型主要通过三种途径：银行内部孵化金融科技团队、银行设立金

---

① 参见施若、周怡君《金融科技推动银行业数字化转型发展探究》，载《农村经济与科技》2020年第14期，第260~261页。

融科技子公司、直接进行投资或并购金融科技公司。

1. 内部孵化金融科技团队

银行不断引进科技高素质人才,鼓励员工组成团队以项目制对内部流程进行数字化改造,推出创新数字化产品。例如,中国建设银行参照国内和国外同业的经验教训,率先提出电子银行的智能改造,开启并实施更新业务流程和构建新一代核心系统项目,通过流程转换,进而创新和改进电子银行和手机金融服务。

2. 设立金融科技子公司

在银行系统中设立金融科技子公司已经成为银行数字化转型的一个热门路径。2019年6月底前,已有10家大型商业银行相继正式注册并成立了金融科技子公司。金融科技子公司独立于传统商业银行,其经营宗旨更加明确,能更好地进行专业研发和管理。此外,金融科技子公司拥有独立的防火墙设置和保密机制,还能增强客户隐私和数据的安全性。

◆**业界案例**◆

平安银行金融科技子公司金融壹账通成功应对疫情冲击

平安银行是国内较早设立金融科技子公司的银行,其金融科技子公司被取名为金融壹账通,2019年已经成功在美国上市。该公司在2020年新冠肺炎疫情中迅速推出12款产品,为金融行业提供全流程的智能化方案,包括办公、营销、风控、金融产品、运营五个方面。例如,疫情期间开发的智能存款产品满足了银行对一站式互联网存款业务的要求。某城市商业银行使用该产品1个月内日终存款余额增加约12亿元,新增电子账户1.3万户。2020年新冠疫情导致经济节奏被严重打乱,在这种突发状况下,金融科技子公司能从容应对并且取得优异的成效,展现出其独特的社会价值,也为日后银行数字化转型的进一步发展打下了基础,提供了有益的经验。

(资料来源:作者根据相关资料整理。)

3. 直接投资或并购金融科技公司

目前,传统金融机构对金融科技的战略投资占金融科技所得总投资的25%,国内外知名金融机构,如蚂蚁金服、高盛、花旗银行等纷纷借助并购或合资进军金融科技。银行在并购有投资前景且创造力强的金融科技公司后,将金融科技公司较成熟的体系或产品尝试移入银行的场景和渠道,探索银行中可成为金融科技企业技术落地的场景,从而开启银行的数字化转型。

二、保险行业的数字化转型[①]

近几年开始,多家保险公司制定数字化发展战略,积极探索利用数字技术提升保险业务的风控、精算、服务等水平,不断推进企业数字化转型进程。目前,保险行业的核心业务环节均在大力推进数字化转型。保险行业的数字化转型主要体现在三个方面。

1. 基于数字技术开展精准营销

太平洋保险打造的人工智能保险顾问——"阿尔法保险",通过深度学习算法,为客户提供个性化的保险建议,不断升级保险产品的按需定制能力;中国人寿应用大数据分析客户需求,从而为客户推荐多层次、系列化的保险保障方案。

2. 依托数字技术提升核保效率

华夏保险推出微信核保项目,使得核保的函件处理从过去的全部线下处理转变为线上线下处理相结合,营销员和客户可以通过手机操作函件、跟踪保单状态,有效提升了核保效率。

3. 利用数字技术实现智能理赔

平安集团首创图像定损技术,将案均定损时效提升至"秒级定损",实现"智能闪赔";太平洋人寿保险推出了"云调查"产品,采用云地图、人脸识别、远程伤残鉴定等技术,解决了理赔责任认定困难、远程取证不便等难题,大幅提升了理赔效率和便捷性。

三、证券行业的数字化转型[②]

证券业的数字化转型尚处于探索阶段。券商正在加大数字化投入,并积极与科技企业开展战略合作,着力深化大数据、云计算、人工智能等技术在不同业务场景的应用,依托数字技术提升企业运营效能和服务水平。

---

① 参见张巾《金融行业数字化转型的现状、挑战与建议》,载《信息通信技术与政策》2019年第9期,第39~41页。
② 参见张巾《金融行业数字化转型的现状、挑战与建议》,载《信息通信技术与政策》2019年第9期,第39~41页。

具体表现在三个方面。

1. 利用数字技术挖掘客户价值，促进服务精细化

国泰君安与腾讯携手，探索利用腾讯丰富的生态资源和大数据能力，基于精准的目标用户特征进行智慧营销，以提升证券获客效率。

2. 利用数字技术升级服务功能，优化客户体验

华泰证券的涨乐财富通 App，综合运用互联网、云计算、量化工具等多项数字技术，推出实时更新收益数据、动态监测资产变化、持仓详情揭示等功能，为投资者带来了更加智能和便捷的投资体验。

3. 基于数字技术提升风控水平，进一步降低业务风险

目前，国泰君安、招商证券等多家券商与大数据服务机构合作，基于大数据、人工智能等技术，对客户身份、关联关系等进行深度穿透识别，可视化展现客户业务情况及风险状况，进而强化风控体系建设、增强风险管理能力。

总体而言，金融科技加快了金融体系数字化转型和加强了竞争。传统金融体系是银行独大，金融科技使得互联网公司、传统大企业都能够更加容易地进入金融行业，加强了市场竞争，提高了金融业的科技水平，加快了数字化变革进程。

第二节 金融科技加速金融生态的完善和竞争

一、金融科技创新丰富了金融业态

作为金融科技创新的主力军，互联网公司和高科技公司具有比传统金融机构更有优势的技术和更先进的经营理念，丰富了市场的金融业态。

1. 网络小额贷款等互联网金融产品创新

网络小额贷款是传统小额贷款的升级，主要依托线上经营业务。比较知名的是由蚂蚁金服、京东金融等互联网企业提供的网络小额信贷。传统小额贷款公司的主要客户是财务数据不健全的小微企业，其风控模式大多还是基于线下调研、实地走访以及审贷会的经验判别。与传统的小额贷款公司不同，互联网头部企业由于具有完整的生态系统，可以获得借款人的社交数据、购物数据等更多维度的软信息，用以对客户进行全方位画像，同时也掌握了相应电商平台上的小微企业的资金流水。因此，他们能够对个人消费者以及电商平台的小微企业的借款需求、信用水平以及还款能力进行较为有效的评估，从而有效降低信息不对称的水平，提供个性化的借款服务。

2. 数字供应链金融服务创新

互联网公司和高科技公司的加入，也为传统的供应链金融服务带来了许多创新与机遇。一方面，金融科技公司为企业完善了供应链核心企业管理系统，帮助实现订单的可视化和风险的整体管理，以实现业务与财务一体化。核心企业可以根据历史的订单流、物流和资金流等信息，以及通过接入外部大数据平台，采用人工智能技术对上下游客户进行精准画像和风险分析；同时，上下游企业可以通过核心企业信用申请贷款，提高操作层面的效率，降低业务成本，解决小微企业融资难、融资贵的问题。另一方面，区块链技术的引入解决了传统供应链金融服务中的信用问题和信息不对称问题，不仅降低了资金方的可能损失，也降低了融资方的资金成本。借助区块链技术，可以在供应链业务发生过程中把核心企业、上下游企业、物流企业、金融机构等多方的数据上链，对每一笔供应链信息资产交易的真实性进行多方核验并且对资产进行确权，杜绝"萝卜章"和虚构资产的重大风险事件。金融科技创新激发了传统金融业务的活力。

3. 互联网公司和高科技公司的跨界金融推动传统金融机构转型

互联网公司和高科技公司依托金融科技在金融领域的跨界高速发展，给传统的金融机构尤其是银行带来了巨大的挑战。"搅局者"不仅带来了金融业态的创新，也带来了销售渠道的创新。而相对于产品的创新，渠道的创新为传统金融机构带来了更大的挑战。互联网金融无论是在产品创新还是在营销方式上，都更适应数字化经济下的生产与生活方式。诸如阿里巴巴、京东等企业通过搭建自身在线支付平台，基于真实的交易数据，结合用户的人际关系与行为模式，设计并推荐更加切合用户需要与更加个性化的定制金融产品。

以互联网公司与高科技公司为主体推动的金融创新为金融市场带来了新兴的业态，相对于传统金融提供了更多的便利与优势，发挥了"鲶鱼效应"，倒逼传统金融机构不断进行金融创新，以适应当下的金融环境。面对"搅局者"的来势汹汹，传统的金融机构一方面纷纷成立金融科技子公司或投资金融科技子公司，利用科技赋能金融；另一方面拥抱新的经营理念，推动整体的企业转型，以适应数字经济时代下的金融发展，如部分传统银行已经开始构建开放银行。

二、金融科技推动了金融供给侧改革

传统金融机构与从事金融创新的高科技公司和互联网公司并非简单的二元对立关系，两者各有所长。在竞争过程中，两者也在进行优势互补融合，迅速推动金融市场的供给侧改革。

传统金融机构在监管上有成熟的体系，在风险控制上也更为成熟。各大银行与保险机构在资本市场上深耕多年，已经形成了品牌效应，相对于互联网公司与高科技公司更容易获得投资者的信赖，资金成本较小。而互联网公司与高科技公司则具备良好的技术优势，经营理念与营销方式更是与现下的数字经济模式一脉相承，但其对金融理念的理解不足、监管不严和融资成本过高则是当前可能引发金融创新风险的主要因素。

而一旦两者能够实现优势互补，在竞争中实现合作共赢，将极大地发挥技术与金融的正外部性。这不仅有利于两者的快速发展，也能对整个经济与金融市场实现正向溢出，提高社会整体福利，保证在防范金融风险的同时进行金融创新，提高金融服务质量，推动金融供给侧改革。目前，许多银行都与互联网公司或者高科技公司建立了合作伙伴关系，在各个领域和方向实现合作共赢，如中国工商银行与腾讯公司、中国光大银行与百度金融、兴业银行与苏宁电器、渤海银行与360金融等。

第三节 金融科技增强金融机构的风险控制能力

一、客户信用风险的识别

大数据分析技术的发展为金融机构识别客户信用水平提供了值得信赖的工具。金融与信用相伴相生，资金的融通需要以信用作为基础，而一旦金融参与者的信用无法得到保障，金融关系便岌岌可危。历史上的历次金融危机都和个人、企业甚至是国家的信用破产密切关联。金融机构可以利用自有的工作机制与网络平台收集客户在交易和享受服务过程中留存于本机构的身份信息、业务信息和社交行为信息，同时搜集机构外的企业工商注册信息、企业和个人的司法公开信息与征信信息，并对这些数据进行有序的加工整理，形成数据库，通过大数据分析、文本分析以及机器学习等方法和技术，识别个人和企业的真实还款能力，从根本上降低企业的信用风险。

二、业务过程中的反欺诈

在金融机构开展业务的过程中，有可能会遇到各类欺诈与舞弊事件，对企业造成直接的金融损失，区块链技术的发展降低了企业与个人遭遇欺诈的风险。在供应链金融中，通过将生产经营以及交易信息、各种单据上链，实现单据的不可被篡改，确保交易的真实性，直接降低了资金损失的可能。在金融服务合约的签订过程中，通过将电子合约上链并交予第三方存证、公证，便可实现合约的不可被篡改与不可被毁灭，降低了不法金融机构欺诈投资者后顺利脱身的可能。

三、风险预警

金融创新层出不穷，各类新型的金融业态对金融机构来说不仅是机遇，也是挑战。面对新型业务和未来复杂的环境，如果金融机构缺乏合理且有效的风险预警方法，在风险发生时无法提前应对和及时地进行调整，就会造成严重的损失。伴随着人工智能和大数据的发展，金融机构可以利用机器学习技术，基于以往的风险案例进行学习，识别关键风险点，训练出行之有效的风险评价和预警指标，实现对新型业务和未来环境变化的风险感知，进行风险监测与预警。更进一步来说，金融机构可以采用"情景－应对"式的风险管理思维，根据金融机构的经营模式以及金融系统结构，利用人工智能建立合适的虚拟金融系统，对各种可能的风险情景进行模拟风险和压力测试，并根据测试结果制订积极的应对方案，提高风险的预研、预判能力。这些手段能够提高金融机构的适应能力和抗压能力。

第四节　金融科技助推我国普惠金融飞速发展

中共中央总书记、国家主席、中央军委主席习近平在第五次全国金融工作会议上强调发展普惠金融的重要性，指出要建设普惠金融体系，加强对小微企业、"三农"和偏远地区的金融服务,推进金融精准扶贫,鼓励发展绿色金融。2019 年,中国人民银行多次定向降准,引导金融机构将新增信贷资金更多地投向小微企业,降低小微企业融资成本。但是,普惠金融尤其是小微企业融资长期存在融资难、融资贵的问题,传统手段难以破解,金融科技是赋能普惠金融的主要手段。①

一、传统型普惠金融发展的现实困境

如何为小微企业、农民、城镇低收入人群等弱势群体提供适当、有效的金融服务是我国普惠金融实施的重点和难点。一方面,小微企业、农民和城镇低收入人群体量巨大,提高其收入水平将进一步刺激消费、拉动内需,有效促进经济发展;另一方面,助力弱势群体,改善不充分、不均衡的发展现状,不仅关系到我国经济健康发展,更关系到民生和稳定。因此,在国家层面实施普惠金融战略势在必行。然而,普惠金融的发展也面临着如下的现实困境:

1. 风险识别成本高

小微企业经营风险较大,抗风险能力低,一般是传统金融机构服务的盲区、禁区。考虑到固定资产、无形资产和持续盈利能力,再结合更丰富的金融资源带来的议价能力,商业银行宁愿以低利率贷款给中大型企业,而不愿以高利率贷款给小微企业。小微企业为了节约经营成本,几乎没有正规的报表、审计等经营评价体系,这使其风险识别难度非常大,金融机构要花高额成本来解决风险识别的难题。

2. 经营成本高

小微农户贷款单笔金额较低,操作成本高,使得边际成本居高不下,传统金融服务模式很难可持续发展;小微农户的需求往往具有较高的复杂性和多样性,这对金融服务人员的沟通能力、业务水平、服务素质等提出了更高的要求;广大县域地区的专业人才相对缺乏,也给普惠金融的推广带来了困难。

---

① 参见张思达《科技赋能——普惠金融发展新契机》,载《农银学刊》2020 年第 3 期,第 23～27 页。

二、金融科技为普惠金融提供新的发展契机[①]

金融科技的快速发展,使得传统普惠金融服务遇到的难题都有了新的解决思路。从精准客户触达解决获客成本问题,从大数据风控解决信息不对称的问题,金融科技为高效普惠金融的新模式提供了更为广阔的市场空间。

1. 客户触达

2013年,余额宝创新性地利用金融科技将货币基金进行了升级,余额资金不仅是基金份额,还可直接用于购物、转账、缴费、还款等消费支付场景。2016年年末,余额宝规模超过招商银行个人存款总额,有效地降低了金融服务的门槛,成为普惠金融最典型的代表之一。依托金融科技,传统金融机构能够服务更多群体,边际成本大幅下降,充分体现了普惠金融的公平、共享和均衡的特点。并且,在新形势下,收入和流量紧密相关,其来源远不止过去的手续费和管理费,大规模的客户增量意味着收入的进一步提升。

2. 风控模式升级

大数据技术的发展使得企业能够更好地了解客户,降低了信息和风险成本。利用数据挖掘技术对商业银行数据进行挖掘分析可知,绑定微信、支付宝的客户,其交易流水明显较多。面对海量、多样化的异构数据,利用大数据技术和思想,能够快速有效地对其进行挖掘分析,并利用人工智能技术发现信用数据的关联性,了解顾客的年龄、职业、生活习惯、消费需求和人际关系,进行全方位的客户画像,挖掘高价值信息,为进一步的信用应用提供良好支撑。

3. 提升服务效率

随着大数据和人工智能的发展,金融服务的很多环节都可能由算法代替人脑,如智能催收、智能风控、智能定价、人脸识别认证等,用更低的成本支撑更为广泛的客户群体,进一步拓展了线上服务的效率和范围。

[①] 参见张思达《科技赋能——普惠金融发展新契机》,载《农银学刊》2020年第3期,第23~27页。

第十一章 金融科技与中国金融体系变革

第五节 金融科技助推经济高质量发展

金融科技创新发展是大势所趋，是全球范围内经济增长的动力，也是助推我国经济高质量可持续发展的重要支撑。一方面，金融科技发挥资源配置效应和创新效应为推动经济高质量可持续发展提供了重要理论基础；另一方面，金融科技通过提升传统金融业务服务实体经济的能力和助推资产管理业务脱虚向实，为推动经济高质量可持续发展创造了客观现实的条件。

一、金融科技优化资源配置

金融科技优化资源配置主要表现在金融科技减少了信息不对称，降低了交易成本，增强了风险管理能力，从而增强了金融功能和提高了金融效率。

1. 减少了信息不对称

首先，金融科技增强了信息公开透明度，公众可以及时、准确、有效地掌握金融相关信息，如开放银行的实现，将允许客户根据自身需求，以银行为节点，快速触达满足自身需要的金融产品与服务；其次，金融科技促使金融机构运用区块链、数字资产、大数据、云计算、人工智能等技术更高效、更精确地获取客户信息。金融科技可从双向维度减少市场中的信息不对称。

2. 降低了交易成本

金融科技不仅降低了投资者进入市场的门槛，而且增加了其进入金融市场的方式，拓宽了投资渠道，降低了金融中介成本。同时，金融机构可以运用科技创新技术降低沉没成本，提升金融运行效率。人工智能应用在大幅降低人力成本的同时，为投资者和用户提供全天候的客制化服务。开放银行的诞生实现了金融市场上各个主体的联通与交流，减少了投资者的搜寻成本，直连式的服务关系又进一步降低了产品与服务提供商的营销成本，最终降低了投资者的实际支付金额。

3. 增强了风险管理能力

金融科技可以利用大数据人工智能的方法对金融风险进行更加智能的

识别、预警、防控与处置,从而大大加强金融机构的风险管理能力,牢牢守住不发生系统风险的底线。

二、技术创新带来服务升级

1. 革新生产技术,变革生产方式

创新理论认为,革新生产技术和变革生产方式是经济发展最根本的作用力,因为创新能够产生新产品、新生产方法、新市场、新供应、新组织形态,它们构成了经济增长的内在动力。金融科技作为一种新的生产运行方式,改革创新了传统金融的运行方式。新兴技术创新变革是激发金融创新的内在动力,金融科技所诞生的新支付模式不仅革新了传统的支付方式,而且改变了银行产品供给方式和业务服务流程,使得个性化、智能化、定制化的金融服务与产品成为现实。

2. 新兴技术推动普惠消费市场变革

金融科技以新兴科技为支撑,提供智能化、特色化、定制化的金融产品与服务。一方面,在产品和服务流程中不断发掘消费群体的消费需求缺口,金融科技通过新兴技术实现消费群体的消费需求缺口全覆盖,提升了金融科技普惠消费市场的能力;另一方面,金融大数据可为消费群体创造价值,改善消费结构,促进消费升级,进而推动技术进步,实现经济可持续增长。同时,金融科技具有普惠性,金融科技服务对象是更为广阔的受众群体,传统的金融机构因为技术等方面受限,难以使金融更多地惠及"低端"用户,而金融科技的出现颠覆了这一局面。

3. 金融科技推动新型金融理念的产生,支持传统金融机构转型

金融科技的快速发展既为传统金融机构带来了挑战,也带来了机遇。传统金融机构通过业务转型,将更适应当下的经济生产形式与经营理念,积极与客户的需求匹配,为客户提供更优质、贴合的服务。以开放银行为例,对于客户来说,银行不再单纯是储蓄、借贷与理财的物理空间,还将成为一个触达各类生活场景和业务场景的开放平台与窗口,并不断地迭代创新,推动银行服务与客户需求的动态匹配。

第六节　金融科技助推经济高质量发展的路径

一、金融科技的发展将极大地拓宽金融服务实体经济的范围

一方面，金融科技通过大数据征信技术和区块链技术，实现各类普惠金融活动的健康发展，满足和支持企业与个人生产经营与生活活动。我国的普惠金融发展走在世界前列，为企业和个人提供了更多样的金融服务，从而为其发展提供了更多选择。另一方面，金融科技的下沉式发展也有利于普惠群体的目标实现。普惠金融为普惠群体提供了发展的可能，金融科技则为普惠群体的目标实现提供了更多保障，如供应链金融的发展将推动核心企业的信用进一步延伸，甚至直接触达产业链的最上游。而各类金融科技产品的发展将提高小微企业尤其是农村地区的创业水平，提高其经营质量，实现边缘地区的经济结构转型。

二、金融科技创新将降低实体经济的发展成本

金融科技的发展带动了传统金融机构的转型，可逐步降低支持实体经济发展的成本。如银行根据开放银行的理念，打造银行数据中台系统和软件即服务，向供应链上各类企业提供各种数据接口支持、技术系统工具支持，帮助供应链实现数字化和线上化转型，赋能整个供应链生态，为优化中小企业融资水平、业务开发与风险控制创造了重要的条件。而银行通过建设内部数据库、将企业生产经营信息上链等后台管理，为快速高效的授信决策提供支持，极大地降低了资金成本。

三、金融科技创新将提高资金的可获得性，增强经济主体的活力

在当前的经济环境下，轻资产、小规模的创新型企业和民营企业成为经济创新的主力。然而，它们往往缺乏财务数据，没有抵押资产，也不享受政府担保，难以获得有效的融资服务，这是导致经济创新主体活力下降的主要原因之一。金融科技在供应链金融上的应用使得核心企业的信用能

够有效地覆盖上下游企业，提高了供应链金融的活力与质量，上下游企业无须抵押资产或提供成熟的财务报表数据，只凭与核心企业真实的交易数据便可获得核心企业的信用支持与银行的资金支持。而网络众筹平台的发展降低了信息匹配的成本，也为一些小微企业甚至是个人提供了获得第一笔项目资金的可能。

◆思考讨论题◆

1. 金融机构数字化转型的途径有哪些？
2. 传统金融机构如何面对互联网公司和高科技公司的金融科技冲击？
3. 金融科技促进普惠金融的作用如何体现？
4. 金融科技如何引导金融资源更好地服务实体经济？
5. 开放银行如何促进经济高质量增长？

第四编

监管科技

本编所讨论的监管科技是新时代、新金融业态下金融监管的重要理念。它既不是金融监管中科技的简单应用，也不是在监管科技基础设施建设过程中的监管电子化、监管信息化。监管科技是将新兴的科技发展成果灵活地整合入金融监管的全过程，解决传统以人工为主、单一主体监管的监管模式在新经济与金融背景下遇到的各种问题，缓解分业监管、分级监管中存在的监管阻力，以全新的监管理念应对新型金融业态监管。

本编首先阐述监管科技在以中央监管为主的银行业、证券业和保险业中的应用；其次对地方金融监管做较为全面的介绍，阐述地方金融监管的两种主要模式以及监管科技在其中的应用；再次介绍金融创新监管的重要工具——"监管沙盒"制度；最后对当前中国的金融监管改革进行梳理，对今后金融协调监管和监管科技的使用进行分析。

第十二章　银行、证券和保险业的监管科技

银行、证券和保险三大领域是金融体系的核心,也是国家监管机构最关注的领域。传统上,一般都以《巴塞尔协议》作为防控风险的抓手,但是金融科技的崛起改变了传统的金融生态和监管方式。例如,中央银行要求一切金融科技活动都要纳入监管中。本章将详细论述监管科技在银行、证券和保险业的应用。

第一节　监管科技在银行业的应用

在银行业中,监管科技的使用主要体现在两大方面:一个是被监管对象为满足监管要求,降低自身风险敞口而采用的合规科技,尤其是在合规报送领域;另一个是监管机构为了提高监管效率,降低监管成本,适应新金融监管理论要求,使用新兴的技术对商业银行的经营管理进行常态化和穿透式的实时监管。

一、银行业监管要求的发展历程

银行是企业间接融资的主要渠道,是系统性重要机构,其监管问题一直是重中之重,稍有不慎便会造成系统性的金融风险。1974年,联邦德国的赫斯塔特银行(Bankhaus Herstatt)倒闭,对国际货币和银行市场造成了巨大冲击。为提高国际银行监管质量,进而增强金融系统的稳定性,十国集团的中央银行于1974年年底成立了巴塞尔银行监管委员会(Basel Committee on Banking Supervision,BCBS),简称"巴塞尔委员会",以此作为国际清算银行(Bank for International Settlement,BIS)下的常设监督委员会。巴塞尔委员会根据世界各国的发展情况,结合最新的监管理论,

提出一系列的文件为银行监管提供指导。

随着近代经济飞速发展，金融风险的爆发频率越来越高，金融风险的形式也随着金融业态的发展不断变化，迫使监管者不断更新监管理念与监管要求，以适应新的风险点。银行业的监管要求在近50年来曾出现三次重要的变革，但每一次的变革都不是对过去监管要求的取代，而是在原有基础上不断增加新的监管要求以适应新的经济环境。

1. 资本充足率

自20世纪80年代以来，资本金监管一直是银行业监管的核心。1988年，巴塞尔委员会发布的《关于统一国际银行资本衡量和资本标准的协议》（即《巴塞尔协议Ⅰ》）以文件的形式明确提出了对银行资本金进行监管的重要性，指出资本金是商业银行抵御风险的资源。资本充足率是指银行抵御风险的资源与银行可能承受的风险总量的比值，反映了商业银行在债务人的资产遭到损失之前，能以自有资本抵御风险的程度。

各银行根据自身的商业贷款金额决定应持有的资本量，却忽视了贷款对象可用以偿债的资本量。同时，以前的协议对信用风险的划分不细，而在实际应用中，不同类型的资产所面临的风险有所不同。通过监管科技的使用，中央银行可以建立大数据平台，接入外部大数据，结合偿债人的工商信息、征信信息、税务信息、违法数据，更加有效地衡量银行面临的信用风险，使计算出的资本充足率更贴近经济现实。

2. 银行监管三大支柱

资本金监管理念提出后，各国纷纷以法律的形式对银行的资本充足率进行了要求，但在风险资产的定义上只考虑了简单的信用风险。因此，监管对象在开展金融业务和金融创新时往往采用各种方式规避资本金的监管，导致单个银行在满足资本充足率要求的同时，其资本金远远无法覆盖实际的风险敞口。于是在2000年左右，巴塞尔委员会提出应将市场风险和运营风险［也称"操作风险"（Operational Risk）］一并纳入银行最低资本要求，并确定了银行监管三项支柱：最低资本要求、监管审查和基于信息披露的市场自律。

在监督审查方面，应用人工智能等技术，监管部门可以识别银行的客户是否存在违规违法行为，如洗钱、非法集资等；利用区块链技术，监管部门可以识别银行的各项业务是否符合监管要求，降低银行的运营风险和逃避监管的可能；通过要求监管对象开放数据接口，监管部门可以实时调用银行的经营数据并进行分析,建立风险模型,实现实时监管与穿透式监管。

在信息披露方面,合规科技的应用极大降低了银行的合规成本,使银行能在短时间内生成有效的合规报告,提高了银行信息披露的积极性。

3. 流动性监管与宏观审慎监管

2008年金融危机爆发,惨痛的教训让市场参与者意识到现有的监管要求仍不能很好地对银行风险进行有效的约束。一方面,信用风险爆发下的流动性危机是金融风暴蔓延的直接原因;另一方面,银行在经济繁荣阶段的过度扩张积攒了大量的风险,但在经济下行期间却没有足够的资本缓冲以应对风险,这种顺周期性的经营方式也放大了经济波动,扩大了金融危机的影响。

于是,巴塞尔委员会在流动性监管方面引入了流动性覆盖率和净稳定资金比率两项指标,同时还将杠杆率引入监管标准,以衡量银行面临的流动性风险水平。在资本金方面,巴塞尔委员会对银行提出了更高的要求,并增加了资本留存缓冲和逆周期资本缓冲的相关概念,以增强危机来临时银行的抵御能力。

二、新型金融业态对银行业监管的挑战

1. 对银行信用风险监管的挑战

在新的金融环境下,金融体系由简单的直线型、环形结构逐步复杂化、网络化,社会对金融业监管提出了更高的要求。一是之前所提到的,针对出借方的单一风险赋权,而不考虑借款方实际偿付能力,难以衡量银行面临的真实信用风险。二是借款方股权与资金网络复杂,在实际上放大了银行的风险敞口。三是面对一些新型的金融业务,银行缺乏识别与研判能力,误判企业经营资质,错误出借资金。通过建立大数据平台、人工智能分析系统,银行可以更加准确地识别贷款业务的信用风险,合理估计银行的实际风险敞口。通过基于区块链技术的业务平台,银行可以在供应链金融等业务上准确识别融资企业的实际经营情况,把握资金流向,降低银行的信用损失。

2. 对银行违法行为监管的挑战

我国金融市场不断开放,随着互联网技术的不断下沉与电子支付技术的成熟,银行在违法行为的监管上面临极大的挑战。一些新型金融业态,

如结构性产品和虚拟货币的出现,为不法分子进行网络欺诈、洗钱等违法活动提供了更多的工具。而一些境外不法分子通过网络视频的方式对我国公民进行"洗脑",为恐怖活动筹集资金,对社会稳定造成极大威胁。我国在数字货币建设上不断发力,将助力银行在反洗钱与反恐怖融资工作上做出重大突破。监管部门可以通过打造反洗钱监测分析中心和可疑交易监测系统,建立风险分析模型,利用机器学习的方法,识别各类违法行为。监管部门还可以利用自然语言处理技术与爬虫技术,准确识别网络上的恐怖融资宣传,在事前便对风险进行防控。

3. 对银行运营风险监管的挑战

目前,金融业高速发展,银行也面临着变革的压力。开放银行等概念的提出为银行未来的发展提供了一条思路,但随着服务边界的不断延伸,数据隐私保护、数据安全、数字资产、数字科技服务也为银行监管带来诸多问题。密钥相关技术的最新发展为银行开展创新业务提供了数字安全保障,而区块链相关技术不但可以保障新型业务的安全性与可靠性,降低运营风险,还可以降低企业的运营成本。

三、监管科技的数据基础

自2008年金融危机以来,监管层面对金融机构的信息报送要求不断提高。从监管数据覆盖范围上看,监管方希望金融机构能够提供范围更广、内容更深的经营信息与数据;从报送频率上看,传统以月度甚至年度为单位的监管数据报送频率,在复杂多变的金融环境下已经无法及时反映金融机构面临的风险因素,监管方希望能在日常经营层面甚至单笔交易层面对金融机构进行有效的监管。

无论是对监管方还是被监管方,日益趋严的监管要求都带来了更大的压力与挑战。站在监管方的角度,尽管其对金融机构的报送数据提出了更高的要求,但目前监管方的数据分析能力和信息使用效率还无法与监管要求完美匹配;而从被监管方的角度出发,愈发严格的监管报送加大了金融机构的经营压力与合规成本。以我国商业银行的监管报送为例,来自监管机构(银保监会、中国人民银行、金融办、国家外汇管理局等)的监管报表十分复杂,涉及银行业务系统的方方面面,且同一底层数据可能需要反复报送;而每年报表升级时,从银保监会下发通知到银行报送,中间预留的时间十分紧张,编制人员与技术人员的业务分割也导致了较大的沟通成本。从国外的数据来看，摩根大通2012—2014年期间增加了1.6万名员工来应对监管合规要求，约占员工总数的7.4%，成本支出新增2亿美元，约占2014年净利润的9.2%。德意志银行也曾表示，为配合监管要求，仅2014年一年追加支出的成本金额就高达13亿欧元。另据欧盟委员会估计，欧洲银行的日常监管报送成本约占其总运营成本的1%。

数据采集、清洗和融合框架如图12-1所示，但在这个过程中还存在一些监管难题和成本问题，需要监管部门与被监管机构协同合作，制定统一的数据格式与规范，开放相应的应用程序编程接口，建立监管大数据平台，实现监管层面的数据共享，提高监管效率并降低监管成本与合规成本。从国外经验来看，奥地利中央银行（OeNB）与被监管机构一同搭建了自动化报告平台（GMP），该平台位于一家金融科技公司中，该公司由奥地利最大的几家银行集团共同投资。银行可以直接将数据报送到平台的基础数据库中，平台根据标准化的转换规则，将基本数据生成相应的报告报送给奥地利中央银行，极大减少了数据冗余和合规成本。

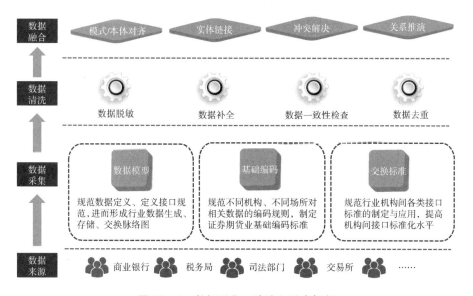

图12-1 数据采集、清洗和融合框架

（资料来源：作者根据相关资料整理。）

在现场检查方面，原银监会开发的检查分析系统（EAST）于2007年立项，并于2012年逐步试点推广，目前已经广泛应用于银行和保险领域机构的现场检查。该系统包含银行标准化数据提取、现场检查项目管理、数据模型生成工具、数据模型发布与管理等功能模块，拓展了现场检查的广度和深度，极大提高了监管效率。

在非现场监管方面，原银监会早在成立初期便开始建设"银行业金融机构监管信息系统"，即"1104工程"，并于2007年开始推行非现场监管报表。该系统旨在缓解监管部门及报送部门的困难，精准收集监管信息，统一管理操作流程和评价标准。该项目的推进实现了现场检查和非现场监管的协调与补充，提高了监管部门的监管能力。目前，中国人民银行已逐步建设应用程序编程接口（API）及其规范，进一步推进银行非现场监管的能力和质量。2019年，中国人民银行印发了《支付结算合规监管数据接口规范V1.0（试行）》，率先加强了支付结算业务的非现场监管。

未来中国人民银行将推动数字监管报告（Digital Regulatory Reporting，DRR）平台的建设，该平台将采用自然语言处理、知识图谱、深度学习等新兴技术手段实现监管规则形式化、数字化和程序化，进一步拓展银行监管的深度和广度，推动金融科技在银行业的监管应用。

◆业界案例◆

银行业监管检查分析平台（EAST）

1. EAST介绍

银行业监管检查分析平台通过定义统一的数据标准接口和规范，将监管需要的各银行机构原始业务数据转换成结构统一、语义定义一致的源数据，并按银行类别有组织地存放在银保监会各省监管局数据仓库中。监管部门和监管人员根据相关监管任务的需要，对数据仓库中的全行业数据或单数据源数据进行识别、抽取、建模，挖掘有关信息进行分析处理，为现场检查工作提供具有较强时效性的疑点数据、报表和分析结果。平台还预留了接口以实现全系统相关信息共享。目前，《中国银保监会银行业金融机构监管数据标准化规范》已经更新至第四版，在数据采集工作上取得了重大的成果。

2. 平台构成

（1）数据采集和传输：该功能主要是实现银行机构的数据定时采集和传输。各个银行将每日经营过程中产生的大量经营数据按照规范要求，以文本文件的形式从银行的数据存储和上传服务器传输到银保监会各省监管局数据接收和加载服务器,然后再进行文本解析和数据加载。

(2)数据分析:该功能主要是采用图形化的控件来支持过滤条件和条件组合等数据分析操作。现场监管人员可以通过结构化查询语言(SQL)查询相关数据,在图形化的查询中,可以通过对数据和相关模型的拖放来完成一个复杂的 SQL 查询,以支持业务人员的分析工作需要。同时,该平台还采用身份认证、权限控制、数据脱敏等技术手段,保障系统的安全性。

(3)文档共享:该功能旨在支持现场检查组内文档协作,以文件的形式管理文档,提供文档的上传与下载功能,根据现场检查项目的需要分别对文档进行目录管理。

[资料来源:中国银行业监督管理委员会银行业信息科技监管部谢翀达、单继进、陈文雄等:《银行业监管检查分析平台(EAST)》,见知网(https://kns.cnki.net/kcms/detail/detail.aspx?dbcode=SNAD&dbname=SNAD&filename=SNAD000001545557&v=TjRX%25mmd2F0fSS4u%25mmd2Fg%25mmd2BYgr6MnYJE7B2Lp034XdJ3aBoeB2QNniU2QWa%25mmd2BtbIPqIN1czsAcqoSXPtczzuE%3d),2013 年 11 月 13 日。]

四、监管科技在合规监管中的应用

银行业的违法违规行为主要分为两类:一类是以银行客户作为行为主体的个人违法违规行为,另一类是以银行作为行为主体的银行违法违规行为。

1. 反洗钱与反恐怖融资

以银行客户作为行为主体的违法违规监管主要包括反洗钱与反恐怖融资两个方向。反洗钱是指为了预防通过各种方式掩饰、隐瞒毒品犯罪、黑社会性质的组织犯罪、恐怖活动犯罪、走私犯罪、贪污贿赂犯罪、破坏金融管理秩序犯罪、金融诈骗犯罪等犯罪所得及其收益的来源和性质的洗钱活动而采取相关措施的行为。

恐怖融资是指恐怖组织、恐怖分子募集、占有、使用资金或者其他形式财产;以资金或者其他形式财产协助恐怖组织、恐怖分子以及恐怖主义、恐怖活动犯罪;为恐怖主义和实施恐怖活动犯罪占有、使用以及募集资金或者其他形式财产;为恐怖组织、恐怖分子占有、使用以及募集资金或者其他形式财产。2020年1月3日，银保监会发布《关于进一步做好银行业保险业反洗钱和反恐怖融资工作的通知》，要求银保监会及其派出机构应当将反洗钱和反恐怖融资工作情况纳入机构日常监管工作范围，督促银行和保险机构建立健全反洗钱与反恐怖融资内部控制机制。

中国人民银行于2004年建立了反洗钱监测分析中心，目前建立的反洗钱监测二代分析系统可以实现对洗钱、恐怖主义融资等违法违规行为的智能监管。而中国人民银行最新推出的数字货币通过区块链技术，将直接对资金的来源进行穿透式追踪，在未来将成为打击洗钱、恐怖主义融资等违法行为的有力武器。

2018年，中国人民银行、银保监会、证监会联合发布的《互联网金融从业机构反洗钱和反恐怖融资管理办法（试行）》，要求中国人民银行设立互联网金融反洗钱和反恐怖融资网络监测平台，要求从业机构制定并完善反洗钱和反恐怖融资内部控制制度，核验客户真实身份，并建立健全大额交易和可疑交易监测系统。从业机构通过网络监测平台提交全公司的大额交易和可疑交易报告，并要对涉恐名单开展实时监测，不论所涉资金金额或者资产价值大小，应当立即提交可疑交易报告，并依法对相关资金或者其他资产采取冻结措施。

◆业界案例◆

中国人民银行深圳市中心支行利用监管科技反洗钱、反恐怖融资、反逃税

中国人民银行深圳市中心支行在2018年组建了智慧反洗钱实验室，先后建立了非法集资、地下钱庄监测预警模型，以提高辖内反洗钱义务机构监测预警能力。中国人民银行深圳市中心支行结合非法集资等涉众型犯罪多发的现状，通过案例学习、特征总结，提炼出数十条非法集资类客户行为和交易特征，利用文本挖掘、机器学习、社团划分算法建立非法集资监测预警模型，达到对非法集资的早预警、早处置。

2019年6月，中国人民银行深圳市中心支行联合深圳市税务局、腾讯科技有限公司设立"猎鹰"创新实验室，实现高效识别线索、快速预警风险、精准打击涉税违法犯罪。该实验室将运用大数据、人工智能等技术架起中国人民银行、税务部门间信息数据共享的"高速公路"，建设涉税违法犯罪的智能化分析平台，以高效识别线索、快速预警风险、打击涉税违

法犯罪。

2019年11月,中国人民银行深圳市中心支行、深圳市税务局、深圳市公安局、深圳海关充分运用区块链技术,联合开发"深圳四部门信息情报交换平台",驾起四部门互联互通的信息情报交换高速网络,破除数据壁垒,协助破获了一批大案要案。

[资料来源:中国人民银行:《金融科技赋能深圳反洗钱工作》,见中国人民银行网站(http://www.pbc.gov.cn/goutongjiaoliu/113456/113475/39425 15/index.html),2019年12月18日。]

2. 银行违法违规行为监管

以银行作为监管行为主体的违法违规行为包括信贷业务违规、票据业务违规、内控管理及操作违规、违规授信、同业业务违规、违规收费、风险资产五级分类违规、会计核算违规、违规转让/收购信贷资产/不良资产和其他违规行为。

银行违规行为屡禁不止,而违规行为主体日益狡猾,给银保监会的监督管理带来了巨大困难。从处罚内容看,机构被罚的原因主要集中在资金违规审批和违反审慎经营规则等方面。从罚单信息来看,过去更多聚焦于同业业务、金融市场业务和理财业务的违规行为,现在新增了消费者权益保护、客户隐私保护、网络信息安全以及数据治理等方面的违规行为。

原银监会开发的EAST平台和"1104工程"极大地提高了现场检查与非现场监管的数据采集效率,监管部门可以利用风险建模和大数据分析等手段,精准识别被监管机构的违法违规行为。而中国人民银行正在推进的数字货币也有助于打击银行业目前最为广泛的违规发放贷款行为,通过区块链技术,监管部门可以追踪每一笔资金的流向,确保资金流入实体经济。

五、监管科技在银行系统性风险监测中的应用

1. 宏观审慎监管

宏观审慎监管是指为维护金融体系的稳定,防止金融系统对经济体系的负外部性溢出而采取的一种自上而下的监管模式。

该概念最早由国际清算银行于20世纪80年代提出,主要用来概括防范系统性风险的监管理念,但早期的银行监管主要将精力集中在微观审慎

监管中，宏观审慎监管的具体概念直到 21 世纪初才逐渐明确。微观审慎监管主要关注控制单个金融机构或者行业的风险，以保护投资者和消费者利益；而宏观审慎监管的主要目的是防范系统性风险，建立逆周期调节的理念，降低金融体系的顺周期性，从而在系统性风险爆发后减少对实体经济的影响。

2. 具体的监管指标与监管手段

2015 年，中国人民银行宣布从 2016 年起将现有的差别准备金动态调整和合意贷款管理机制升级为宏观审慎评估体系（Macro Prudential Assessment，MPA），以加强现有的宏观审慎政策监管框架，更加有效地防范系统性风险。该评估体系主要关注资本和杠杆情况、资产负债情况、流动性、定价行为、资产质量、外债风险、信贷政策等七个监管方向。为完成 MPA 的相关工作，中国人民银行需要每季度采集商业银行等金融机构的诸多数据指标和风险报告，加强对金融机构的事中监测和事后评估。应用监管科技，中国人民银行可以针对 MPA 需要采集的监管数据生成一个 API，规范数据格式、计算函数和报表要求；同时，向金融机构开放该 API 以供调用，自动完成数据统计报送和报告生成等事项。

3. 系统性风险监测的国际经验

从国外经验上看，意大利银行的大数据团队利用 NLP 技术，结合来自银行系统内部的结构化数据和社交媒体的非结构化数据，如推特，来测量通胀预期和衡量零售储户对于银行的信任以及存款增长率。荷兰中央银行利用神经网络分析等机器学习技术来监测银行的流动性问题。在可视化技术方面，美国联邦储备委员会（简称"美联储"）、欧洲中央银行和英格兰银行（Bank of England，BOE）对从银行收集的日常数据和通过压力测试等手段产生的其他数据进行分析，形成风险"热图"，发现潜在的金融稳定问题。[①]

六、监管科技在影子银行监管中的应用

1. 影子银行的监管难题

影子银行泛指那些游离在监管系统之外、能够为金融体系创造信用但

[①] Dirk Broeders, Jermy Prenio. "Innovative Technology in Financial Supervision (SupTech): The Experience of Early Users". Basel: BIS, 2018, pp.15-16.

可能带来系统性风险和监管套利等问题的金融中介。通常来说，影子银行被认为包括券商自营部门、各类基金和特殊目的实体（Special Purpose Vehicle，SPV）等。我国将影子银行定义为三类金融机构：一是不持有金融牌照、完全无监管的信用中介机构，包括新型网络金融公司、第三方理财机构等；二是不持有金融牌照、存在监管不足的信用中介机构；三是机构持有金融牌照，但存在监管不足或规避监管的业务，包括货币市场基金、资产证券化、部分理财业务等。

2. 影子银行的具体特征

影子银行往往具有以下几个特征，导致极易造成系统性风险：

（1）交易采用批发形式，而非传统银行的零售模式。

（2）不透明的场外交易。影子银行的产品往往结构复杂，大多在柜台市场进行交易，信息披露制度并不完备。

（3）极高的杠杆率。影子银行缺乏商业银行拥有的丰厚资本金，不受到也难以受到相关部门的监管，通常采用高额财务杠杆进行经营活动，具有较大的脆弱性。

美国大量的影子银行及在此基础之上形成的庞大的"影子银行体系"，通常被认为在2008年金融危机中有不可推卸的责任。我国的影子银行相对于西方的影子银行有较大的差别，在2010年左右，我国的对冲基金和SPV尚未发展，影子银行主要是在那段时间发展起来的私募股权基金、私募投资基金，以及开展银信理财合作的投资公司、民间借贷机构等，产品结构较为简单，风险较小。但随着我国金融市场的迅猛发展，影子银行野蛮生长，产品结构越来越复杂，对金融系统与社会秩序的稳定产生了恶劣的影响和威胁，已然成为监管的重点。虽然自"资管新规"推行以来，影子银行的数量大幅下降，但市场中依旧存在漏网之鱼，监管科技的发展，为堵住制度的缺口提供了手段。[1]

3. 监管科技手段监测影子银行[2]

（1）利用区块链技术提升记账信息完整性和不可抵赖性。影子银行的资金来源和流向均需要进行会计记账，区块链技术可使得记账信息更为及

---

[1] 参见巴曙松《加强对影子银行系统的监管》，载《中国金融》2009年第14期，第24~25页。

[2] 参见姚远《监管科技在影子银行风险防范中的应用及研究》，载《黑龙江金融》2020年第4期，第8~10页。

时和完整。监管部门可以引入区块链记账网络,第一时间准确获取资金的来源和流向信息,资金无论是流向其他金融机构还是流向实体之中,都可以在分布式账本中体现出来,而且不能被篡改。区块链技术使得影子银行的业务参与方、监管当局能够实时获得业务信息,进而采取数据加工处理和分析等操作,为高效监管奠定精准的数据基础。

(2) 利用大数据分析技术提高风险识别效率。基于已获得的准确数据,监管当局可利用大数据技术进行进一步的合规分析,判断资金来源和流向是否符合管理规定,是否会带来一定的金融风险。

(3) 利用人工智能技术提高风险响应时效。监管部门可以采集影子银行引起的风险案例数据,利用人工智能算法构建风险预判模型,建立资金流向等信息与风险特征之间的关系。基于此,针对以后的影子银行交易,人工智能能够提前判定该交易的风险属性,预测其产生违规风险的概率,一旦超过一定的阈值,将自动提醒监管当局及时采取信息核查、冻结交易等风险处置措施,纠正违规影子银行交易,降低潜在金融风险。

第二节 监管科技在证券业的应用

一、基于监管科技的证券市场监管顶层设计

1. 证券业监管科技的总体规划

2018年8月底,证监会正式印发《中国证监会监管科技总体建设方案》(简称《总体建设方案》),标志着证监会完成了监管科技建设工作的顶层设计,并进入了全面实施阶段。《总体建设方案》提出了监管科技建设的三个目标。

(1) 完善各类基础设施及中央监管信息平台建设,实现业务流程的互联互通和数据的全面共享,形成对监管工作全面、全流程的支持。

(2) 积极应用大数据、云计算等科技手段进行实时数据采集、实时数据计算、实时数据分析,实现对市场运行状态的实时监测,强化市场风险的监测和异常交易行为的识别能力,及早发现、及时处置各类证券期货违法违规行为。

(3) 探索运用人工智能技术,包括机器学习、数据挖掘等手段为监管

提供智能化应用和服务,优化事前审核、事中监测、事后稽查处罚等各类监管工作模式,提高主动发现问题的能力和监管智能化水平,促进监管模式的创新。

2. 证券业监管科技的最新发展

2014 年起,证监会开始逐步推进资本市场中央监管信息平台的建设,目的是解决长期以来监管系统中信息分散、各部门之间沟通流程繁复、信息处理方式落后的问题。如图 12-2 所示,该平台不仅是对全系统的数据和信息资源的统一整合,更是对监管业务和流程的集中再造,全面提高了监管部门在大数据时代监管工作的信息化水平。

2020 年,证监会成立科技监管局,核心是推动监管大数据平台的建设,提出了 5 大基础分析能力和 7 个重要分析方向,涵盖 32 个具体场景,为今后证券行业监管科技发展指明了方向。

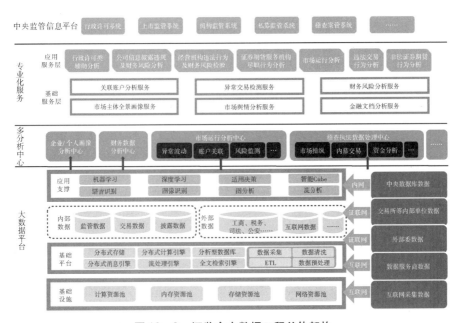

图 12-2　证监会大数据工程总体架构

(资料来源:蒋东兴、高若楠、王浩宇:《证券期货行业监管大数据治理方案研究》,载《大数据》2019 年第 3 期,第 23 页。)

二、上市公司智能画像系统与风险透视

随着注册制改革的推进，上海证券交易所（简称"上交所"）、深交所上市公司的数量有望进一步加速增长，但监管复杂程度也将进一步增大，传统监管模式难以满足现在以及未来的监管需求。因此，通过新兴科技手段突破监管瓶颈，创新监管方式，提高监管部门的监管能力势在必行。灵活、充分地运用监管科技，能够有效解决监管资源不足、监管方式落后的问题，提升证券市场的监管效率。

作为中央监管信息平台"市场主体全景画像服务"中的一环，资本市场所开发的实体画像系统通过人工智能深度分析、图计算、自然语言处理等具体技术，将目标实体的各类风险标签化，从多个维度立体、动态地展现实体的关键风险点，如股东信息、经营风险、股价舆情、公司治理情况等，能够极大地缓解一线监管工作的压力，实现监管工作从人工排查到系统分析的巨大跨越。深交所在2018年10月正式上线了"企业画像"一期项目，上交所也于2019年9月初上线了公司画像系统。

◆**业界案例**◆

上交所的公司画像系统

上交所于2019年上线的公司画像系统，旨在帮助监管人员快速、全面地了解和掌握公司情况，更加及时有效地发现公司的潜在风险，辅助分管人员对定期报告进行审核。其功能包括公司快览、风险扫描和财报审核三大模块。

（1）公司快览。该模块有效地整合了上市公司监管相关信息和数据，以服务监管需求为导向，从九大方面对上市公司及股价进行描绘，全方位展示上市公司的情况。该模块通过多维度、全历史、可视化地展示公司信息，帮助分管人员快速了解上市公司的演化进程，迅速聚焦公司重要事项，提升监管人员对上市公司情况掌握的深度和广度，更好地服务于证券市场的监管。

（2）风险扫描。该模块从财务业绩风险、公司经营风险等七大方面设置了数十个风险标签、上百项触发预警情形的业务规则，在上市公司风险识别判定和提前预警方面提供极大帮助。

（3）财报审核。该模块从识别财务舞弊及财务异常出发，设置资产质

量、盈利状况、运营情况等相关标签78个，预警规则200余项，实现沪市公司定期报告自动审查全覆盖。相关预警标签会随着同行业公司披露数量增加而不断进行动态更新，保证风险识别的精确性。该模块实现了各项财务指标的系统自动审查，帮助分管人员快速锁定上市公司定期报告中的隐藏风险，减轻人工审核压力。

[资料来源：上海证券交易所：《上交所公司画像系统上线运行》，见上海证券交易所网站（http：//www.sse.com.cn/home/appreleted/news/c/c_20190902_4909086.shtml），2019年9月2日。]

三、证券市场运行风险的监管复盘与实时监控

证券市场运行的平稳程度关乎投资者的权益保护和金融系统的稳定性，因此，市场运行风险一直是证券市场监管的重要内容。以深交所为例，交易所近年搭建了一个统一风险监控平台，该平台包括市场运行风险监测系统以及三大重点业务（股票质押、两融业务、固定收益）的风险监测系统，可以帮助监管人员实时监测、分析、研判市场运行状况，对市场运行状况进行全面、多维、联动的刻画。其中，市场运行风险监测系统构建了市场交易、公司经营、市场资金等模块，增强了监管人员监测市场运行状况的能力。另外，统一风险平台的融资融券风险监测系统支持设置多种风险场景对任意担保证券进行压力测试，并通过相应的可视化技术分析不同场景之间的风险变化脉络，使监管者能够灵活地评估市场冲击对投资者及股票的影响程度，有效地提高了监管部门对两融业务的风险预研预判能力。同时，通过风险监控平台，可以对已有的重大历史事件进行监管复盘，以运用监管科技杜绝类似事件的再度发生。

◆业界案例◆

光大"8.16"量化交易风险事件的监管复盘

1. 事件介绍

2013年8月16日11点05分，上证指数出现大幅快速上涨，在一分钟内涨幅超过5%，当日指数最高报2198.85点。下午2点，光大证券发布公告称策略投资部门自营业务在使用光大自有的套利系统时出现问题。之后，光大证券因未及时通报错误，并在公告前采用工具提前对冲下跌风

险而受到证监会的严厉处罚。

2. 监管复盘

对于券商而言，光大证券自营业务采用的策略交易系统包含订单生成系统和订单执行系统两个组成部分，存在多项设计缺陷。在本次交易中多项缺陷被连锁触发，导致系统多次发出巨量市价订单，累计申报买入达234亿元，实际成交72.7亿元，对市场造成巨大冲击。

对于交易所而言，上交所《证券异常交易实时监控指引（2008年版）》中将"多次通过大笔、连续交易，严重影响证券交易价格的"交易视为异常交易，但在实际市场运行中却缺乏相关的即时发现和介入制度与技术，导致即使大盘出现极端异常的波动时也未有相应的警示与阻断措施。

（资料来源：彭志：《量化投资和高频交易：风险、挑战及监管》，载《南方金融》2016年第10期，第84～89页。）

◆业界案例◆

2015年中国股市异常波动的监管复盘

1. 事件介绍

从2015年3月起，我国沪、深两市单日成交额一再被刷新，各项指数也不断攀升，尤其是创业板、中小板指数，分别创造了历史新高，直至同年6月12日，上证指数暴涨至5178点。然后受到场内外配资清理的影响，上证综指在两个多月的时间之内下挫45%，证券市场频繁出现"千股跌停"的情势。

2. 监管复盘

2015年3月起的牛市，本质上属于被杠杆撬起来的牛市。一些非法机构或个人通过场外配资平台、手机软件、各类社交媒体平台，宣称能提供巨额炒股资金，以各类高回报、低成本的宣传语为噱头，诱导投资者参与场外配资，进行杠杆交易活动。一些投资者抱着侥幸和投机的心态，通过非法配资平台进入市场，托高股市；但随着非法配资平台资金余量的减少、市场参与者情绪的回温，股市逐渐向下调整。由于部分投资者采用了极高的杠杆，一定程度上导致了市场的流动性危机，导致股票市场的快速下跌，进一步引发恐慌抛售。

第十二章 银行、证券和保险业的监管科技

从监管上看,监管部门对非法场外配资规模没有较为准确的把握,对非法配资平台的违规宣传也并未采取有效的处置措施,对牛市的形成缺少合理的研判,在一定程度上导致了杠杆的过度膨胀。利用新型的监管科技,监管部门可以及时掌握市场资金的流动,对市场的杠杆规模有更合理的研判;同时,新型的舆情分析技术也有助于监管部门打击违法金融宣传,降低金融风险。

[资料来源:中国证券监督管理委员会:《2016年全国证券期货监管工作会议在京召开》,见中国证券监督管理委员会网站(http://www.csrc.gov.cn/pub/newsite/zjhxwfb/xwdd/201601/t20160116_289977.html),2016年1月16日。]

四、违法违规交易行为监管

证券市场的违法违规行为包括内幕交易、操纵市场、欺诈客户和虚假陈述等证券欺诈行为以及其他违规行为。利用大数据、舆情分析、深度学习等技术,监管部门可以及时发现市场中的各项违规违法活动,如市场操纵、内幕交易等,并及时做出决策。

上交所与深交所都建立了依托大数据平台的证券交易监管系统,建立了多种数据分析模型,涵盖多项监管指标,用于打击内幕交易和"老鼠仓"等违法违规行为,通过大数据监控技术对市场全覆盖扫描,检索"老鼠仓"的蛛丝马迹。通过对交易主机中的交易数据跟踪拟合,甚至是逐笔重演,交易所市场监察部门可以精准锁定跟随机构产品进行同向买卖的可疑账户,进一步通过关联账户分析锁定内幕交易嫌疑人。

在打击市场操纵方面,证监会启用了一套互联网信息稽查分析系统。在监管系统发现股价异动后,便利用爬虫技术对网络信息和交易数据进行深度挖掘和分析,确定可疑账户,然后再通过交易IP、开户人身份、社会关系等进行关联账户分析,进一步确认后便进入调查取证阶段。

在舆情管理方面,上交所开发了市场监察系统,利用文本挖掘技术,自动侦测各大互联网平台的"网络黑嘴",同步筛查市场中的异动股票,自动对相关股票中具有"抢先交易"特征的账户进行分析,锁定幕后嫌疑人。针对通过网络直播荐股的"黑嘴",上交所的视频图像分离技术可以将荐股视频分离成一帧帧的静态图片和对应的音频,对荐股信息进行解析的同时对相关人员进行面部匹配。

◆业界案例◆

证监会利用大数据打击"老鼠仓"

1. "老鼠仓"的监管难题

"老鼠仓"是指主体在利用公有账户和公有资金进行建仓或调仓之前,先用自己个人或其他相关人员的账户和资金,或告知第三人,在低位建仓,待主体使用公有资金完成相关买进操作后,个人账户在股价上涨时率先卖出获利的行为。资产管理行业"老鼠仓"近年来得到了较多的曝光,其中,基金经理是构建"老鼠仓"的主要人群。

值得注意的是,"老鼠仓"本质上是指利用未公开信息交易股票的行为,无论盈亏都属于违法行为。传统的"老鼠仓"监管在最核心的交易行为分析上缺乏有效的分析,导致较难识别一些盈利较小甚至亏损的"老鼠仓";同时,若基金经理利用亲戚朋友的账户建仓,监管上也缺乏关联账户的分析手段。

2. 大数据技术打击"老鼠仓"的方法

"博时基金原经理马乐案"被称为"大数据捕鼠第一单"。该案中,马乐利用其担任基金经理的信息优势,投入300多万元的个人资金,操作多个账户,通过临时购买的不记名电话卡下单,先于、同期或稍晚于其管理的基金账户买入相同股票近80只,累计成交金额达到10.5亿元。帮助监管部门锁定这3个涉案账户的正是大数据监测和分析,该案件令交易所的数据监控系统为大众所关注。成都立华投资有限公司的交易员丁贵元负责长安基金旗下专户理财产品"长安东成1号资产管理计划"一子账户的投资决策及交易,其利用上述理财产品的股票买卖指令等未公开信息,操作其名下的个人证券账户,趋同交易股票12只,占其个人账户所交易股票总数的40%,成交金额达3383.12万元,占比38.82%。直至被大数据"捕鼠"抓获,其趋同交易亏损达10.28万元。"大数据捕鼠"主要有三步:

(1)通过对网络信息和交易数据的分析挖掘出可疑账户。交易所利用开发的监管信息系统分析市场交易数据,对基金账户与一些关联账户进行数据重合度对比,且会根据市场环境(比如牛市、熊市)等制订和调整监控指标与频率,揪出在短时间内跟随基金经理操作账户同买同卖的交易账户,然后进入下一步分析。

(2)通过分析交易IP、开户人身份、社会关系等进一步确认。在找出可疑账户后，交易所利用关联账户分析技术，确定可疑账户与基金经理操作账户之间的联系。目前，电子邮件、微信聊天记录、QQ聊天记录、微博私信等电子数据作为证据已被法律认可，除了传统的现场检查外，针对基金经理的手机、电脑等通信工具，证监会也陆续采用专业的高科技软件等加强检查的针对性和有效性。

（3）联络相关稽查执法机构，进入调查阶段。

（资料来源：王恒、姜隆：《捕鼠者说：大数据三步锁定老鼠仓》，载《中国基金报》2014年3月3日第A005版。）

五、市场交易制度设计

1. 计算实验技术与"情景－应对"的风险管理思想

约翰·霍兰德（John H. Holland）认为，金融系统是由大量具有适应性并相互交互的个体组成的、系统结构具有内生演化性的"复杂系统"。① 计算实验金融学（Agent-based Computational Finance）采用自底向上的建模方法，探究资产价格的复杂动态演化规律以及微观形成机制，是对传统金融学的极大发展。② 计算实验金融的机理如图12－3所示。

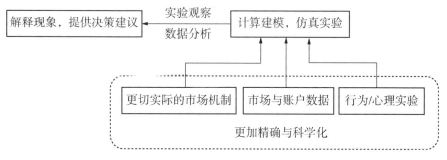

图12－3 计算实验金融的机理

（资料来源：韦立坚、张维、熊熊：《股市流动性踩踏危机的形成机理与应对机制》，载《管理科学学报》2017年第3期，第1～23页。）

---

① John H. Holland. *Adaptation in Natural and Artificial Systems*：*An Introductory Analysis with Applications to Biology*, *Control*, *and Artificial Intelligence*. Cambridge, MA：MIT Press, 1992, p.9.

② 参见张维、熊熊、张永杰著《计算实验金融研究》，中国科学出版社2010年版，第14页。

传统的"预测-应对"思考方式基于"历史会重演"假设,认为对于市场的风险,我们总能从过去的事件中找到解决方案,但在具体的实践中,我们往往会发现这种基于历史预测未来的思维方式并不适用于金融市场。

伴随着人类科学前沿的不断拓展,金融经济学中一些传统的思路(如"免疫"的思想)和计算实验金融学的发展,逐步形成了一种"情景-应对"型的风险管理思维。基于计算实验技术的"情景-应对"的风险管理思维,本质上是一种面向未来的思维方式,其认为未来金融市场状态是由众多异质的、具有学习能力和演化特征的个体交互决定的,通过构建不同的风险场景,监管者能够对市场未来的风险状态进行预研预判,为证券市场的监管提供了一条可行的道路。①

2. 仿真平台的构建

在仿真平台设计方面,上交所早在2009年就推出了一套创新实验平台。该平台利用金融仿真和建模技术,实现了对我国金融市场的模拟,不仅可以让监管部门对现有金融产品的市场风险进行定量的分析,还为监管部门分析各种新交易机制、新产品、新规则下不同投资者的一般交易行为和极端交易情况提供了"风洞"实验的基础。深交所的金融创新实验室根据A股市场的真实数据,构建了对标我国证券市场的股票仿真模型,在此基础上开展制度设计的前期试验,为市场改革提供更加可靠且量化的支持。在各类期权上市前,各交易所也会进行相应的仿真交易测试,防范新金融产品上线后带来的不可预料的风险。目前,上交所还支持个股期权的全真模拟交易,对于产品创新、完善制度规则、投资者培育等方面都具有重要作用。

3. 证券市场制度设计与实践

在制度设计与实践方面,随着计算机科学和行为科学的发展,相关学科内的大量理论和先进技术在制度设计中大放异彩,如在1998年,文森特·达利(Vicent Darley)和亚历山大·奥特金(Alexander V. Outkin)对纳斯达克市场的仿真研究为市场最小报价单位的改变提供了理论依据。该研究运用计算实验的方法,在仿真市场中引入真实的投资者行为和做市商

---

① 参见韦立坚、张维、熊熊《股市流动性踩踏危机的形成机理与应对机制》,载《管理科学学报》2017年第3期,第1~23页。

策略，他们构建的模型中包括做市商和市场多类参与者及其之间的交互行为，其构建的投资行为包括简单的交易策略、复杂的学习行为，并应用了神经网络、强化学习等人工智能技术对投资者行为进行建模，其研究结果与后来的市场报告和实证研究相吻合。在我国证券市场，监管部门与高校合作，共同探究计算实验方法在金融证券监管领域的应用，主要包括规则设计、风险应对机制、交易制度设计三方面。

（1）规则设计。规则设计是基于计算实验的研究方法。在规则设计方面，2011年，中国金融期货交易所（简称"中金所"）和天津大学合作，探究了股指期货市场持仓限额变化对市场的影响①，为规则变更提供了理论基础。随后，中金所分次放开了持仓限额，调整后的市场情况和研究结论基本一致。

（2）风险应对机制。中证资本市场运行统计监测中心和中山大学合作，通过模拟投资者场外高杠杆融资的情景，成功刻画出2015年中国"股灾"的多个典型特征，并发现在结合投资者技术分析策略和追涨杀跌信念的背景下，高杠杆会推动市场泡沫的形成和破裂，提出了通过保持低融资杠杆、引入紧急做市商提供流动性、通过大宗交易系统收购强行平仓的头寸等应对措施来缓释流动性踩踏危机的新应对机制。②

（3）交易制度设计。韦立坚2016年利用计算实验方法考察了"T+0"交易制度对市场质量的影响③，他构建的模型通过设计四类具有不同投资期限和市场进入频率的投资者，探究在不同的交易制度下市场质量与投资者财富的变化。实验结果发现，"T+0"交易制度降低了日内波动性，增加了日内流动性和定价效率，因而改善了市场质量。2020年，注册制由科创板推向创业板，为探究制度变革和发展带来的市场变化，监管部门可以通过计算实验的手段，设置多种情景，并观察相应的仿真市场运行状况，制定多种应对方案，在事中甚至事前就可以对关键风险点进行识别与限制，提高了制度设计的科学性和可靠性。

---

① Lijian Wei, Wei Zhang and Xiong Xiong. "Position Limit for the CSI 300 Stock Index Futures Market". *Economic Systems*, 2015, 39（3）, pp. 369–389.

② 参见韦立坚、张维、熊熊《股市流动性踩踏危机的形成机理与应对机制》，载《管理科学学报》2017年第3期，第1～23页。

③ 参见韦立坚《T+0交易制度的计算实验研究》，载《管理科学学报》2016年第11期，第90～100页。

◆业界案例◆

纳斯达克市场仿真

1. 案例介绍

早在1998年,Vicent Darley 和 Alexander V. Outkin 在对美国纳斯达克市场投资者和做市商进行行为分析的基础上,建立了计算实验模型对纳斯达克市场进行仿真,为最小报价单位从原来的美元分数报价(1/16美元)改为10进制报价(1美分)的制度设计提供了科学依据,最终在2001年被成功应用于纳斯达克市场。

2. 计算实验金融仿真模型设计

实验模型拓展了 Glosten-Milgrom 的做市商模型,并引入真实的投资者行为和做市商策略,实现对真实市场的校准。

(1) 投资者对风险资产基本价值的估计是有偏差的。

(2) 一个竞争性的做市商市场,不同类型的做市商会采用不同的做市策略,包括平衡存货策略、量价平衡策略、寄生策略、动态系统策略等。

3. 仿真结果

一方面,最小报价单位的减小将使交易所的交易量大幅增长,买卖价差大幅降低;另一方面,最小报价单位的下调可能会降低价格发现效率,导致寄生策略和订单插队现象增多、价差聚集现象增多、财富不平衡增大。实验结果随后被大量实证研究所证实。

(资料来源:Vincent Darley, Alexander V. Outkin. *A Nasdaq Market Simulation:Insights on a Major Market from the Science of Complex Adaptive Systems*. Singapore:World Scientific Publishing Co. Pte. Ltd,2007,pp. 1-8.)

第三节 监管科技在保险业的应用

一、保险业监管现状

就目前来看,当前对保险业的监管重点主要集中在两个方面:一是以保险业务为核心的违法违规行为;另一个则是近年来国内保险巨头过度涉入证券市场，对证券市场公平与金融系统稳定性造成威胁。

1. 以保险业务为核心的违法违规行为

在以财险和寿险为主导的保险市场中，给予投保人合同约定外的利益，虚列费用，编制、提供虚假资料，财务数据不真实，未按规定经批准或备案的保险费率等问题普遍存在。仅 2020 年前三个季度，银保监系统便对保险公司和相关个人开出近 1200 张罚单、逾 1.4 亿元罚金，其中罚金数额已基本和 2019 年全年的数据持平。① 当前我国保险业发展缓慢，产品数量有限，从业人员职业素质有限，导致保险市场乱象频生。

2. 保险业巨头过度涉入资本市场带来的威胁

近年来，我国保险业巨头频频在资本市场举牌收购上市公司，企图凭借自身的资金优势构建资本帝国。这些保险业巨头在其他行业缺乏相应的管理经验与经营理念，一旦控股上市公司，对于中小股东来说无疑存在着很大的公平问题；然而由于保险公司受银保监会监管，证监会无法直接获取保险巨头举牌的相关动机与信息，为资本市场监管带来了巨大挑战。为了防范监管空白和监管套利，急需通过监管科技来增强监管能力。

二、保险业监管科技的应用：监管数据采集

截至目前，监管科技在保险业的应用还处在数据采集阶段。一方面，保险业监管的数据采集工作一直以来强度较小，远不及银行从业人员面临的报送压力。另一方面，由于上属监管部门和业务模式的不同，银行和保险体系的数据难以实现互联互通，为跨行业的监管带来了较大的沟通成本。

2012 年，为进一步提高保险稽核效率、切实加强数据真实性检查，保监会发布了《关于升级开发保险稽核系统接口程序的通知》，明确了保险稽核系统数据模型和取数口径说明及要求，对系统和接口进一步优化，明确了编码规范、数据报送口径等要求，是数据采集技术在保险业的首次大规模应用。2019 年 8 月，上海及宁波等地发布了关于保险机构现场检查数据定期报送的通知，首次将辖区内保险公司的现场检查数据全部纳入现场检查分析系统（EAST）应用体系，建立保险现场检查数据定期报送制

---

① 参见向家莹《严监管趋势不变，材料造假等成罚单"重灾区"》，载《经济参考报》2020 年 10 月 15 日第 A07 版。

度（EAST 1.0）。2020年6月初，银保监会向各人身保险公司下发了《中国银保监会办公厅关于印发保险业监管数据标准化规范（人身保险公司版）的通知》，要求各人身保险公司自2021年起开始报送保险公司版EAST数据，报送内容涵盖了保险公司的机构、客户、业务、账务、产品等所有信息，标志着人身保险公司EAST 2.0的建立。

保险EAST系统自下而上地进行纠错纠偏、批量处理，持续加大业务违规成本，不仅降低了监管人员现场监管的工作负担，还提高了识别保险业务违规的准确度，降低了保险公司传统业务违规的可能。

三、监管科技在保险业的发展趋势

1. 构建保险监管基础大数据平台

目前，我国保险行业的监管科技应用在相关政策法规、技术标准和基础算法模型上仍旧存在较大的缺陷，缺乏统一的大数据平台，以实现内外部数据的分析与共享。未来可以借助现有的保险基础设施，如中国银行保险信息技术管理有限公司的保单登记平台、保险交易所的保险资产登记平台与保险机构间的专线网络、各类API以及各类信息技术基础设施，建立起保单与保险资产清单的数据采集、存储和分析处理平台，并不断完善，参考证监会的监管科技总体方案打造保险业的监管基础大数据平台，促进本行业和其他行业的健康、快速发展。

2. 建立保险机构的穿透式监管体系

在对保险机构的穿透式监管领域，应顺应国家和中国人民银行推进金融综合统计与金融基础设施互联互通的政策要求，推动保险机构接受"泛金融"的穿透式监管。另外，通过大数据和区块链技术，打通保单与保险资产交易全流程、全生命周期的数据采集和分析应用，实现对保险公司的资产负债管理、资金错配、短钱长投等问题的严格监管。在分业监管合作上，未来要继续促进银行业、证券业和保险业之间的互动合作，以统一、合理的数据标准、信息交互方式、监管规则促进各部门、各条线数据的整合与共享，打通金融各板块之间的数据孤岛，清晰地甄别出每一笔交易的触发者和交易对手信息，并持续对该笔交易进行跟踪、监测，从而实现对资金的来源和最终去向的实时监控、全链条监控，揭示各种金融产品特别是跨界金融创新产品的业务本质和风险水平，以便于采取适当、统一、有效的监管规则和风险处置措施。

第十二章 银行、证券和保险业的监管科技

◆思考讨论题◆

1. 你认为《巴塞尔协议》还能为数字经济背景下的银行监管提供有效指导吗？
2. 未来的银行监管应该关注哪些方面？
3. 你认为监管科技将在哪些方面加强我国金融系统性风险监测？
4. 什么是"情景－应对"的风险管理？它与"预测－应对"相比有哪些优势？
5. 证券期货市场监管还有哪些领域可以应用监管科技？

第十三章 地方金融的监管科技

我国除了中国人民银行、银保监会和证监会管理的金融机构外，还有很多地方性金融机构，如小额贷款公司、融资租赁公司、商业保理公司等。这些地方金融机构与"一行两会"管理的大型金融机构及其分支、各类企业和个人，构成了复杂的地方金融网络。而负责管理地方金融活动的地方金融监督管理局是2019年才纷纷由原来各省市的金融办改制而成的，开始加强其监管功能。然而，地方金融机构的公司治理能力相对比较弱，新成立的地方金融监督管理局面临着监管经验和人员不足的困境，因此，监管科技是地方金融活动监管和风险管控的必然选择。

第一节 地方金融活动和监管现状

一、地方金融机构

地方金融机构是指那些应当由地方政府及部门或行业协会，而非国务院及中央金融监管部门，批准设立或批准从事相关金融活动并受其管理的机构。在我国，正规的金融机构以及准许从事金融业务的机构都被要求持有金融牌照或具备金融业务资质，并经相关部门进行前置审批和备案。目前，地方金融活动形势复杂，一些机构未获得相应资质，也未经过相关部门审批，但在实质上从事着金融相关业务，因此我们将地方金融机构分为正式的地方金融机构和类地方金融机构。

1. **正式的地方金融机构**

正式的地方金融机构主要包括"7+4"类地方金融机构。在第五次全国金融工作会议之后，中央首次明确地方金融监管机构7类主要负责监管对象和4类重点强化监管对象。其中，7类主要负责监管对象是指地方资产管理公司、小额贷款公司、融资租赁公司、融资担保公司、典当行、商业保理公司、区域性股权市场，4类重点强化监管对象是指农民专业合作社、投资公司、地方各类交易所、社会众筹机构。

2. 类地方金融机构

类地方金融机构比正式的地方金融机构的正规性要弱化许多，没有任何市场准入标准或前置审批许可，也未纳入中央或地方金融监管。该类企业通常只具有工商营业执照，不具备开展正规金融业务的资质，只能从事辅助或类似于正规金融业务的业务，其业务形式更接近于民间金融活动。对于这类企业，即使没有经过相关部门的前置审批和许可，地方金融监管部门也应该主动承担起监管责任。[①]

截至2020年6月，根据中国人民银行的统计数据，全国共有小额贷款公司7333家。租赁联合研发中心会同中国租赁联盟、天津滨海融资租赁研究院共同编写的《2020上半年中国融资租赁业发展报告》显示，全国融资租赁企业总数约为12151家。以广东为例，截至2020年10月，纳入广东省地方金融监管的企业已经接近44万家，尚需纳入监管的企业大概有1100万家，这说明了对地方金融机构进行监管的必要性和困难程度。

二、地方金融活动与地方金融风险

1. 地方金融活动

地方金融活动是指由地方金融机构主导的、应受地方金融监管机构审批并监督管理的金融或类金融业务。地方金融活动也可分为合法金融活动和非法金融活动，对于合法的金融活动，地方金融监管部门应提供合理的服务以保证经济活动的平稳运行，发挥金融活动对实体经济"助推器"的作用。

2. 地方金融风险

地方金融风险主要包括两类：一是地方金融机构的违法经营行为。例如，各类地方交易场所在标准化合约交易时采取集中交易的方式。二是没有金融牌照的机构从事非法金融活动。其特点是在未经有关部门批准的情况下，通过夸大宣传、虚假宣传或以短期内获取高额回报为利诱，吸引群

---

① 参见孙鹏、赵维久《地方金融监管实践创新研究——论以机构监管和监管沙箱为双核心的新型地方金融监管模式》，载《南方金融》2020年第9期，第66～77页。

众投资。这类违法活动不仅会扰乱正常的金融秩序，还会引发舆情问题。

3. 地方金融非法金融活动现状

根据 2020 年处置非法集资部际联席会议的数据，2019 年，全国共立案打击涉嫌非法集资刑事案件 5888 起，涉案金额 5434.2 亿元，同比分别上升 3.4%、53.4%。这一方面说明我国近年来在打击非法集资行为上卓有成效，另一方面也说明了地方金融活动监管形势的严峻程度。

三、地方金融监管机构

一直以来，我国地方金融监管都存在着监管授权不明、权力配置不集中、定位不明确、监管协调效率低下和监管资源匮乏等问题。我国在地方经济和金融领域的深化改革盘活了地方金融体系，大量地方性金融机构纷纷冒头，借改革春风不断发展壮大。在金融监管领域，我国长期以来依赖以"一行三会"为主的垂直监管模式，但传统的分业监管模式使中央难以对游离在银行业、证券业、保险业三大金融体系之外的地方金融机构进行监管。于是，在市场经济发展的早期阶段，我国的地方金融监管和风险处置工作主要由金融办负责。但金融办的实际主要工作是地方金融的生态建设和管理规划，辅导和培育地方拟上市企业以推动实体经济的发展，金融监管只是其职责中的一小部分；同时，金融办只是各级地方政府下设的办公室，在权力和资源上十分有限。随着我国经济的快速发展，地方金融业生态变化迅猛，一些对实体经济有害甚至具有系统性风险的企业和业务野蛮生长，粗放式的地方金融监管模式已无法应对潜在的地方金融风险。

自 2018 年我国中央金融监管体系由"一行三会"改为"一委一行两会"后，地方金融监管改革也逐步加快，其中，设置地方金融监督管理局便是各地改革方案中的重要内容。原金融办加挂金融监督管理局单位门牌后，将明确地方金融监管部门在地方金融监管中的权力和责任，在形式上和实际上解决了部分监管障碍。

四、地方与中央金融监管的关系

我国地方政府的金融监管权历经多次变化调整，在 2017 年 7 月第五次全国金融工作会议上确立了以中央为主、地方为辅的双层金融监管模式。目前，在各地已初步建立起由地方金融监督管理局主导的地方金融监管体系，但是监管授权含混、监管机构定位不明、监管资源相对匮乏等问题仍突出存在于地方金融监管体系之中。随着国务院金融稳定发展委员会办公室地方协调机制在各地的推出，监管部门将进一步加强中央和地方在金融监管、风险处置、信息共享等方面的协作。

第二节 地方金融监管的"广州模式"

一、广州市地方金融监管概况[①]

广东是金融大省，是粤港澳大湾区的核心，地方金融发达且发展迅猛，同样伴随着严重的地方非法金融活动。根据《2020广州金融发展形势与展望》的数据，截至2019年年末，广州金融风险监测防控中心共监测全省40余万家企业，较2018年增加了约1倍，累计发现全省风险企业2701家。经转各地处置，存量风险企业降至1685家，风险增量逐渐减少。另外，截至2019年12月，广州金融风险监测防控中心累计排查123331家企业，主动发现并持续监测1567家风险企业，15家交易场所、24个网贷平台、723家融资租赁公司、347家商业保理机构及10家私募基金管理公司接入非现场监管系统并开展数据报送，实现地方金融风险监测全覆盖。在网贷平台的清退方面，平台数量从2019年年初的50个降至1个，在营平台借贷余额降至105.87亿元，投资人数降至12.6万人，借款人数降至107.4万人，全市所有借贷余额为百亿元以下的平台在2019年年底前停发新标，2019年以来未发生爆雷、立案或大规模群体性上访，广州成为全国特大城市中唯一全年无平台爆雷的城市。

二、广州市地方金融监管的特点[②]

1. 依托监管科技实现监管过程全覆盖

广州市地方金融监督管理局通过组建广州金融风险监测防控中心，实

---

① 参见广州市地方金融监督管理局《2020广州金融发展形势与展望》，见广州市地方金融监督管理局网站（http://jrjgj.gz.gov.cn/zwgk/xxgk/gzjrbps/content/post_6457562.html），2020年7月16日。

② 参见广州市地方金融监督管理局《运用金融监管科技创新地方金融监管模式——广州金融风险防控工作成效显著》，见广州市地方金融监督管理局网站（http://jrjgj.gz.gov.cn/gzdt/content/post_2790270.html），2019年5月28日。

现了对风险防控事前、事中和事后全过程覆盖,线索摸查收集、风险监测预警和事件分析总结一体化,形成监管闭环,对地方金融风险状况进行持续监控和动态分析,为科学决策提供有力参考。

2. 依托非现场监管手段实现监管地域全覆盖

目前,广州市各区均已接入广州金融风险监测防控中心,形成了全市覆盖。通过打造投诉举报移动端口,将金融风险防控覆盖至镇、街乃至社区、村委,在全国率先实现地方各级行政部门的金融风险防控全覆盖。

3. 依托监管科技实现监管业态全覆盖

目前,广州市已实现将全市大的交易平台、P2P 平台、小额贷款公司、融资担保公司、交易场所、私募基金管理公司、融资租赁公司、商业保理公司等地方金融业态的数据接入系统,实现广州市金融风险防控无死角,逐步实现地方金融业态的数字化监管。

三、广州市地方金融的监管机构

1. 广州市地方金融监督管理局

广州市地方金融监督管理局由广州金融办挂牌成立,除承担金融办的各项职责外,重点强调了对小额贷款公司、融资担保公司、典当行、融资租赁公司、商业保理公司、大宗商品交易场所、环境权益交易场所、知识产权交易场所实施监管,并强化对投资公司、农民专业合作社等机构的监管。目前,在利用监管科技防范、化解和处置地方金融风险方面,广州市地方金融监督管理局主要依托广州金融科技股份有限公司进行系统的建设和维护。

2. 广州金融科技股份有限公司

广州金融科技股份有限公司(简称"广州金科")原名广州商品清算中心,成立于 2015 年 4 月 20 日,是按照广东省政府要求,由广州市政府批准设立的全国第一家地方金融重要基础设施平台。广州金科辅助广东省政府和广州市政府对地方金融业态进行风险监测与防控,同时为小额贷款公司、融资担保/租赁公司、互联网金融平台以及各类交易场所等地方金融机构提供信息登记、电子合同存证、资金清算等市场化服务。

目前,依托于广州金科,广东省政府和广州市政府已经成立了广东省地方金融风险监测防控中心与广州金融风险监测防控中心。另外,广州金科还挂牌成立了广东省金融广告监测中心,受中国人民银行广州分行监督和指导，以规范相关机构的营销宣传行为。

3. 广州互联网法院

2018年7月6日，中央全面深化改革委员会审议通过《关于增设北京互联网法院、广州互联网法院的方案》，确定在广州设立互联网法院。2018年9月28日，广州互联网法院正式挂牌成立，是全国范围内成立的第三家互联网法院。广州互联网法院集中管辖广州市辖区内应当由基层人民法院受理的各类互联网案件，其中就包括互联网金融借款、小额借款合同纠纷两类案件。广州互联网法院充分利用大数据、云计算、物联网等新兴技术，建立智慧审理平台，为各类互联网案件当事人提供更加轻便、快速的诉讼服务。诉讼当事人通过该平台可以实现"一键立案、一键调解、一键调证、一键审理、一键守护、一键送达"，极大提升了诉讼效率和服务体验。该平台彻底解决了当事人网上纠纷举证难的问题，平台通过对接各类社交媒体、网络商城和第三方支付平台的原始数据，可自动调取货物清单、交易记录、支付记录等原始数据，利用区块链技术解决以往截屏、拍照等证据形式可靠性、可信性较差的难题。①

4. 数字金融协同治理中心

数字金融协同治理中心由广州互联网法院、广州市地方金融监督管理局、广州市越秀区人民政府共同主办，旨在解决数字经济发展进程中的司法新需求，目前已上线了"类案批量智审系统"。

该系统是全国首个针对互联网金融纠纷的全流程在线批量审理系统，几乎覆盖了全部的传统诉讼环节，实现了互联网案件处理的高效化、智能化。从案件当事人层面，其可以通过该系统在线批量提交证据、发起立案申请。从司法机关层面，法官可以利用该系统批量执行司法程序，极大提高了司法效率和传达效率。

通过区块链技术，该系统实现了案件关键节点信息的实时追踪；同时，对于代表性强、具有示范意义的典型案件，法官还可以通过发送邀请码等形式，实现同类型案件当事人在线旁听，推动同类平行案件的快速了结。

数字金融协同治理中心的建立充分拓展了监管部门和司法机关在新时

---

① 参见李敏《全国第三家互联网法院挂牌成立》，载《人民司法（应用）》2018年第28期，第2页。

代下的能动性,在互联网金融纠纷等领域提供了多元化、批量化的便捷式解决方案,利用监管科技提高了地方金融监管工作中的协同性与处置效率。

5. 地方金融行业协会

(1)广州互联网金融协会。广州互联网金融协会是广州最大的互联网金融的行业性组织,于2015年4月10日正式成立,协会成员涵盖了主要的互联网金融业态,包括金融科技、互联网支付、互联网小额贷款公司、互联网征信、互联网IT公司、网络仲裁等会员,以及在互联网创新方面表现较为突出的传统银行、行业门户网站和评级机构、上市顾问、中介机构、研究机构、律师事务所、会计师事务所、专家学者等,已经形成了互联、互通、互助的华南互联网金融生态圈。

(2)广州市数字金融协会。广州市数字金融协会成立于2020年7月1日。为支持新兴经济发展,广州市曾出台了多项文件,鼓励金融机构与科技类企业加强合作,提出要营造发展供应链金融的良好市场环境,支持设立由广州市地方金融监督管理局为指导单位的广州市数字金融协会,通过协会整合各方资源,实现信息共享,承担广州乃至粤港澳大湾区数字金融创新发展的责任和义务。广州市数字金融协会确定了"融合、专业、安全、务实、创新"的发展理念,明确了交流合作、政策研究、标准制定、服务实体、风险防控、环境营造六大功能定位,致力于构建广州数字金融生态圈,助力广州数字金融高质量发展。

(3)其他地方金融机构行业协会。除了广州互联网金融协会以及广州市数字金融协会外,各类地方金融机构也成立了行业组织,包括广州市小额贷款行业协会、广州市商业保理行业协会、广州融资租赁产业联盟等。这类地方金融机构行业协会在监管部门的指导下,承担地方金融机构的行业自律工作。

四、地方金融风险监测防控平台——"金鹰系统"

广州金科利用人工智能、大数据、云计算、区块链等金融监管科技手段,建成了一套功能齐备、模式创新的地方金融风险监测防控系统——"金鹰系统"。该系统涵盖十大监管科技平台,分别负责四大监管职能(如图13-1所示)。

图 13-1 "金鹰系统"的监管职能

（资料来源：作者根据广州金融科技股份有限公司网站介绍资料整理。）

1. 主动识别

"金鹰系统"的非法金融活动主动识别平台，结合百度、阿里巴巴、腾讯及工业和信息化部的大数据库，能够主动发现高危、高风险信息，及时发出预警并提供深度分析。该平台通过对数千个风险企业案例样本进行分析，总结、筛选出七大地方非法金融活动类别（分别为非法外汇、非法代币、非法支付、非法期货、非法证券、非法黄金和非法集资）及其相应的风险特征，建立了相应的风险模型和风险预警标准。截至2018年12月，"金鹰系统"的主动识别平台已经提前预警广东省内疑似从事非法金融活动的活跃企业184家，广州市内疑似从事非法金融的活动平台146个，在地方金融风险识别和预警方面已初具成效。

舆情监测预警平台利用网络爬虫技术，基于各大社交媒体和社交平台等渠道，结合"零风险""保本保息"等上万个核心关键词，实时抓取国内上百万个采集点的信息。该平台对每日相关舆情信息及其来源进行统计分析，识别舆情关注重点，及时调整监管方向。

◆业界案例◆

广州市天河区运用监管科技防控金融风险

1. 天河区技术防控风险工作

从2017年开始，广州市天河区依托广州金融风险监测防控中心，推进辖内金融风险防控工作，利用广州金融风险监测防控中心的技术支撑实现招商企业风险排查、辅助地方金融业态监管。

2. 扫描式风险排查

"金鹰系统"监测着天河区1.5万多家金融企业，其中，发现高危、高风险企业100多家，主要集中在投资类公司以及信息科技和商贸等行业、风险企业现均已被上报天河区相关部门进行核查处置。此外，广州金融风险监测防控中心在天河区开展的各项风险排查、摸清风险底数工作中发挥了良好作用，做到及时、主动发现风险隐患。例如，在开展违规外汇交易平台排查中，广州金融风险监测防控中心利用互联网、大数据等金融监管科技发现涉嫌违规企业10余家，其中不乏天河区的平台。风险排查工作的有效推进使天河区乃至广州市整治违规外汇平台工作能更好地开展，更加全面地防控风险。

3. 监管信息辅助收集

广州金融风险监测防控中心对天河区地方金融企业的基本信息、经营情况、资金信息等进行集中统一登记，并进行信息交叉验证，辅助监管部门实现穿透式监管。目前，天河区已将辖内多个行业纳入广州市非现场监管系统，如天河区40余家商业保理公司、20多家融资租赁公司均通过快报系统向天河区报送月度经营数据。通过对从业机构经营数据的信息化、智能化系统收集和分析，广州金融风险监测防控中心可从非现场层面发现风险，并与现场检查工作相结合，更好地推进天河区地方金融风险监测防控工作的开展。

[资料来源：广州金融科技股份有限公司：《天河区运用金融科技手段推进金融风险防控工作》，见广州金融科技搜狐号（https://www.sohu.com/a/348609865_120071183），2019年10月22日。]

2. 实时监测

在非现场监管方面，广州金科通过与互联网金融企业、P2P网贷平台和小额贷款企业等签订合作协议，将其纳入非现场监管信息系统，实现穿透式、无缝隙、多维度的监管。2020年1月8日，广州金科发布了地方金融非现场监管区块链系统，通过该系统，金融机构的资金、资产和交易等信息可以实时同步至广州金融风险监测防控中心，有效解决了传统监管中信息不对称、信息孤岛等问题。

在金融产品宣传方面，"金鹰系统"涵盖了金融广告监测平台。一直以来，全国金融广告监管普遍存在手段落后和效率低下等问题，虚假宣传和诈骗案件层出不穷，该平台旨在建立健全金融广告准入、监测、预警和处理机制，以实现对金融行业宣传的全方位实时监控，准确发现非法金融广告线索，为相关监管部门提供有力支持，探索新的金融广告监管模式。

2018年4月23日，中国互联网金融协会发布《互联网金融个体网络借贷电子合同安全规范》，要求网贷信息中介机构使用可靠的电子签名，并将订立后的电子合同委托第三方存储服务商进行存储。"金鹰系统"的电子合同存证平台为金融机构及其客户在电子合同签署过程中提供第三方电子中心（CA）颁发的数字证书，在进行电子签名时加盖时间戳，可以确保电子合同的合法有效以及不可篡改，同时利用监管部门和运营商的数据库对合同签署者的身份进行交叉认证，确保合同签署者身份的真实性。

3. 深度分析

"金鹰系统"的非法金融活动监测预警平台利用大数据挖掘和人工智能分析等科技手段实时追踪类金融企业失信、关联关系、知识图谱、投诉举报等信息，从收益率、涉众面、危害性、传染度、投诉率五大维度建立金融风险评价模型并进行等级评分，实现全方位监测预警。该平台还利用"热图"等可视化手段，实现对地方金融风险的直观感知，减少监管人员的对比筛查工作。

4. 协调处置

广州金科和腾讯合作，在微信小程序中推出了一个投诉举报管理平台——"金鹰投诉举报中心"。通过该平台，投资者可以对网络借贷平台、非法集资平台和传销平台等进行查询或举报，并对常见金融、投资类平台进行评论。投资者可以使用平台的查询功能，查看相应的疑似非法金融活动平台是否已经被媒体曝光、公安立案，以及其他用户的评价。

通过将地方交易所和各类交易平台纳入"金鹰系统"的资金统一监管平台，地方监管机构可以实现对资金的集中监管、对交易的统一清算和对各类信息的全面登记，通过交叉比对保障交易参与者的资金安全，提高清算效率，实现交易和资金的隔离。一旦发现交易场所和交易平台出现违法违规风险，广州金科可以停止投资者开户，冻结相应资金，有效约束交易场所的运营。

非法集资数据报送平台可以通过算法自动抓取在清算中心系统中进行的可疑资金交易，通过对客户留存信息和历史交易记录进行分析，识别潜在的非法集资案件线索并保存相关证据，生成可疑交易报告并向监管部门报送。

当下的互联网金融交易往往由平台方提供并保存电子合同，一旦发生平台"跑路"事件,投资者往往无法提供有效的凭证,执法人员也很难搜寻相关证据。"金鹰系统"的电子合同存证平台为电子合同的证据保存问题提供了一个很好的解决方案。

第三节　地方金融监管的"北京模式"

一、北京市地方金融监管概况

北京市作为我国首都,在地方金融风险防控上责任更大、任务更重。根据北京市地方金融监督管理局最新数据显示,截至2019年年末,北京市全市共有小额贷款公司130家、融资担保公司62家、典当行377家、融资租赁公司216家、商业保理公司63家、地方资产管理公司2家和交易场所31家。在开展P2P、互联网理财、虚拟货币等互联网金融风险专项整治后,P2P存量风险逐步化解。北京市的非法金融活动尤其严重,仅朝阳区涉众型非法集资犯罪案件就占全国同类案件近四成。2019年,北京市朝阳区人民检察院受理非法集资犯罪案件总涉案金额达2000余亿元,涉及集资参与人近百万名,北京市依旧面临着较大的监管压力。

二、北京市地方金融监管的特点

1. 在打击非法集资上卓有成效[①]

鉴于北京市在非法集资活动上面临的巨大风险,北京市地方金融监督管理局联合各区政府与各级监管部门,在打击非法集资案件上持续发力。利用北京市的人文特点,2019年,北京市各区开展打击非法集资集中宣传活动近400场次,建立街道楼宇线索报告机制,利用监管科技手段建立非法集资监测预警平台,专项打击非法集资案件。

2. 积极探索"监管沙盒"制度的应用

在金融科技创新监管试点工作上,北京市不仅在时间上领先全国,在试点项目数量上排名也是全国第一。目前,北京第三批试点项目名单已经

---

① 参见北京市地方金融监督管理局《北京市地方金融监督管理局2019年度绩效管理工作报告》,见北京市地方金融监督管理局网站（http://jrj.beijing.gov.cn/tztg/202001/t20200110_1571676.html）,2020年1月10日。

在推进中，前两批共17个试点项目已经投产并陆续开始运营。其中，第一批项目完全是持牌金融机构，第二批项目由持牌机构和高科技企业等牵头，第三批项目将进一步扩大试点范围。

3. 央地协调共同化解地方金融风险

凭借着独特的地理位置，北京市在地方与中央协调处置上具有较大的优势。基于此，北京从2018年开始推进北京金融科技与专业服务创新示范区的建设，在推进金融科技创新监管试点工作上也得到了中央监管部门的大力支持。通过北京市灵活的央地联动、市区统筹协调机制，北京地方金融监管部门可以对出现风险的金融创新业态有更快速的反应。

三、打击非法集资监测预警平台

2015年，北京市地方金融监督管理局利用大数据技术建立了打击非法集资监测预警平台，实现了全网实时监测，及时发现非法集资案件线索。该平台由两个子系统组成：一是登记正规金融产品的前台，二是发现非法集资线索的后台。

1. 登记正规金融产品的前台

通过将网络销售的金融产品在前台进行登记备案，前台可以基于备案信息完善数据收集工作，记录属地名称、机构编号、产品编号等关键产品信息，为消费者和投资者解决信息不对称问题，完善网络金融产品的备案登记和信息披露工作。

2. 发现非法集资线索的后台

该平台在后端还建立了非法集资线索发现平台，这也是该监测预警平台的核心系统。基于前端收集的金融产品信息，同时利用数据挖掘和云计算技术，平台可以实现对类金融机构的实时监测。一旦监管部门通过该平台发现风险，将按照预定流程，对疑似非法集资平台进行分级监控和分级处置。

结合以往非法集资案件的样本，基于机器学习的方法，平台对综合合法性、非法集资特征词、收益率偏高、负面反馈指数、传播力等五个维度进行自动赋权，综合分析计算目标企业风险相关度，形成综合反映企业风险水平的"冒烟指数"。根据"冒烟指数"的大小，平台将对互联网金融平台采取不同的应对和处置措施（见表13-1），在提高监管效率的同时也提高了地方金融监管部门的预研预判能力。

表 13-1 "冒烟指数"分级评价与处置

"冒烟指数"分值区	风险划分类别	分级处置策略
[0, 20)	正常类	正常监测
[20, 40)	可疑类	持续监控
[40, 60)	整改类	重点监测、规劝整改
[60, 80)	关注类	重点关注、约谈整改
[80, 100)	取缔类	移交线索

（资料来源：李崇纲、许会泉：《冒烟指数：大数据监测互联网金融风险》，载《大数据》2018 年第 4 期，第 76～84 页。）

四、北京金融风控驾驶舱

北京市金融监督管理局联合蚂蚁金服，利用云计算、人工智能、区块链等技术打造了北京金融风控驾驶舱。风控驾驶舱使用了多样的前沿可视化技术，搭建了一个集合金融风险监测、风险研判、处置分发和综合治理等功能的一体化智能系统，不仅实现了对注册地或经营地在北京的类金融机构的合规性实时监测，还能对其中的重点风险行业和涉众风险进行重点监测和预警。如某个实体突然大幅度转变经营方向，宣传基于"区块链""人工智能"等背景的金融产品或服务，风控驾驶舱将智能分析实体的经营动态演化过程，研判企业是否存在非法集资风险，并及时给出预警。

风控驾驶舱利用多部门数据进行实时扫描、挖掘、归集、分析，对全市的金融风险情况予以数字化动态监测，穿透式地识别隐患。在获取足量数据之后，风控驾驶舱将根据算法自动建模，动态识别、评估风险，通过可视化的手段有效展示风险水平，为风险处置决策提供有效支持。

第四节 地方金融监管——其他地区

一、深圳市"灵鲲"金融安全大数据平台

深圳市金融办与腾讯共同开发的"灵鲲"金融安全大数据平台（简称"灵鲲"），基于社交、舆情、网站、App、企业信息等互联网全量的实时信息流数据，针对金融风险平台进行精确感知与规模预估，提升地方金融监管机构的预研预判能力。

该平台基于腾讯多年的社交平台黑色产业打击经验、国内领先的人工智能技术优势以及成熟的相关知识图谱，解决了传统金融监管部门在信息技术时代下的各类不足。该平台从平台识别、信息关联、平台风险指数计算、涉众人数增长异常规模预警四个方向入手，实现对互联网中各类活跃金融平台的全面监测，在打击非法金融活动上卓有成效。

在监管范围上，"灵鲲"利用数据挖掘、知识图谱等技术实现新兴金融机构全扫描和监管全覆盖，并对部分企业进行重点分析，识别出重点风险企业，再向执法部门提交相关证据文件，进行立案处理。

在风险监测上，"灵鲲"利用人工智能技术实现高风险企业早预警、早提示。如针对P2P网贷企业，"灵鲲"进行全天候监测，主动预警，发现高风险企业。利用人工智能等技术，通过不断积累负面样本提高预警的及时性、准确性。

在协同处置上，该平台解决了以往部门联动主要集中在事后处置环节的问题，实现了多部门协同开展事前预警、事中防控，构建早期干预和事后处置的防线。在跨区域金融风险防控方面，该平台实现了跨区域协同合作、联动防控，除为深圳金融办和执法机构提供监管支持外，还能够以点带面，向其他省、市、地提供非法金融活动线索，增强在地方金融风险上的联防联控能力。

二、宁波市金融风险"天罗地网"监测防控系统

宁波市金融风险"天罗地网"监测防控系统（简称"'天罗地网'系统"）由国家互联网应急中心联合宁波大学共同研发，于2018年7月6日

正式上线，属于央地合作的地方金融监管科技项目，在打击非法集资活动上卓有成效。

在数据来源上，该系统在全国首创了"互联网大数据+网格化风险排查"的地方金融风险监管模式，不仅支持访问国家互联网金融风险技术分析平台等国家平台的数据，还汇总了基层社会治理网格化管理平台和宁波各监管部门的信息。"天罗地网"系统包括"天罗"和"地网"两个子系统。"天罗"系统基于互联网大数据技术平台，接入各类金融风险监测数据，通过新兴信息处理及分析技术，整合海量的互联网信息以及全市各级执法部门的经济与金融数据，对互联网中的地方金融风险线索进行实时监测。"地网"系统依托基层社会治理网格化管理平台，接入网格排查信息系统以及地方相关监管部门数据库，对每一个企业建立金融风险档案，实现系统排查与实时监测的有效结合。

三、央地合作监管科技平台

除了宁波市的"天罗地网"系统，地方金融监管机构与国家互联网应急中心利用"央地合作"模式共建的地方金融监管平台还包括深圳市前海区的前海"鹰眼"系统、天津市非法金融活动监测预警平台、杭州市互联网金融风险分析监测平台。通过国家互联网应急中心的技术支持，地方监管部门可以对辖区内上万家类金融企业实施穿透式监测和"体检"，并建立高危高风险企业台账，一旦发现地方金融风险线索和违法违规行为，经过研判后马上交由相应的地方监管与执法部门进行调查与处置。

四、其他地区自建监管科技平台

1. 厦门市"寒霜"系统

厦门市"寒霜"系统由厦门市地方金融监督管理局与浙江蚂蚁小微金融服务有限公司联合打造，并于2019年12月上线试运行。该系统旨在解决以现场监管与人工排查等方式为主的传统监管模式中存在的问题，实现对地方金融机构的全方位实时监管。该系统基于专有云和大数据平台，利用了区块链、大数据、机器学习与人工智能建模等前沿技术，从"监控实时化、识别智能化、风险可视化、处置流程化"等方向出发，实现对地方金融机构的全流程非现场监管。

2. 南宁市地方金融监管风险监测预警平台

南宁市地方金融监管风险监测预警平台由南宁市金融办委托，北京金信网银金融信息服务有限公司和广西壮族自治区通信产业服务有限公司打造，已于 2020 年 7 月投入试运行。平台可以访问互联网、政务外网和公安内网系统并抓取数据，实时获取各类舆情信息和动向，利用大数据模型计算分析企业的风险指数值，并对检测对象潜在的非法集资风险进行预警。在试运行期间，平台已在类金融企业监测和网络舆情数据归集方面有了初步成果。

3. 成都高新区地方金融监管系统

成都高新区地方金融监管系统是基于区块链技术的地方金融监管系统。目前，该系统的主要监管对象包括地方小额贷款公司与融资性担保公司。该平台对接地方社会信用体系平台，整合各类信用数据，组成地方金融企业信用数据库，可以提供被监管企业的资金流动与征信信息。该系统的特点在于对企业的"资金流动"进行监管，通过对被监管公司的各项资金账户存量和变动信息进行监测与分析，真实地呈现相关企业的日常运营情况。

4. 贵州金融云工程

金融云工程是由贵州省地方金融监督管理局主持建设的地方金融风险监测预警系统。目前已经上线的金融云一期工程在政务应用方面已经完成金融风险监测预警、地方金融审批监管、企业信息查询、打击非法集资举报分析等平台的建设。商用领域则可以搭建金融机构的网络舆情数据库、金融政策、金融机构黑名单查询、授信信息查询等资源共享平台。

第五节 地方金融监管的发展趋势

一、对地方金融机构的监管

地方金融机构是地方金融风险的根本来源，也是地方监管部门的直接监管对象，把握住对地方金融机构的监管，才能在源头上对地方金融风险有所识别并有所控制。对于正规的地方金融机构，地方监管部门要以中央有关金融业务规制为监管依据，承担主要的监管责任；对于类地方金融机构,其在金融服务的创新和下沉方面具有一定的优势,但也存在着明显的风险,因此即使没有明确的监管责任划分,地方金融监管部门也应该主动承担监管责任,以不发生非法集资、违规吸储为基本原则,做好底线监管。

1. 搭建金融风险防控平台

传统的金融监管往往只能在事前对金融机构进行有限评估,在事后对发生风险的企业进行调查、处置,面对正规地方金融机构的各类新型业务和类地方金融机构企业的类金融业务,在缺乏经验和数据的情况下,监管部门难以实现有效的金融风险防控。随着监管科技概念的发展,地方金融监管部门纷纷建立了金融风险监测防控平台,将辖区内各类从事金融活动的机构纳入防控平台,接入企业外部征信大数据,并对其网络关系进行穿透式监管,识别具有系统性风险的关键机构,在市场准入阶段将其排除在外。同时,通过企业提供的 API 接口,监管机构可以实时抓取企业的相关风险数据进行实时监管,在企业经营风险爆发前便可以对风险进行规避。

2. 采用"情景-应对"式的金融监管思路

对于具有新型金融业态的地方金融机构,也需要拓宽原来的监管思路,采用新型的金融监管模式。以 P2P 平台的监管防控为例,根据最新指导要求,要对 P2P 平台进行风险监测和风险控制,尽快清退不良平台,对于良性平台要引导其转型。但是在实践中怎样进行动态的风险监测并甄别出良性平台和不良平台?在实施中如何引导良性平台转型?平台转型成功的关键因素是什么?这些都是各地落实相关文件要求的关键难点。由于 P2P 平台缺乏高质量的财务数据,因此需要根据 P2P 平台的双重特性和数据特点进行风险监测创新,把 P2P 平台在运营过程中面临的风险维度分为股东信用风险、财务风险、合规风险、运营风险和传播风险,并通过大数据分析和组合赋权等科学手段来完成指标评价体系,从而能够对 P2P 平台进行实时的动态风险监测与预警,同时通过"情景-应对"的计算实验模拟分析,寻找引导 P2P 平台成功转型的有效措施。结果发现,只有在 P2P 平台具有很强的风险控制能力和借款人受到违约惩罚的双重条件下,P2P 网络借贷平台才能持续发展。① 但从现实来看,目前绝大多数 P2P 平台

---

① 参见韦立坚、张云鹏、王帆《防范和化解 P2P 网贷风险的情景-应对分析》,中国数字金融研究联盟首届学术年会会议论文,广州,2019 年,第 2 页。

还缺乏足够的风险控制能力,同时我国也还没有建立完善的个人征信体系,短时间内很难对违约的借款人施加真正的惩罚。因此,从防控金融风险和维护金融安全的角度,P2P网贷平台在国内很难有长期发展的条件,需要清退和转型。

二、对地方金融活动的监管

地方金融活动是地方金融风险的直接来源,地方普通工商企业从事金融或类金融活动出现了很多乱象,并发展成为严重的非法金融活动,包括非法集资、非法证券、非法期货、非法外汇、非法黄金、非法数字货币、非法支付等形式。这些地方非法金融活动往往还结合工商经营活动(如电子商务)、网络传销等方式,具有迷惑性大、煽动性强、传播速度快的特点,吸收会员众多(个别超过百万人),涉及金额巨大(个别上百亿元),传播范围极广(遍布全国),一旦风险爆发,危害极大。

随着自然语言处理、大数据与爬虫技术的发展,监管机构可以快速获取网络社区的舆情数据,并对大量的非结构化数据进行分析,结合内外部的大数据平台,建立模型并精准识别违法宣传行为。针对存在舆情风险的企业,监管部门可以及时介入,有效防止舆情风险升级。

三、对金融科技创新的监管

金融科技创新是传统金融在顺应时代发展的前提下与新兴科技结合的产物,它既可能是经济与金融活力的重要来源,也可能是对金融体系的未知挑战和威胁。由于新型的金融产品和服务构造复杂甚至具有普通人难以理解的技术特点,监管人员难以对其进行明确的判断和辨识,一方面无法对具有广大前景的金融创新给予政策支持,另一方面也无法对具有隐蔽风险的非法金融活动进行处置。如何克服传统金融监管"一抓就死,一放就乱"的痛点,"监管沙盒"提供了一个可行的思路。目前,在各地进行的金融科技创新监管试点正是"监管沙盒"制度的先行先试工程,作为"监管沙盒"制度的经验积累,将为金融科技创新监管提供有力的支持。

◆思考讨论题◆

1. 地方金融监管的对象有哪些?
2. 地方金融风险的特点是什么? 为什么监管科技能起作用?
3. 地方金融监管如何通过监管科技做好中央和地方的协调?
4. P2P 网络借贷平台有什么风险? 为什么需要清退和转型?
5. 现有地方金融监管科技存在哪些不足? 未来应该如何改进?

第十四章 金融"监管沙盒"

金融科技的创新不可避免地会带来新的风险,尤其是一种金融科技创新如果在其风险没有得到充分测试和评估的情况下就推向市场,那么其风险一旦爆发,危害是巨大的。传统的监管机制又很难在金融科技创新大规模推广前发现风险,因此,如何在风险可控的前提下支持金融科技创新是一个监管难题,"监管沙盒"则是一个依托监管科技解决这个难题的可行方案。

第一节 什么是"监管沙盒"

一、"监管沙盒"的概念及诞生背景

"监管沙盒"也称"沙盒监管"或"监管沙箱"。2015年3月,英国政府首次提出该概念,英国金融行为监管局(FCA)在当年11月发布"监管沙盒"指引文件,该文件不仅包含"监管沙盒"的具体实施要求,还对"监管沙盒"的可操作性和现实意义进行了详细说明。根据FCA对"监管沙盒"的定义,为确保消费者权益得到保护,秉持柔性监管理念,进行金融创新的机构在FCA审批通过后,得到金融产品或服务创新测试的有限许可。FCA不仅将全程监控产品的测试过程,还将合理评估创新效果,如若通过,该项目将获得正式的监管授权并推广至大众。

从本质上说,金融"监管沙盒"是由一套监管制度和技术系统构建的"安全空间"。在这个安全空间内,金融科技企业可以在免除一些如许可证、资本、信用、管理等要求的情况下,在监管机构可以控制的范围内和消费者权益得到保障的基础上,在真实的环境中测试其创新的金融产品、服务、商业模式和营销方式,同时避免在相关操作遇到问题时立即受到监管规则的约束和惩罚。

"监管沙盒"为金融创新项目创造了提前试验的机会,构造了一个全新的空间,对创新的规则、流程及效果进行检查,在一项金融创新走向实际应用之前,对可能存在的风险进行及时发现与纠正。"监管沙盒"的"安全"体现在两个方面:一方面,"监管沙盒"给予监管机构在创新项目推广前发现风险的可能性,提前进行风险控制以规避重大风险的发生;另一方面,避免金融机构因进行金融创新引发未知风险,进而承担过多的责任和处罚。因此,"监管沙盒"可以最大程度地降低金融创新的试错成本。

"监管沙盒"的建设不仅包括技术系统,也包括监管制度。"监管沙盒"内,除了需要利用大数据、人工智能、机器学习等技术对进驻机构进行穿透式监管之外,还必须针对消费者权益保护措施、风险补偿机制和机构应急退出机制等做出设计。

"监管沙盒"的诞生背景有两点:一是过于严格的金融监管框架限制了金融科技的突破性发展,需要新的监管形式鼓励和规范金融科技发展。2008年次贷危机的发生使得发达国家重新审视其金融监管框架的可行性,并且开始逐步实行以沃克尔法则和《巴塞尔协议》为代表的严格金融监管。但近年来,金融科技的发展势头十分迅猛,过于严格的金融监管制度与实际的金融运行情况相违背。金融科技企业中创新型企业占大多数,过于严格的监管可能使得企业创新成本增加,甚至抑制企业的金融创新,进而阻碍经济发展。根据英国金融行为监管局对相关数据的收集及估算,继续实行现有的监管体系,将导致创新业务面向市场的时间延长33%,增加的总成本占产品预期收入的比重达到8%,创新型企业的估值降幅也将超过10%。二是金融创新往往蕴含较大的金融风险,尤其在"互联网+金融"的新业态出现后,创新出大量涉众面广泛的金融业务,且行业发展速度快,给传统金融业务提出了不小的挑战。金融创新引发新的风险管理问题,对金融监管的适用性提出了更高的要求。

二、"监管沙盒"的运作流程[①]

"监管沙盒"机制的运作流程较为完整,具体分为七个步骤(如图14-1所示)。

[①] 参见胡滨、杨涵《英国金融科技"监管沙盒"制度借鉴与我国现实选择》,载《经济纵横》2019年第11期,第2、103~114页。

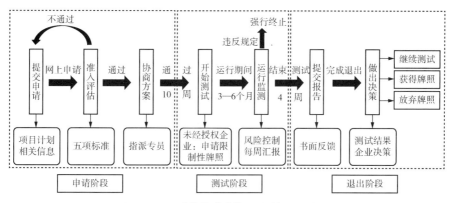

图 14-1 "监管沙盒"机制的运作流程

（资料来源：胡滨、杨涵：《英国金融科技"监管沙盒"制度借鉴与我国现实选择》，载《经济纵横》2019 年第 11 期，第 2、103~114 页。）

一是提交申请。企业向监管机构提交使用"监管沙盒"的申请，内容包括拟测试的新产品服务情况以及标准符合情况。

二是准入评估。监管机构审核申请，根据设定的五项标准做出准入评估，如果申请通过，监管机构将与指定的专门联系人员进行后续协商沟通。

三是协商方案。监管机构和申请机构协商确定适用的政策，制定测试参数、评估方法、报告要求以及消费者保护措施。

四是开始测试。当测试方案协商完成并审批通过后，进入测试阶段，时间一般为 3—6 个月，具体时长视企业需求而定。

五是运行监测。在企业运行测试的时间段内，需每周向监管专员进行详细的书面汇报，内容包括但不止于企业情况、项目进展等。监管机构将全程监测企业运行，审查企业技术与网络适应能力，确保企业具备应对技术和网络灾难事件的能力。但监管机构如果发现企业违反相关规定，项目运行将被强行终止。

六是提交报告。在结束测试之后，申请机构提交测试结果的最终报告，监管机构审核报告后给出关于创新方案的指导与反馈，企业据此决定后续发展。

七是做出决策。公司提供总结报告，概述测试过程的重要经验教训和结果，并决定是继续申请完整性授权还是放弃创新，决定是否在"沙盒"之外推行新产品和新服务。

一般来说，前三个步骤为申请阶段，中间第四步至第五步为测试阶段,最后两步为退出阶段。在申请阶段,企业需要提供企业基本信息和拟测试业务信息。企业基本信息包括拟测试业务是否已获得授权、是否存在同类业务、业务是否已经启动、在测试中是否愿意与其他企业合作等。拟测试业务信息用于判断业务是否符合准入标准,企业需要证明测试前提成立,如确保银行账户安全等。基于此类申请材料,监管机构将依据参与测试的消费者群体特征、测试规模、风险水平做出判断,与企业协商测试参数、评估方法、报告要求和详细的消费者保障措施。在测试阶段,项目将在持续监测与风险监控之下运行,企业需要每周提交包含企业运行情况的书面汇报,监管机构负责审查企业技术与网络突发情况应对能力。

第二节 "监管沙盒"的海外实践及其对我国的经验启示

一、"监管沙盒"在海外的实践

1. 英国

2015年,英国创造性地提出"监管沙盒"机制,形成了一套完整的运作模式和制度体系,在有效控制风险的前提下鼓励金融科技创新发展。2016年5月,英国金融行为监管局正式启动了"监管沙盒",其"监管沙盒"制度包括三类,分别是创新企业申请制、"虚拟沙盒"和"沙盒保护伞"。

创新企业申请制下,要求进入该"沙盒"需得到金融行为监管局的授权。公司向FCA提交测试方案,FCA对方案进行评估,如果提案被接受,FCA将与公司合作建立"沙盒"选项、测试参数、测试结果报告要求和保护措施。公司在FCA的许可下开始正式测试,并提交最终报告给FCA进行审查,最终公司决定是否在"沙盒"之外提供解决方案。

"虚拟沙盒"是一个自行搭建的测试环境,能使公司在不进入真正市场的情况下测试其解决方案。创新公司进入"虚拟沙盒"不需要金融行为监管局的授权。"伞形沙盒"是非营利企业主导的代表授权机制。某些非营利行业组织获得完整授权牌照后,能够作为"沙盒保护伞"评估拟测试企业的项目方案并给出代表授权。

"监管沙盒"机制实施以来,英国金融行为监管局定期接受项目申请,每6个月为一批。2020年7月27日,英国金融行为监管局已发布第六批

"监管沙盒"入选机构名单。第一批测试于 2016 年 7 月征集完毕,共有 18 家企业参与,业务类型包括智能投顾、支付清算、数字身份认证等。第一批参与并完成测试的企业中,约有 90% 向"沙盒"外市场继续推广。第二批测试包括 24 家企业,企业范围涵盖机构业务类、保险类、支付类、个人银行和个人贷款类,测试技术涉及分布式账本技术、人工智能等。第三批共有 61 家公司申请,18 家公司符合"沙盒"标准,测试项目涵盖许多领域,包括基于区块链的支付服务、管理科技、保险、AML 控制、生物识别数字 ID 等。第四批共有 29 家公司申请成功,涉及消费信贷、自动咨询、保险、加密资产等领域,其中 40% 正在使用分布式账本技术,6 家公司使用该技术自动发行债券或股票,2 家应用该技术支持保险业务,其他公司把该技术用在地理定位、API 和人工智能领域。第五批共有 99 家机构申请,29 家机构入选。第六批共有来自零售银行、支付、零售借贷等领域的 68 家机构提出了申请,22 家机构最终入选。

2. 澳大利亚[①]

为促进创新产品和服务的发展,澳大利亚证券和投资委员会于 2016 年 12 月发布《监管指南 257:在未持有澳大利亚金融服务许可证(AFSL)或信贷许可证(ACL)的情况下测试 Fintech 产品与服务》,提出相关豁免措施建设澳大利亚"监管沙盒"制度,准许未持有许可证的企业进入"监管沙盒"测试产品和服务,已经获得金融服务许可证的机构不允许进入"监管沙盒"。澳大利亚对"监管沙盒"使用的客体范围限制在金融服务、信贷活动、金融产品三大类,并对"沙盒"测试的申请条件做出详细规定,比如在客户范围方面,适用豁免的测试业务最多可以向 100 名零售顾客提供服务,对批发客户没有数量限制。

澳大利亚的"监管沙盒"运作模式分为四个阶段:申请进入阶段、"沙盒"测试阶段、"沙盒"退出阶段、项目评估阶段。

在申请进入阶段,申请类型可分为三类:第一类金融科技企业在现有的法律框架下可获得豁免权限,该类主体无须进入"监管沙盒"参与项目测试,可自然成为市场中参与金融服务或信贷业务的主体。第二类金融科技企业符合 ASIC 金融科技牌照豁免规则,可向 ASIC 申报并提供相应材

---

① 参见范云朋、赵璇《澳大利亚金融科技"监管沙盒"的经验与启示》,载《财会月刊》2020 年第 1 期,第 131~138 页。

料，在经审批合格后，即可从事金融服务或信贷业务。第三类金融科技企业虽不符合 ASIC 金融科技牌照豁免规则，但可视情况而定申请个别豁免，申请成功也可进入"监管沙盒"进行测试。

在"沙盒"测试阶段，对于该阶段所需的要求，企业必须长期充分满足并做出三项相关声明。"沙盒"测试最长时间为 12 个月。测试期结束前，金融科技企业可以提前申请金融服务许可证或信贷许可证，并视申请结果不同采取相应的后续操作。如通过，该企业成为拥有金融或信用牌照的金融公司；如未通过，则需停止运作。

在"沙盒"退出阶段，金融科技企业必须在测试期内有计划地管理申请牌照、申请个人救济或停止运营的时间。

在项目评估阶段，获得金融科技许可豁免的测试企业须在测试期结束后 2 个月内提供一份报告。

3. 新加坡

2016 年 6 月 6 日，新加坡金融管理局（Monetary Authority of Singapore，MAS）发布《金融科技"监管沙盒"指南（征求意见稿）》，陈述关于"沙盒"监管办法的一些提议。2016 年 11 月，MAS 发布了《金融科技沙盒监管指导方针》，明确在新加坡开展"沙盒"监管，并对"沙盒"评估标准、退出机制和申请流程等做出了说明。金融机构或任何有兴趣的公司都拥有申请进入"监管沙盒"的权利，对生产环境中创新的金融服务进行测试，适用主体包括但不限于金融机构、金融科技公司以及与这些企业合作或提供支持的专业服务公司。

新加坡"监管沙盒"的申请流程分为几个步骤：申请人向 MAS 提交申请书，MAS 在收到申请后的 21 个工作日内完成审核；如果其与"沙盒"制度的潜在匹配度高，可以进入评估阶段；同时通知消费者金融科技解决方案并进行"沙盒"测试，运行评估后续情况分为赞成和拒绝。

新加坡"沙盒"监管的主要目标是鼓励公司在金融领域采用创新和安全技术，促进新加坡向智能金融中心转变，提高效率，更好地管理风险，创造新的机会和改善人们的生活。明确的空间和持续期限、"沙盒"不能作为规避法律和监管要求的手段是新加坡"沙盒"监管的两点原则。

二、海外"监管沙盒"对我国的启示

我国金融市场具有自身的特点，不能完全照搬国外的模式。与英国相比较，我国金融科技创新面临的环境因素差异主要有三点：一是金融科技创新企业、投资者和消费者不够成熟，风险管理能力和承受能力相对较弱。二是我国个人投资者占据主体地位，非理性行为普遍存在。例如，从众跟风的"羊群行为"和"博傻行为"容易导致风险传染，甚至引发社会群体事件。三是我国缺乏完善的社会征信体系作为基础，金融创新面临较大的信用风险和道德风险。另外，在粤港澳大湾区存在"一国两制""三套监管体系"的特征，金融市场互联互通、多区域多部门监管协调和监管信息共享等存在多方面困难。

根据上述的环境特点，我国"监管沙盒"需要遵循四大原则：风险控制与金融创新协调发展原则、创新产品与创设企业和投资者的风险匹配原则、穿透式数字监管原则、负面清单管理原则。未来，这些原则需要体现在我国金融"监管沙盒"的试点方案中。

第三节 中国金融科技创新监管试点

一、中国金融科技创新监管试点的概况

中国人民银行根据"监管沙盒"的理念开展了前期探索；但是中国人民银行并没有直接采用"监管沙盒"的制度和技术系统，而是采用稳步推进的方式，即先在多个城市建立金融科技创新监管试点，把经济特区的思想应用到监管科技中，然后再根据试点项目，逐步总结出一套符合中国实际的标准和监管系统。2020年10月22日，中国人民银行发布了《中国金融科技创新监管工具白皮书》，书中包含一系列创新容错机制，给予金融科技创新足够包容度，并且回顾了创新试点的运行经验，制定全新的金融科技创新应用测试规范，加快推出统一的管理服务平台，为打造符合我国国情与国际接轨的创新监管工具蓄力。

2020年，中国金融科技创新监管试点范围迅速扩大，现已包括北京市、上海市、重庆市、深圳市、河北雄安新区、杭州市、苏州市、成都市、广州市等9市（区）。从发布试点项目名单看，近2/3提及使用大数据技术，涉及区块链、分布式账本技术的项目也有1/3。此外，人工智能、5G、云计算等技术也被广泛提及和应用，体现出金融科技融合创新的态势。

二、各试点城市的项目介绍

1. 北京市的项目介绍

2019年12月5日,在中国人民银行的指导支持下,北京市在全国率先启动金融科技创新监管试点。2020年1月,北京市公布首批6个创新监管试点项目。不到半年时间,中国人民银行营业管理部发布《北京金融科技创新监管试点应用公示(2020年第二批)》。截至2020年8月底,北京创新监管试点应用的项目已经达到17个(见表14-1)。

表14-1 北京市金融科技创新监管试点项目

城市	批次(日期)	序号	试点项目	试点单位	运用技术
北京	第一批(2020年1月14日)	1	基于物联网的物品溯源认证管理与供应链金融	中国工商银行股份有限公司	物联网、区块链
		2	微捷贷产品	中国农业银行股份有限公司	大数据、生物识别
		3	中信银行智令产品	中信银行股份有限公司、中国银联股份有限公司、北京度小满支付科技有限公司、上海华程西南国际旅行社有限公司	支付标记化、大数据、API等
		4	AIBank Inside产品	中信百信银行股份有限公司	分布式微服务、API、大数据、AI
		5	快审快贷产品	宁波银行股份有限公司	人工智能、大数据
		6	手机POS创新应用	中国银联股份有限公司、小米数字科技有限公司、京东数字科技控股有限公司	可信执行环境、开放API、人工智能、大数据
	第二批(2020年6月2日)	1	基于智能机器人的移动金融服务	中国工商银行股份有限公司	人工智能、云计算、生物识别、5G、自动驾驶、物联网等
		2	基于区块链的产业金融服务	中国银行股份有限公司	区块链、云计算、大数据、人工智能
		3	5G⁺智能银行	中国建设银行股份有限公司	5G、物联网、人工智能、大数据、生物识别等

续表 14-1

城市	批次（日期）	序号	试点项目	试点单位	运用技术
北京	第二批（2020年6月2日）	4	普惠小微企业贷产品	北京银行股份有限公司	大数据、人工智能等
		5	"一路行"移动终端理赔产品	中国人寿财产保险股份有限公司、中国人寿财产保险股份有限公司北京市分公司	分布式架构系统、地理信息系统CIS、光符智能识别OCR系统
		6	多方数据学习"政融通"在线融资	腾讯云计算（北京）有限责任公司、北京小微企业金融综合服务有限公司、上海浦东发展银行股份有限公司北京分行	大数据、API、机器学习
		7	天翼智能风险监控产品	中国电信集团系统集成有限责任公司、天翼电子商务有限公司	人工智能、大数据、生物识别等
		8	国网智能图谱风控产品	国网征信有限公司、中国邮政储蓄银行股份有限公司	神经网络算法、时间序列分析、大数据
		9	移动金融云签盾	中金金融认证中心有限公司、中国民生银行股份有限公司	SM2算法私钥分散存储协同签名、SM3哈希、SM4加密等

续表 14-1

城市	批次（日期）	序号	试点项目	试点单位	运用技术
北京	第二批（2020年6月2日）	10	基于区块链的企业电子身份认证信息系统（eKYC）	国家计算机网络与信息安全管理中心、北京中关村银行股份有限公司、中信百信银行股份有限公司、中国民生银行股份有限公司北京分行	区块链、大数据等
		11	智能云小店服务	拉卡拉支付股份有限公司	大数据、云计算、人工智能、人脸识别等

［资料来源：北京市地方金融监督管理局：《金融科技创新监管试点应用公示（2020年第一批）》，见北京市地方金融监督管理局网站（http://jrj.beijing.gov.cn/tztg/202001/t20200114_1575106.html），2020年1月14日。北京市地方金融监督管理局：《北京金融科技创新监管试点应用公示（2020年第二批）》，见北京市地方金融监督管理局网站（http://jrj.beijing.gov.cn/tztg/202006/t20200602_1914215.html），2020年6月2日。］

相比第一批，第二批申报获批的试点项目在金融业务维度、申报主体等方面皆有所延展。在金融业务范围方面，第二批项目拓展至银行、保险、非银行支付等领域；在申报主体方面，第一批项目主要集中在持牌金融机构，第二批中涌现近半数的科技企业。监管部门支持由科技企业直接申请测试，持牌金融机构提供涉及的金融服务创新和应用场景。例如，腾讯云计算（北京）有限责任公司与上海浦东发展银行股份有限公司北京分行等联合打造的"多方数据学习'政融通'在线融资"项目由腾讯云计算（北京）有限责任公司提供技术支持，北京小微企业金融综合服务有限公司提供用户服务，上海浦东发展银行股份有限公司北京分行提供金融场景作为支撑。

中国人民银行营业管理部指出，第二批试点更加普惠利民、开放包容。一方面，注重"抗疫基因"，优先选取具有抗疫特性的应用进入试点，如中国工商银行、中国建设银行、中国人寿关于打造非接触式金融服务的项目，疫情下优先满足人们对无接触金融服务的强烈需求。另一方面，借助大数据等前沿技术，多项应用发力金融场景与数字化的结合，提升普惠金融服务的渗透率，推动金融业的数字化转型进程。

2. 上海市的项目介绍

上海秉承包容理念，积极鼓励多方主体参与到金融"监管沙盒"试点项目中，持牌金融机构和满足要求的科技公司均可获得资格，但金融服务创新和应用场景必须由持牌金融机构提供。从上海市发布的第一批 8 个试点项目（见表 14 - 2）应用类型来看，4 个项目属于金融服务，另外 4 个项目属于科技产品。申请机构包括交通银行股份有限公司、上海银行股份有限公司等 13 家机构，创新应用名称涵盖中小微企业融资服务、小微企业在线融资服务、风险信息协同共享产品等。另外，从技术选择方面来看，区块链技术备受青睐。多个项目为持牌金融机构与科技公司联合申请，既有商业银行与电信运营商、科技公司携手，也有四大国有银行与旗下科技子公司的携手，还有清算机构与商业银行的合作，体现出金融科技多元融合的特点。

表 14 - 2　上海市金融科技创新监管试点项目

城市	批次（日期）	序号	试点项目	试点单位	运用技术
上海	第一批（2020 年 7 月 21 日）	1	基于多方安全图计算的中小微企业融资服务	交通银行股份有限公司、中移（上海）信息通信科技有限公司、上海富数科技有限公司	图计算和多方安全计算、大数据
		2	基于区块链的小微企业在线融资服务	上海浦东发展银行股份有限公司	大数据、区块链、智能语音、人脸识别
		3	"上行普惠"非接触金融服务	上海银行股份有限公司	生物识别、光学字符识别、大数据、数字身份识别

续表 14-2

城市	批次（日期）	序号	试点项目	试点单位	运用技术
上海	第一批（2020年7月21日）	4	基于人工智能的智慧供应链融资服务	上海华瑞银行股份有限公司	人工智能、区块链
		5	基于区块链的金融与政务数据融合产品	中国银联股份有限公司、上海浦东发展银行股份有限公司、上海银行股份有限公司	区块链、大数据、云计算、深度学习等
		6	"信盟链"风险信息协同共享产品	建信金融科技有限责任公司、中国建设银行股份有限公司	区块链、分布式身份认证、不可逆算法
		7	"融通保"中小微企业票据流转支持产品	兴业数字金融服务（上海）股份有限公司、兴业银行股份有限公司	分布式账本技术、云计算、大数据、人工智能
		8	"易融星空"产业金融数字风控产品	上海聚均科技有限公司、中国工商银行股份有限公司上海市分行	物联网、区块链、人工智能、大数据、云计算

［资料来源：中国人民银行上海总部：《上海金融科技创新监管试点应用公示（2020 年第一批）》，见上海市地方金融监督管理局网站（http://jrj. sh. gov. cn/ZXYW178/20200721/3d7ceb1d86 ba449d8ac877add4d05111.html），2020 年 7 月 21 日。］

3. 深圳市的项目介绍

深圳市公布的第一批 4 个拟入选项目（见表 14-3）的应用类型中，3 个为金融服务，1 个为科技产品。除了华为软件技术有限公司以外，其他皆为持有金融牌照的银行和金融机构。深圳市的"监管沙盒"试点项目表现出较强的地域特点及优势，深圳前海微众银行股份有限公司与中国银行股份有限公司深圳市分行发起的基于区块链的境外人士收入数字化核验产品，是首次出现的服务境外人士的金融科技产品，极具深圳特色。该产品依托深圳市前海税务局、前海管理局等政务机构的数据支持，在保证个人隐私与数据安全的前提下，实现对在深就业境外人士境内经常项目下合法收入的线上自动验证，有效提高了购汇、汇出业务效率。

第十四章 金融"监管沙盒"

表14-3 深圳市金融科技创新监管试点项目

城市	批次（日期）	序号	试点项目	试点单位	运用技术
深圳	第一批（2020年7月31日）	1	百行征信信用普惠服务	百行征信有限公司	大数据、机器学习
		2	基于TEE解决方案的智能数字化信用卡	中信银行股份有限公司信用卡中心、华为软件技术有限公司	华为智能终端安全芯片、可信执行环境、大数据、电子身份标识、光学字符识别、图像识别
		3	基于智慧风控的面向产业互联网中小企业融资服务	招商银行股份有限公司	大数据、人工智能等
		4	基于区块链的境外人士收入数字化核验产品	深圳前海微众银行股份有限公司、中国银行股份有限公司深圳市分行	区块链、大数据等

[资料来源：深圳市地方金融监督管理局：《市地方金融监管局转发中国人民银行深圳中心支行〈关于征集深圳市金融科技创新监管试点创新应用项目的公告〉》，见深圳市地方金融监督管理局网站（http：//jr. sz. gov. cn/hdjlpt/yjzj/answer/5454#feedback），2020年7月1日。]

4. 重庆市的项目介绍

重庆金融科技创新监管试点项目（见表14-4）的整体思路为以大数据、人工智能、云计算、区块链应用为抓手，推动国家金融科技应用和金融标准化创新试点建设，助力重庆建设国家数字经济创新发展试验区。5项应用中，3项应用类型为金融服务，2项应用类型为科技产品。在技术上，5项应用涉及人工智能、图像识别、大数据、区块链、5G等前沿技术。其中，重庆农村商业银行股份有限公司申报的"支持重庆地方方言的智能银行服务"最具重庆特色，为重庆地区习惯使用方言的客户量身打造，为其提供精准便捷的智能语音服务，降低了手机银行、电话银行等线上金融服务渠道操作难度，满足了重庆地区居民普惠金融服务需求。度小满（重庆）科技有限公司运用人工智能和大数据技术提高对欺诈等金融风险的防控能力，提升了小微企业的金融服务质效。

表 14－4　重庆市金融科技创新监管试点项目

城市	批次（日期）	序号	试点项目	试点单位	运用技术
重庆	第一批（2020年8月7日）	1	基于多方学习的涉农信贷服务	重庆农村商业银行股份有限公司、腾讯云计算（北京）有限责任公司	多方学习技术、大数据
		2	支持重庆地方方言的智能银行服务	重庆农村商业银行股份有限公司	NLP、智能数据、深度学习
		3	基于 5G 的数字化移动银行服务	重庆银行股份有限公司	5G、公民网络身份识别、图像识别、大数据
		4	基于区块链的数字函证平台	中国互联网金融协会、厦门银行股份有限公司、重庆富民银行股份有限公司、博雅正链（北京）科技有限公司	区块链
		5	"磐石"智能风控产品	度小满（重庆）科技有限公司、中国光大银行股份有限公司重庆分行	人工智能、匿名化标识传输

［资料来源：中国人民银行重庆营业管理部：《重庆市金融科技创新监管试点应用公示（2020 年第一批）》，见中国人民银行重庆营业管理部网站（http：//chongqing.pbc.gov.cn/chongqing/107662/4068545/index.html），2020 年 8 月 7 日。］

5. 杭州市的项目介绍

杭州市公示的金融科技创新监管试点项目（见表 14－5）中，2 项应用类型为金融服务，3 项应用类型为科技产品。从技术上来看，有 4 项涉及大数据技术，4 项涉及人工智能或机器学习，2 项涉及区块链技术，其余还有卫星遥感、远程视频等技术。基于卫星遥感和人工智能技术的智能化农村金融服务项目可以丰富农户的可信数据，结合线下调查建立精准全面的农户风险评估及管理体系，为广大种植业客户提供线上线下融合的贷

第十四章 金融"监管沙盒"

款申请、审批及提取服务。"面向跨境电商境内商家基于区块链的融资风控产品"项目运用区块链、大数据和人工智能技术赋能农村银行、跨境电商融资等领域,充分突出了杭州电子商务的先发优势,体现了杭州特色。

表14-5 杭州市金融科技创新监管试点项目

城市	批次（日期）	序号	试点项目	试点单位	运用技术
杭州	第一批（2020年8月14日）	1	"亿亩田"——基于卫星遥感和人工智能技术的智能化农村金融服务	浙江网商银行股份有限公司	卫星遥感、大数据风控、人工智能
		2	基于可信身份认证的智能银行服务	杭州银行股份有限公司	远程视频、图像识别技术、移动互联网、SSL通讯加密、大数据、流式计算技术、数字证书、电子签名、区块链
		3	面向跨境电商境内商家基于区块链的融资风控产品	连连智能科技有限公司、浙江稠州商业银行	区块链、大数据和人工智能
		4	基于商贸物流供应链的风控产品	传化公路港物流有限公司、传化支付有限公司、中国建设银行股份有限公司杭州分行	大数据、机器学习
		5	基于知识图谱的风控产品	浙江海康威视数字技术股份有限公司、中国农业银行股份有限公司浙江省分行	机器学习-图深度学习、大数据挖掘

［资料来源：中国人民银行杭州中心支行：《杭州金融科技创新监管试点应用公示（2020年第一批）》，见中国人民银行杭州中心支行网站（http：//hangzhou.pbc.gov.cn/hangzhou/125248/4071912/index.html），2020年8月14日。］

6. 雄安新区的项目介绍

河北雄安新区公示的5项金融科技创新监管试点项目（见表14-6）

中，3项为金融服务，2项为科技产品。从技术使用上看，5项创新应用中有3项涉及区块链技术。从申请机构来看，涵盖3家国有银行、1家全国股份制银行、1家运营商旗下支付机构、1家央企旗下征信机构。其中，"雄安新区建设链金融服务平台"项目运用区块链技术构建雄安新区建设项目的资金拨付及融资解决方案，实现建设项目资金穿透式拨付，为项目相关供应商提供了便利的资金管理服务，实现了中小微企业的快速融资。此次公示的项目紧密结合当前大规模建设实际，依托科技公司创新优势，加快构建雄安新区金融科技创新监管体系。

表14-6 雄安新区金融科技创新监管试点项目

城市	批次（日期）	序号	试点项目	试点单位	运用技术
雄安新区	第一批（2020年8月14日）	1	雄安新区建设链金融服务平台	中国建设银行股份有限公司河北雄安分行	区块链、大数据
		2	基于区块链的供应链金融服务	渤海银行股份有限公司石家庄分行	区块链、图像识别等
		3	基于智能风控的支付服务	联通支付有限公司	大数据、人工智能、机器学习、实时计算
		4	征迁安置资金管理区块链信息系统	工银科技有限公司、中国工商银行股份有限河北雄安分行	区块链
		5	基于链式传导的企业管理风险平台	国网征信有限公司、中国邮政储蓄银行股份有限公司、中国邮政储蓄银行股份有限公司河北雄安分行	复杂网路、多主体建模

[资料来源：中国人民银行石家庄中心支行：《河北雄安新区金融科技创新监管试点应用公示（2020年第一批）》，见中国人民银行石家庄中心支行网站（http://shijiazhuang.pbc.gov.cn/shijiazhuang/131434/4072114/index.html），2020年8月14日。]

7. 苏州市的项目介绍

苏州市公示的5项金融科技创新监管试点项目（见表14-7）中，1项为金融服务，4项为科技产品。从技术使用上看，5项创新应用中有3

项涉及大数据技术。从申请机构上来看，苏州"监管沙盒"创新应用申请机构较多元化，涵盖国有大行、中国人民银行支行、中小银行、银行卡组织、征信组织、科技公司等。本次公示的项目包含5G、大数据、云计算、机器学习、图像识别等技术。从业务类型上来看，首批试点项目涵盖征信、小微信贷等领域，特别是金融支持疫情防控和复工复产、长三角一体化等国家政策和战略。

表14-7 苏州市金融科技创新监管试点项目

城市	批次（日期）	序号	试点项目	试点单位	运用技术
苏州	第一批（2020年8月14日）	1	长三角一体化智慧银行服务	江苏苏州农村商业银行股份有限公司	5G、远程视频、云计算、大数据等
		2	基于区块链的长三角征信链应用平台	苏州企业征信服务有限公司、中国人民银行苏州市中心支行、苏州银行股份有限公司、苏州同济区块链研究院有限公司	区块链
		3	基于大数据的App风险防控产品	江苏通付盾科技有限公司、江苏省农村信用社联合社、江苏常熟农村商业银行股份有限公司	大数据、机器学习、设备指纹
		4	基于"端管云一体化"平台的特约商户非现场管理产品	北京科蓝软件系统股份有限公司、中国银联股份有限公司、公安部第三研究所、银联商务股份有限公司江苏分公司、中国农业银行股份有限公司苏州分行	云识读、远程视频、图像识别、光学字符识别、数字证书、电子合同、电子签名、分布式协同认证

续表 14-7

城市	批次（日期）	序号	试点项目	试点单位	运用技术
苏州	第一批（2020年8月14日）	5	基于大数据的供应链知识图谱分析产品	钛镕智能科技（苏州）有限公司、苏州银行股份有限公司	大数据、关联图分析等

[资料来源：中国人民银行南京分行：《苏州金融科技创新监管试点应用公示（2020年第一批）》，见中国人民银行南京分行网站（http：//nanjing.pbc.gov.cn/nanjing/117606/4072047/index.html），2020年8月14日。]

8. 广州市的项目介绍

广州市金融科技创新监管试点应用公示的项目（见表 14-8）中，5 项全部为金融服务类。从技术使用上来看，大数据技术被使用的频率最高，其余还涉及物联网技术、流媒体技术、人工智能技术、VR 技术等。从申请机构来看，广州"监管沙盒"创新应用申请机构既包括国有银行、全国性股份制银行、中小银行等银行机构，也包括支付服务机构、科技公司等。

表 14-8 广州市金融科技创新监管试点项目

城市	批次（日期）	序号	试点项目	试点单位	运用技术
广州	第一批（2020年8月24日）	1	基于知识图谱的安全金融服务	广发银行股份有限公司、同盾（广州）科技有限公司	大数据流式计算
		2	基于大数据和物联网的普惠金融服务	中国工商银行股份有限公司广东省分行	大数据、物联网
		3	基于流媒体技术的线上金融服务渠道	交通银行股份有限公司广东省分行、京东数字科技控股有限公司	流媒体、VR、加密
		4	基于大数据和复杂网络的普惠小微融资服务	广州农村商业银行股份有限公司	大数据和复杂网络

续表14-8

城市	批次（日期）	序号	试点项目	试点单位	运用技术
广州	第一批（2020年8月24日）	5	基于多方安全计算溯源认证的跨境结算服务	中国工商银行股份有限公司广州分行、广州银联网络支付有限公司、云从科技集团股份有限公司	多方安全计算、大数据、人工智能

［资料来源：中国人民银行广州分行：《广州金融科技创新监管试点应用公示（2020年第一批）》，见中国人民银行广州分行网站（http：//guangzhou.pbc.gov.cn/guangzhou/129134/4076790/index.html），2020年8月24日。］

中国人民银行广州分行表示，首批创新应用主要聚焦于金融科技、跨境贸易结算等领域的核心问题。"基于知识图谱的安全金融服务"项目通过分析企业关联关系和客户经理关系网络，为对公客户提供安全信贷服务，为个人客户提供安全理财产品销售服务。"基于大数据和物联网的普惠金融服务"与"基于大数据和复杂网络的普惠小微融资服务"两个项目聚焦于解决小微企业融资难的问题。"基于大数据和复杂网络的普惠小微融资服务"项目融合应用多方数据，打造安全、高效的跨境结算服务，提升了跨境贸易结算安全性。

9. 成都市的项目介绍

成都市金融科技创新监管试点应用公示的6个项目（见表14-9）中，有3项为金融服务类，另外3项为科技产品类。从技术使用上来看，4项涉及大数据技术，3项涉及区块链技术，其余还包括人工智能技术、自然语言处理技术、智能合约技术等。从申请机构来看，成都"监管沙盒"创新应用申请机构包括国有银行、全国性股份制银行、民营银行、中小银行、征信机构等。"支持四川方言的智能银行客服服务"项目与重庆"监管沙盒"项目中的"支持重庆地方方言的智能银行服务"项目相呼应，都为使用地方方言的客户提供了更便捷的智能语音服务，实现了普惠金融。另外，此次公布的6个"监管沙盒"项目中，有4个项目都是为解决中小微企业和农户的融资问题而设立的，提高了其信贷融资服务的可获得性与精准性，有效降低了银行的信贷风险。

表14-9 成都市金融科技创新监管试点项目

城市	批次（日期）	序号	试点项目	试点单位	运用技术
成都	第一批（2020年8月24日）	1	基于区块链技术的灵活用工资金安全代付服务	中国民生银行股份有限公司成都分行	区块链、大数据
		2	基于多方安全计算的小微企业智慧金融服务	四川新网银行股份有限公司	人工智能、远程视频、自然语言处理（NLP）、文本转语音（TTS）、自动语音识别（ASR）、大数据等
		3	支持四川方言的智能银行客服服务	成都银行股份有限公司	智能语音合成、数据挖掘、语音分析、语音识别等
		4	基于区块链技术的知识产权融资服务平台	迅鳐成都科技有限公司、成都知易融金融科技有限公司、中国农业银行股份有限公司、中国农业银行股份有限公司成都分行	区块链、智能合约
		5	农村金融惠民服务系统	四川商通实业有限公司、成都农村商业银行股份有限公司	区块链、边缘计算、大数据
		6	基于多方数据学习的小微融资风控平台	成都数融科技有限公司、华夏银行股份有限公司成都分行、成都金控征信有限公司	多方数据学习、人工智能、大数据

［资料来源：中国人民银行成都分行：《成都市金融科技创新监管试点应用公示（2020年第一批）》，见中国人民银行成都分行网站（http://chengdu.pbc.gov.cn/chengdu/129312/4076347/index.html），2020年8月24日。］

第十四章 金融"监管沙盒"

第四节 "监管沙盒"的意义、局限与挑战

一、"监管沙盒"的意义

1. 平衡金融创新与风险管控，提升市场效率

监管者合理防控风险外溢，使消费者权益受到充分保障，对之前过于严格的监管规定做出变革，减少对金融科技企业创新的阻碍，降低企业创新的成本，使得更多优质的创新项目得以成为现实并推向市场。一方面极大地鼓舞了金融科技创新，为市场注入新鲜活力；另一方面还实现了对风险的有效管理。"监管沙盒"成为激活金融创新发展和动态风险管控之间的最优解。

"监管沙盒"提供了重复学习的机会，克服了传统监管中缓慢而冗长的规则制定过程，大大缩短了金融创新的申请时间，为监管机构提供了一个检查新规则和新流程效果的空间，使企业理性创新的成本收益远高于不合理的监管套利，减少了金融创新乱象，提升了市场效率。

2. 弥补监管不足，降低监管成本

原先的监管框架忽略了对金融服务提供支持的科技企业，"监管沙盒"扩大了监管企业的范围，将对金融科技的监管职责落实到位。"监管沙盒"实现了金融创新者与监管者之间的有机统一，改变原先"管"与"被管"的刻板关系，监管者与创新企业之间不断互动与反馈。在切实促进监管水平提升的同时，也提高了金融服务实体经济的效率。在传统的监管模式下，短期内难以有效兼顾双重目标的实现；但在"监管沙盒"模式下，可以实现两者的有机统一，有利于监管者更好地履行双重职能。

在金融创新产品推向市场之前，"监管沙盒"使得各监管部门人员知悉伴随而来的风险，从而提前进行沟通，协调相应机制，有效降低产品面世后的监管协调成本。对于全新的监管思路，监管者也可以通过"监管沙盒"提前测试，在大范围推行监管政策之前进行政策试验，可以准确地评估新政策的效果，降低试错成本和时间成本。

3. 广泛维护金融消费者权益

维持有序的金融科技竞争，进一步提高金融服务质量，落实金融消费

者保护工作。现有的监管体制重在保护消费者获知权、消费自由权、保密权、安全权和求偿补助权等；而"监管沙盒"以消费者利益为核心出发点，鼓励为消费者带来便捷的创新项目，让消费者能以更低的价格享受更优质的金融服务，还可以帮助消费者提高风险识别能力。同时，通过在真实环境中进行商业可接受度测试，企业可获得消费者对不同定价策略、沟通策略、业务模型和产品的接受程度，并根据"沙盒"测试反馈的结果，实时精准地调整产品结构，改进业务模型，适应消费者的需求，最大限度地体贴消费者。

4. 积极鼓励金融科技创新

以往金融科技创新产品时常面临延迟上市的情况，通过"监管沙盒"可以有效降低此类事件的发生概率。"监管沙盒"可以依据创新项目的实际运行和监管需要动态调整监管，创造包容、和谐的大环境，鼓励金融创新。通过在"监管沙盒"中提前运行创新项目，在风险可控的情况下，可以适当依据项目情况放宽监管规定，降低对金融科技创新的制度阻碍，使更多奇思妙想变成现实，扩大市场上可供选择的金融服务和产品，提高新兴金融科技的使用频率，更好地服务实体经济。对于金融科技企业而言，通过参与"监管沙盒"可以预演企业创新带来的风险，并且获得来自消费者使用后的有效反馈，为进一步完善创新产品或服务提供经验，此为良性的动态反馈机制。

二、"监管沙盒"的局限与挑战

"监管沙盒"依赖于真实但受限的测试环境，是一种全新的监管工具，但其在实施过程中收益与风险并存。目前，已有对其引发的问题的担忧和讨论，比如虚拟环境对测试结果准确性的影响、分批进行测试可能引发新的不公平竞争问题、监管资源的有限性对创新支持力度的约束等。

1. 适用性问题[①]

"监管沙盒"通常在小范围内进行测试，难以完全模拟真实的市场环境；同时，部分项目开发企业或许在消费者群体选择上有所偏好，这也导致一些能够适应小范围创新的项目在被大面积推广过程中面临操作变形、

---

① 参见中国金融四十人论坛研究部《中国版"监管沙盒"需处理好三个平衡》，见新金融评论微信公众号（https://mp.weixin.qq.com/s/uPpItkfspecu2tK-afHh-Q），2020年4月29日。

不适用等问题。开发者对消费者需求、风险传染等方面的认识与应对能力不足等问题都难以通过"监管沙盒"解决。

2. 公平性问题

"监管沙盒"项目挑选标准受人主观判断的影响较大。在实际操作过程中,监管部门拥有自由裁断的权力,可能会影响公平性。"监管沙盒"最重要的目的在于制度创新,即是否能筛选出真正意义上的金融创新,进而突破、优化现有规则。如果并非真正意义上的创新,仅因监管部门对虚假创新的姑息而被选入"监管沙盒"之中,并在通过一些测试后获得监管豁免,将对同类业务造成不公平。

第五节 粤港澳大湾区跨境金融"监管沙盒"的建议方案

我国目前在正式的官方文件中,很少使用"监管沙盒"这一表述,当前很多被冠以"监管沙盒"名义的文件都是媒体转述。例如,把中国人民银行的金融科技监管创新试点认为是中国版的"监管沙盒",但其实与"监管沙盒"存在很大差异。在正式文件中,只有2020年中国人民银行、银保监会、证监会和国家外汇管理局(简称"外汇局")下发的《关于金融支持粤港澳大湾区建设的意见》中首次明确提出要在粤港澳大湾区研究设立跨境金融"监管沙盒"。这有可能是中国能够率先落地的真正的"监管沙盒"。本节根据我国国情和粤港澳大湾区的发展战略,指出设立跨境金融"监管沙盒"的重要意义,并提出建议方案。

一、设立跨境金融"监管沙盒"的重要意义

粤港澳大湾区存在"一国两制""三套监管体系"的特征,尤其是存在三套金融监管体系使得当前跨境金融和金融市场互联互通面临众多障碍与风险,跨境金融监管协调的任务也十分艰巨。粤港澳大湾区跨境金融的发展和金融市场互联互通的突破,依托传统金融手段难以实现,需要依靠金融科技创新来实现。同时,融资租赁、商业保理、网络小额贷款和供应链金融等地方金融业态也是推动粤港澳大湾区跨境金融发展和金融市场互联互通的关键力量。为了进一步推进金融开放创新,深化内地与港澳金融

合作和监管协调,中国人民银行、银保监会、证监会和外汇局下发了《关于金融支持粤港澳大湾区建设的意见》,特别就跨境金融活动发展提出了支持意见,并从金融风险防控和跨境监管协调的角度专门提出要研究设立跨境金融"监管沙盒"。

广州和深圳都获得了中国人民银行批准开展金融科技监管创新试点工作,首批项目都顺利完成了测试。同时,广州地方金融监管依托广东省地方金融风险监测防控平台的"金鹰系统",以及与中山大学管理学院等研发机构建立的全国首个金融监管科技实验室形成监管科技研发优势,打造了全国领先的地方金融监管"广州模式",并在 2019 年获得中国人民银行授予的金融科技应用(监管科技)试点。因此,在《关于金融支持粤港澳大湾区建设的意见》和金融科技监管创新试点双重政策支持下,在领先的监管模式和监管科技支撑下,设立跨境金融"监管沙盒"促进跨境金融活动的健康发展是推动粤港澳大湾区金融基础设施互联互通和跨境金融监管协调的突破口,是促进粤港澳大湾区发展国家战略的重大举措。同时,通过在粤港澳大湾区形成跨境金融健康创新的示范效应,可以带动全国其他地区跨境金融的发展,是建设"一核一带一区"的破局行动。

粤港澳大湾区金融市场的互联互通面临着三个方面的问题和风险:一是金融产品以及支付系统等的互联互通、人民币跨境使用、基金和保险产品的互认等,另外,跨境金融创新可能面临更大的跨境金融风险冲击、反洗钱任务加剧、产品风险难以评估等问题;二是信用数据互联互通涉及使用大数据和区块链等技术进行跨境征信服务,但由于粤港澳三地的法律尤其是隐私保护制度不同,这些创新有可能触碰到跨境法律风险;三是允许港澳金融机构在内地设立经营机构,但由于粤港澳三地的金融监管标准不同,并且监管数据难以共享,港澳金融机构的资质水平和风险管理能力评估需要用监管科技手段去解决。

金融"监管沙盒"正是解决上述粤港澳大湾区金融市场互联互通面临的问题与风险、主动防范和化解不当金融创新带来的重大风险、推动跨境金融创新健康发展的必要途径。

二、设立粤港澳大湾区跨境金融"监管沙盒"的实施方案

1. "监管沙盒"的运营组织

一是省地方金融监督管理局作为协调机构,由中国人民银行牵头,联

合银保监会、证监会和外汇局作为指导机构,并成立一个跨境金融"监管沙盒"指导委员会,负责对跨境金融"监管沙盒"给予具体的政策支持,并提供制度建设和监督检查等业务指导。

二是市地方金融监督管理局作为跨境金融"监管沙盒"的监管主体和负责机构,成立跨境"监管沙盒"领导小组专门负责"监管沙盒"的各项工作。

三是依托省地方金融风险监测防控平台,以省地方金融风险监测防控中心作为"监管沙盒"业务运营机构,负责系统建设、风险评估和风险监测等业务。

四是设立专家委员会负责"监管沙盒"的测试评估。聘请粤港澳三地的监管机构、金融机构、会计机构、法律机构和高校等科研机构的相关专家组成专家委员会,一方面对金融科技创新产品、创设机构和投资者、消费者进行专业风险评级;另外一方面对"监管沙盒"的准入、测试效果进行评估,给出评估报告供监管机构做出决策和给出专业性意见供参加测试的机构参考以改进产品。

2. 建立创设者的准入制度

一是在初期,优先支持地方金融机构进行跨境金融业务的创新。例如,跨境金融征信服务,融资租赁公司、融资担保公司进行跨境融资时使用人民币进行计价结算,私募股权投资基金的跨境投资,基于金融科技的跨境供应链金融以及小额贷款公司募集境外资金服务小微企业等。

二是平稳运行后探索负面清单管理制度。负面清单管理制度是把不符合我国金融发展目标的跨境金融创新列入负面清单。例如,用首次代币发行(ICO)进行跨境金融应该纳入负面清单。

三是对跨境金融创新进行风险评估。跨境金融创新的风险包括市场风险、信用风险、操作风险、技术风险、法律风险等风险维度,可以根据产品特点结合专家经验做出较为准确的风险评估和风险评级。由指导委员会制定风险评价指引,依托专家委员会对产品风险进行专业评估,并划分为高、中、低三个风险等级。

四是对创设机构的准入评估。对跨境金融创设机构的信用风险、财务风险和合规风险进行资质评估并制定合规标准,在客户隐私保护、反洗钱和反恐怖融资措施等方面要制定严格标准。对创设机构的风险管理能力进行测试,只允许资质好、风险管理能力与产品风险等级相匹配的机构进入测试。

3. 投资者适当性管理

一是建立合格投资人制度。风险错配会引致金融风险甚至社会风险，对于每种跨境金融创新产品，只允许符合风险匹配要求的投资者参与。由广州市地方金融监督管理局根据专家委员会建议制定合格投资人制度，并委托广州金融风险监测防控中心具体实施，即根据投资者的财力、金融专业知识、投资经验和产品的仿真交易测试，把投资者分为专业投资者、老练投资者和普通投资者三类，匹配投资于高、中、低三类风险等级的跨境金融创新产品。

二是建立跨境金融消费者保护制度。除了常规的消费者权益保障，还要求创设跨境金融产品的机构提供一个消费者保护基金，用来补偿消费者在遭受意外情况下的损失。

三是建立跨境金融纠纷的多元调解机制。跨境金融一旦出现纠纷或者法律风险，在粤港澳三地进行法律诉讼是困难而成本巨大的。可以在广州互联网法院的支持下，与港澳的法律人士建立跨境金融协同共治机制对"沙盒"测试产生的纠纷进行线上多元调解。

4. 构建穿透式监管系统

"监管沙盒"需要用监管科技系统来对参加测试的产品进行全流程的非现场风险监测、预警和管控。例如，广东省的穿透式监管系统依托广东省地方金融风险监测防控平台的"金鹰系统"进行建设。

5. "监管沙盒"的运营管理流程

"监管沙盒"的运营管理流程包括申请、批准、测试、评估、退出等环节。其中，批准要严格执行准入制度和合格投资人制度，并与企业、投资者和消费者签订测试同意书。测试和评估要以监管科技系统的监测数据为依据，最终通过测试的创新产品才被允许推广。需要指出的是，通过"沙盒"测试后，还需要对项目进行持续的跟踪，并向各监管部门提供监管建议。

6. "监管沙盒"的保障措施

一是制度保障与监管创新制度支持。一方面，短期内指导委员会要提供"监管沙盒"测试的指引，并降低监管的不确定性；另一方面，作为长效保障机制，应制定地方金融和粤港澳大湾区跨境金融的监管法规与行业指引。此外，要提高跨境金融监管政策的弹性，对某些方面存在风险但对实体经济有促进作用或有助于粤港澳大湾区互联互通的创新产品,在总体风险可控的条件下,可以进行差异化精准监管。

二是设立专项投资引导基金支持。对于已经通过测试的跨境金融创新,可设置专项投资引导基金来引入各项社会资金提供支持。

三是"监管沙盒"的研究与出盒项目跟踪支持。成立"监管沙盒"研究中心作为智库,持续进行"监管沙盒"研究,通过举办各种"监管沙盒"论坛、创新成果展览会等方式扩大"监管沙盒"的影响力。同时,对出盒后的项目进行持续的跟踪,根据出盒项目后续发展情况对"监管沙盒"制度进行迭代改进;将出盒后健康发展的项目做成典型案例,打造出一批具有粤港澳大湾区特色的"跨境金融品牌"。

四是与港澳监管机构建立软协调机制。在监管理念层面,香港也建立了金融"监管沙盒",可以通过共同举办论坛、峰会、座谈会等形式交流监管经验,逐步形成共识。在业务合作层面,主要通过技术手段来推动,如通过构建粤港澳多方参与的联盟链监管系统,形成电子证据链以便在粤港澳三地进行监管协调和为纠纷调解提供依据;通过联邦学习和多方安全计算等手段实现跨境监管数据的共享利用。

◆思考讨论题◆

1. 简述"监管沙盒"的概念内涵。
2. 国外"监管沙盒"实践效果对我国金融"监管沙盒"建设有何启示?
3. 请找一个已有的金融科技创新监管试点项目进行详细的案例分析。
4. 你对推进粤港澳大湾区跨境金融"监管沙盒"有什么建议?
5. 当产品通过"监管沙盒"测试后获得推广,是否能认为该产品就没有风险?如果有,你认为后续的风险管控应该如何做?

第十五章 监管科技与中国金融监管变革

中国金融监管体系的萌芽、建立与变革都是基于特定社会和经济环境之下的，金融监管带有明显的时代特征。本章先回顾中国金融监管变革的历程，再探讨在金融科技创新蓬勃发展、混业经营大趋势下中国金融监管变革的未来。未来对于金融机构、金融市场的监管将更加强调规范化、穿透性，在鼓励金融创新的同时，运用监管科技的力量维护金融安全，推动金融创新和风险控制协调发展。换言之，金融创新将在监管科技和监管创新手段支持下进行，能够在风险可控的前提下健康发展。

第一节 中国金融监管变革历程

一、建立阶段（1979—1991年）：金融监管初步确立

改革开放之前的计划经济体制时期，我国还没有建立起现代金融体系，上级银行对下级银行通常执行统一的信贷、现金计划管理，这也是该时期主要的金融监管方式之一。直到1978年改革开放后，伴随着金融体制改革的逐步深入，现代金融监管制度逐步建立起来。中国人民银行专门承担中央银行的职能，成为相对独立、全面、统一的监管机构，我国初步形成了二元化银行体制。这一期间，金融监管的措施变为报告制度、年检制度等，并采取现场检查和非现场检查相结合的综合管理制度。政府相继恢复或新设立了几大专业银行以及保险、证券、信托等行业的金融机构，并出台了一系列行政性规章制度来规范上述机构的经营行为。

二、发展阶段（1992—2003年）：分业监管确立

在新旧金融体系运转机制转换时期，由于货币政策与金融监管之间职

能不清，金融监管水平未大幅提高以匹配金融行业的发展，例如，银行无序、违规扩张放贷的现象频发，但监管机构并未及时采取有效的监管措施。大一统的金融监管模式的弊端日益显露，监管职责需要细化，金融监管已经无法跟上金融行业的快速发展。

在此背景下，金融监管机构的设立与变革进程不断加快，1998年6月，国务院决定将证券监管权由原先的中国人民银行全部移交至证监会。同年11月，国务院决定成立中国保险业监督管理委员会。至此，中国金融业分业监管体制初步确立。2003年4月，中国银行业监督管理委员会正式挂牌履行职责。总体上，中国人民银行的"大一统"监管局面得到变革，我国初步形成"一行三会"分业监管体制。该体制本质上是采取机构监管模式，根据金融机构主体的业务范围和性质划分监管职责。

三、完善阶段（2004—2017年）：机构监管完善

2004年以后，中国金融业分业监管的体制得到进一步巩固与完善，海外金融混业经营逐渐成为主流，国内金融混业经营的趋势也不断明朗。2008年次贷危机爆发，暴露全球金融监管存在的许多问题，这一阶段中的中国金融监管改革和发展与迎接金融全球化、金融创新、综合化经营以及金融危机的挑战密切相关。

在混业经营和相关金融业务不可逆的情况下，我国开始反思金融监管制度的建设。2013年，为加强金融监管机构之间的协调配合，监管机构之间建立起联席会议制度，由中国人民银行牵头，成员单位包括银监会、证监会、保监会、外汇局等，围绕金融监管开展工作。2016年起，中国人民银行开始建立宏观审慎监管框架，并逐步完善。我国不断加强监管执法，丰富监管内容，并加强对金融创新和部分跨金融领域经营的监管。

四、变革阶段（2018年至今）：金融科技发展与监管挑战

如今，行业壁垒逐渐消融，金融机构间频繁出现跨行业合作，不同金融机构业务关联性增强，一些乱象在行业内滋生，这些乱象引致的风险无法被忽视。在"一行三会"的旧体制下，金融监管存在薄弱环节、空白地带，多部门交叉监管或将导致监管责任不明确，具体体现在三个方面：第一，在金融自由化及混业经营加速的背景下，既存在监管空白，也出现了重复监管，不同部门间博弈的成本增加。在原来的分业监管体制下，各监

管机构重点监测本行业内的金融机构,如银监会只需监管银行业;而混业经营下,对于跨行业的金融产品与机构,缺乏明确的监管规定,容易形成"真空地带"。第二,监管缺乏统一标准。在机构监管模式下,不同类型机构开展的同一类型业务由不同的金融监管机构监管,而不同监管机构的监管原则与执法力度都存在差别,并未形成统一标准,同一类型的业务却对应不同的监管准则,易形成监管套利区间。资管业务、同业及表外业务的无序扩张,在很大程度上与监管规则不统一有关。第三,监管机构之间缺乏有效的协调机制。在原有的分业监管体制下,各监管机构只需各司其职,但随着金融各行业之间边界的模糊,金融监管对各监管机构之间信息共享互通提出了更高要求。"一行三会"各个监管部门分管本行业金融活动,没有监管其他行业的权利,协调监管的难度较大。

为弥补上述分业监管的缺点,新的监管框架酝酿出台。2018年3月13日,中国金融监管迎来高光时刻,国务院机构改革方案出炉,宣布将银监会和保监会合并为银保监会,国务院金融稳定发展委员会协调各金融管理部门工作,"一行三会"成为过去,"一委一行两会"的新格局就此形成,强化功能监管理念,即在混业经营环境中,统一不同类型的金融机构开展类似业务的监管标准。例如,对于商业银行经营实体直接开展的跨业经营合作(代销基金、保险和托管产品),在其代销基金、保险的监管安排中,代销行为需要分别满足证监会关于基金代销和银保监会关于保险代销的规定,实现了对同一业务标准统一的功能监管。

在过去短短的几年内,金融科技蓬勃发展起来,推动了金融服务、金融产品、金融市场的发展与创新,被动式静态监管已无法适应金融科技发展的需要。原有的金融监管体系落后于金融科技的发展,监管能力越发无法匹配金融科技的发展,导致金融科技的发展倒逼金融监管体系变革。

◆**业界案例**◆

神州信息 AI 智能反洗钱监测平台

随着走私、逃税、毒品等犯罪活动的发生,非法转移资金活动逐年增加,不仅破坏我国金融秩序,而且严重危害经济安全和社会稳定。现阶段金融环境对传统的反洗钱工作带来较大的挑战,洗钱交易行为甄别的难度加大。随着科技快速发展,非面对面交易占比增加、交易渠道多样化程度高、交易环节更加复杂、交易数据剧增等场景特性让传统依赖人工鉴别的反洗钱工作模式力不从心。因此，从数据、模型、系统三个维度推进反洗钱科技应用，大力提升反洗钱监测科技水平迫在眉睫。

如图15-1所示，神州信息AI智能反洗钱监测平台构建了全面、实时、高效的洗钱风险防控体系，结合大数据、知识图谱、人工智能等先进技术，实现了智能KYC审查、实时名单客户交易拦截；同时，通过机器学习算法自动构建可疑洗钱交易模型，代替传统基于规则和人工判断的反洗钱工作模式，极大地提升可疑洗钱交易上报的及时性、准确性，降低金融机构反洗钱工作的合规成本。

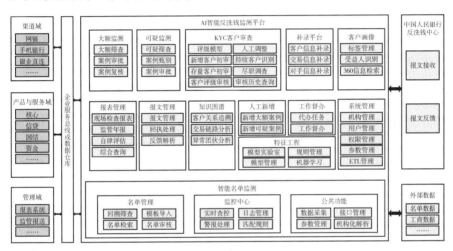

图15-1 神州信息AI智能反洗钱监测平台

[资料来源：神州数码信息服务股份有限公司：《智能金融——AI智能反洗钱监测平台》，见神州数码信息服务股份有限公司网站（http://www.dcits.com/show-269-1747-1.html），2020年3月26日。]

第二节 中国金融监管变革的未来

一、监管科技是未来主要的监管手段

传统的监管模式是相对被动、粗放的，主要基于金融风险事件发生之后，运用逻辑判断寻找问题，是对突发事件的应急决策。在金融创新日新月异的背景之下，传统的监管手段无法应对金融创新快速的变化与发展，从而积聚大量金融风险。金融科技引发的风险常具有三个特点：一是名不副实，打着金融创新的旗号进行非法集资活动。例如，个别网贷平台被曝以高利率为诱饵，通过虚假宣传等形式，吸引大量投资者资金后卷款而逃。二是涉众极广，比传统金融机构传染性更强，传播速度更快。由于混业式经营极大程度上突破了时间与空间上的限制，使风险加速传播。三是金融脱媒去中介化严重，绕开传统的监管渠道，最典型的便是近年来备受瞩目的网络借贷 P2P。

对于金融科技的监管，目前最大的难题在于如何平衡金融创新与金融风险，做到既能激发创新又能控制风险，在鼓励创新的同时维护金融安全。如图 15-2 所示，只有依托监管科技将科技力量赋能金融监管，强化监管科技应用实践，积极运用大数据、人工智能、云计算、区块链等技术加强数字监管能力建设，才能推动金融创新与风险控制协调发展，助力金融协调监管。因此，监管科技将会成为我国未来金融监管的主要手段和依托工具。

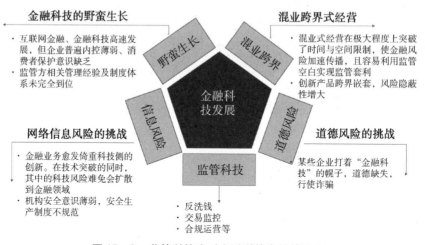

图 15-2　监管科技应对金融科技发展的风险

[资料来源：兴业数金：《监管科技崛起：从 FinTech 到 RegTech》，见兴业数金搜狐号（https://www.sohu.com/a/226607298_100132383），2018 年 3 月 28 日。]

二、监管科技助力金融协调监管

1. 金融协调监管

党的十九大报告明确指出要健全金融协调监管体系，需要构建一个

"无缝式"的金融协调监管体系,既防止监管真空,又避免监管重叠。金融协调监管包括中央与地方的金融协调监管、各省市之间的金融协调监管和粤港澳大湾区的跨境金融协调监管三方面。

(1) 中央与地方的金融协调监管。地方金融监管与中央金融监管之间是一种部分与整体、分权与集权的关系。中央在加强金融集权管理的同时将适合地方监管的金融形式划分到地方政府的责任范围,在金融监管权上进行央地分权,将部分金融监管权责下放到地方。随着经济的快速发展,金融创新对金融监管能力提出了更高要求,而中央层面监管力量与资源的不平衡助推地方金融监管不断发展并逐步完善。

建立统一完善的信息系统和数据库,减少中央与地方的信息不对称问题。同时,中央与地方的协调监管也要逐步融入新的监管手段,通过加深中央与地方的协调监管,集中统一化金融数据和信息,提升整体监管效率。非现场监管通过标准化的监管流程,可以形成中央与地方统一的监管数据库,实现金融产品和金融机构等的监管内容统一。穿透式监管披露完全的信息,涉及中央与地方多个监管节点,共享同一资金流的各项信息,可以形成统一监管内容的沟通协作,提升监管效率和监管准确度。

(2) 各省市之间的金融协调监管。随着科技的发展,金融业已然突破了属地限制,跨区域经营已成为地方金融活动的一大特色,在各地区金融合作不断深入的背景下,金融协调监管的重要性日益凸显。按照责权统一的原则,中央金融监管机构承担全国性或跨省区金融风险的处置职责,地方政府承担属地金融风险的处置职责,但全国风险与区域风险之间有重叠部分,有时难以分清。特别是随着互联网、云计算、区块链、大数据等金融科技的发展,许多金融交易已经突破传统物理网点的限制,风险传播范围早已不局限于某一地域,而且风险传播速度极快。而目前地方金融监管缺乏专业人员,监管资源及设施落后,一些地方政府可能会因此无法识别或忽视跨区域风险的存在。

近几年,不法分子利用互联网难以实际审查的特性,注册了大量的空壳公司,其主要特性便是注册地址与实际经营地点不同。以空壳公司的名义所开立的银行账户常被用于洗钱等犯罪活动,正因为设立空壳公司的成本低、手续简单,造成空壳公司频频出现在银行业务体系内,为银行反洗钱工作带来巨大压力。近年来,金融犯罪所呈现的时空领域不断拓展、矛盾问题交织叠加、风险隐患明显增多等变化,都表明以一地之力难以进行全面的金融监管,各省市之间的监管协调机制也应在此背景下不断完善。

在以中央为指导的前提下,各省市间应当加强跨地区、跨行业、跨市场的金融业务监管协调和信息共享,完善地方金融数据共享,建立有效的风险预警机制,最大限度地发挥监管合力,为多地金融开放合作进一步推进保驾护航。

（3）粤港澳大湾区的跨境金融协调监管。在全球金融风险加大的背景下,粤港澳大湾区作为我国对内对外金融开放、构建开放型经济与金融新体制的金融"窗口",进一步加强粤港澳跨境金融监管合作是维护区域金融安全与稳定的现实需求。粤港澳地区金融合作不断深化,联动属性不断增强,跨境互设金融机构可能引发监管套利,跨境金融活动引致的风险尚未能得到系统性处置,跨境资金异常流动增大管理难度。同时,粤港澳大湾区具有"一国两制""三套监管体系"的特点,跨境市场的相互连通对金融监管提出更高的要求,粤港澳大湾区的金融监管协调任务艰巨,主要体现在三个方面。

一是金融机构跨境监管套利。金融机构跨境互设的管制逐渐放开,粤港澳大湾区内金融机构日益增多,而粤港澳地区之间对同一金融活动的监管要求不完全相同,由此可能引发监管套利。

二是跨境金融产品风险交叉传染。粤港澳地区金融合作规模不断扩大,许多新型跨境产品及服务不断推出,吸引三地居民积极参与；但跨境金融产品的监管权责尚不明晰,对消费者权益的保护还不到位,风险处置机制仍不健全,新型跨境产品的交叉性风险无从处置。

三是跨境资金异常流动。随着粤港澳之间贸易频率的提升、交易规模的扩大,异常资金易借助各种形式及渠道进行包装,使得对异常资金流的监控难度提升。

跨境金融协调监管可以减少粤港澳三地金融发展的行政壁垒,在求同存异、相互借鉴的基础上推进粤港澳大湾区跨境监管一体化。促进跨境金融机构和金融市场的健康发展,对维护我国金融安全与秩序具有重要意义。前一章提出的粤港澳大湾区跨境金融"监管沙盒"是解决上述粤港澳金融互联互通面临的问题和风险、主动防范和化解不当金融创新带来的重大风险、推动粤港澳大湾区金融科技创新健康发展的重要解决方案之一。

2. 监管科技推进金融协调监管

监管科技将在金融监管领域不断增强作用,其作用有五点。

一是提升监管能力,实时对监管数据进行收集、处理和共享,提前防范和感知金融风险,有效监测金融违规操作和潜在风险。

二是持续监管创新,随着监管科技应用场景的多样化,多角度解决方案持续增加,将进一步促进监管框架、细则不断更新,赋予监管创新无尽活力。

三是加强监管合作,实现监管部门之间高效的合作,降低监管摩擦成本,促进机构监管向功能监管的迈进,实现金融机构、监管者和科技公司三方之间利益的最大化,三方合作带来共赢。

四是降低监管成本,随着人工智能等技术运用于金融监管,将有效降低人力成本,推动监管流程向着智能化方向前进。

五是杜绝监管"真空区",有效防范因监管准则不一致出现的监管套利,检测任何可能存在的监管漏洞,防范金融机构规避监管、牟取超额利益的行为。

三、监管科技支撑的金融监管变革方向

在监管科技支持下,我国金融监管变革将会朝着风险分类监管、数字化监管、非现场监管和穿透式监管的方向发展。我国监管科技发展思路如图15-3所示。

图15-3 我国监管科技的发展思路

[资料来源:兴业数金:《监管科技崛起:从FinTech到RegTech》,见兴业数金搜狐号(https://www.sohu.com/a/226607298_100132383),2020年3月28日。]

1. 风险分类监管

借助监管科技，未来将实现"人工+科技"的风险分类监管新模式。2020年8月30日，深交所发布《深圳证券交易所上市公司风险分类管理办法》，致力于完善风险分类监管制度。深交所将依据分类评级标准，对上市公司风险及规范经营情况进行实时监测，将上市公司划分为不同的分类等级，并根据分类结果进行差异化监管。首先根据上市公司风险严重程度和受监管关注程度的不同，分为高风险类、次高风险类、关注类、正常类四个等级。再对上市公司的风险等级进行评估分类，主要是从五个角度：财务舞弊风险、经营风险、治理及运作风险、市场风险、退市风险。对高风险类及次高风险类上市公司重点配置监管资源，对其信息披露、并购重组、再融资等事项予以重点关注，采取强化监管措施。

通过开发建设风险监测智能平台，推进监管经验与智能科技深度融合。风险监测智能平台汇集财务数据、股价走势、股权明细、违规处分等多维度数据，构建风险分类评级模型，对上市公司的风险实行智能监控。通过分类评级模块识别风险、风险台账模块全程跟踪风险、风险动态检测模块实时监控风险，不同模块发挥不同的功能，共同打造多层次、立体化、全链条的风险监测体系。

2. 数字化监管

随着数字经济产业规模日渐扩大，数据生成的流程日益繁杂，权属界定不清晰。如大数据下个人金融信息的问题，诚然，个人金融信息归属个人，那通过对该数据进行分析、计算、处理得到的一系列数据，是否还归属个人？此处尚未有明确的答案。出于监管目的，监管机构需要掌握大量实体交易信息，监管当局在同金融实体共享和传输数据时，出于对数据安全的保护，需要考虑许多问题，如有些数据明确无法与金融机构共享，有些数据需要经过加密才可传输。

目前，监管体系内部仍存在部门之间监管数据共享不足的问题，必须界定监管数据开放、共享和使用边界，在数据安全保密要求与监管效能需求间找到平衡点。未来或由中国人民银行或国务院金融稳定发展委员会牵头制定监管数据开放共享基本原则和使用规范，打造数字化监管的应用框架，使监管部门获取的特定信息及数据能发挥更大价值，提升科技监管效能。

3. 非现场监管

金融科技使得金融活动线上化和跨区域化，更加高效快捷，传统现场监管的方式由于人力、物力和空间限制，难以适应金融的业态变化。为了提高监管的时效性，帮助监管机构更加有效地配置资源降低监管成本，需要采用非现场监管方式。

非现场监管（Off-site Regulation）又称非现场监测，最初是应用于银行业的监管，通俗来说，就是指负责监管银行业的监管机构审查其在特定期间的经营数据、财务状况，并进行综合全面的分析判断风险、合规等情况，目的是及时发现经营管理中潜在的风险隐患，对银行业的风控水平提出评价与建议。

借助非现场监管的方式，能够动态把握银行业金融机构的经营管理和风控情况，进而形成全面、细致的监控分析报告。按照监管内容细分，非现场监管主要由合规性监管及风险性监管两方面构成，前者主要检查资产负债比等情况是否合规，后者着重关注资产充足率、市场风险等情况。

非现场监管的程序包括六个：一是采集数据。银行业金融机构报送的基础报表和数据，形成银行业监管的基本数据库。二是整理、校验相关数据。银监会重点对银行报送数据的真实性、精准性进行检查，还可以亲临现场对数据进行校对。三是依据风险状况出具指标值。在对报送数据进行归类、整理并输入系统后，系统将自动生成一系列指标值，依据许多指标值进行进一步的风险分析。四是风险监测分析和质询。监管部门对结果进行分析，并对其可能产生的问题提出质询。五是风险初步评价与早期预警。监管部门对风险监测的异常之处进行归因分析，出具对该金融机构风险监测的详细分析报告。六是现场检查与指导。监管部门制定现场检查计划，确定现场检查的对象、时间、范围和重点。

非现场监管作为利用数据进行统一规范流程的监管手段，不仅适用于银行，也适用于证券、保险和地方金融机构的监管。例如，广东省的地方金融风险监管主要就是通过建立"金鹰系统"来对接各地方金融机构的系统数据，采用非现场监管的模式，并取得了成功。

4. 穿透式监管

近年来，我国金融市场风险频发，金融监管出现困境。受发达国家金融机构混业经营趋势影响，也为进一步满足消费者对综合化金融服务的需求，混业经营已经是国内金融市场发展的大趋势。传统机构监管体制暴露出其对系统性风险的应对能力的不足,建立和完善功能性金融监管体制逐渐成为下一步金融改革的目标。在混业经营趋势下,出现越来越多结构复杂的产品、嵌套投资产品,风险极大,如何对该类跨市场交叉性金融产品进行实时有效的监管是一个难题;而穿透式监管为解决该类难题提供了基本的框架,更适合当前的金融市场环境。

穿透式监管源于功能监管理论,要求监管方透过现象看本质,也就是穿透复杂金融产品的表面形态,理清金融业务及资产的实质,追溯初始资金来源以及跟踪最终资金去向,综合所有信息甄别金融业务和行为的性质,明确监管主体并履行相应的监管职责,全流程监控金融机构的业务流程。金融穿透式监管可细分为资金端和资产端的穿透,即穿透资金来源和资金去向这两个问题。在资金端,监管机构需要明确资金的来源,如识别投资者的底层资产来源是否合法。在资产端,监管方需要向下穿透至金融产品底部资产,如存在多个通道或多层产品嵌套时,需要识别资金最终去向何处,判断最终投资标的是否在合法投资范围之内。

穿透式监管可以增强金融协调监管对金融科技创新下金融产品结构不断复杂化的监管能力。在金融科技进一步创新的同时,产品有着复杂化的趋向,金融主体往往借助交易结构的复杂化去规避行业监管或者其他行政规制,降低企业成本。同时,产品结构的复杂化又会加剧信息不对称,可能损害金融消费者的利益。而穿透式监管通过对资金链每个环节的追踪和监管,透析金融产品本质和金融交易行为,并进行相应的监管,其本质就是一种信息披露。监管执法将所有利益主体直接"穿透",对内幕交易、违规关联等行为进行有效监管。同时,穿透式监管也涉及多方金融监管协调。例如,在资金链上的每个金融监管机构都可以通过基于区块链技术的穿透式监管获取其对应的监管内容,他们同时也是每个链节点上的监管信息提供者,通过穿透式监管形成多方共同协作的协调监管模式。

◆思考讨论题◆

1. 简述中国金融监管体系变革的历程。
2. 监管科技应用给金融行业带来哪些新的特征?
3. 监管科技如何促进金融监管协调?
4. 在监管科技的支撑下,我国金融监管变革的未来方向有哪些?
5. 你认为穿透式监管应该如何保护被监管对象的隐私?

第五编

数字货币

随着密码技术和区块链技术的发展,数字货币走入现实。近年来,数字货币更是不断创新发展,引起了全球的瞩目。数字货币的出现将会冲击现行的货币体系,并对社会经济、金融、科技、民生等领域产生深远的影响。首先,本编将从货币形态的变革讲起,分析科技发展对货币形态以及货币职能的影响,通过梳理货币形态演变的发展轨迹,帮助读者理解数字货币诞生的内在逻辑;其次,将探讨区块链与数字货币的关系,分析比特币诞生背后的原因,帮助读者从国家金融学角度理解比特币的意义;然后,分别对非法定数字货币和法定数字货币进行介绍与分析,帮助读者理解这两类数字货币的区别,引发读者对二者发展前景的思考;最后,将从货币政策传导、信用创造、金融监管三个方面,分析法定数字货币对金融政策的影响,帮助读者从金融视角理解法定数字货币的意义。

第十六章　技术驱动的货币形态变革

货币是金融的基础。纵观历史，货币的形态伴随着技术发展不断发生变革。近年来，数字货币的兴起更是引起了公众的注意。本章将通过梳理货币形态的发展，揭示技术发展对货币形态变革的推动作用，并阐述科技发展对货币五大职能所产生的影响。

第一节　货币形态演变

货币是商品生产和商品交换长期发展的产物。随着商品生产和商品交换的不断发展，就会出现一种经常充当等价物的特殊商品，如金、银、铜等贵金属，这种特殊商品就是货币。随着技术的变革，货币的形态也在不断变化。在历史的大部分时间里，货币的形态演变是十分缓慢的。亚当·斯密认为，货币最早的形态是以日常商品为主的实物货币，然后到易于携带、称量、切割、检验的金属货币，再到权威铸造的铸币。马克思认为，货币从以早期实物商品作为偶然的等价物，发展到以金银作为一般等价物，具有历史必然性，金银天然不是货币，但货币天然是金银。凯恩斯区分了三种主要货币形态：商品货币、不兑换纸币和管理货币。米什金则给出了五种货币形态：商品货币、不兑现货币、支票、电子支付和电子货币。[①] 如图 16-1 所示，按照技术的驱动来划分，我们认为可以将货币形态变革划分为五个阶段：实物货币、金属货币、代用货币、信用货币、数字货币。目前，数字货币还处于发展阶段。

[①] 参见刘昌用《货币的形态：从实物货币到密码货币》，载《重庆工商大学学报（社会科学版）》2020 年第 2 期，第 9～22 页。

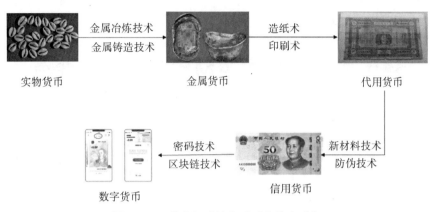

图 16-1 技术驱动的货币形态演变过程

（资料来源：作者根据相关资料整理。）

一、实物货币

在原始社会，由于生产力和技术水平低下，人们只能通过磨制技术加工天然存在的实物如牲畜、稀有贝壳、宝石、沙金等来作为一般等价物。这种早期的货币形式被称为实物货币，它的具体形态会因为不同区域的自然资源和人们的生活方式的不同而各不相同。但是，它们有着共同的特征：自然性，也就是它们都是纯粹的自然物。这主要是因为当时的技术水平十分落后，人们只能利用磨制技术，对这些天然存在的实物进行简单的物理加工。

二、金属货币

随着社会生产力和技术水平的发展，商品交易规模不断扩大，交易频率不断增加，实物货币的具体形态不断演变。在具有稀缺性和使用价值的前提下，货币逐渐向易携带运输、易储存、易分割、易计量的特点发展。此时，金属冶炼、铸造等技术不断成熟，推动了货币形态逐渐向金属货币统一。

三、代用货币

由于贵金属的稀缺性，随着社会经济的发展，金属货币的数量越来越难以满足交易的需求。随着造纸技术和印刷技术的出现以及不断改进，代用货币就应运而生。代用货币是政府或中央银行发行的用于代替金属货币进行流通和支付的纸质货币，其印刷成本低且容易携带。代用货币仍然与贵金属挂钩，代用货币使用者可以自由地向发行单位兑换金属或金属货币。

四、信用货币

信用货币即所谓的"法币"，它以国家税收为基础，以国家法律为保障。这种信用货币不再承诺与金、银等贵金属的兑换比例，也不以贵金属为基准发行，而是以国家的信用来发行。这种货币本身的商品价值远远低于其流通价值，完全靠国家信用来保证其购买力。① 在这一阶段，由于新材料技术、防伪技术、计算机技术等不断发展，信用货币的安全性、便捷性都能够得到较好的保障，从而为信用货币奠定了良好的技术基础。

五、数字货币

随着计算机技术的出现与发展，一种完全数字化的货币概念引起了经济学家和计算机科学家的注意。数字货币是一种以数字形式存在的货币，它可以展示类似于实物货币的属性，同时允许即时交易和无边界所有权转移。但是，最初由于受限于技术水平，数字货币的研发存在着许多难题。近年来，随着密码学、区块链等技术的飞速发展与逐步成熟，如比特币、以太坊之类的非法定数字货币不断涌现，数字货币开始真正走进现实。与此同时，数字经济的到来使得实体经济逐渐数字化、信息化、网络化，这也为数字货币的发行营造了良好的环境。② 目前，许多国家的中央银行已在积极推动法定数字货币的研发，货币数字化已成为未来货币形态的演变方向。

数字货币的诞生以及迅速兴起有其深刻的原因。近年来，美国进行了多轮的量化宽松，即美联储通过公开市场购买政府债券，不断间接印钞，向市场注入流动性，以此来刺激经济。2020年，受新冠疫情的影响，美

---

① 参见杨莹、徐强《透过货币起源和发展探讨货币的本质》，载《陕西学前师范学院学报》2017年第9期，第42~45页。
② 参见钟伟、魏伟、陈骁等著《数字货币：金融科技与货币重构》，中信出版社2018年版，第65页。

国经济出现危机，为了挽救美国宏观经济，美联储更是提出了无限量化宽松政策。而美国的无限量化宽松本质上就是转嫁危机，向全世界征收铸币税。与此同时，美元的不断印发使得美元不断贬值，加剧通货膨胀，而这些代价都需要所有使用美元以及储备美元资产的国家承担。因此，国际社会倾向于寻求具有更高信用的国际货币，从而推动了非法定数字货币市场的飞速发展，出现了以比特币、以太币、瑞波币等为主的6000多种非法定数字货币。然而，非法定数字货币在行使货币职能等方面存在着较大的缺陷。目前，各国中央银行开始加快研发法定数字货币。未来，如果各国法定数字货币能够顺利推行，将会成为对抗美元霸权的一个有效途径。

第二节　科技发展对货币职能的影响

货币职能是货币本质的表现形式。在发达的商品经济条件下，货币具有五大职能：价值尺度、流通手段、支付手段、贮藏手段和世界货币。[1] 其中，价值尺度和流通手段是货币的两项基本职能，它们是货币具有生命力的内生性前提条件；支付手段、贮藏手段和世界货币是货币价值尺度和流通手段的派生职能。[2] 随着科学技术的发展，货币形态不断变革，货币的五大职能也受到了不同程度的影响。

一、价值尺度

价值尺度是货币最基本的职能，用来衡量和表现商品的价值。货币作为价值尺度，通过把各种商品的价值统一表现为一定的货币量，以此来表示不同商品价值在质的方面相同，在量的方面可以相互比较。作为最基本的货币职能，从实物货币到信用货币的形态变革过程中，货币的价值尺度职能并没有受到太大的影响；但是随着密码技术、区块链技术的发展与成熟，数字货币兴起，这种形态的货币能否继续行使价值尺度的职能引发了人们的关注。充当价值尺度的货币必须具有币值稳定的特征，从这个角度

---

[1] 参见胡庆康主编《现代货币银行学教程（第五版）》，复旦大学出版社2018年版，第5～10页。

[2] 参见冯永琦、刘韧《货币职能、货币权力与数字货币的未来》，载《经济学家》2020年第4期，第99～109页。

看,非法定数字货币中的非稳定币必然无法充当价值尺度的职能。非稳定币由于不存在可靠的信用或者没有锚定基础资产,其价格存在极大的投机性,价格波动剧烈,无法满足充当价值尺度的货币必须具有币值稳定的特征的要求。而对于非法定数字货币中的稳定币,其通常会与法定货币或者黄金等实体商品直接挂钩,因此币值相对较为稳定。对于法定数字货币,由于其是以国家信用作为背书,从货币信用角度看,本质上与目前的信用货币没有区别,所以其币值也较为稳定。因此,从币值稳定性的角度考虑,法定数字货币和非法定数字货币中的稳定币是可以充当价值尺度的。

二、流通手段

货币的流通手段职能指的是货币充当商品交换媒介的职能。在进行商品交换时,人们出售商品,获得货币,再用货币购买其他商品,在此过程中,货币充当商品交换的媒介,执行流通手段这一职能。科技的发展推动了货币形态的变革,在此过程中,货币的便利性不断提高,运行成本不断降低,这加速了货币的流通性,增强了货币充当流通手段的职能。在实物货币阶段,货币难以分割,不易携带运输,货币流通性较低;在金属货币阶段,由于金属冶炼与锻造技术的发展与成熟,货币向易携带运输、易储存、易分割、易计量的方向发展,大大提高了货币的流通性;在代用货币阶段,造纸术和印刷术的发展使纸币成为主流的货币形态,这进一步提高了货币的便携性,货币流通性也随之进一步增强;在信用货币阶段,新材料技术、防伪技术保障了信用货币的安全性,计算机技术的发展使得电子支付兴起,货币的流通更加快速;在数字货币阶段,数字货币不存在易破损、需携带的问题,同时,其发行成本相对更低,这些都将加速货币的流通。

三、支付手段

货币的支付手段职能指的是货币作为独立的交换价值形式,不伴随商品运动而进行单方面转移时所执行的职能。科学技术的发展推动了货币支付手段的不断丰富。最初,货币的支付手段主要以现金支付方式为主,而随着科技手段的不断提升以及互联网的蓬勃发展,非现金支付方式开始扮演越来越重要的角色。随着磁存储技术的发展和计算机技术的运用,银行卡和电子票据支付方式开始兴起,突破了传统的现金支付方式,为人们提供了更为便捷的支付体验；随着互联网金融的崛起，电子支付开始逐渐渗透人们的日常生活，电子支付凭借其高效便捷的特点，打破了传统支付手段在时空上的限制。而法定数字货币则进一步升级，它直接实现了货币从"实体"向"数字"的转化，将所有的网络支付平台打通，使得线上支付与线下支付深度融合，推动货币支付的数字化，使得货币的支付能力得到显著提升。

四、贮藏手段

货币的贮藏手段职能是指货币退出流通，而作为社会财富的一般代表而被贮藏起来的职能，其往往与货币的流通职能是相矛盾的。在实物货币、金属货币、代用货币形态阶段，货币可以作为物质财富，存在财富增值效应，此时货币的贮藏手段职能较为显著。而随着信用货币阶段的来临，货币不再作为物质财富，人们更倾向于将货币转化为商品寻求财富增值，此时货币的贮藏手段职能大大减弱。在数字货币形态的初始阶段，数字货币作为替代流通中现金（M0）的数字化货币，不计利息，不具备财富增值的功能，促使人们将数字货币用于流通领域，推动货币的消费，这就进一步削弱了货币作为贮藏手段的职能。

五、世界货币

货币的世界货币职能指的是货币流通超过一国的界限，在世界市场上发挥一般等价物的作用时所执行的职能。当前，在国际货币体系处于美元主导的背景下，美元是国际普遍认可的国际货币，世界各国需要被动地向美国送上铸币税，并分担美国量化宽松等货币政策所带来的损失。因此，国际社会倾向于寻求具有更高信用的世界货币，打破美元的垄断地位。随着密码技术与区块链技术的发展，数字货币的兴起给世界货币的变革带来了可能。数字货币基于先进的科学技术，具备跨时空、交易便利、易于获取、渗透性强等特点，有助于冲击美元的国际货币地位。

货币作为人类社会经济发展不可或缺的因素，货币形态也随着社会技术和制度的变革而不断演变。总结而言，货币形态变革可划分为五个阶段：实物货币、金属货币、代用货币、信用货币、数字货币。每一次货币形态的变革，其背后往往有着科学技术的推动。科学技术的发展也在不同程度上影响着货币的五大职能：价值尺度、流通手段、贮藏手段、支付手段和世界货币。目前,各国正在积极推进数字货币的研发。未来,货币形态将逐步从信用货币向数字货币演变。

◆思考讨论题◆

1. 技术如何驱动货币形态变革?
2. 科技发展对货币的职能有什么影响?
3. 从移动支付到数字货币,你感觉有哪些质的变化?
4. 数字货币的发展会给中央银行的法定货币的地位带来哪些影响?
5. 你觉得数字货币会是未来货币的终极形态吗?

第十七章　区块链与数字货币的关系

本章重点介绍数字货币与区块链技术的相互联系。区块链技术是伴随着比特币的诞生而发展起来的底层技术，本章将从比特币的起源、特点、价值入手，阐明区块链技术如何实现比特币的交易；同时，本章也将详细介绍数字货币的定义。

第一节　数字货币的定义

一、数字货币的内涵

国际货币基金组织认为，广义的数字货币是指一切价值的数字表示，具体分两类。

第一类是代表一定法定货币价值的数字单元：法定数字货币和电子货币。法定数字货币，即一国政府或中央银行发行的代表法定货币价值的数字单元。电子货币，即用电子方式发行的法定货币数字单元，是法定货币的电子化。

第二类是不代表法定货币但具一定财产价值的数字单元：虚拟货币。一种是由网络企业发行、用于购买网络平台虚拟商品的虚拟财产，如Q币和积分，这些是可以在电子平台上进行购买交易的虚拟财产；一种是数字加密货币，如比特币，它基于密码学算法和网络点对点通信技术，由计算机程序产生，也就是构建在区块链技术的基础之上的一种数字单元，但是其有一定的财产价值。

二、数字货币的使用

随着社会走向无现金交易，数字货币的使用也在增加。从日常的生活中我们就可以清晰感知近几年电子支付被使用的频率越来越高，数字货币对传统货币的冲击性显而易见。

经济学人智库（Economist Intelligence Unit，EIU）在2020年对数字支付用户进行的一项调查中，超过10%的人认为自己的国家没有现金；28%的人表示，他们极有可能在日常交易中使用数字支付而不是现金；另有33%的人表示，他们很有可能这样做。

调查发现，发达经济体对无现金化的抵制更大，而发展中经济体则更乐观地认为无现金系统将更快地占据主导地位。此外，年轻人（18～38岁）比中老年人（39岁及以上）更喜欢无现金社会。大多数受访者表示，在线支付是使用数字货币的主要原因。其他重要原因包括对数字货币作为一种技术的兴趣、短期投资、长期投资和外汇等。

由此可见，数字货币的使用有着十分庞大的市场，人们对数字货币的需求也会越来越强。

第二节　比特币的诞生与货币意义

2009年1月，第一个比特币问世。由于其独特的去中心化的货币特点，受到了极大的关注。不同于传统的现实货币或是虚拟货币，比特币做到了摆脱中心化的控制，从另一种意义上来说，资产更加安全。与比特币同时诞生的区块链技术也被很多人认为是新的技术革命。接下来，让我们逐步去了解比特币及其相关特点。

一、比特币的起源

中本聪（Satoshi Nakamoto）在2008年发表了一篇论文，名为《比特币：一种点对点的电子现金系统》，论文中首次提出了"比特币"这一概念，并完成了将其正式带向数字货币历史舞台的第一步。2009年1月，随着比特币区块链中第一个区块生成，以区块链技术为基础的比特币发行交易系统正式开始运行，比特币诞生。

比特币就是在这个"点对点的电子现金系统"中的交易货币，它的实质是由网络节点计算生成的，它并没有指定的制造者，所有人都可参与制造比特币。人们用计算来共同解决一道复杂的数学问题，当这个问题得到解决后，比特币网络则会生成一定量的比特币并根据各个节点人们的贡献量来分配奖励；同时，比特币网络会自动调整这个复杂问题的难度，从而让整个网络能在大概10分钟的时间内得出一个合格的答案。

在《比特币：一种点对点的电子现金系统》一文中，中本聪提出一种使用点对点分布式时间戳服务器为基于时间的交易序列生成计算上的证据来解决双重支付问题的方案。该网络通过将交易哈希连进一条持续增长的基于哈希的工作量证明链来给交易打上时间戳，形成一条不能更改的记录。这是一个基于密码学原理而不是传统的信任的电子支付系统，该系统允许任何有交易意愿的双方直接交易而不需要一个可信任的第三方。在系统中，为了保证其交易的可靠性，每次比特币的交易都会告知全网；同时，在交易中不仅需传递当次交易信息，还需传递该比特币从诞生之时起的每笔交易信息。时间戳服务使区块形成时间链条，保证了信息的不可篡改。工作量证明则控制发币的速度，为恶意的攻击行为增加难度。在这里我们不能不提到一个大家耳熟能详的词汇——"挖矿"。与传统意义的挖矿不同，比特币中的挖矿指的是破解密码的过程。密码被破解后，要发给其他节点进行验证，如果超过51%的节点验证密码正确，就承认产生了一个新的区块（新的比特币），这个过程中的信息就会被记录下来。挖矿的人被称为"矿工"，通过以上过程可知，"矿工"通过挖矿获取比特币作为奖励。

二、比特币的特点

比特币的代号为BTC，它的总量被控制在大约2100万个。其机制是大约每10分钟产生一个区块，每个区块发行50个比特币分配给提供贡献的人，每隔21万个区块（2100000分钟，即大概4年时间），比特币的产量会减半。由于比特币规定可细分到小数点后8位数，那么则意味着在无法进行细分的时候，比特币会全部发行完毕，此时比特币的产量约为2100万个。

比特币使用密码学设计确保货币流通各个环节的安全性，具有去中心化、匿名性、通胀防御等特点。

1. 去中心化

比特币的发行和交易都无须中心机构的参与，这指的就是去中心化。不同于现实社会中流通的纸币，比特币不需要通过各国的中央银行这样的中心机构进行发行,比特币的发行是完全自主的;也不同于目前在网络中进行交易的各种虚拟货币,如 Q 币、游戏币、点券等,比特币的交易完全不需要依托中心机构。比特币的自主发行不受现实社会影响,完全在数字的世界进行。比特币的交易自主,不需要借助于第三方的机构来提供,因为其交易完全依托密码技术的加密证据。比特币系统实现了极致的去中心化。由于设计比特币的一个重要动机就是防止美联储利用美元的世界货币地位,通过量化宽松或者无限量化宽松等货币手段滥发美元,掠夺全球财富,因此去中心化才能防止比特币陷入某一个国家中央银行的操控。

2. 匿名性

比特币的匿名性主要源于哈希地址的生成无须实名制的认证,同样的,通过哈希地址也无法对应出交易人的真实身份,并且同一个人可以拥有无数个收款账号,且账号之间的关联无法被察觉,这也代表着无法确定一个人拥有多少个比特币。但是,比特币同时也拥有一部分非匿名性的特点,毕竟所有的交易过程都是被记录下来的,这也就意味着每个比特币的流转过程都是可以被追溯的。由于其匿名性的特点,比特币一经问世,一些极端的观点就表示它可以在很多地下的非法交易中被使用从而达到洗黑钱的目的,这也是各国政府反对比特币的有效性的原因之一。由此可见,比特币的匿名性并不能成为比特币的重大优势,其优势更多地体现在它所提供的不需要第三方信任背书的电子现金系统。比特币的匿名性也和它的设计初衷,即不受各国中央银行的管控有关。

3. 通胀防御

从历史的变迁中我们可以看到,通货膨胀是所有现实货币都无法避免的,基本上任何发行货币的国家都无法做到不超发货币,他们无法做到将发行货币的总额定死。广大民众对通货膨胀最直观的体验就是钱越来越"不值钱",最简单的例子是在 2000 年用 100 元可以买到的东西在 2020 年可能需要用 500 元才能买到。而比特币由其本质所决定,永远不会增发货币。比特币是一种特定的数学算法,其产生不受中心组织的干预,从问世起,其总数额和发行速度就已经固定了,任何人都无法凭空捏造出比特币,所以比特币具有通胀防御的特点。

三、比特币的价值

1. 比特币的本身价值

从经济学的角度来看,比特币是有绝对价值的。从比特币的设计原理来看,我们就知道它是一种有限的资产。人们将比特币比作黄金,将其称为"数字黄金"。同时,比特币作为数字货币的一种代表,为人们提供了一种新型的自由货币交易方式。作为去中心化的货币,比特币并不受到第三方机构或是法定权力机关的监管。它是一种依靠系统本身生成的货币,没有依靠第三方的中心机构进行发行,作为一种去中心化货币,它给信用背书提供了一种新的方法,即不依靠第三方而是依靠信息技术。

比特币自身有着保值、避险和快捷流通的作用,这也是其价值的体现。

比特币的保值作用来自比特币的通胀防御功能。与各国银行发行的实体货币不同,比特币的个数是有限的,它的总量被控制在大约 2100 万个,其机制是大约每 10 分钟产生一个区块,每个区块发行 50 个比特币分配给提供贡献的人,每 4 年比特币的产量会减半。由于比特币规定可细分到小数点后 8 位数,最小的单位为 Satoshi,那么则意味着在无法进行细分的时候比特币发行完毕,此时,比特币的产量约为 2100 万个。所以,在这 2100 万个比特币没有被挖完之前,"矿工"挖矿最大的收益来源是挖取新产生的比特币,如果挖完了,"矿工"会在交易当中获取奖励。在下一节中,我们会以故事的形式来描述"矿工"在交易中获取比特币作为奖励的详细过程。换句话说,比特币无法超额发行,定量性决定了比特币不会有通货膨胀的困扰,其相对价值是恒定的,这就意味着它会随着现实货币的通货膨胀而升值。

比特币的避险作用是由其匿名性体现的。比特币无须实名制认证,这就意味着在不与现实价值物品进行实体交易的时候,没有任何人知道你是否拥有比特币。比特币的交易兑现需要私钥,在持有者保密的情况下,没有任何人可以通过现实社会中类似于抢劫的手段将其手中的财富夺走,这就意味着比特币用技术手段提供了一种保障持有者财产不受强硬手段侵犯的方式。比特币利用技术本身来替代现实社会中由钢筋水泥和大量安保人员构成的保险系统,将技术的意义扩大,解放现实社会中的劳动力。

从快捷流通的作用来看,比特币作为数字货币可以直接通过互联网进行点对点的自由流通，这种流通不受任何的额外条件约束，只要在有网络并且愿意交易的情况下就可以进行。国际化已经成为当今世界的主旋律，国与国之间的交易日渐频繁；但用于跨国转账、支付及结算的银行系统却效率低下且费用昂贵，同时由于各国的政策因素，往往还伴随着额度的限制，比特币就很好地解决了这个问题，正如上文所说的，比特币交易十分方便且快捷。

比特币价格近几年来波动极大，因此，比特币的基础价值如何度量是一个十分重要的问题。最普遍的一种看法是，由于比特币本身是一个点对点网络，比特币的基础价值可以由比特币用户的数量来决定，比特币的价格和比特币未来的潜在价值有关。

2. 比特币的延伸价值

在提到比特币的延伸价值时，我们就不得不提到区块链技术了。区块链的概念现在可谓炙手可热，它是伴随着比特币的诞生而发展起来的技术。中本聪提出比特币的概念之后，区块链技术作为实现比特币系统的底层技术应运而生，可以说比特币对区块链技术的诞生起到了至关重要的作用。虽然区块链技术并非一种颠覆式技术，而是现有技术的集成式创新，是数据加密、分布式网络、共识机制等技术的一种融合，而这些技术早已出现；但是，我们不得不承认区块链的诞生为人类工作效率的提高提供了可行性。

区块链的应用场景是十分广泛的。基于区块链技术的下一代互联网——价值互联网可以传递价值。在区块链这个全球互联账本之上，我们可以在数字世界里，在人与人之间点对点地转移类似现金这样的所谓"价值"。区块链可以应用于三个领域：货币领域、合约领域和治理领域。对于货币领域的应用，我们已经知道比特币了，区块链可以作为底层技术支持以比特币为代表的数字货币的实现。数字货币的发行机制和分配机制都可以依托区块链技术。对于合约领域的应用，我们已知区块链具有信息安全且不可篡改的特点，它在可编程经济里面有着出色的应用，可被广泛地应用在股权、债权、证券与金融合约、互助保险、权利的登记与转让、博彩、防伪、物联网和智能合约等多个方面，加上其去中心化的特点为这些合约提供了新的信任机制，去除了中心机构的成本。对于治理领域的应用，我们也可理解成可编程社会，同样是基于区块链技术的信息安全与不可篡改的特点，加之它所提供的信息会被永久保存，可以使其在身份认证、公证、见证、司法仲裁、投票、健康管理、人工智能与去中心化自治组织中得到广泛的应用。

◆小品◆

世界上最贵的比萨：5月22日——比特币比萨日

在2010年的时候，1个比特币还只值0.004美元，程序员拉斯洛·豪涅茨（Laszlo Hanyecz）每天可以挖出上千个比特币，但是当时加密货币并未流行，人们对这种新型货币的直观价值认识并不深。他突发奇想，想知道这个加密货币能不能买到东西。随后，他就进行了测试。他在论坛上面表示愿意用1万个比特币换两个比萨，但是直到第四天才有人用25美元买了两个比萨，跟他交换了这1万个比特币。最后成交日那天，也就是2010年5月22日，被定义为"比特币比萨日"。

在比特币区块链上，我们可以查到这笔交易。2010年5月22日确实有一笔1万个比特币的转账，而且令人惊讶的是，当时的手续费高达0.99个比特币。而在论坛上，我们也能找到这位程序员于2010年5月18日发的帖子："我可以付1万个比特币来购买几个比萨，大概两个大的就够了，这样我可以吃一个，然后留一个明天吃。你可以自己做比萨也可以在外面订外卖然后送到我的住址。"他甚至对自己的口味偏好做了要求："我喜欢洋葱、胡椒、香肠、蘑菇等，不需要奇怪的鱼肉比萨。"

按照2017年1个比特币的巅峰价格19850美元来计算，这两个比萨的价值已经超过了10亿元人民币，不知这位程序员心情如何呢？有趣的是，2018年2月26日，这位程序员再次使用比特币买了两个比萨，不过这次可没有花上1万个比特币，只用了649000 satoshi（以比特币创始人中本聪的名字命名的比特币的最小单位），即0.00649个比特币，大约相当于62美元。

（资料来源：作者根据相关资料整理。）

◆延伸阅读◆

比特币史上的大事件

● 2008年11月1日：中本聪发布了比特币白皮书《比特币：一种点对点的电子现金系统》，首次提出比特币的概念。

● 2009年1月4日：中本聪制作了比特币世界的第一个区块"创世区

第十七章 区块链与数字货币的关系

块"。

- 2009 年 1 月 11 日：比特币客户端 0.1 版发布。
- 2009 年 1 月 12 日：中本聪和哈尔·芬尼交易了史上第一笔比特币。
- 2009 年 10 月 5 日：第一次有记录的比特币汇率出现。
- 2009 年 12 月 30 日：比特币挖矿难度首次增加。
- 2010 年 7 月 12 日：比特币第一次价格剧烈波动。
- 2010 年 7 月 18 日：第一次使用 GPU 挖矿。
- 2010 年 8 月 6 日：第一个主要漏洞出现。
- 2010 年 11 月 6 日：比特币市值超过 100 万美元。
- 2011 年 6 月 20 日：比特币交易商 MT.Gox 出现交易漏洞。
- 2011 年 6 月 29 日：推出比特币电子钱包。
- 2011 年 11 月 10 日：比特币 POS 研制成功。
- 2012 年 8 月 14 日：芬兰中央银行承认比特币合法性。
- 2012 年 11 月 28 日：区块奖励首次减半。
- 2013 年 11 月 29 日：比特币价格超过黄金。
- 2013 年 12 月 5 日：中国五部委发通知不承认比特币。
- 2014 年 6 月：比特币被允许在加州使用和消费。
- 2014 年 7 月 9 日：波兰确认比特币为一种金融工具。
- 2014 年 12 月 11 日：微软接受比特币支付。
- 2015 年 10 月 22 日：欧盟对比特币免征增值税。
- 2015 年 12 月 16 日：比特币证券发行。
- 2016 年 1 月 20 日：中国人民银行在京召开数字货币研讨会。
- 2016 年 5 月 25 日：日本认定比特币为财产。
- 2016 年 7 月 20 日：比特币奖励第二次减半。
- 2016 年 8 月 3 日：比特币交易平台 Bitfinex 价值超 6000 万美元的巨额比特币被盗。
- 2017 年 1 月 2 日：比特币开年大涨，国内价格再度突破 1000 美元。
- 2017 年 3 月 11 日：SEC 正式拒绝比特币 ETF 上市申请。
- 2017 年 4 月 1 日：比特币在日本成为合法支付方式。
- 2017 年 9 月 4 日：中国人民银行等七部委发布《关于防范代币发行融资风险的公告》，要求国内数字货币交易所于 10 月底全部关门。
- 2017 年 12 月 7 日：比特币突破 19000 美元，市值超过 2886 亿美元。
- 2017年12月11日：芝加哥期权交易所正式挂牌上市比特币期货。
- 2019年6月27日：比特币价格涨至13968.76美元。
- 2020年3月9日：比特币核心版本0.19.1发布。
- 2020年3月12日：比特币当日跌幅最高达43%。
- 2020年6月3日：比特币核心版本0.20.0发布。

（资料来源：作者根据相关资料整理。）

第三节 比特币的区块链技术实现

区块链是一串使用密码学方法相关联产生的数据块，在作为比特币的底层技术时，它们的关系就如同父子关系一般，因为有了区块链技术，比特币才得以实现，比特币的实现依托于区块链技术。区块链虽然是伴随着比特币的出现而出现的，但是它可以应用于除了比特币之外的业务。

区块链技术作为比特币的底层技术支持，对比特币的实现有着重大作用，而比特币也是区块链的一个撒手锏级的应用。但是，区块链的作用绝不仅仅局限于比特币，区块链技术从比特币系统中独立出来以后，取得了突飞猛进的发展。

我们将以比特币为实例来解释区块链技术的工作原理。通过下面的小品，将能够从一个虚构场景了解区块链技术实现比特币交易的过程。

◆小品◆

小贩的交易

假如有一位甲先生，他想要和乙先生进行一笔交易，为了能有人给他们的交易做证，甲先生选择走在大街上大喊："大家都过来看啊！我和乙先生在交易！所有人都给我们作证啊！"这时，所有在街道上的小贩们都听到了这个消息，他们知道了甲先生和乙先生交易的事情并且拿笔记录了甲先生和乙先生交易的信息。记录这个交易消息的小贩们就是节点，他们还有一个外号叫作"矿工"。这个时候，作为"矿工"的小贩们可能会反应过来并相互讨论："我们为啥要帮他们见证交易啊？""这么说好像很有

第十七章 区块链与数字货币的关系

道理啊!"这时,为了鼓励小贩们积极提供服务,这条街的老大(即系统)会根据他们做的贡献提供一些钱作为奖励,在这条街上流通的钱就是比特币。

但是新的问题就出现了,街道上所有的小贩都做了记录,那么这笔钱要给谁呢?人人都有?不是很现实。比速度?好像也不行,这些小贩们的特点就是记录的速度同样快。这时,老大想出了一个办法:"大家都别吵了!我出一道题,你们一起算,算出的人就有权利记录这次交易,我会把奖励给他的!"获得记账权的小贩将向整条大街广播该笔交易,账簿公开,其他"矿工"将核对确认这些账目,交易确认数达到6个以上,该笔交易就被成功记录在案了。当其他的小贩核对账目并且确认无误之后,那么这条记账记录就被认为是合法有效的,接下来,小贩们就要去进行下一次的记账权的争夺。

小贩们的每个记录就是一个附有时间戳的区块,区块严格按照时间顺序推进,形成不可逆的链条,这就是区块链技术的由来。这个链条是按时间顺序连接的,每个区块都附有上一个区块的特殊证明,这样可以确保区块按照时间顺序连接的同时没有被篡改。好吧,这个时候可能会有人想到一个问题:如果两个小贩同时算出了老大的这道题要怎么办呢?这种低概率的事件确实是有可能出现的,这时,我们要看区块链的长度,长的那条会获得记账权,短的那条直接失效。如果这时甲先生不想再和乙先生交易了,他再向大街上喊:"大家都听错了,我和乙先生没有交易!"这时,已经记录了他们消息的小贩们会集体拿出他们记录的交易信息并告诉他:"胡说!我们都记着呢!"这样,区块链的另一大特点——不可篡改性就体现出来了。

如果有一些狡猾的小贩为了利益想要作假,需要怎么预防呢?作假的条件是需要说服51%以上的小贩对账目进行相同的修改,否则"作假"的内容就不能成立。这无疑是困难的,而且困难的程度会随着参与的小贩人数的增加而增加,当作假的成本超过你所获得的利益时,自然就不会有人再作假了。

(资料来源:作者根据相关资料整理。)

◆思考讨论题◆

1. 比特币是否具备货币功能?它能否代替现实货币?

2. 为什么大部分国家不承认比特币的合法性？

3. 区块链技术为何可以成为比特币的底层应用？

4. 如何评估比特币的价值和比特币价格的大幅波动？

5. 2020年海外疫情越来越严重且经济大幅下降，为什么比特币价格却不断创新高？

第十八章　非法定数字货币

数字货币根据其发行主体是否具有国家信用及其适用范围，可以划分为法定数字货币和非法定数字货币（或私人数字货币）。非法定数字货币是相对于以国家信用背书的法定数字货币而言的。本章将对几种典型的非法定数字货币——以太坊、瑞波币、摩根币以及 Libra 进行详细介绍，使读者对非法定数字货币有更为深入的理解。

第一节　非法定数字货币的定义和发展概况

非法定数字货币是相对于法定数字货币的一个分类。法定数字货币是由一国中央银行以国家信用背书发行的法定的加密数字货币，它是一国法定货币的数字化形式。例如，我国的法定数字人民币就属于法定数字货币。由于法定数字货币有国家信用作为支撑，具有价值稳定、无限法偿性的特征，能够承担价值尺度、流通手段、支付手段和价值贮藏等传统货币的职能。[1]

非法定数字货币则是由国家以外的主体发行的加密数字货币。非法定数字货币又可以区分为非稳定币和稳定币。比特币、以太坊、瑞波币就是典型的非稳定币，它们缺少国家信用支撑，币值波动大，难以充当商品交易媒介，因此并非真正意义上的货币；摩根币、Libra 则是典型的稳定币，它们与法定货币挂钩，能够用法定资产进行刚性兑付，因此币值相对稳定。法定数字货币和非法定数字货币的比较见表 18-1 所列。

比特币诞生之后，非法定数字货币市场经历了飞速的发展。截至 2020

---

[1] 参见曾繁荣《央行发行法定数字货币的动机及影响研究》，载《金融发展评论》2018 年第 5 期，第 26～39 页。

年 8 月 20 日,全球非法定数字货币有 6511 种,交易市场有 26727 个,总市值为 3671 亿美元(历史最高值为 8332 亿美元)。全球前十位数字货币情况见表 18-2 所列。

表 18-1 法定数字货币和非法定数字货币的比较

比较内容		类型	
		法定数字货币	非法定数字货币
发行机制特征	是否由中央银行发行	是	否
	发行量	灵活	固定
	发行决定因素	政府的货币政策目标	电脑程序、挖矿者、用户自身
	发行成本	低	高
	是否受中央调节	是	否
	底层技术	区块链、密码学、计算机技术	区块链、密码学、计算机技术
经济价值特征	内在价值	无	无
	是否为中央银行负债	是	否
	交易媒介	是	小范围
	价值尺度	是	否
	储值手段	是,有通胀风险	是,有波动风险和信用风险
	未来前景	代替纸币	地下数字货币

(资料来源:何德旭、姚博:《人民币数字货币法定化的实践、影响及对策建议》,载《金融评论》2019 年第 5 期,第 38~50、116~117 页。)

表 18-2 全球前十位数字货币情况(截至 2020 年 8 月 20 日)

名称	市值(亿美元)	价格(美元)	日交易量(亿美元)	流通供给量(万个)
Bitcoin	2176.44	11786.79	234.28	1846.51
Ethereum	463.36	412.81	114.75	11224.61
XRP	131.30	0.29	19.69	4494258.98
Tether	100.36	1.00	377.86	999822.17
Chainlink	58.80	16.80	24.45	35000.00

续表 18-2

名　称	市值 （亿美元）	价格 （美元）	日交易量 （亿美元）	流通供给量 （万个）
Bitcoin Cash	54.40	294.15	17.14	1849.40
Litecoin	40.59	62.18	31.65	6527.33
Bitcoin SV	38.60	208.71	8.51	1849.27
Cardano	34.38	0.13	3.45	2592707.05
Binance Coin	32.65	22.61	2.28	14440.66

（资料来源：作者根据 Coinmarketcap 网站资料整理。）

在过去很长的一段时间内，非法定货币市场的发展和以比特币为代表的非法定数字货币价格暴涨暴跌的现象，引发了学界与业界的广泛关注与讨论。

第二节　以太币

一、什么是以太币

1. 以太币的诞生

以太币（ETH）是以太坊（Ethereum）的数字代币，被称为"比特币2.0版"，目前已成为全球市值第二大的数字货币。以太坊是第二代密码学账本，它是区块链2.0的重要应用，可以支持众多的高级功能，包括用户发行货币、智能合约、去中心化的交易和设立去中心化自治组织（Decentralized Autonomous Organization，DAO）或去中心化自治公司（Decentralized Autonomous Corporation，DAC）。

2013年，19岁的维塔利克·布特林（Vitalik Buterin）发布了《以太坊：下一代智能合约和去中心化应用平台》白皮书，首次提出了创立以太坊的想法。2014年，以太坊的算法和协议正式落地。2015年7月30日，以太坊系统正式诞生。由于在以太坊上运行智能合约和发送交易都要向"矿工"支付一定的以太币，因此，以太币发挥着充当以太坊平台运行"燃料"的作用。

2. 以太币的定位与目的

不同于比特币想要替代传统货币的定位，以太坊平台的定位是成为世界级的通用计算平台，它在区块链技术的基础上，偏向于往互联网操作系统应用方面发展。因此，以太坊更偏向于互联网服务方面，它的价值更多体现在有多少用户使用这一平台，以及它能够为用户带来多少优质的服务。这也就决定了以太币只是以太坊平台中的一个重要环节，它只是以太坊平台为了处理交易，使开发人员更便捷地开发、运行分布式应用程序以及提高服务质量的一种货币工具。

3. 以太币的发行

以太币的发行数量是由算法所决定的，不同于比特币2100万个的固定总量，它的总量是动态增加的，增量按照每年预售量的固定比例增加。以太币的来源包括三个部分：矿前奖励、区块奖励、叔块奖励。

（1）矿前奖励。2014年，以太坊通过众筹预售了60102216个以太币。此外，以太币被分配给了参与以太坊早期开发的贡献者和长期的研究项目，这两笔以太币的数量均为预售以太币数量的9.9%。因此，在以太坊正式发行时，已经有72002454.768个以太币被分配出去了。

（2）区块奖励。最初，"矿工"如果挖出一个区块，就会获得5个以太币的奖励；2017年10月的拜占庭（Byzantium）升级，使区块奖励由5个以太币降为3个以太币；2019年3月的君士坦丁堡（Constantinople）升级，使区块奖励由3个以太币降为2个以太币。

（3）叔块奖励。如果"矿工"挖出一个不是在主链上的区块，那么这个区块就叫作叔块（Uncle Block）。如果这个叔块在后续挖矿中被引用了，那么挖出这个区块的"矿工"就可以获得7/8的区块奖励，也就是4.375个以太币，另外，引用这个区块的"矿工"（最多两个）获得0.15个以太币。

二、以太币的区块链平台——以太坊

以太坊可以看作是数字货币发展的里程碑，其作为一个拥有智能合约功能的开源的公共区块链平台，能够提供去中心化的以太虚拟机来处理点对点合约。目前，以太坊已逐渐发展成为世界上最大、拥有全球最多开发者支持、技术方向最领先的公链。

以太坊不仅可以记账，还可以在上面运行程序。有人对以太坊做了一个比较形象的比喻：在以太坊未出现以前，程序员如果想开发一个区块链应用，就跟程序员想在安卓、IOS 等系统不存在的情况下开发一款手机 App 一样，难度非常大。在以太坊还未发布前，开发一个区块链需要经历十分漫长的流程，难度极大。但是有了以太坊之后，由于它的系统是向所有区块链的开发人员开源的，因此，后续开发人员可以十分便捷地在以太坊所开发的底层技术上进行新区块链应用的开发，从而使得区块链应用的开发难度大大降低。这种开发难度的降低也促使许多区块链技术的创新应用能够更快地落地。

1. 以太坊开发的四个阶段

根据以太坊白皮书中的介绍，以太坊开发可以分为四个阶段，分别为前沿（Frontier）、家园（Homestead）、大都会（Metropolis）、宁静（Serenity）。

（1）前沿阶段。这是以太坊开发的第一个阶段，持续时间为 2015 年 7 月至 2016 年 2 月。在这个阶段，以太坊只有命令行界面，没有图形界面，主要适用于开发者。

（2）家园阶段。这是以太坊开发的第二个阶段，持续时间为 2016 年 3 月至 2017 年 9 月。在这一阶段，以太坊的运行更加平稳，其安全性和可靠性也得到了提升。此外，其操作界面更加友好，普通用户也适用。

（3）大都会阶段。这是以太坊开发的第三个阶段，开始时间为 2017 年 10 月。大都会阶段可以分为两个小的升级，分别为拜占庭升级和君士坦丁堡升级。其中，拜占庭版本的升级时间为 2017 年 10 月 16 日。这次升级主要包含 5 项以太坊改进提案，使以太坊进行的交易更加快速、安全，智能合约能够适用于商业交易。此外，这个阶段还提高了挖矿的难度，区块奖励由 5 个以太币降为 3 个以太币。君士坦丁堡版本的升级时间为 2019 年 3 月 1 日，原本想将以太坊的共识算法从工作量证明转换成工作量证明 + 权益证明（Proof of Stake，PoS）混合共识算法，但是没能实现。尽管没有达成路线图中规划的目标，但这次升级同样给以太坊带来了一些变化。这次升级包含了 5 项以太坊改进提案，升级后的主要变化包括：区块奖励从 3 个以太币降为 2 个以太币、在以太坊虚拟机中新增了移位指令等。

（4）宁静阶段。这是以太坊开发的第四个阶段，也是以太坊路线图中的最后一个里程碑，发布时间未定。在宁静阶段，以太坊计划完全从 PoW

共识机制转换到 PoS 共识机制,以太坊也将进入 2.0 阶段。

2. 以太坊的组成

(1) 编程语言 Solidity。以太坊的主要编程语言是 Solidity,它主要用来编写智能合约、开发去中心化应用程序(Decentralized Application,DApp)、构建去中心化自治组织以及操作基于以太坊技术的物联网设备。Solidity 作为一门面向智能合约的语言,与其他经典语言既有差异也有相似之处。一方面,Solidity 服务于区块链的属性使其与其他语言存在一定的差异。比如,执行成本须被严格控制,从而防止恶意代码消耗节点资源;合约的部署以及调用都要经过区块链网络的确认。另一方面,Solidity 作为一门编程语言,其实现并未脱离经典语言。例如,Solidity 中包含类似栈、堆的设计,采用栈式虚拟机来进行字节码处理;Solidity 的代码生命周期也分为编译、部署、执行、销毁这四个阶段(如图 18-1 所示)。①

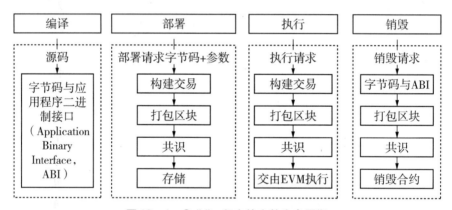

图 18-1　Solidity 程序的完整生命周期

[资料来源:储雨知:《智能合约编写之 Solidity 运行原理》,见陀螺财经网(https://www.tuoluocaijing.cn/article/detail-9996548.html),2020 年 4 月 3 日。]

(2) 以太坊虚拟机(Ethereum Virtual Machine,EVM)。2014 年,加文·伍德(Gavin Wood)创建了以太坊虚拟机,它是模拟计算机行为的一个软件,本质上是一个运行环境,用于在普通计算机上执行任何活动。它允许用户测试功能,消除在托管虚拟机的主计算机上受到攻击和失败的风

---

① 参见储雨知《智能合约编写之 Solidity 运行原理》,见陀螺财经网(https://www.tuoluocaijing.cn/article/detail-9996548.html),2020 年 4 月 3 日。

险。如果虚拟机受到攻击且某些功能受损，用户只需退出虚拟机即可。以太坊虚拟机可以用于处理以太坊区块链的状态，并执行网络上的所有智能合约、去中心化应用程序和去中心化自治组织。

（3）Ethash 算法。尽管以太坊的 Ethash 算法和比特币的 SHA-256 算法使用的都是 PoW 共识机制，但是这二者在处理专用集成电路（Application Specific Integratea Circuit，ASIC）的方式上存在着差异。在 Ethash 算法中，GPU 是首选设备，与针对 SHA-256 算法的 ASIC 相比，GPU 相对便宜。因此，以太坊挖矿过程更加平等，进入成本壁垒更低。此外，它还降低了挖矿集中化的可能性，减少了网络被攻击的风险。但是，采用 Ethash 算法，计算往往需要更多的内存。

（4）去中心化应用程序。去中心化应用程序是利用以太坊网络中的智能合约构建的应用程序。去中心化应用程序在诸如资产管理、身份管理、供应链管理、金融服务等领域有着很广泛的应用前景。目前，开发者在以太坊区块链上已构建了一些流行的去中心化应用程序，包括以太坊上自动化抵押贷款平台 MakerDAO、聚众云吸猫游戏 CryptoKitties 和以以太坊加密货币为基础的加密货币交易中心 IDEX 等。其中，MakerDAO 目前已经是全球最大的去中心化金融（Decentralized Finance，DeFi）平台。

（5）去中心化自治组织。去中心化自治组织是由维护以太坊的社区和以太币协议的开发人员创建的，它是一种独立于中央管理机构的组织，旨在为以太坊项目提供资金支持。与传统的公司所有权在股东之间分配的方式不同，去中心化自治组织是由那些提供代币的人拥有的，他们也获得了投票权。此外，去中心化自治组织的规则是由其附带的智能合约确定的。

（6）智能合约。智能合约是以太坊的撒手锏之一，智能合约概念在以太坊发布前就已存在，但是以太坊首次将智能合约变为现实。那么什么是智能合约呢？这一概念的提出者尼克·萨博（Nick Szabo）是这样定义的：一个智能合约是一套以数字形式定义的承诺，合约参与方可以在上面执行这些承诺的协议。[①] 简而言之，智能合约是由机器自动执行的法律合同。传统法律合同的执行是由合同参与方手动操作的，当遇到恶意抵赖等情况，当事人需要通过法院来仲裁以及强制执行。而智能合约则是用计算机

---

① 参见赵伟、张问银、王九如等《基于符号执行的智能合约漏洞检测方案》，载《计算机应用》2020 年第 4 期，第 947～953 页。

代码编写的合同,假如其代码没有漏洞或者缺陷,当外部条件成立时,该合同就会自动执行,就不会出现恶意抵赖的情况。

◆小品◆

保险理赔的智能合约

传统的保险理赔流程是一个耗时且复杂的过程,可能需要数周甚至数月的时间。如果全程是人力操作的话,是很复杂和花费时间的。笔者曾经买过某保险公司的航班延误险,可以获赔300元,但是由于理赔要填写一堆资料并办理复杂烦琐的程序,最后由于时间忙碌而放弃了理赔。因此,投保人的权益经常由于理赔过程太烦琐漫长而得不到保障。在这种情况下,智能合约可以使索赔过程的某些部分自动化。

保险机构可以将各种保险单写入智能合约,智能合约可以基于保险单的类型设置多个参数。当满足某些参数的要求时,保险索赔将被自动处理。例如,针对笔者碰到的情况,保险公司可以写一个智能合约,只要系统从航空管理系统中获取投保人乘坐航班晚点3个小时的信息,则立即执行索赔程序并把款项自动打入投保人的账户中,这样对投保人和保险公司来说都大大减少了理赔成本,提升了保险公司客户的满意度。

(资料来源:作者根据相关资料整理。)

3. 以太坊的应用场景

以太坊作为一个开源、去中心化、有智能合约功能的公共区块链平台,其应用场景十分广阔,以下将介绍三个典型的应用场景。

(1)众筹。在以太坊发布前,就存在利用首次代币发行(Initial Coin Offering, ICO)进行众筹的案例;但是,这种ICO众筹的投资风险非常大,开发团队(即众筹发起人)在筹集到资金后,可能会放弃原计划的开发项目,卷走所筹集的资金,使得项目投资者(即代币持有人)的权益无法得到保障。目前,在我国是禁止进行ICO项目的。而随着以太坊的崛起,借助以太坊区块链的智能合约功能可以解决这一问题。运用智能合约,ICO项目投资者可以设置两种机制:"开闸"和"退款"。其中,"开闸"机制允许发行团队从持有众筹融资的智能合约中提取以太币。最初,投资者会给发行团队一个合理且不太高的每月预算,如果发行团队能够展示其能胜任现有预算的能力,投资者才会逐渐提高每月预算。"退款"机制则会允许投资者投票是否需要"自毁"该 ICO,如果"自毁"该 ICO,则会清空所有剩余的以太币的智能合约,并按照持有代币比例将剩余的以太币返还给投资者。这种运用以太坊智能合约功能的 ICO 众筹模式能够较好地保障投资者的权益,从而激活 ICO 众筹的活力,为这些创业团队提供便捷的融资方式。该方式在我国是否可行,还需要进一步探讨,未来可以探索在"监管沙盒"中试行。

(2)物联网。基于以太坊区块链技术的物联网可以实现资产被数字化锁定或者解锁,通过出租这些资产,资产所有人可以获得相应的收入。比如,利用"以太坊+区块链"进行自行车租赁服务。自行车所有者会将一个智能锁安装在自行车上,并在以太坊区块链上为其自行车注册一个智能合约;之后,任何人都可以向该智能合约发起一个发送一定数字货币的请求,智能合约接收到这个请求后,会自动将这笔数字货币发送到自行车所有者的账户上,此时,数字货币发送者就可以获得一定时间的自行车使用权。

(3)去中心化交易平台。利用以太坊的智能合约功能,可以建立去中心化交易平台,使得所有交易均能够通过智能合约自动执行。以太坊区块链不仅可以支持可编程合约,还能提供与智能合约十分契合的去中心化、不可篡改且稳定的特性。基于以太坊区块链技术的智能合约不仅具有成本低、效率高的特点,还可以防止正常执行的合约受到恶意篡改和干扰。同时,以太坊区块链技术的特性可以保障智能合约的可追溯性、安全性和透明性。CcllETF 就是部署在以太坊主网上的去中心化交易平台,它能够为智能合约聚合 ETF 清算、自动做市、流动资金池、流动性挖矿等去中心化协议,为用户提供多样化的衍生品及策略选择。

第三节 瑞波币

一、什么是瑞波币

瑞波币(XRP)是瑞波(Ripple)系统的基础货币,同时也是瑞波系统中唯一的通用货币,它作为中间货币,可以为其他货币的兑换搭建桥梁。在瑞波系统中,除了瑞波币,其他货币是不能跨网关提现的。比如,

A 网关发行的美元只能在 A 网关提现，如果想在 B 网关提现，必须通过瑞波系统的挂单功能转化为 B 网关的美元才可以到 B 网关提现。因此，不兑换成瑞波币的话，就很难跨网关转账或提现。

瑞波系统是一种互联网金融交易协议，是一个去中心化的、覆盖全货币币种的互联网金融交易系统，由瑞波实验室于 2013 年推出。瑞波系统提供瑞波币作为货币兑换的中间单位，其参与者包括了银行金融机构、流动提供者、货币做市商和普通用户。通过分布式账本技术和点对点网络可以实现美元、欧元、人民币、日元等多国货币以及比特币、黄金的实时汇兑。同时，用户能以非常低的成本进行跨国支付与跨行异地支付，转账也十分方便快捷，交易确认在几秒内就能完成。由于瑞波是一个 P2P 软件，因此任何人都可以创建一个瑞波账户。① 基于 Ripple 支付的流程如图 18-2 所示。

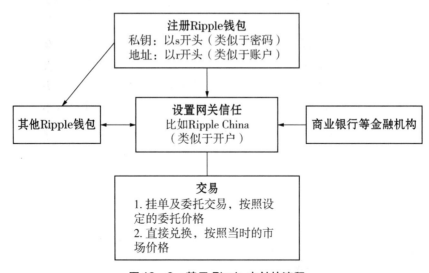

图 18-2 基于 Ripple 支付的流程

（资料来源：王朝阳、郑步高：《互联网金融中的 RIPPLE：原理、模式与挑战》，载《上海金融》2015 年第 3 期，第 46～52 页。）

---

① 参见王朝阳、郑步高《互联网金融中的 RIPPLE：原理、模式与挑战》，载《上海金融》2015 年第 3 期，第 46～52 页。

二、瑞波币的发行

瑞波币的发行总量固定，一共 1000 亿个。根据瑞波实验室所述，这 1000 亿个瑞波币中，200 亿个会被分配给投资人和创始人，500 亿个会被免费派发给用户，以增加用户活跃度，剩余的 300 亿个将由瑞波实验室持有，不定时抛售以获得利润。

按照瑞波币的设计，其总量会随着交易的进行不断减少。由于 Ripple 协议是开源的，恶意攻击者可以通过制造大量的"垃圾账户"使瑞波网络瘫痪。为了遏制这种情况的发生，瑞波实验室要求用户每开设一个 Ripple 账户，就需要在账户中放置至少 20 个瑞波币的保证金。账户每进行一次交易，就会销毁 0.00001 个瑞波币，被销毁的 0.00001 个瑞波币就是交易者承担的交易费用。对于正常交易者，这一交易费用极低（截至 2020 年 8 月 20 日，1 个瑞波币 = 0.29 美元），但对于制造海量虚假账户和交易信息的恶意攻击者，被销毁的瑞波币会呈几何数级增长，代价极大，从而能够遏制恶意攻击者对瑞波网络的攻击。因此，出于保障瑞波网络安全的考虑，瑞波币的数量实际上是随着交易不断减少的。未来，随着瑞波币成为全球主流的支付协议，一方面，瑞波币的需求将大大提升；另一方面，瑞波币的总供给量不断减少，从而可能导致瑞波币的升值。但是，由于瑞波币集中于瑞波的投资人、创始人和瑞波实验室上，每当他们抛售瑞波币，都可能会对瑞波币的价格产生负面影响。

第四节　摩根币

一、什么是摩根币

摩根币（JPM Coin）是摩根大通（J. P. Morgan）于 2019 年 2 月发布的一种数字货币。它类似于一种稳定币，与美元按 1∶1 的比例挂钩，即 1 个摩根币的价值总是相当于 1 美元。摩根大通发布摩根币，旨在使用区块链技术进行即时支付，为企业和机构资金提供快速的流动性。

如图 18-3 所示，摩根币的工作原理主要分为三个阶段。

图 18-3　摩根币的工作原理

（资料来源：作者根据摩根大通网站资料整理。）

（1）摩根大通的客户将存款存入指定账户，并接收等量的摩根币。

（2）通过区块链网络使用摩根币与其他的客户进行交易（比如用户转账、证券交易支付等）。

（3）持有者在摩根大通将摩根币兑换成美元。

二、摩根币的发行

摩根币面向的对象是机构客户，只有摩根大通的机构客户才能使用摩根币进行交易。因此，个人投资者并不能接触到摩根币，更无法使用摩根币进行日常生活的支付。由于摩根币是摩根大通的私有币，所以摩根币不会随着市场波动。目前，摩根币是在摩根大通自己的私链平台 Quorum 上发行，未来可能会扩展到其他区块链平台上。

第五节　Libra

一、什么是 Libra

1. Libra 的诞生

Libra 是由 Facebook 开发的加密数字货币，它是基于区块链网络、价值稳定的全球加密数字货币，其拥有一篮子货币作为资产储备。Libra 的发展历程如图 18-4 所示。

图 18-4 Libra 发展历程

（资料来源：王林曦：《Libra 的基本特性和前景展望》，载《金融市场研究》2019 年第 9 期，第 30～38 页。）

2．Libra 的定位

Libra 的定位是服务于支付和普惠金融领域，从而使其用户能够以低成本、高速度进行货币支付和流通。按照 Libra 白皮书所述，"建立起一套简单、无国界的货币以及为数十亿人服务的金融基础设施"是 Libra 的使命。根据白皮书所介绍，全球货币应该定位于公共产品这一角色，每个人都应该助力普惠金融的发展，遵守相关的网络道德规范，维护全球货币和金融基础设施。Libra 的目的是让更多人享有获得金融服务和廉价资本的权利，这种低成本、开放的全球加密数字货币在未来很有可能带来巨大的经济价值。

相比比特币、以太币等非法定数字货币，Libra 由于是以一篮子货币作为资产储备，其价格较为稳定，因此具备货币的支付功能。根据 Libra 白皮书所述，Libra 希望用户使用 Libra 支付，在实现快速转账的同时，保证用户支付的安全性。①

3．Libra 的组成部分

Libra 主要由三部分组成：第一，Libra 是以区块链为基础的；第二，Libra 以一篮子货币作为资产储备；第三，Libra 是由独立的 Libra 协会管理的。

（1）以区块链为基础。Libra 在构建其区块链基础时，优先考虑了区块链的安全性、可扩展性、处理量、存储效率。此外，因为 Libra 的定位是为全球人类提供在支付和普惠金融领域的服务，所以其区块链是开源

---

① 参见袁煜明、王蕊、胡智威《360 度详解 Libra 的机制、路径与影响》，见搜狐网（https：//www.sohu.com/a/322712646_579490），2019 年 6 月 24 日。

的，任何人都能够在其区块链基础上进行开发，从而满足不同使用者个性化的需求。

（2）以一篮子货币作为资产储备。Libra 拥有一篮子货币作为其资产储备，每新发行一单位的 Libra，其资产储备都会新增对应价值的一篮子货币资产。通过这种方式，Libra 能够使用户信任其内在价值，从而降低其币值的波动，有利于其发挥支付功能。

（3）由独立的 Libra 协会管理。Libra 协会是非营利性的、独立的成员制组织，该组织的目的是通过为 Libra 的区块链网络和资产储备提供管理框架，推动 Libra 的发展。Libra 协会成员（如图 18-5 所示）包括了支付业、技术和交易平台、电信业、区块链业、风险投资业的企业以及一些非营利组织、学术机构和多边组织。

图 18-5 Libra 协会成员

［资料来源：贝尔、林默默：《腾讯、阿里能像 Facebook 一样发币吗？》，见燃财经百家号（https：//baijiahao. baidu. com/s？id = 1636915451649475517&wfr = spider&for = pc），2019 年 6 月 21 日。］

二、Libra 的稳定机制

根据 Libra 白皮书所述,Libra 定位的是支付和普惠金融领域,因此,Libra 必定不能像比特币那样,价格波动剧烈。为此,Libra 采取了一系列的稳定机制,保障 Libra 成为价格稳定的加密数字货币。

1. 一篮子货币储备

Libra 并不是只锚定于某一法币,而是建立了资产储备池。该储备池中包括了多国法币储备,这些储备主要是信誉良好并且稳定的中央银行所提供的现金和国债。这些资产波动率低、流动性良好,有助于降低 Libra 价格波动幅度和减轻波动尤其是负方向波动的严重程度。同时,Libra 的发行基于 100% 法币储备,因此能避免"银行挤兑"。因为挤兑背后的典型理由便是货币只获得了部分支持,即部分准备金制度造成的信贷扩张及一系列后果。此外,这种发行方式意味着 Libra 的发行量不会主动新增,只有一篮子货币储备的数量增加时,Libra 发行量才会增加。这样的发行方式能够从根本上防止 Libra 因主动超发而导致贬值的情况。

Libra 储备有两种来源,分别来自投资代币的投资者与 Libra 用户。代币投资者进行投资后,投资资金转入储备,Libra 协会将向投资者非公开配售 Libra,Libra 用户可以使用法定货币按 1:1 比例购买 Libra,并将该法定货币转入储备。

2. 严格的资产抵押与兑换

Libra 协会会选取一些合规的银行和支付机构作为 Libra 的经销商,授权其与资产储备池进行直接交易,即经销商可以投入法定资产向协会购买 Libra,或向协会卖出 Libra 以换取抵押资产。Libra 协会、经销商与法币储备池通过 Libra 与法币之间的双向兑换,从而使得 Libra 的币值与资产储备池中的一篮子货币的加权平均汇率挂钩。由于这些一篮子货币的汇率都较为稳定,因此,Libra 的价格也得以保持相对稳定。但是,普通用户不能直接与资产储备池进行交易,他们需要通过经销商进行 Libra 交易。Libra 交易示意如图 18-6 所示。

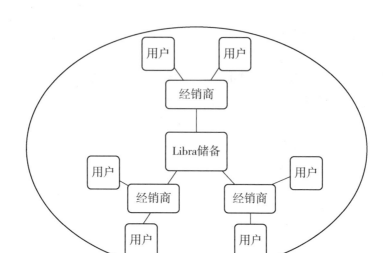

图 18-6 Libra 交易示意

（资料来源：作者根据文字资料绘制。）

3. 联系汇率制

Libra 的运作方式与特别提款权（Special Drawing Right，SDR）以及货币发行局制度（Currency Board System）十分相似，其自身并没有独立的货币政策。Libra 的资产储备与自由兑换的外汇市场类似，其管理遵循的是被动原则，所以，Libra 币值的波动仅由资产储备的一篮子货币在外汇市场上的波动所决定。

4. 资产托管

对于 Libra 资产储备的管理，其采用的是托管的方式，由分散在世界各地的具有投资级信用评级的多个托管机构持有储备中的资产，这样就大大提高了这些资产的分散性和安全性。这种分散托管的方式可以限制交易对手风险，确保资产安全；同时，托管在这些高评级托管机构的资产拥有较高的可审计性和透明度，从而避免储备托管中心化风险，实现较高效率的运作。

三、Libra 与其他稳定币的区别

1. 去中心化发行和管理

相比于其他稳定币，Libra 与它们最大的一个区别就是 Libra 是去中心化发行的，其发行由 Libra 协会所决定，而 Libra 协会成员包括了全球各个

行业的企业、非营利组织、学术机构和多边组织。Libra 的发行和管理受到这些主体的综合影响,而非仅仅由 Facebook 主导。Libra 这种去中心化的发行与管理模式能够大大增强其信用。

2. 价格并不锚定某一法币

Libra 并非只锚定某一种法定货币,其资产储备是一篮子稳定并且信用良好的法币,因此资产储备更加分散、安全,币值更加稳定。Libra 的价格与每种法定货币都会有一个汇率,这些汇率会在小范围内波动。

3. 支付拓宽应用场景

由于 Libra 是由 Facebook 开发的,而 Facebook 作为世界上最大的社交平台,拥有坚实的用户基础和强大的合作伙伴实力,因此,Libra 在应用上存在着天然的优势,其未来的应用场景存在不断拓宽的可能。比如,Facebook 旗下的 Messenger 和 WhatsApp 将会支持使用 Calibra 数字钱包进行 Libra 转账。此外,由于 Libra 协会成员囊括了全球许多行业的企业,比如支付业的贝宝(PayPal)、万事达卡(Mastercard)、维萨(Visa),技术交易平台的易趣(eBay)、优步(Uber)等,这些企业也会在其产品或服务运营过程中不断应用 Libra。①

◆思考讨论题◆

1. 你觉得比特币和以太币这样的纯数字货币是否真的具备货币功能?
2. Libra、摩根币和比特币、以太币、瑞波币有什么不同?
3. 从金融风险角度看,Libra 有什么风险?
4. 未来非法定数字货币是否能大规模应用?
5. 非法定数字货币会对不同国家的法定货币造成什么冲击?对经济大国和经济小国冲击的效果有什么差异?

---

① 参见袁煜明、王蕊、胡智威《360 度详解 Libra 的机制、路径与影响》,见搜狐网(https://www.sohu.com/a/322712646_579490),2019 年 6 月 24 日。

第十九章　法定数字货币

在本章中，我们首先分析法定数字货币的发展历程，介绍各国法定数字货币研究的成果与实施的相关进程；其次介绍法定数字货币的相关功能；最后，会以我国法定数字货币为重点，阐述我国法定数字货币的发展与实现方法，介绍我国法定数字货币的相关应用场景，并展望法定数字货币的发展前景。

第一节　法定数字货币的发展

一、法定数字货币的产生背景与定义

1. 电子支付的发展与法定数字货币的需求

随着电子支付方式逐渐在大众中普及，现金支付逐步减少，人们养成了电子支付与移动支付的习惯。近年来，因为移动互联网和移动手机的普及，无论是发达国家还是发展中国家，电子支付方式在全球范围内被广泛接受。根据国际清算银行在 2019 年对现金使用情况的调查，现实货币的用途逐渐转向了贮存职能而非支付。电子货币开始挑战传统货币的地位，并且随着数字经济的发展而体现出其重要性。在过去的十年之中，电子货币交易量不断攀升，基于区块链的虚拟货币的累计交易量达到 31 亿美金，2019 年全年的交易量为 11 亿美金。2019 年年底，比特币供应量已经超过了 1800 万个，全球区块链钱包数量增长至 4300 万个。随着信息科技的发展，诞生了数字货币和电子支付，其主要的呈现形式分别是法币的电子化和由数字形式呈现的货币。

数字货币的类型各种各样，正是其他类型的数字货币如比特币存在着各种不足，才催生了对法定数字货币的需求。首先是虚拟货币，其表现形式有基于区块链技术的比特币、以太币等数字加密货币，还有以 Q 币、百

度币等游戏币为代表的平台货币。前者的信任机制基于对区块链的去中心化、分布式记账以及加密技术的充分信任，后者的信任机制基于公众对发行主体的信任。其共同特点就是缺乏国家信用背书保障，不具有法偿性。其次是电子货币。电子货币其实是实体货币的电子表现形式，具体的有基于银行账户体系的信用卡、银行卡或基于第三方支付机构体系的支付宝、微信支付等，它们具有国家信用背书保障，具有法偿性，但是不具有点对点的支付功能，需要依托于第三方的系统。两种非实体货币都存在着各种不足之处，正是因为它们的支付能力都存在着各种各样的不足，才催生了对法定数字货币的需求。

2. 法定数字货币的定义

法定数字货币即中央银行数字货币（Central Bank Digital Currencies，CBDC）。法定数字货币是一种基于国家信用而发行的货币，通常指的是由一国中央银行直接发行的数字货币，以代表具体金额的加密数字串为表现形式。对大众来说，法定数字货币是一种数字形式的实物现金。从银行的角度来看，法定数字货币可以用来结算银行间的支付和交易，就像中央银行的电子银行储备。法定数字货币和数字货币之间的重要区别在于法定数字货币在很大程度上仍由中央银行控制，可以在分布式账本中进行管理，但其所有权的确定不像加密货币那样通过共识协议；此外，法定数字货币的发行和价值很大程度上将由策略决定，而不是由算法决定。

法定数字货币的发行可以使支付工具和投资工具相分离，疏通货币政策传导渠道，实现社会经济效率的提升。法定数字货币作为中央银行提供的数字支付工具，理应被纳入法定货币的范畴，但在实践中难以具备法偿性，与法定货币的现有定义不符。为解决这一困境，有学者从经济学角度分析法定货币的合理性，认为货币只有取得了社会主体的"一致同意"才能成为社会与经济意义上的货币，现实中，只有法定货币能够通过社会契约取得"一致同意"。中国人民银行数字货币研究所原所长姚前认为，此种解释同样能适用于法定数字货币。[①]

我国十分重视本国数字货币的发展，从很早就致力于法定数字货币的研究。中国人民银行数字货币研究所原所长姚前指出，我国关于法定数字货币的定义是数字化的人民币，属于法定加密数字货币，其本身是货币而不仅仅是支付工具。他认为，可以从四个维度对法定数字货币的本质内涵进行界定

---

① 参见杨东、陈哲立《数字货币与法定货币的定义冲突及其法理化解》，载《中国人民大学学报》2020年第3期，第108～121页。

和剖析：首先，法定数字货币在价值上是信用货币；其次，从技术上看是加密货币；再次，在实现上是算法货币；最后，在应用场景上则是智能货币。

二、法定数字货币的发展历程

法定数字货币作为中央银行发行的数字货币，目前，世界上已经有许多国家都对其进行研发、投入及试行，各国近几年来对法定数字货币的研究进展情况如图 19-1 所示。

- 1994年，芬兰银行的一家附属机构推出了Avant卡，这是一种绑在卡片上的电子钱包
- 2012年，欧洲央行发布"虚拟货币计划"报告，宣布数字资产由欧洲央行负责
- 2014年，厄瓜多尔中央银行启动了"Dinero Electrónico"，厄瓜多尔成为第一个推出数字现金的国家
- 2015年，中国人民银行启动DC/EP研究
  英格兰银行公布一项研究议程，将发行数字现金的可能性作为议程的核心部分
- 2016年，加拿大银行、加拿大支付部和R3联盟启动Jasper项目，研究分布式账本技术如何影响支付和银行间结算
  英国央行发布欧洲央行首次公开发表的论文，使用"CBDC"一词并讨论其对宏观经济的影响
  日本央行和欧洲央行启动Stella项目，研究分布式账本技术在金融市场基础设施中的应用
- 2017年，瑞典央行启动法定数字货币E-krona项目
  新加坡金融管理局和新加坡银行协会宣布成立联合体，用分布式账本技术探索实时全额支付系统
  乌拉圭央行启动 E-Peso试点
- 2018年，乌克兰国家银行启动e-Hryvnia零售试点
  瑞典央行发布关于 E-krona项目的报告
- 2019年，国际清算银行发布央行调查发现，约70%的人"参与"了CBDC的相关工作
  东加勒比中央银行与比特电信签署CBDC试点合同
  巴哈马中央银行选择NZIA有限公司作为"Project Sand Dollar"的技术合作伙伴
  南非储备银行发布CBDC意向书
  柬埔寨国家银行启动"Bakong Project"试点
  中国人民银行高级官员宣布中国将很快推出DC/EP
  国际货币基金组织官员称，公私合营的"合成CBDC"是CBDC的更好选择
  香港金融管理局和泰国银行完成项目批发市场案例
  巴哈马中央银行发布"Project Sand Dollar"白皮书并在埃克苏马试点
- 2020年，加拿大银行的研究人员表示，目前的技术对于CBDC的使用来说还不太成熟
  国际清算银行最新调查发现，80%的央行正在"探索"CBDC
  英国央行与加拿大央行、日本央行、欧洲央行、瑞典央行和瑞士银行合作，对CBDC零售业务进行调查
  中国人民银行证实，已在4个城市对DC/EP进行了内部测试

图 19-1　各国对法定数字货币的研究进展情况

（资料来源：作者根据相关资料整理。）

由上图可以看到，越来越多国家的中央银行开始加入法定数字货币的研究行列。虽然在大多数国家，法定数字货币较私人虚拟货币而言具有天然优势，但货币政策制定者也需要采取各种方式方法来应对可能出现的各类新需求。姚前在2017年发表的论文《关于央行法定数字货币的若干思考》中提到数字货币可能成为未来货币发行、支付模式的发展方向。其实，无论一国对现金支付的依赖程度如何，都应考虑法定数字货币的研发与实施，因为从技术上来说，法定数字货币一定是提升效率、降低支付成本、加强政府中心化管理的更好方式。当然，中央银行也应考虑法定数字货币可能对货币政策和金融稳定产生的不确定影响。

新兴市场经济体的银行正在加快发行政府支持的法定数字货币，而发达国家的银行对从传统法币向数字货币的过渡似乎采取了更为谨慎的态度。国际清算银行已经连续3年做了相同的调查问卷，2019年，参与调查的经济体有66个，其中包括45个新兴经济体和21个发达经济体，这些接受调查的国家一共覆盖了75%的全球人口和90%的全球经济产出。

法定数字货币是货币发展的必然趋势，仅2017年11月，全世界已有超1200种私人数字货币或代币被发行。乌拉圭中央银行于2017年11月3日宣布乌拉圭比索数字化项目正式成立。2018年2月21日，委内瑞拉官方发行了加密货币"石油币"，该货币成为第一个由主权国家发行并有自然资源作为支撑的加密数字货币。在英国《金融时报》的报道中，欧洲中央银行最知名的执行董事会成员之一表示，其正在研究是否要开发一种数字货币来替代现金。

各国对数字货币的讨论、试验和试点将持续进行，如果有经济体开始使用数字货币，那将在全球产生溢出效应，各国经济体都将越来越重视这种新现象和新趋势。2019年10月，德国将引入中央银行数字货币e-euro。2019年11月，法定数字货币在多国取得突破：新加坡中央银行的数字货币项目Ubin正式开启第五阶段；土耳其发布2020年年度总统计划，发行基于区块链的数字货币；纳米比亚中央银行正在考虑发行数字货币，以适应电子支付系统的增长；突尼斯中央银行的数字货币E-Dinar已进入测试阶段。2019年12月，立陶宛宣布将于2020年春季发行基于区块链的数字纪念币LBCoin。2020年1月，立陶宛中央银行表示正继续努力加强CBDC业务。2020年1月，澳大利亚储备银行进行在以太坊网络支付系统运行CBDC的模拟测试。2020年1月，英国将评估CBDC潜在情况，已与日本中央银行、国际清算银行等组织建立小组合作探讨。2020年1月，泰国中央银行数字货币项目Inthanon取得良好进展。2020年2月是法定数字货币取得很大发展的一个月：美国的美联储开始研究发行CBDC的可行性，但尚未决定是否正式推出；韩国中央银行成立专项工作小组，加强CBDC研究，其计划拥有完备的电子支付系统，但不意味着会很快推出；日本积极同多国中央银行合作研究CBDC的利弊；加拿大中央银行副行长表示目前尚无发行CBDC的计划，但是已发布零售数字货币应急计划，以应对可能需要推出本国数字货币的情况；巴哈马将于下半年推出巴哈马CBDC。

三、我国法定数字人民币的进展

我国中央银行——中国人民银行发行的数字货币称为"DC/EP"（Digital Currency Electronic Payment），属于法定加密数字货币，具有无限法偿性，其本质是人民币的数字形式，依然是货币。对目前的公开资料进行总结分析可知，DC/EP可能会采用账户松耦合（脱离传统账户）的方式投放，并坚持中心化的管理模式和双层运营体系，同时建立在"一币两库三中心"的运行框架基础上，具有可控匿名的原则和100%的准备金制度。

目前，我国法定数字人民币正处于测试阶段。2019年8月，中国人民银行数字货币研究院院长穆长春在中国金融四十人论坛上表示，中国人民银行数字货币是可以加载智能合约的。截至2020年2月20日，在数字货币方面，中国人民银行数字货币研究所申请了65项专利，中国人民银行印制科学技术研究所申请了22项。最新一项对外公示的专利名称为"一种数字货币的生成方法及系统"。

◆衍生阅读◆

我国数字人民币的研究历程

● 2014—2015年

中国人民银行成立数字货币研究小组，对数字货币相关问题进行前瞻性研究，论证法定数字货币的可行性。

对数字货币运行框架、关键技术等方面进一步深入探究，形成了中国人民银行发行数字货币的系列研究报告。

- 2017 年 7 月

中国人民银行数字货币研究所正式挂牌。

中国人民银行内部多位专家学者纷纷撰文,从学术角度论述了中国人民银行法定数字货币的构想,阐述法定数字货币的功能,研究了法定数字货币发行可能面临的各种障碍。

- 2019 年 11 月 28 日

中国人民银行副行长范一飞表示,中国人民银行数字货币将合理选择试点验证地区、场景和服务范围。

- 2020 年

中国人民银行宣布,DC/EP 进展顺利,"顶层"设计已经完成。

中国人民银行证实,已在深圳和苏州等 4 个城市对 DC/EP 进行了内部测试。

中国农业银行发布了一款支持中国人民银行数字货币项目的移动测试应用程序。

作为测试,苏州政府工作人员 5 月份的部分交通费补贴以 DC/EP 的形式发放。这部分法定数字货币由中国农业银行、中国工商银行、中国银行和中国建设银行四家国有银行完成发放。

- 2020 年 11 月

深圳发放 1000 万数字人民币红包,开展红包试点。

(资料来源:作者根据相关资料整理。)

第二节 法定数字货币的功能

一、法定数字货币的优势

相较于传统的纸币和其他数字货币,法定数字货币拥有四大优势。一是降成本:相较于传统纸币、硬币,数字货币的发行和使用成本大大降低。二是便支付:数字货币使用更加便捷,将极大提升线下支付效率。三是助监管:数字货币可显著提升金融机构 KYC 与反洗钱能力,助力金融监管落实,增强中国人民银行对货币流通规律的把控能力,使货币投放更加合理高效。四是替代币:法定数字货币发行将在一定程度上对比特币一类的虚拟货币形成替代作用，减少此类虚拟货币对正常经济活动的影响。

二、法定数字货币的三项功能

法定数字货币的四大优势主要通过三项功能来体现：一是更强的货币流通监管工具，二是更便捷的支付方式，三是更有效的促进消费的手段。

1. 更强的货币流通监管工具

法定数字货币在资金流动走向监控方面明显有着天然的优势。首先对比纸质的货币，纸质货币一经发售，很难掌控其流向。我们知道有多少纸币进入流通领域，但是并不知道纸币具体的流向，这样并不利于货币的监管工作。在纸币不流回相关可监控的账号时，我们无法知道它具体在哪里，即便流回了可被查看的相关账号，我们也不知它在外期间经历了什么。而其他的非法定数字货币，如Q币、游戏币这类网络虚拟货币，我们虽然可以通过发行平台知道其流动情况，但是监管起来会十分困难。困难很大一部分来源于发行平台多样、类型多样，我们无法做到完全掌握。而对于比特币这类网络虚拟货币而言，匿名性是其一大特点，因为哈希地址的生成无须实名制的认证，通过哈希地址也无法对应出交易人的真实身份，并且同一个人可以拥有无数个收款账号，账号之间的关联无法被察觉，这也代表着无法确定一个人拥有多少个比特币。这就意味着在比特币这类电子货币未与现实货币发生交集交易的时候，我们永远都无法对其进行监管与控制。纸币与非法定数字货币存在的这一系列问题，法定数字货币都可以解决。法定数字货币具有相对的匿名性，这里的匿名性的定义是两个交易对手可以在交易期间彼此保持匿名，但是中央银行仍有权获取所有交易信息，其记录的内容可用于反洗钱和反恐。法定数字货币由各国的中央银行发行，且中央银行能够掌握其流通轨迹，不同于货币完全的线下模式，法定数字货币的流通过程需要通过网络与中央银行的数据库进行交互，这样，记录每笔交易的流向十分容易。在已知交易轨迹的前提下，对法定数字货币进行相关的监管工作自然十分容易。法定数字货币的普及与发展有利于金融监管业务的开展。

2. 更便捷的支付方式

法定数字货币在支付的便捷性上拥有极大的优势，移动手机对现代人来说已经是不可或缺的工具之一，而法定数字货币可以通过手机客户端直接完成交易，相较于纸质货币而言，其支付效率明显更高。纸质货币交易涉及的核验、找零问题对数字货币而言完全不存在，一切的交易过程都只需要两个"设备"之间的交互即可完成。从某种程度上说，科技帮助人类实现了支付的便捷。而相较于其他数字货币来说，法定数字货币在支付的便捷性上也有着很大的优势。它是由各国的中央银行发行，由官方机构推进的，不同于其他平台或机构推出的电子支付手段，法定数字货币可以克服跨平台不能流通交易的弱点。以中国法定数字货币DC/EP为例，支付宝和微信瓜分了中国绝大部分的电子支付市场，但是两者之间是无法进行交易流通的，支付宝中的钱无法转移到微信上，微信钱包也无法和支付宝账户进行货币交易；但是DC/EP明显可以克服这个障碍，作为中央银行发行的法定数字货币，它不会受到平台之间的约束，能够实现与所有平台的交易，不会因为各种"私人性质的商业"原因受到约束从而不能进行交易。

3. 更有效的促进消费的手段

促进消费是从前面两项功能——方便监管和便捷支付延伸而来的。中央银行作为法定数字货币的发行机构，可以监管法定数字货币的流向。不同于纸质货币发行之后就"不知所踪"与非法定数字货币难以监管的状况，法定数字货币的流通与否完全可以被央行掌握，而其流向也可以被央行监管。当需要促进消费时，央行所掌握的这些信息都可以在相关政策的制定与落实上起到重要作用。而从便捷支付的角度来说，也在一定程度上促进了消费。电子支付本身就有促进消费者消费欲望的作用，与纸质货币相比，人们对数字货币相对不敏感，大部分人很愿意消费数字货币。

正是因为法定数字货币作为一种新的货币形式来说拥有这样的优势与功能，所以越来越受到重视。在世界范围内，很多国家的中央银行已经开始法定数字货币的相关研究工作，法定数字货币受到重视并被视为一种重要的监管工具或促进消费的手段。虽然各国中央银行对数字货币的实现方法各不相同，但这并不影响他们将大量的精力投入法定数字货币的实现与研究中。各国的情况不同，对法定数字货币的研究进程也各不相同，但是抓住法定数字货币的先机很可能帮助本国的货币在国际上拥有更加牢固稳定的地位。

第三节 我国法定数字货币的设计方案

我国中央银行——中国人民银行进行研发的法定数字人民币英文名叫"DC/EP",包含两层含义:DC(Digital Currency)是数字货币,EP(Electronic Payment)是电子支付。

一、法定数字人民币系统运行模式

一般而言,中央银行主导的法定数字货币的运行框架有两种模式:第一种是由各国中央银行直接面向公众发行数字货币;另一种是传统的中央银行-各种商业银行的二元模式(如图19-2所示)。

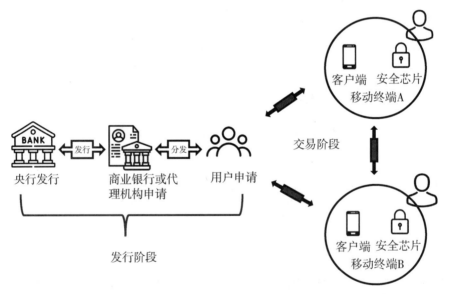

图19-2 法定数字货币运行的二元模式
(资料来源:作者根据文字资料绘制。)

在第一种模式下,中央银行将要直接面对全社会提供法定数字货币的发行、流通、维护服务,这样会增加中央银行业务操纵的复杂度和系统的负荷,这种模式简单,但是对于我国这样的大国来说,可能会让中央银行承担过多的微观管理功能。第二种模式仍采用现行纸币发行流通模式,即由中央银行先将数字货币发行至商业银行或者其他代理机构的数字货币业务库,商业银行或者其他代理机构再受中央银行委托向公众提供法定数字货币的存取等服务,并在中央银行的指导下具体承担维护数字货币发行、流通等微观管理业务。显然,第二种模式不会改变现有中央银行的基本管理构架,而且能够推动法定数字人民币逐步取代纸币,不会颠覆现有的货币发行流通体系,风险较小,易于被已有的系统接受;同时也能充分发挥商业银行和其他代理机构(如蚂蚁集团、腾讯、移动、联通和电信等)的积极性,促进业务创新,共同推动法定数字人民币的发展。因此,最终我国中央银行选取第二种模式。

在第二种模式下,中央银行负责数字货币的发行与验证监测,商业银行或者其他代理机构从中央银行申请到数字货币后,负责向社会各方直接提供数字货币的流通服务与应用生态体系构建服务。

目前,法定数字人民币已经完成发行、回笼及在商业银行之间的转移测试,实现了中央银行到商业银行的闭环测试。当前,正在进行法定数字货币在商业银行的数字货币库和个人或企业的数字货币钱包之间转移的测试。

二、法定数字人民币体系的核心要素

我国法定数字人民币以"一币两库三中心"为核心要素。

1. "一币"

DC/EP 简单理解就是一种代币,代币目前是指一种类似 M0 的数字货币,或者说是无息现金的替代品。从目前的设计上来看,DC/EP 遵循一种双层体系,即与人民币挂钩,由中国人民银行发行并做储备的支持:商业银行可以从中央银行获得 DC/EP,然后通过钱包接口分发给公众。双层体系与单层模型不相同,在单层模型下,中国人民银行将自始至终负责所有任务,更具有挑战性,因为中国人民银行可能会面临缺乏面向客户的能力或专业知识的问题,例如筛选客户、服务账户和提供电子商务等重要的补充服务。双层体系能够更好地解决上述问题。在双层体系中,中国人民银行将部分任务外包给商业银行,而商业银行本质上是支付接口提供商。中国人民银行控制 DE/PC 的发行和赎回,商业银行可以处理分销、支付服务和用户账户/钱包的管理。与单层模型相比,双层体系降低了银行脱媒的风险,并使商业银行能够继续利用其面向客户职能方面的竞争优势。

从目前来看,中国人民银行将控制跟踪所有DC/EP交易的集中数据库,商业银行将发挥数字货币提供商的作用,并管理用户与中国人民银行的通信,以便进行交易查询。中国人民银行表示,技术设计不会预先确定,会根据市场选择来演变。

2. "两库"

从上述的需求来看,DC/EP需要两个大的数据库的支持,一个是中国人民银行方面需要数据库记录DC/EP的发行等相关情况;一个是各个商业银行需要数据库记录DC/EP的分发等相关情况。而且,这两个数据库需要相互连通。DC/EP将在中国人民银行发行,并通过商业银行分发。中国人民银行对公众负有确保宏观审慎和货币政策控制职能的责任。商业银行作为用户的接口,将提供数字货币存取和流通服务,并与中国人民银行合作,以确保数字货币供应稳定。中国人民银行将控制跟踪所有DC/EP交易的集中数据库,商业银行将发挥数字钱包提供商的作用,并管理用户与中国人民银行的交易信息。同时,在交易之中,为了保障数据的安全性和准确性,DC/EP也采用分布式账本技术。

3. "三中心"的构架

法定数字人民币的技术构架包括数字货币身份认证中心、法定数字货币登记中心和大数据中心。

(1)数字货币身份认证中心。它是匿名管理的核心组件,采用PKI技术。所有用户、机构必须在身份认证中心进行实名注册,并从身份认证中心获得专属私钥,将身份信息和专属私钥绑定后,生成数字货币钱包地址。身份认证中心要负责验证用户和机构的登录信息,并负责向用户和机构分发唯一私钥作为凭证。

(2)法定数字货币登记中心。它能将数字货币与各自的数字身份进行匹配,还记录了数字货币从发行到流通的整个生命周期。利用支付行为和监管指标,货币流通将受到严密监督,以确保交易安全,防止非法活动。

(3)大数据中心。它记录着部分的数据,以大数据分析的方法来进行风控、反洗钱、反欺诈等监测。由于其特殊的功能,大数据中心的数据不可修改,但是具有可读性。中国人民银行控制跟踪所有DC/EP交易的集中数据库,商业银行则发挥数字钱包提供商的作用,并管理用户与中国人民银行的交易查询通信。

第十九章　法定数字货币

第四节　我国法定数字人民币的应用场景

中国目前已经是世界上最大的移动支付市场之一，这源于十多亿的手机活跃用户。同时，微信和支付宝已经占据了中国移动支付市场 90% 以上的份额。尽管如此，法定数字人民币依然有望能在中国的移动支付市场上"杀出一条路来"。这源于法定数字人民币所拥有的支付宝和微信很难达到的一些优势：一是法定数字人民币有望在不同的账户系统之间进行传递，这一点是支付宝和微信无法做到的，比如用户就无法用微信钱包里的零钱去淘宝网进行消费。二是法定数字人民币可离线操作，可同时允许双方在离线的情况下进行交易；从硬件设备上来看，中国人民银行希望法定数字人民币可同时支持利用芯片和手机之间的磁场通信进行相关的交易动作。三是法定数字人民币的安全性高于第三方支付。因此，无论法定数字人民币的最终形式如何，都可能会在现在已成型的中国移动支付市场之中占有一席之地。

从法定数字人民币在深圳罗湖区的测试看，当前主要目的是取代现金，因此，其应用场景也主要集中在支付相关领域。在深圳测试的应用场景有三种。

（1）基础支付：可以在手机端进行支付。

（2）深圳通自主充值机：通过数字人民币直接在深圳通的自助客服终端进行充值。

（3）商户数字货币职能 POS 机收款：商户可以用 POS 机、超市可以用自助收银机进行数字人民币的收款。

随着数字人民币的进一步测试，更多的应用场景将会出现。

第五节　法定数字货币的未来影响

虽然只有少数几个国家的中央银行可能会在未来 5 年内全面实施项目并发行数字货币，但一些中央银行已经完成或正在启动高级阶段试点工作。法定数字货币将现金重新设计为数字化的形式，为提高交易效率和实现资产的可编程性提供了广泛的机会。虽然法定数字货币未来的发展方向究竟会走向何处仍有待观察，但是这并不影响法定数字货币的推广继续有条不紊地缓慢前进。

大多数法定数字货币提案都维持着"中央银行－商业银行"的货币体系架构。多数中央银行都战略性地利用经授权的代理机构来协助法定数字货币整个生命周期的管理，这些代理机构不仅包括传统的商业银行，还包括非银行服务提供商（如一些大的互联网支付巨头）。

随着Libra等稳定币对法币的冲击，各国中央银行对法定数字货币的看法逐渐转变，更能接受合作创新，尤其是从联合研究和知识共享的角度来看。就法定数字货币的实施而言，最大的挑战不是技术问题，而是所有利益相关者之间的社会协调，以及与法定数字货币设计和治理相关的关键政策问题的争议。未来，法定数字货币对支付领域的利益相关者会产生巨大的影响。

首先，法定数字货币对商业银行有重要影响。在大多数法定数字货币方案中，商业银行仍将是"中央银行－商业银行"发行流通体系的重要一环。在发行方面，新的数字货币发行后需要经过商业银行发行库才能到普通用户的数字钱包中。在回笼方面，货币回笼需经商业银行将普通用户的数字钱包中的数字货币收集后进行。在增值服务方面，需要商业银行提供数字货币的存储和支取服务，提供数字货币的零钞兑换服务。其次，法定数字货币能改变业务开展模式，如数字货币存取、零钞兑换业务，无须用户亲临银行营业场所，减少了银行对实体网点的依赖，但同时也减少了与客户面对面交流的机会，使维护客户关系成为一种挑战。再次，法定数字货币能节省成本，极大地减少银行用于纸钞管理的成本，但也需要银行建立与数字货币相适应的货币管理体系。最后，法定数字货币能够提升交易量，根据第三方支付的发展历史来看，数字货币的交易便捷性有可能大幅度提升商业银行的交易量，但也会增加银行信息系统的处理压力，需要银行进一步提升信息系统的处理能力。

◆思考讨论题◆

1. 法定数字货币与非法定数字货币的区别是什么？法定数字货币相较于其他数字货币的优势是什么？

2. 为什么说法定数字货币具备可控的匿名性？其匿名性体现在哪里？

为什么可控?

3. 我国法定数字货币 DC/EP 采用"中央银行-商业银行"的双层构架的原因是什么?

4. 我国法定数字货币的"一币两库三中心"有哪些核心要素?

5. 我国法定数字货币 DC/EP 会在哪些场景中应用?

第二十章　法定数字货币对金融政策的影响

在金融政策方面，基于合理的机制设计，法定数字货币不仅对货币政策和宏观经济的影响是"中性"的，而且还可以成为一种新的货币政策工具，增强货币政策有效性。研究表明，发行法定数字货币对我国银行系统和金融结构的冲击可控，而且创造了一种新的货币政策工具，可以在宏观经济调控上发挥作用。① 本章将分析法定数字货币对货币政策传导、信用创造的影响，并阐述法定数字货币对金融监管的影响以及如何对法定数字货币进行有效监管。

第一节　法定数字货币对货币政策传导的影响

法定数字货币对货币政策传导的影响可以从货币政策工具和货币政策传导途径两个方面进行阐述。

一、法定数字货币对货币政策工具的影响

目前，中央银行的货币政策工具包括法定存款准备金率政策、再贴现政策、公开市场操作三大常规工具，以及负利率政策、"直升机撒钱"政策等非常规工具。

1. 常规货币政策工具

（1）对法定存款准备金率政策的影响。对于法定存款准备金率政策，当货币供给不足时，中央银行可以通过降低法定存款准备金率，增加货币供给，从而刺激需求；当货币供给过剩时，中央银行可以通过提高法定存

---

① 参见姚前《法定数字货币的经济效应分析：理论与实证》，载《国际金融研究》2019年第1期，第16~27页。

款准备金率,减少货币供给,从而抑制需求。未来,随着法定数字货币的发行,其对法定存款准备金率政策主要会产生两个方面的影响:一方面,法定数字货币将会替代部分 M0,即对储户存放在商业银行中的活期存款产生挤出效应。由于这部分被挤出的活期存款以法定数字货币的形式存放在数字货币账户中,实际上增加了商业银行在中央银行的准备金数量,从而提升了商业银行的清偿力,使得中央银行对法定存款准备金率的可调整区间更大,从而加强了中央银行在法定存款准备金率政策上的调控能力,即在面对经济衰退时,由于法定准备金充足,中央银行可以将法定存款准备金率调得更低。另一方面,相对于传统的纸币形态的法定货币,法定数字货币的资金流向更容易监测,这将进一步增强中央银行对货币供求以及投向的监测能力,从而提高中央银行运用法定存款准备金率政策的精准度和有效性。

(2)对再贴现政策的影响。对于再贴现政策,当货币供给不足时,中央银行可以降低再贴现率,降低商业银行通过再贴现向中央银行借款的成本,推动商业银行借款,从而增加货币供给;当货币供给过剩时,中央银行可以提高再贴现率,增加商业银行通过再贴现向中央银行借款的成本,抑制商业银行借款,从而减少货币供给。随着法定数字货币的发行,资本转换将会更为便利,从而使商业银行的融资渠道更加顺畅,进而降低商业银行对再贴现的需求。而再贴现政策的实施效果主要是由商业银行对再贴现的需求所决定的,因此,法定数字货币的发行最终将削弱中央银行运用再贴现政策的效果。

(3)对公开市场操作的影响。当货币供给不足时,中央银行通过公开市场购买,能够扩大准备金和基础货币规模,进而增加货币供给,降低短期利率;当货币供给过剩时,中央银行通过公开市场出售,能够减少准备金和基础货币规模,进而降低货币供给,提高短期利率。未来,随着法定数字货币的发行,一方面,用户可以通过数字账户直接买卖债券等资产,从而大大缩短中央银行公开市场操作的时间,提高中央银行对公开市场操作反馈的及时性,增强公开市场操作对货币供给的实时反应能力,使公开市场操作更加灵活、精准;另一方面,由于法定数字货币会取代部分 M0,这意味着中央银行发行的通货以及发行通货所获得的利息性资产收益都会减少,这将缩减中央银行的资产负债表规模,从而缩小了中央银行进行公开市场操作的空间,削弱了中央银行通过公开市场操作调节货币供给的能力。①

2. 非常规货币政策工具

(1) 负利率政策。近年来,负利率政策是一些发达国家或经济体中央银行所实行的一种非常规货币政策,其主要形式是将中央银行基准利率或隔夜存款利率、超额准备金利率设为负利率。负利率政策可以刺激投资和消费,扩大需求;同时,负利率会导致本国货币汇率的下降,从而促进出口。然而,实施负利率的实际政策效果并不佳。传统零售端的中央银行货币是现金,而现金的利率为零,所以当零售金融资产利率为负时,资金就会向现金转换,从而导致负利率失效。此外,负利率政策使商业银行的信贷供给增加,如果这些信贷没有流入实体经济,而是流入金融资产,将极易产生资产泡沫,使经济脱实向虚,这反而与负利率政策的目的背道而驰。随着法定数字货币的发行,将有助于解决上述负利率政策实施过程中存在的问题。由于法定数字货币能够充当 M0,取代现金,中央银行可以直接通过法定数字货币调节负利率,或者通过收取数字货币钱包保管费的方式来间接实施负利率,从而打破零利率下限的束缚。② 此外,相较于传统的现金,中央银行更易监测法定数字货币的流向,观察负利率政策的实施效果,从而有助于中央银行实时调整负利率政策,提高政策最终的实施效果。

(2) "直升机撒钱"政策。"直升机撒钱"政策是指中央银行实行零利率或近似零利率政策后,通过购买国债等中长期债券,增加基础货币供给,向市场注入大量流动性的干预方式。相较量化宽松政策,"直升机撒钱"政策可以使财富分配更为公平,对经济的刺激也更为有效。但是在实践中,中央银行并没有找到较好的实施"直升机撒钱"政策的途径。未来,随着法定数字货币的发行,中央银行可以通过法定数字货币账户实施"直升机撒钱"政策,从而丰富中央银行有效的货币政策工具箱。③

---

① 参见林春《法定数字货币发行与中国货币政策有效性》,载《深圳大学学报(人文社会科学版)》2019 年第 5 期,第 77~86 页。

② 参见姚前《法定数字货币的经济效应分析:理论与实证》,载《国际金融研究》2019 年第 1 期,第 16~27 页。

③ 参见谢星、封思贤《法定数字货币对我国货币政策影响的理论研究》,载《经济学家》2019 年第 9 期,第 54~63 页。

二、法定数字货币对货币政策传导途径的影响

货币政策影响总需求的途径被称为货币政策传导途径,主要的货币政策传导途径有利率传导途径、信贷传导途径以及其他资产价格传导途径。接下来,我们主要介绍法定数字货币对利率传导途径和信贷传导途径的影响。

1. 法定数字货币对利率传导途径的影响

利率传导途径主要通过利率影响消费者和企业的消费与投资决策,当采取扩张性货币政策时,实际利率下降,这将降低筹资成本,刺激投资支出,从而导致总需求和总产出的增加。尽管目前法定数字货币还只是作为M0的替代,但是随着法定数字货币的渗透,未来M0和M1的界限将变得模糊,货币的流动性将得到提高,这就会使传统的货币层次更加扁平,进而导致利率传导途径更加畅通。同时,公众直接使用法定数字货币,货币政策将更加透明,公众对利率也会更加敏感。此时,数字货币的利率更能反映资金供求情况,利率在调整资源配置和传导货币政策方面所起的作用也会更加显著。

2. 法定数字货币对信贷传导途径的影响

信贷传导途径主要通过商业银行的放贷行为来影响企业的投资支出,当采取扩张性货币政策时,银行的准备金和存款增加,银行可供借贷的资金也就随之而增加。因为大多数借款主体的融资渠道是银行贷款,所以贷款增加将会使得消费、投资支出增加,从而导致总需求和总产出的增加。中国人民银行数字货币研究所原所长姚前指出,法定数字货币可编程性的特点使中央银行可以对法定数字货币进行"前瞻条件触发"设计,从而对货币的运行和投放进行全面控制,提高信贷传导途径的有效性。其中,"时点条件触发"机制可以使中央银行对放贷时点进行控制:商业银行的货币只有在放贷时才能生效,从而减少货币政策的时滞,避免货币空转。"流向主体条件触发"机制可以使中央银行对放贷主体进行控制,限定商业银行贷款的主体,从而实现贷款的精准定向投放,使信贷流入实体经济,提高信贷传导途径的有效性和精准性。[①]

[①] 参见姚前《法定数字货币对现行货币体制的优化及其发行设计》,载《国际金融研究》2018年第4期,第3～11页。

第二节　法定数字货币对信用创造的影响

信用创造主要由基础货币的供给量和货币乘数所决定，即 M = m × MB，其中，M 为货币供给，m 为货币乘数，MB 为基础货币。因此，要分析法定数字货币对信用创造的影响，我们需要从基础货币、货币乘数两方面着手。目前，许多学者也从基础货币、货币乘数两方面阐述了关于法定数字货币对货币创造影响的观点。其中，张怡超和徐国成认为，法定数字货币既增加了基础货币，也提高了货币乘数，所以货币供给增加[①]；蒲城毅认为，数字现金会同时降低基础货币和货币乘数，因此导致货币供给减少[②]；林春认为，法定数字货币对基础货币和货币乘数的影响存在不确定性[③]。尽管目前学术界对于法定数字货币是否会影响货币供给的观点不一，但是可以确定的是，发行法定数字货币将会缓解传统法定货币在信用创造过程中容易产生的问题，让信贷投向更加精准并减少影子银行的存在。

一、法定数字货币在信贷精准投向方面的作用

在传统法定货币的信用创造过程中，信贷资金容易流入金融领域，使得经济脱实向虚。一方面，这主要是由于在使用传统法定货币的背景下，资金流向无法进行有效监测，而资本的逐利性往往使得资金流向回报率更高金融资产，进一步推高金融资产的价格，产生资产价格泡沫。另一方面，中央银行运用相关货币政策工具的目的是激活某些实体经济的活力，促进实体经济的发展，然而这些实体经济有时候并不能完全享受到这些货币政策带来的红利。因此，如何更好地实现信贷的精准投放是中央银行一直以来面临的一大难题。

相比传统法定货币的无记名性，法定数字货币携带了自身从发行、流

[①] 参见张怡超、徐国成《法定数字货币对于货币需求与供给的影响探究》，载《北方金融》2019 年第 3 期，第 43～47 页。

[②] 参见蒲成毅《数字现金对货币供应与货币流通速度的影响》，载《金融研究》2002 年第 5 期，第 81～89 页。

[③] 参见林春《法定数字货币发行与中国货币政策有效性》，载《深圳大学学报（人文社会科学版）》2019 年第 5 期，第 77～86 页。

通到消亡以及货币历史持有者、流向、交易对手方的信息，能够完整地反映资金的流向，资金活动十分透明。这使得中央银行能够借助监管科技，对数字货币流向进行实时监测，监控资金的用途，从而实现特定的政策目的。中央银行可以通过对法定数字货币的节点信息进行追踪和分析，实时、快速地了解相关货币政策的执行情况和信贷投向情况，从而及时评估当前政策和信用创造的效果。对于效果不佳的货币政策和信贷投放，中央银行可以及时采取相关措施进行纠正或优化，通过监测和控制法定数字货币的流向，确保信贷能够流向有助于实现政策目的的特定领域，比如针对中小微企业、农业、教育等领域的专项信贷可以通过监管机构的监控，精准定向流入对应的领域。

二、法定数字货币在减少影子银行方面的作用

按照金融稳定理事会的定义，影子银行是指游离于银行监管体系之外、可能引发系统性风险和监管套利等问题的信用中介体系。按照我国国务院于 2013 年出台的影子银行界定规范，影子银行被界定为：①不持有金融牌照，完全无监管的信用中介机构；②不持有金融牌照，监管不足的信用中介机构；③持有金融牌照，但存在监管不足或规避监管的机构或业务。由于影子银行游离于银行监管体系之外，但是又有着信用创造的功能，因此，其存在影响着中央银行货币政策的有效性，并潜藏着较大的系统性金融风险，对金融市场以及国民经济的稳定发展构成了较大的威胁。

导致我国影子银行出现的原因主要集中在两个方面：一方面，我国资金市场存在一定的结构性失衡，这在一定程度上催生了影子银行。我国商业银行更愿意将贷款发放给信用资质优异的大型国企，而很多中小企业从银行获得贷款的难度较大，这使得它们只能通过影子银行等渠道融资。①另一方面，对影子银行的监管难度大，较难抑制影子银行的增加。影子银行隐蔽性强、透明度低、资金流向复杂，使得监管机构很难监管到位。

法定数字货币的发行能够提高信贷的精准投向，改变我国资金市场的结构性失衡，使得资金流向中小企业，解决中小企业融资难的问题。一旦中小企业从商业银行获得信贷的难度降低，就将大大减少这些企业对影子

---

① 参见董佳慧、李可心《我国影子银行对货币政策的影响》，载《对外经贸》2020 年第 7 期，第 97~99 页。

银行这一融资渠道的需求，进而从需求端抑制影子银行的壮大与发展。此外，法定数字货币携带了持有方、流向、交易对手方等信息，使得监管机构能够对影子银行的货币信息进行监测，快速、准确地掌握影子银行的数量、规模和业务类型，提高影子银行的透明度。对于内部风控能力差、不符合监管要求的影子银行，监管机构可以及时取缔，从而更好地防范系统性金融风险的发生，维护金融市场和国民经济的稳定。

第三节　法定数字货币和金融监管

未来，随着法定数字货币的发行，一方面，将推动金融监管手段的创新，进一步加强监管机构的监管能力；另一方面，法定数字货币也将对金融监管提出更高的要求，监管机构应该制定专门针对法定数字货币的监管政策，使法定数字货币能够安全、有效地发行与流通。

一、法定数字货币对金融监管的作用

传统的法定货币仍是以现钞为主，而一旦现钞从商业银行等金融机构被取出，金融监管就无法触及，从而成为洗钱、走私、行贿等非法交易的工具。而随着法定数字货币的推出，其不仅具备现钞所具有的功能，还便于金融监管。法定数字货币在金融监管中的作用主要体现在跨境资本管制、资金流向溯源、反洗钱等方面。

1. 在跨境资本管制方面的作用

资本管制是指政府或中央银行所实施的一种货币政策工具，用以管理和控制资本从国内或国外资本账户的流进或流出。运用数字货币技术，既可以对每笔交易进行记录，也可以对这些资金的流向进行追溯。法定数字货币的发行有助于监管当局在必要时追踪资金流向，监测跨境资本的流进与流出，从而减少逃避资本管制的行为。

2. 在资金流向溯源方面的作用

传统的法定货币体系下，支付行为最终留下的数据只有货币金额，而货币的流向（包括支付发起人、支付原因、货币来源、支付获得者、货币流通路径等信息）则被存储在不同的支付环境和系统中，流转的仅仅是代表支付金额的数据和本次支付的信息。而法定数字货币则可以记录支付发

起人、支付原因、货币来源、支付获得者、货币流通路径等信息,借助法定数字货币的这些信息,中央银行可以对资金流向进行溯源,进而帮助监管部门对资金进行更为有效的监管。

3. 在反洗钱方面的作用

近年来,洗钱的手段越来越丰富,其隐蔽性也越来越强,这使得反洗钱成为监管部门面临的一大难题。未来,随着法定数字货币的发行,这一局面将得到较大改善。由于法定数字货币记录了其从发行、流通到消亡的整个生命周期中的历史持有者、流向、交易对手方的所有信息,因此,可以从法定数字货币的信息中了解到货币流向、流转环节以及在此过程中涉及的人、商品、服务、企业、金额等信息。而这些信息将会反映货币的真实用途,从而揭示洗钱行为。这些相关信息被记录在法定数字货币中,不可篡改,可以随时查证,使得从事洗钱活动的犯罪人员无法抵赖。此外,借助信息共享通道和公认规则,涉及洗钱活动的法定数字货币还可以被货币发行机构回收,转化为合法的法定数字货币,重新回到支付体系中。①

二、法定数字货币的监管

法定数字货币为金融监管带来积极影响的同时,也对现行的金融监管体系提出了一定的挑战,如何完善数字货币金融监管体系将成为中央银行推进法定数字货币的过程中极为重要的一环。对此,我们可以从完善数字货币监管制度、加强协调监管、推动国际监管合作三个方面着手。

1. 完善数字货币监管制度

作为一种新型货币,法定数字货币所需配套的监管制度还有待完善。首先,有关监管部门应该出台关于法定数字货币发行、流通、安全、管理等方面的规范性文件,对可能出现的法定数字货币金融纠纷做出权威解释,制定系统、可操作的数字货币交易相关标准。其次,监管机构还应建立法定数字货币的危机应对机制以及应急方案,防范可能出现的系统性金融风险。最后,应该严格保障法定数字货币账户及其所有者的合法隐私,合理平衡法定数字货币的数据安全和用户隐私。②

---

① 参见鲍忠铁《数字货币的利与弊》,载《金融博览》2016年第3期,第11~12页。
② 参见钟伟、魏伟、陈骁等著《数字货币:金融科技与货币重构》,中信出版社2018年版,第313~316页。

2. 加强协调监管

法定数字货币作为一种加密数字货币，其未来必然会与人工智能、区块链、云计算、大数据深度融合，作用于各个应用领域。因此，法定数字货币的监管就不仅仅是中央银行监管部门的责任，而应该是中国人民银行、银保监会、证监会、地方金融监督管理局、金融机构等各部间的协调监管。各监管部门可以根据自身在法定数字货币监管方面的比较优势细化各自的职责权限，实现各部门间的相互协调，从而保障法定数字货币流通环境的安全可靠。

3. 推动国际监管合作

目前，巴塞尔银行监管委员会、金融稳定理事会和国际经济合作与发展组织等国际组织都在各自的职责范围内制定了规避数字货币风险的办法，中央银行可以积极与这些国际组织就法定数字货币的监管展开合作。同时，未来跨境的法定数字货币发行和流通必然需要通过各国的合作来实现。因此，法定数字货币的监管还需要各个国家加强合作交流，通过制定通用的国际标准，在信息共享、调查跨境犯罪等问题上建立合作协调监管机制，从而加强国际监管合作。

◆**思考讨论题**◆

1. 法定数字货币的发行会对我国货币政策工具的选择产生哪些影响？
2. 除了信贷精准投向、减少影子银行，法定数字货币对信用创造的影响还体现在哪些方面？
3. 法定数字货币的发行对我国监管科技以及金融监管的发展会产生哪些积极影响？
4. 法定数字货币会对我国金融监管体系提出哪些挑战？
5. 如果将来法定数字货币扩展到M1，对金融体系将带来什么变化？

第六编

金融科技对国际金融体系的影响

在金融全球化的发展过程中,形成了国家、区域与全球的国际金融体系。金融科技的兴起对国际金融体系产生了深刻变革,各个国家与组织都面临着金融创新与金融监管的难题。而数字货币作为一种新的货币形式,也将从根本上对国际货币体系带来新的挑战。首先,本编将分析金融科技对国际金融体系的影响,介绍在现在的国际金融体系、金融科技冲击下的国家竞争以及金融科技对国际金融体系的影响。其次,介绍全球化金融危机趋势下的国际监管协同,各个国家与国际组织如何应对金融科技监管以及如何应用监管科技进行金融监管,同时分析在这种国际监管协调大背景下中国如何加强国际交流与合作。再次,我们从国际货币体系的发展历程探讨数字货币对国际金融体系的冲击。最后,讨论在数字货币背景下人民币国际化面临的机遇和挑战,并提出通过数字货币推动人民币国际化的构想。

第二十一章 金融科技发展的全球影响

自第二次世界大战之后,国际金融体系逐渐成形,而随着冷战的结束与世界的多极化发展,在新的世界局势下,多边主义与区域间国际金融组织如雨后春笋般冒了出来,为区域发展提供了新的增长动力。金融科技的快速发展为国家的经济增长提供了新的引擎,不同国家间也展开了一场没有硝烟的金融科技竞争,有的国家遥遥领先,有的国家弯道超车,而在无形当中,国际金融体系也发生了深刻变革。

第一节 国际金融体系的发展

在现代国际金融体系的发展过程中,逐渐形成了以国际清算银行、国际货币基金组织、世界银行(World Bank,WB)和国际经济合作与发展组织为主导的全球性国际金融机构,以及美洲开发银行、亚洲基础设施投资银行(简称"亚投行")、金砖国家开发银行等区域性国际金融机构。全球性的国际金融机构主要服务于全球间的金融合作、贸易往来、经济发展等主题,而区域性的国际金融机构则是为了促进区域发展、带动国家间的金融支持。

一、全球性的国际金融机构

全球性国际金融机构大多数是第一次世界大战和第二次世界大战后的产物,由于美国是最大胜利方,因此在这些国际金融机构中,美国都占据主导地位。国际清算银行最初是出于处理第一次世界大战后德国的赔偿支付问题的目的而成立的,之后逐渐转变为由世界各国的中央银行参加、处理国际清算业务、促进国际金融合作的国际组织。国际货币基金组织和世界银行是同时在布雷顿森林体系下成立的世界两大金融机构。国际货币基金组织的职责是监察货币汇率和各国贸易情况，提供技术和资金协助，确保全球金融制度运作正常。而世界银行的宗旨是协助成员国的经济建设开发，促进国际投资，主要业务是为有需要的成员国提供贷款和非贷援助以及其他金融服务等。国际经济合作与发展组织的前身是致力于协助执行第二次世界大战后的马歇尔计划而建立的欧洲经济合作组织，随后扩展至非欧洲国家。其宗旨是促进成员国经济和社会的发展，推动世界经济增长；帮助成员国政府制定和协调有关政策，保持财政的相对稳定；帮助发展中国家改善经济状况，促进非成员国的经济发展。

这些国际金融机构都是由美国、日本、英国等发达国家主导，其政策往往趋向于为这些国家的经济利益服务。而随着改革开放的进行，中国的国际经济地位逐渐升高，目前已经成为世界第二大经济体。1996年9月，中国人民银行加入国际清算银行。2015年11月30日，国际货币基金组织将一篮子货币的权重调整为美元占比41.7%，欧元占比30.93%，人民币占比10.92%，日元占比8.33%，英镑占比8.09%；2016年，中国正式成为国际货币基金组织的第三大股东，仅次于美国、日本。2010年，世界银行第二阶段投票权改革后，中国的投票权也从2.77%提高到4.42%，成为第三大股东国。从2014年开始，中国与OECD制定了联合工作方案，以加强合作交流，中国逐渐成为OECD最重要的关键合作伙伴。随着中国的崛起，其在世界舞台上将承担越来越多的责任与义务。

二、区域间的国际金融机构

由于全球性的国际金融机构主要由发达国家主导，对发展中国家和地区的经济贸易发展支持不足。全球性国际金融机构大多成立于20世纪两次世界大战之后，而随着21世纪以来金融危机的全球蔓延，发达国家的经济陷入长期的低迷状态，以中国、印度为主的发展中国家开始成为世界经济增长的新引擎，发展中国家和新兴国家越来越成为全球经济发展的重要力量，因此各区域间、各国家间也建立了相应的区域性国际金融机构来更好地促进国际经济合作与贸易增长，更好地应对金融危机。[①]

以亚洲为例，亚洲的发展中国家多，这些发展中国家的建设资金有限，基础设施落后。为了促进亚洲区域基础设施建设和经济一体化发展，

---

① 参见陈云贤著《国家金融学》，北京大学出版社2018年版，第198～235页。

2015年12月25日，以中国为主导的亚投行正式成立。截至2020年7月，亚投行从最初包含中国、印度、新加坡等国在内的57个创始成员国发展到涵盖亚洲、欧洲、非洲、北美洲、南美洲、大洋洲等六大洲的103个成员国。亚投行的成立与发展顺应了世界经济格局调整演变的趋势，有助于推动全球经济治理体系朝着更加公正、合理、有效的方向发展。[1]

1997年东南亚金融危机和2008年美国金融危机的出现，给世界各国尤其是新兴国家的币值稳定带来巨大影响。在联系汇率制度下，货币极易巨幅贬值，从而带来通货膨胀，仅仅依靠国际货币基金组织等全球性国际金融机构的救助往往杯水车薪，因此，为应对下一轮金融危机的货币贬值，中国、巴西、俄罗斯、印度、南非共同成立了金砖国家开发银行（New Development Bank，NDB），以此构筑一个新的金融稳定组织，为金融突发事件提供资金救助。

除了上述以中国为主导的区域性国际金融机构外，还有其他一些区域性国际金融机构，如美洲开发银行、亚洲开发银行、欧洲复兴开发银行、非洲开发银行等。这些新兴的区域性国际金融机构将在如今百年未有之大变局中发挥越来越突出的作用，成为发展中国家和"一带一路"国家之间重要的基础金融设施。

第二节　全球金融科技发展现状

随着大数据、云计算、人工智能、区块链、物联网、5G等新技术在金融领域的广泛应用，金融科技逐渐成为全球性的热点话题。各个国家和国际组织针对金融科技展开了积极探讨并进行了重点关注，以此推动金融科技的蓬勃发展，从而为各地区提高金融服务质量、降低金融服务成本带来新的机遇。然而，一些新兴金融业态的诞生也带来了更为复杂的金融风险，给金融监管和防范系统性金融风险带来了新的挑战。在金融科技浪潮中，一些国家抓住机遇，通过监管科技和加强国家监管协调合作，促进了金融科技创新与防范金融风险的协调发展。

---

[1] 参见韩洁、郝亚琳、于佳欣等《解读习近平主席在亚投行开业仪式上的致辞》，见新华网（http://www.xinhuanet.com/politics/2016-01/18/c_128638057.htm），2016年1月18日。

一、全球金融科技行业发展现状

金融科技在全球范围内发展迅速,主要表现为投融资规模迅速增大、个别地区发展领先、细分领域发展迅速三个特征。

1. 投融资规模迅速增大

如图 21-1 所示,2013—2018 年的六年期间,全球金融科技交易总额总体呈上升趋势。尤其在 2018 年,全球金融科技公司交易总额较前两年大幅增加,上升至 1118 亿美元,较 2017 年的 508 亿美元,激增约 120%。但在交易数量方面,2018 年较 2017 年变化不大,因为 2018 年以特大交易为主。在 2018 年 1118 亿美元的投资记录中,有 3 宗交易总额超过 100 亿美元,此外还有 14 宗交易总额超过 10 亿美元,其中最大的 1 宗是蚂蚁金服获得了 140 亿美元的巨额投资,这导致了 2018 年的金融科技交易总额激增。

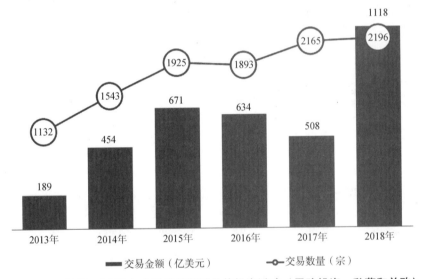

图 21-1 2013—2018 年金融科技领域总体投资活动(风险投资、私募和并购)
(资料来源:KPMG. "The Pulse of FinTech 2018". https://home.kpmg/xx/en/home/insights/2019/01/pulse-of-fintech-h2-2018.html, 2019-02-13.)

2. 个别地区发展领先

从世界范围来看,全球的金融科技中心聚集于欧美以及亚太地区,美国、中国、英国、新加坡发展十分迅速,澳大利亚、日本、印度等国紧随其后。2019 年 11 月,毕马威和 H2 Ventures 根据金融科技的筹资总额、筹资速度、地域多样性和领域多样性等维度进行综合排名,发布了"2019年 FinTech 100"全球金融科技公司百强榜单。① 在这100家公司中,美洲一共有22家,亚洲一共有34家,欧洲、中东和非洲一共有25家。在所有登榜的公司中,美国的企业是最多的,共有15家;英国排名第二,有11家;中国排名第三,共10家;之后是澳大利亚与新加坡,分别有7家和4家企业登榜。中国的蚂蚁金服蝉联榜单第一,第二和第三分别是来自新加坡的Grab和中国的京东数字科技。

3. 细分领域发展迅速

金融科技包含的领域主要为支付、信贷、经纪业务、财富管理、保险、监管、新兴银行等,其中支付是金融科技创新企业数量最多的领域,在亿欧编制的2019年全球金融科技创新企业50强行业分布图(如图21-2所示)中,支付领域的企业高达12家,各个国家都建立了自己的第三方支付系统,大大便利了人们的日常生活。紧随其后的发展较快的领域为保险、财富管理领域,发展出了保险科技与智能投顾等新兴行业。而风控和金融信息化则属于通过新技术手段改革传统行业。

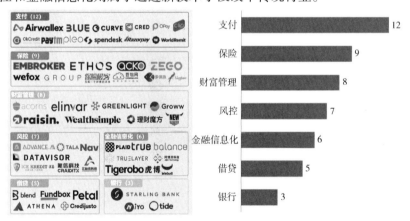

图21-2 2019年全球金融科技创新企业50强行业分布

[资料来源:亿欧智库:《金融科技的未来:开放和生态》,见金融界网站(http://pg.jrj.com.cn/acc/Res/CN_RES/INDUS/2019/12/18/1fff1cf5-3a92-4faf-9a38-0019ad0b8556.pdf),2019年12月18日。]

---

① KPMG, H2 Ventures. "2019 FinTech 100: Leading Global Fintech Innovators". https://home.kpmg/xx/en/home/insights/2019/11/2019-fintech100-leading-global-fintech-innovators-fs.html, 2019-11-01.

二、各国金融科技的发展环境

在各国的金融科技发展过程中，离不开政府的支持与企业的努力，只有构建一个良好的金融科技发展环境，才能更好地培育金融科技公司，在提升金融服务质量的同时，也兼顾防范金融创新风险。下面将重点介绍美国、英国和新加坡的金融科技发展环境，从而为我国金融科技发展提供有益的启示。

1. 美国

美国的金融科技发展起步最早，作为全球金融中心，美国金融科技的发展始终走在国际前列，这与美国的金融科技发展环境是密不可分的。美国人才资源丰富，有着世界最多的顶尖高校和研究机构，人才储备十分丰富；同时，美国的资本市场十分发达，融资便捷，为新兴金融科技企业的孕育与培养提供了肥沃的土壤。在政府支持方面，美国是最早将大数据战略上升到国家高度并给予制度保障的国家。2017年1月13日，美国白宫发布了《金融科技框架》白皮书，从顶层设计的高度提出了金融科技的指导原则，为金融科技的发展指明了方向。美国对金融科技实行的是功能性监管，不论金融科技出现哪些新的形式和业态，都按照所涉及的金融业务及其功能纳入监管中。美国十分注重对消费者权益的保护，2016年2月18日，美国金融消费者权益保护局（Consumer Financial Protection Bureau，CFPB）发布了《CFPB创新细则》，该细则提出了无异议函（No-action letter）政策，规定对于被给予无异议函的金融创新企业，在无异议函的保护期内，美国金融消费者权益保护局不会对其实行监管措施，从而降低来自监管层的政策风险。① 但是，美国对个人隐私保护十分重视，对金融科技公司使用消费者金融数据加以限制，这也在一定程度上阻碍了金融科技企业的发展。

2. 英国

英国作为老牌金融强国，凭借着伦敦的传统金融中心地位，加之政府对新兴商业模式和颠覆性技术的大力扶持，以金融科技的发展重新定义了英国全球金融中心的地位。伦敦的金融科技人才数量始终处于世界前列，

---

① 参见闫建文《金融科技监管的国际经验借鉴》，载《现代商业》2019年第36期，第89～90页。

且其从业待遇优厚、职业前景广阔的特点始终吸引着全世界的金融科技人才。得益于宽松的监管环境与成熟的资本运作，英国传统金融机构与新兴金融科技企业能够保持良好的合作关系，从而涌现了大批创新企业孵化器；同时，政府设立了金融科技加速器，为金融科技公司提供了启动资金、办公条件和商业指导。为了更好地监管金融科技类企业，英国金融行为监管局于2014年10月设立了创新项目，主要包括四个方面的内容：一是通过与金融科技公司对话，了解其需求，帮助其适应监管，如创新中心（Innovation Hub）项目，为金融科技公司提供合规指导和建议，提升其业务合规性；二是通过与机构合作，共享技术，完善并发展监管科技，降低企业的合规成本；三是实施"监管沙盒"制度，为金融科技公司提供更好的发展环境，同时在"监管沙盒"内试验新技术的效果；四是鼓励国际合作，在企业和政府层面进行广泛的合作，如全球金融创新网络（Governance of the Global Financial Innovation Network，GFIN）项目，推动国际金融服务创新、金融稳健、消费者福祉、普惠金融，分享国际经验、共同吸取教训。①

◆业界案例◆

GFIN全球金融知识分享计划

GFIN是一项合作性的知识分享计划，旨在透过金融服务创新，推动金融稳健、消费者福祉和保障、普惠金融、竞争和金融稳定等，分享经验、共同汲取教训，以及促进负责任的跨境试验新理念。GFIN早期的优先事项之一是开发跨境测试，以前被称为"全球沙箱"。在50个GFIN成员和观察员中，17个监管机构加入了这个工作流程，致力于发展一个框架，以促进这种新型的监管合作和对企业的支持。

GFIN有三个主要功能：①作为监管机构的合作小组，在各自市场合作和分享创新经验，包括新兴技术和商业模式，并为公司提供可获得的监管联系信息；②提供一个平台，让各界人士共同进行课程或科技工作，以及协作分享知识或交流经验；③为企业提供试行跨境解决方案的环境。

GFIN由成员和观察员组成，管治架构包括成员、观察员、协调小组

---

① 参见李伟主编《中国金融科技发展报告2019》，社会科学文献出版社2019年版，第410页。

及主席。其工作机制为：协调小组以 21 人为限；协调小组成员由成员选举产生，任期两年；成员可以再次当选为协调小组成员，并且可以连任多届；协调小组成员每年至少参加两次面对面会议，并参加或指导至少一个工作流程。

对于加入 GFIN 的成员，具有以下权利和义务：①成员获邀参与年度会议、季度电话会议及工作流程，季度电话会议和年度会议的一部分只留给成员自由讨论具有挑战性和受到关注的问题；②成员对 GFIN 的总体方向、战略和年度工作计划做出贡献；③成员可提出新的 GFIN 工作流程，并可以参与至少一个工作流程；④成员可选择参与跨境测试；⑤鼓励各成员分享各自市场的创新经验和从 GFIN 工作中吸取的教训，包括新兴技术或商业模式方面的经验。

加入 GFIN 的观察员是非监管机构的参与者。以下机构有资格在 GFIN 内获得观察员地位：超国家的政府监管机构、政府间国际组织和其他国际标准制定机构、对金融创新有适当利益的其他政府机构、公营但非政府机构、以成员多数票当选为观察员地位的其他实体。

GFIN 观察员的权利和义务包括：①观察员将被邀请参加季度电话会议和年度会议的一部分，如有需要，亦会邀请他们参与 GFIN 的活动，例如工作流程；②观察员可以宣传自己参与了 GFIN，但是不需要更新自己的网站或者积极参与。

（资料来源：作者根据相关资料整理。）

3. 新加坡

新加坡作为"亚洲四小龙"之一，是亚太地区金融科技发展的主力，其通过税收优惠、法律激励等措施，将新加坡打造成离岸财富管理中心。新加坡政府将人才作为第一资源，积极引进海外人才，实施"加快培训专才计划"，培育金融科技与产品创新人才。在政府投资方面，新加坡金融管理局斥资 164.2 亿新加坡元来推动技术创新，推出加速器项目。在金融科技基础设施建设方面，新加坡大力推行 5G，加强信息基础建设。新加坡也采用"监管沙盒"的方式为金融科技企业提供良好的发展环境，为初创企业提供更广阔的发展空间。与英国不同的是，新加坡的"监管沙盒"仅允许金融科技企业进入，而英国的"监管沙盒"则允许所有科技企业进入。新加坡金融管理局还成立了 FinTech 与创新组织（FTIG），专门对

FinTech 的政策、发展和监管进行规划，为企业提供一站式服务。新加坡也在不断加强国际监管合作，在 FinTech 的新兴趋势以及创新监管方面与合作国家进行共享。①

第三节　金融科技对国际金融体系运行的影响

一、金融科技发展对国际资本市场与国际信用评价体系的影响

金融科技的全球性发展在大大提高金融服务质量的同时也对国际金融体系运行产生了较为深远的影响，以下将主要从国际资本市场运行与国际信用评价体系两个方面来阐述。

1. 金融科技对国际资本市场运行的影响

金融科技的发展极大地促进了国际资本市场的互联互通，各国资本市场之间的资本可以相互流动，一国投资者不出国门就可以投资另外一个国家的股票，通过人工智能算法可以进行全球风险的对冲交易，为投资者提供更加智能化与自动化的资产配置建议。但需要注意的是，一个国家的金融风险也更易传染到其他国家，而由于跨地区和国家，对投资者的风险识别能力和承担能力也提出了更高的要求。

2. 金融科技对国际信用评价体系的影响

随着金融科技手段的发展，国际信用评价体系也与时俱进，大数据、人工智能等技术手段被不断应用于国债、企业债券等的信用评价当中。国际三大资信评级机构——穆迪、标准普尔（简称"标普"）、惠誉纷纷加大了对金融科技的投入力度。一方面，通过收购金融科技公司增强自身的实力；另一方面，通过收集结构化数据与非结构化数据扩充信用评价的数据维度、开发新的风险评价模型和工具，以此来提升信用评价的准确度，为风控专业人士提供交易对手信用风险解决方案，更好地服务投资者。

---

① 参见孙国峰《从 FinTech 到 RegTech》，载《清华金融评论》2017 年第 5 期，第 93～96 页。

◆业界案例◆

国际评级机构标准普尔发力金融科技

标准普尔作为世界三大老牌评级机构之一,在金融科技的冲击下,也在不断进行探索,以此来完善自己的信用评价体系,其措施主要分为两部分:一是收购金融科技公司,二是利用科技手段开发新的信用风险工具和模型。

在收购方面,近年来标普的动作非常频繁。2015 年,标普花 22 亿美元现金收购了金融信息供应商 SNL Financial。SNL Financial 成立于 1987 年,为 5000 多家客户提供有关各行各业的财务数据和信息,这些行业包括银行、保险、房地产、能源、媒体、金属和采矿业,这将使标普能够成为全球资本、商品和企业市场具有独立基准、分析、数据与研究的领先提供商。2018 年 4 月,标普又以现金和股票的形式收购了智能投研独角兽 Kensho,收购现金约为 5.5 亿美元,此外还有多项金融收购。这些金融科技收购加强了标普全球的新兴技术能力,增强了标普提供信息服务的能力。

在信用风险工具的开发方面,标普市场情报部门根据评级部门的数据积累和新技术开发了诸多分析工具(见表 21-1),帮助投资者有效衡量交易对手和全球投资的信用风险。标普市场情报部门使用人工智能、机器学习等新技术开发信用风险工具和模型,为全球金融市场参与者提供多种资产的数据、研究和分析,从而使其能够有效管理信用风险敞口。

表 21-1 标普市场情报部门开发的分析工具

工 具	作 用
违约概率基础 (PD Fundamentals)	提供违约概率模型套件以及过去 15 年内超过 730000 个预先计算的违约概率(Probability of Dafault,PD)数据库,为客户提供所需的洞察力,以便客户进行信用风险管理
违约概率模型市场信号 (PD Model Market Signals)	使用有效的预警信号和股权市场驱动模型发现新兴信用风险,并在其扩大之前进行预警
信用模型 (Credit Model)	使用包括 100 个统计模型的强大套件帮助客户可靠地评估与监控全球公共和私营、评级和未评级公司的信用风险

续表 21-1

工　具	作　用
损失统计模型 （LossStats Model）	评估在违约事件中投资的违约回收率
宏观情景模型 （Macro-Scenario Model）	估计未来经济情景如何影响信用风险敞口
信用评分/基准预测 （Pre-calculated Credit Scores/Benchmarks）	了解交易对手所在行业和国家的信用风险趋势
信用仪表盘 （Credit Health Panel）	通过运营、偿付能力和流动性数据预先计算信用评分，进行同行业分析

［资料来源：中证鹏元资信评估股份有限公司：《国际评级机构科技化的最新进展及启示》，见亚洲导报网（http：//yazdb.com/life/22319.html），2019 年 5 月 16 日。］

二、全球金融科技发展趋势

1. 高效服务普惠金融

金融科技的众多发展领域，如第三方支付、小微信贷等，正在高效地服务普惠金融。针对传统金融业务难以触达的长尾用户，银行等金融机构将推进"开放银行"的商业模式，利用开放 API 等技术推行场景化的数字普惠金融模式，打通政务服务、电子商务、日常生活等各类场景，银行通过与具有流量的互联网公司等外部平台合作，将自身产品、风控与科技能力嵌入垂直行业；而互联网和移动终端的不断下沉使部分非银行金融机构可以深入农村普惠，拓宽数字普惠金融的普及面。在解决个人融资需求的问题上，金融机构可以利用金融科技对客户进行分层管理，提供差异化的运营服务；同时，资金供给方还可以利用大数据、人工智能等技术洞察不同客户的实际融资需求，提供精准的服务，抓住客户的痛点。针对企业的融资需求，银行等金融机构可以借助大数据、人工智能、区块链等技术，综合分析企业的行业、客户、业务、产品和渠道等情况，提供类似疫情贷、扶贫贷、应收账款链等差异化、精准化的融资服务。

2. 金融科技满足个性化需求

未来,随着金融科技的发展,金融服务将不断精细化,满足客户的个性化需求。如在智能投顾和财富管理领域,面对投资者差异化的投资需求,金融机构可以利用大数据,从客户的投资行为、风险偏好、消费行为、产品属性等多维度进行分析,为投资者提供一站式量身定制的投资解决方案,找到最契合投资者风险承担能力的投资产品。同时,区块链、人工智能、5G、物联网等新技术的出现推动了互联网保险的发展,拓宽了传统保险业务的覆盖范围和服务对象,并通过大数据的计算使得保单定价和产品设计更加专业化、个性化;而大数据、人脸识别、机器学习等技术的发展使消费金融公司能够精准识别客户的风险,从而为原来被排斥在金融服务对象之外的主体提供种类更加多样、价格更加优惠、服务更加个性的消费借贷产品。

3. 不断与数字科技深度融合

数字科技的进步是金融科技发展的核心所在,金融科技的发展过程是一个不断和数字信息科技深度融合的过程:从 1.0 版本的自动化、无纸化、信息化,到搭建金融在线业务平台的 2.0 版本,再到如今的通过大数据、云计算、人工智能等方法提升金融服务质量的 3.0 版本。[①] 从这个发展过程可以看出,科技的进步才是金融发展的内在动力。随着 5G 和物联网的广泛应用以及未来量子通信和量子计算等信息基础设施的更新换代,必然带动新一轮的金融科技升级,未来数字科技的创新也必将进一步推动金融科技的进步。

◆思考讨论题◆

1. 未来金融科技的发展情况将如何影响国际金融格局?
2. 国际货币基金组织对金融科技发展的看法是什么?
3. 什么是 GFIN?
4. 当前信用评级体系被国外的标普、穆迪和惠誉等巨头控制,我国如何利用金融科技提升信用评级体系的话语权?
5. 你认为量子科技对国际金融创新的突破会有哪些大的贡献?

---

① 参见巴曙松《中国金融科技发展的现状与趋势》,载《21 世纪经济报道》2017 年 1 月 20 日第 4 版。

第二十二章　监管科技发展与国际监管协同

随着世界各国间的联系日益紧密，金融危机也呈现出全球化的趋势，一国金融危机很容易向全球蔓延。这不仅需要各国做好自身金融监管，也要建立起国际监管协同合作。而金融科技在带来金融创新的同时，也面临着严峻的风险监管问题。各国应该加强合作、协同监管，运用监管科技新手段实现对系统性金融风险的预警与防范。

第一节　全球金融危机与国际监管协同

一、金融危机的全球化

《新帕尔格雷夫经济学大辞典》（2008年版）指出金融危机是全部或大部分金融指标（短期利率、资产价格、金融机构倒闭数量等）的急剧、短暂和超周期的恶化。通过梳理近百年历次金融危机（包括1929—1933年的大萧条、1973—1974年和1978—1980年的石油危机、1982—1990年的拉美债务危机、1997—1998年的东南亚金融危机、2007—2009年的美国次贷危机），我们可以发现，随着全球化进程和国家间互联互通的加速，金融危机的传播范围越来越广，规模越来越大，且呈现出一些新特点：①顺周期行为和制度加剧了风险恶性循环（跨时间维度）；②系统重要性金融机构起了关键作用（跨行业维度）；③金融市场一体化加快了危机传导（金融体系关联性）；④金融创新增加了危机传递链条（金融衍生品种）；⑤金融体系与实体经济的相互作用更加密切。[1]

世界经济的紧密相连使得金融危机也呈现全球化的特征，各国政府除

---

[1] 参见陈云贤著《国家金融学》，北京大学出版社2018年版，第163～165页。

了要防范本国的金融危机外，也要严防境外金融危机的蔓延与传播。发达国家和大型发展中国家的政府与中央银行在施加财政政策、货币政策的同时，也要考虑到所施加政策的外溢表现，这就需要国际监管协调发挥作用。中小发展中国家在面临金融危机时，由于自身的能力不足，更加需要国际金融机构的支持以及国际监管机构的协调帮助。如拉美债务危机期间，国际货币基金组织、美国政府和国际商业银行先后出台"贝克计划""布雷迪计划"，以减免拉美国家债务，进行债务重组，推迟还本付息。在东南亚金融危机期间，韩国、印尼、泰国等国最后被迫向国际货币基金组织寻求大规模援助。全球性金融危机的发生更加凸显出国际监管协同与国际金融机构的重要性。

二、国际金融监管协调组织

针对不同的监管领域，会有不同的国际监管协调组织。在对成员国没有法律约束力的国际监管组织中，有监管银行的巴塞尔银行监管委员会、国际证监会组织（International Organization of Securities Commissions，IOSCO）和国际保险监督官协会（International Association of Insurance Supervisors，IAIS）。作为世界公认的三大国际金融监管协调组织，它们对国际金融秩序的稳定发展起到了积极作用，但它们对成员国的监管协调主要依赖"君子协定"。而在以国际法或区域法为基础，对成员国有法律约束力的监管组织中，有欧洲金融监管体系（European System of Financial Supervisors，ESFS）和金融稳定理事会。

1. 巴塞尔银行监管委员会

一方面，巴塞尔银行监管委员会制定了一些协议、监管标准与指导原则，如《关于统一国际银行资本衡量和资本标准的协议》《有效银行监管核心原则》等（统称为《巴塞尔协议》），都是为了完善与补充单个国家对商业银行监管体制的不足，减轻银行倒闭的风险与代价，是对国际商业银行进行联合监管的最主要形式，对稳定国际金融秩序起到了积极作用；另一方面，巴塞尔银行监管委员会本身不具有法定跨国监管的权力，所作结论、监管标准与指导原则在法律上也没有强制效力，仅供参考。因此，在"国外银行业务无法避免监管"与"适当监管"的原则下，缩小世界各国监管范围差异是巴塞尔银行监管委员会所追求的目标。

2. 国际证监会组织

国际证监会组织也称证券委员会国际组织，是国际上各证券暨期货管理机构所组成的国际合作组织。总部设在西班牙马德里市，正式成立于1983年，其前身是成立于1974年的证监会美洲协会。截至2019年12月，共有228个会员机构，其中包括129个正式会员（Ordinary Member）、32个联系会员（Associate Member）和67个附属会员（Affiliate Member）。该组织的宗旨是通过交流信息，促进全球证券市场的健康发展；各成员组织协同制定共同的准则，建立国际证券业的有效监管机制，以保证证券市场的公正有效；共同遏止跨国不法交易，促进交易安全。IOSCO每年召开一次大会，以协调推动相关准则有效实施，并促进全球证券市场稳健发展。

3. 国际保险监督官协会

国际保险监督官协会又称国际保险监管者协会，是保险业监管的重要国际组织，成立于1994年，原总部设在华盛顿，1998年迁往巴塞尔国际清算银行，现有成员包括180个国家的保险监管组织。IAIS负责更新国际保险准则、提供保险培训、支持保险监管、为监管人员安排联会等。IAIS每年举办会议，与会的监管人员、企业代表与其他专家们共同探讨保险业发展与保险法规等相关议题，包括：研究制定偿付能力与会计核算标准；加强监管信息交流，在国际论坛发挥积极作用；推动并监控保险监管国际规则的执行；加强同其他国际金融和监管机构的联系与交流。

4. 欧洲金融监管体系

欧洲议会在2010年9月通过欧盟金融改革法案，决定建立包括宏观审慎监管——欧洲系统风险理事会（European Systemic Risk Board，ESRB）和微观审慎监管——欧洲监管机构（European Supervision Authorities，ES-As）等在内的一系列新的欧洲金融监管框架，并对欧盟各国形成金融监管法律约束力。欧洲金融监管体系以区域法律为基础，推动着欧盟跨国界实施金融监管。目前，为欧盟提供并制定金融监管指令的机构有欧洲中央银行（European Central Bank，ECB）、欧洲银行管理局（European Banking Authority，EBA）、欧洲证券和市场管理局（European Securities and Markets Authority，ESMA）、欧洲保险和职业养老金管理局（Euripean Insurance and Occupational Pensions Authority，EIOPA）。

5. 金融稳定理事会

金融稳定理事会前身为金融稳定论坛（Financial Stability Forum，

FSF），是七国集团（Group of Seven，G7）为促进金融体系稳定而成立的合作组织。在全球经济增长与金融稳定发展日益迫切的背景下，2009年4月2日在伦敦举行的二十国集团（Group of Twenty，G20）金融峰会决定，将FSF成员扩展至包括中国在内的所有G20成员国，并将其更名为FSB。到目前为止，FSB成员包括G20所有成员国和西班牙、欧盟委员会、国际清算银行、欧洲中央银行、欧洲委员会、国际货币基金组织、国际经济合作与发展组织、世界银行、巴塞尔银行监管委员会、国际会计准则理事会、国际证监会组织、国际保险监管官协会、国际支付结算体系委员会、全球金融系统委员会和联合论坛等。秘书处设在巴塞尔国际清算银行。FSB的任务是制定和实施促进国际金融稳定的监管政策以及其他政策，解决金融脆弱性问题。

第二节 监管科技的国际经验

2008年金融危机之后，各国政府的金融监管部门开始要求各金融机构报送大量数据；同时，随着网络信息化的发展，网上也存在着海量的开源数据、舆情数据等。如何利用新兴科技手段对数据进行有效的分析是监管方亟待解决的一个难题。而金融科技的发展催生了一批新的金融业态，各国之间的经济、金融、贸易联系更加紧密，金融风险呈现出隐蔽性、传染性和系统性的特征。如何对这些新兴金融科技行业进行监管，从而有效防范系统性金融风险的发生，是如今国际上的监管难题。

一、金融科技发展对国际监管的挑战

1. 金融科技监管缺乏统一标准

各个国家由于自身监管框架的不同以及金融科技业务发展成熟度的不同，对不同金融科技业态的监管标准也并不一样，尤其是在互联网借贷和电子货币的监管方面。由于全球对金融科技的发展缺乏统一的监管协调，各个国家的监管措施各异，缺乏统一标准，容易产生监管套利行为。如P2P和众筹行业，美国将其列入证券市场的行为监管框架，而英国和欧盟则是根据审慎监管原则进行监管，设置最低的资本水平，而我国已经要求P2P行业全面清退；对于电子货币，美国将比特币列为大宗商品，而欧盟

认为比特币是一种货币，我国并不认同比特币具有货币或商品属性。

2. 金融科技跨境监管合作不足

随着金融科技企业不断发展壮大，它们已经不仅仅满足于本国的业务，大型金融科技企业已经开始扩展海外市场，而跨境的监管合作却迟迟跟不上金融科技企业发展的脚步。如蚂蚁金服已经服务220多个国家和地区，在印度、韩国等国已参股当地支付和银行企业；但是，对于如何安排东道国和母国之间的信息合作、跨境检查、协调监管，却没有明确的计划和措施。目前，金融科技的跨境发展尚处于早期，各国政府主要是在准入领域进行限制，而随着世界全球化进程的演进，未来系统重要性金融机构必将影响全球的金融发展，而这必然需要各国的跨境监管合作。①

3. 金融科技监管框架不完善

金融科技属于新兴行业，对新兴的金融业态只遵循旧有的监管框架是不完善的。在金融科技发展的初期，政府需要进行明确的监管职责划分，绝对不能使金融科技处于无监管状态。完善金融监管框架对发展中国家和发达国家来说都不是易事。当前，各国都要不断面对日新月异的金融科技创新，这些创新应该如何监管，是全世界都面临的一个难题。②

二、国际监管经验

1. 国际监管组织的监管应对

目前，金融稳定理事会、巴塞尔银行监管委员会、国际保险监督官协会、国际货币基金组织、国际证监会组织等国际组织已经各自下设金融科技监管工作小组。其中，FSB作为全球金融治理的牵头机构，于2016年3月在日本召开的会议上发布了《金融科技的全景描述与分析框架报告》，以维护金融稳定为核心，首次正式探讨了金融科技蕴藏的系统性风险以及监管应对问题，报告提出监管决策应建立在"两个分析、一个评估"的基础上。其中，"两个分析"是指对创新机构特点和创新内容进行分析，以及对创新驱动刺激因子进行积极分析；"一个评估"则是指前瞻评估金融科技对金融稳定的影响。目前，金融稳定理事会正致力于拟定金融科技的

---

① 参见廖岷《全球金融科技监管的现状与未来》，载《上海证券报》2016年8月19日第12版。

② 参见徐忠、孙国峰、姚前主编《金融科技：发展趋势与监管》，中国金融出版社2017年版，第342～345页。

全球监管框架。国际保险监督官协会和国际证监会组织也分别在消费者和数据保护领域、众筹和云计算在证券市场的应用领域出台相关文件,多维度跟踪研究金融科技在发展中对金融体系的影响和监管应对等问题,积极思考如何完善监管规则,改进监管方式,提出创新监管模式。[①]

2. 鼓励金融创新的监管经验

(1) 美国的监管创新经验。美国联邦金融监管涉及部门较多,多个部门对行业技术转型都表现出了积极态度。美国货币监理署设立了创新办公室,旨在加强金融科技行业和货币监理署的信息共享;同时提出了"负责任创新"的概念,要求行业既要不断创新,以满足不断变化的市场需求,又要合规合法,以保障金融系统的安全稳定运行。负责期权、期货和衍生品市场监管的美国商品期货交易委员会设立了"LabCFTC"中心,该中心作为一个智囊团,重点关注新技术。一方面,其旨在提供更好的监管,鼓励市场积极开展金融科技领域创新,提高产品质量和市场竞争力。另一方面,美国金融消费者权益保护局发布的《CFPB 创新细则》中包含了无异议函(No-action Letter)政策。根据该政策,初创公司可以在金融产品研发阶段向 CFPB 申请保护,阐明自己产品给金融消费者创造的价值和带来的风险;一旦通过审核,可以进入产品保护期,从而为创新性金融产品与服务的推出降低来自监管层的政策风险。[②]

从执法方面,美国 SEC 执法部(Division of Enforcement)及合规监察部(The Office of Compliance Inspections and Examinations, OCIE)将监管科技作为常规性监管工具。执法部负责调查可能违反联邦证券法的行为,并在联邦法院进行民事诉讼及行政诉讼。2013 年,执法部设立了风险与量化分析中心(Center for Risk and Quantitative Analytics),通过数据分析,识别可能对投资者造成损害的潜在风险和威胁因素,开展基于风险的调查以及违法违规行为的监控。合规监察部负责执行 SEC 的全国检察计划(Nation Exam Program),使命是提高证券活动的合规性、防止诈骗、监控风险。

(2) 英国的监管创新经验。英国中央银行在接纳创新和新技术等方面

[①] 戴润静:《金融科技监管的国际经验》,载《清华金融评论》2017 年第 10 期,第 97~99 页。

[②] 参见陈明端《监管科技发展模式探索与实践——基于国际做法的经验借鉴》,载《北方金融》2017 年第 10 期,第 71~75 页。

也采取了包容的态度。一方面，设立了金融科技加速器，加强中央银行与业界公司的联系，共同推动中央银行业务金融科技创新；另一方面，创建了联合金融科技相关机构的新社区，促进新技术、新思维等跨界共享。英国还首先推出"监管沙盒"计划。"监管沙盒"是企业可以对其创新产品、服务、商业模型、传送机制等进行虚拟测试的安全空间，被许多国家所效仿。

在监管科技应用案例方面，英国的 TechSprint 项目是英国金融行为监管局与英格兰银行从 2017 年 11 月起共同推动的一个"由模型驱动的机器可执行的监管报告"项目。该项目将金融机构所要满足的监管要求转化为机器可读语言的格式，监管对象可通过机器自动解读并执行，以标准化的形式第一时间获取监管部门要求的信息报送规则，然后从各自的数据库中提取、转移和报告数据。而 DRR（Digital Regulatory Reporting）项目是英国金融行为监管局和英格兰银行联合英国六大银行共同推行的监管试点项目。与 TechSprint 项目不同的地方是，DRR 项目采用分布式账本技术构建实时监管报告系统。为了有效排查出违规的金融行为，需要对获取后的数据进行分析，英国金融行为监管局在数据分析方面广泛应用了大数据、人工智能、自然语言处理、机器学习等技术。比如，英国金融行为监管局应用随机森林（RandomForest）和代价敏感学习（MetaCost）的算法，针对投资管理行业，初步设计了机器学习监管框架。

（3）新加坡的监管创新经验。新加坡金融管理局旨在搭建智慧金融中心，高度关注不同机构部门之间的相互合作，在监管科技发展中起到了推动者角色。新加坡金融管理局针对金融科技创新主要采取了四项措施：一是成立金融科技和创新小组，设立首席金融科技官，和金融行业一起推进金融创新；二是推出金融行业技术创新项目，承诺在未来 5 年投入 2.25 亿新加坡元支持建设更有活力的金融科技生态系统；三是在 2016 年和国家研究基金联合设立了金融科技办公室，统一受理或处理金融科技相关事宜；四是建立数字经济创新实验室，进一步促进金融管理局、科技公司、金融机构之间的密切合作，探索数字经济相关问题的解决方案。

在监管科技应用案例方面，新加坡金融管理局于 2018 年年初开始开发一款名为阿波罗（Apollo）的数据分析工具，该项目旨在帮助执法人员发现金融市场中的不当行为，比如内幕交易及市场操纵。该工具可以学习行业专家行为，对交易数据进行分析，一旦发现可疑交易报告，在专家人工审查确认后以可视化的方式输出预测结果,为调查人员提供了快速的案件概览。新加坡金融管理局认为,该项目能将每个案件的前期调查阶段所耗时间从几个月缩短到几个小时。①

第三节　中国应对金融科技与监管科技发展的启示

一、金融科技监管的国际发展趋势

1. 国际监管框架逐渐完善

2016年3月,金融稳定理事会召开第16届年会,将金融科技正式纳入议程,并发布《金融科技的全景描述与分析框架报告》,从金融稳定的角度推出金融科技的分析框架。巴塞尔银行监管委员会也成立了金融科技特别工作组,致力于研究金融科技对银行业监管的影响与监管对策。国际证监会组织也对金融科技的众多证券行业应用进行了宏观审慎评估,并将出台相应的监管指导意见。国际保险监督官协会也开始在保险科技方面进行研究。

2. 国际合作渐次展开

随着全球化进程的演进,跨境金融科技企业的壮大发展,金融科技对国际金融体系的影响日益显现,未来国际合作和双边合作将更加频繁。如英国发起的全球金融创新网络项目,通过为世界各国监管机构和国际组织搭建一个平台,各成员可在各自市场进行合作和分享创新经验,包括新兴技术与商业模式,为各成员提供可获得的监管联系信息以及试行跨境解决方案的环境。

3. 鼓励金融科技创新

许多国家政府或监管当局已经或正在推出鼓励金融科技创新的一系列政策举措,除了之前介绍过的"监管沙盒"之外,还有创新中心(Innovation Hubs)模式和创新加速器(Innovation Accelerator)模式。创新中心模式即支持和引导机构(含被监管机构和不受监管的机构)理解金融监管

---

① 参见姚前《全球资本市场科技监管发展现状》,载《中国金融电脑》2020年第1期,第9~13页。

框架，识别创新中的监管、政策和法律事项。这一模式已在英国、新加坡、澳大利亚、日本和中国香港等多个国家与地区得以实施。其中，既有一对一的辅导支持，也有面向更广泛受众的支持引导。创新加速器模式即监管部门或政府部门与业界建立合作机制，通过提供资金扶持或政策扶持等方式，加快金融科技创新的发展和运用。一些国家的"孵化器"安排也属于这一模式。鉴于监管部门的职责所在，预计这一模式将更多地为政府部门而非监管部门所采用。①

二、中国参与国际金融监管协调

国际资本的全球流动、跨国企业的迅速发展、金融危机的全球蔓延都对金融监管的国际合作提出了更高的要求。为了更好地吸收国际经验，提升监管服务水平，促进我国金融科技行业健康发展，我国有必要加强国际合作与交流。

1. 积极加入国际金融监管组织，与国际标准相对接

目前，我国已经构建出"一委一行两会一局"（国务院金融稳定发展委员会、中国人民银行、银保监会、证监会以及各地金融监管局）的金融监管框架，相应的监管机构要积极参加国际金融监管机构所组织的活动，并提供中国意见，以充分反映发展中国家的利益。建议中国人民银行和银保监会同巴塞尔委员会、世界银行、国际货币基金组织等国际金融监管组织开展密切交流合作，参与监管规则的制定。同时，我国证监会应同国际证监会组织一道参与证券资本市场的规则制定，学习发达资本市场的监管经验，完善我国资本市场制度。我国银保监会也应同国际保险监督官协会开展交流合作，并不断加强对保险公司偿付能力的监管。②

2. 促进双边金融监管的合作交流，加强跨境金融监管

如前所述，全球监管机构都面临着金融科技创新的类似挑战，因此，我国监管部门也可以与境外监管当局探索构建跨境金融科技监管信息交换和政策对话机制，共同研究解决工作中出现的新情况、新问题；加强双边信息的沟通与交流，通过签署谅解备忘录，减少监管摩擦，推动合作式监

---

① 参见廖岷《全球金融科技监管的现状与未来走向》，载《新金融》2016 年第 10 期，第 12～16 页。
② 参见郭春松、朱孟楠《加强金融监管的国际协调与合作》，载《上海金融》2004 年第 10 期，第 28～30 页。

管，营造跨机构、跨国界监管合作的机制和制度环境，阻断金融科技创新可能引发的风险传播渠道。

◆思考讨论题◆

1. 主要的国际金融监管协调组织有哪些？

2. 美国、英国和新加坡的监管经验对我国有什么启示？

3. 为什么要进行国际金融科技监管合作？

4. 金融科技全球发展背景下，中国如何加强参与国际监管合作？

5. 2020年的新冠肺炎疫情对各国经济和金融政策都造成了很大的影响，重大金融风险事件不断发生。你认为在疫情背景下，如何通过金融科技推动国际监管协调？

第二十三章 数字货币发展对国际金融体系的影响

数字货币一方面可以大幅降低支付成本，提高清算速度，更有利于跨境清算；另一方面，它也给金融跨国监管带来了巨大挑战。同时，数字货币将会推动各国中央银行与其他银行进行各类创新，对国际货币体系及全球金融系统产生深远影响。本章将详细分析这些挑战和影响。

第一节 国家竞争与世界货币体系

一、主权货币背后的国家竞争

国际货币体系历经了百年变迁，最为重要的是信用本位的确立。国际货币体系的发展分为三个阶段，依次为金本位制、美元代行世界货币职能的布雷顿森林体系以及牙买加体系，即美元、欧元等多种货币相互竞争充当世界货币。从1943年国际社会承认布雷顿森林体系开始，美元的地位便一骑绝尘，将其他储备货币远远抛在身后。总的来说，美元霸权的形成大体经历了三个阶段，分别是资本积累、资本输出、权利和义务脱钩。美元成为世界主要货币是美国国家信用在国家间、市场间竞争并证明了美国国家信用的软、硬实力的结果。美元的国际地位既是各国政府的博弈所决定的，也是世界金融市场当前所选择的。[①]

长久以来，美元始终保持着全球第一大国际货币的地位。事实上，美元击败了所有试图挑战其国际地位的货币。目前，在全球外汇交易中，大

[①] 参见钟伟《国际货币体系的百年变迁和远瞻》，载《国际金融研究》2001年第4期，第8~13页。

约有一半涉及美元，每天总交易量有数万亿美元。近一半的国际贸易都以美元计价，该比例大大超过了美国经济在全球经济中的占比。在外汇交易中，美元被广泛视为锚货币，这种情况与布雷顿森林体系尚未解体时非常相似。就某种角度而言，美元如今的国际地位甚至比以前更高。

随着我国经济实力的日益强大，人民币在国际上的使用也越来越多。我国与"一带一路"国家的跨境支付、人民币离岸市场的迅速发展、我国债券的对外发行、外贸企业的跨境收付等，都使得人民币的国际化程度越来越高。随着我国与美国的竞争加剧，国际货币地位的竞争将越来越重要，其对我国的经济发展和我国的世界金融地位都会产生重要的影响。尤其是随着数字货币的推出，美国有可能通过控制各种数字稳定币来进一步加强美元的数字霸权。因此，未来人民币的数字化与国际化对我国争取世界主权货币地位至关重要；同时，这也是中美竞争和我国参与世界竞争的重要内容。

二、货币的多极化发展与超主权货币的崛起

超主权货币的尝试以国际货币基金组织的特别提款权为发端。尽管1969年特别提款权问世以来，其使用局限于国家间的支付结算、国际储备等领域，总体运作很难说有多成功，但可视作一种尝试。超主权货币从货币供给者和货币需求者角度看，可以分为发行超主权货币、使用超主权货币、发行和使用兼备的超主权货币。① 发行和使用兼备的超主权货币最主要的代表是欧元，它由欧洲中央银行和各欧元区国家的中央银行组成的欧洲中央银行系统负责管理。欧洲中央银行具有独立的货币政策制定权力，能够独立发行欧元，并在欧元区国家使用；同时，欧元作为世界主要国际货币，也在更大范围内被使用。另外，国际货币基金组织于1969年创设的特别提款权也是超越国家范围发行的、在世界范围内使用的超主权货币。2008年国际金融危机爆发后，周小川提出要建立一种与主权国家脱钩，并能保持币值长期稳定的国际储备货币，他认为，特别提款权具有超主权储备货币的特征和潜力。② 前文讨论到的美元则属于使用超主权货

---

① 参见李永宁、郑润祥、黄明皓《超主权货币、多元货币体系、人民币国际化和中国核心利益》，载《国际金融研究》2010年第7期，第30~42页。
② 参见周小川《关于改革国际货币体系的思考》，载《理论参考》2009年第10期，第4~5页。

币、日元、英镑、人民币等具有使用超主权货币的特征，但不具备发行超主权货币的特征。随着全球经济的日益融合，不同国家的经济交流日益频繁和深入，超主权货币正在全球范围内扩张。

另一种发行和使用兼备的超主权货币代表，则是近年来崛起的数字货币。广义的数字货币包括法定货币的电子化（即通常所说的电子货币）、互联网公司发行的互联网代币（即虚拟货币，如 Q 币等）、非法定数字货币（如比特币等）以及各国目前正在积极研究的法定数字货币。在上述数字货币种类中，我们认为虚拟货币与非法定数字货币都不具备成为超主权货币的潜质。虚拟货币仅仅是互联网公司发行的代币，并不是真正的货币。就非法定数字货币而言，以比特币为例，其数量限制与完全的去中心化会导致货币价值与经济价值的脱轨，更重要的是其并不具有法偿性，这点导致了绝大多数非法定数字货币无法成为超主权货币。然而，如第五编所述，Libra 由于以一篮子法定货币为基准发行，而且可以通过 Facebook 的账户体系在全世界迅速推行，所以 Libra 很有可能成为新的超主权数字货币，对各国的货币造成很大的冲击。从历史经验可见，货币竞争促使强信用的大国货币替代弱信用的弱国货币，因此，我们并不排除一些互联网巨头和金融科技公司通过发行类似 Libra 这样的稳定币来替代弱国货币的可能性。同时，一些强势主权国家发行的法定数字货币将有助于解决目前货币政策中的不足，由于法定数字货币具有方便高效、资料公开透明等优点，更有可能成为国际货币和超主权货币。

三、货币竞争推动全球清算体系的互联互通

随着经济一体化的加深，全球支付清算体系也日益连成一个整体。从最初的环球同业银行金融电信协会（Society for Worldwide Interbank Financial Telecommunication，SWIFT）系统，到后来为弥补交易不同步带来的汇率风险而出现的持续联结清算（Continuous Linked Settlement，CLS）系统，再到去中心化的跨境数字货币 Ripple 系统，全球货币清算的形式越来越多样化。数字货币时代的降临、金融科技的长足发展以及国际支付清算体系越来越集中到少数几种货币，都使主要中央银行之间的清算体系被日益紧密地连接，货币的跨境支付、清算和储备变得日益轻松高效。

1. SWIFT 系统

SWIFT 成立于 1973 年，目的在于为其会员银行提供全球支付清算等

服务。目前，SWIFT 系统为 200 多个国家和地区的 11000 家银行与证券机构提供服务，为其中 80 多个国家和地区提供实时支付清算服务。接入 SWIFT 系统的银行都有唯一的代码，即"SWIFT Code"，根据这个代码可以将相应款项汇入指定银行的指定账户，SWIFT 系统通过传送电文完成交易。

SWIFT 系统对用户有严格要求，用户包括会员（股东）、子会员及普通用户三种类型，均需要通过申请审核后才可正式接入该系统。SWIFT 系统的支付信息和相应的结算过程是分开处理的，资金划转依赖于中间机构的相互协调，而且规模较小的银行要依靠规模较大的代理银行为其跨境支付提供流动性，并且还需要保持与代理银行往来账户（国外）的流动性，存在延迟、失败和流动性风险。例如，从中国向美国汇款，一般需要 2 天时间，即使是同一银行，从美国向中国汇款也需要 24 小时才能到账。使用 SWIFT 系统跨国转账需要两笔费用，分别是由银行收取的手续费以及由银行代收、实际支付给 SWIFT 的电信费，合计金额约为交易金额的 7%。[1]

2. CLS 系统

CLS 系统由全球银行业的 61 家大银行设立，于 2002 年 9 月正式上线投入使用，是为消除银行间外汇交易清算风险而建立的一种"付款对付款"的连续、同步、即时、集中的清算系统。CLS 系统将不同国家的货币清算系统连接起来，集成外汇清算过程，简化对交易方的资信评估，缩短清算流程，即时同步交割收付，提高银行对交易及头寸管理的效率，使中小金融机构参与快捷清算成为可能。

CLS 系统的使用者分为四级，分别为清算成员行、用户成员行、第三方参与行和第四方参与者。第四方参与者的构成主要是地方性小银行、金融机构及公司客户。CLS 系统设置了每日清算时间，需要在固定时间内进行清算，到款时间最快也要 1~2 天。使用 CLS 系统的费用主要包括 CLS 银行的处理费用、流动性需求使用费用、透支或短头寸使用限额费用和清算成员行服务月费。由于 CLS 系统交易消除了汇率变动带来的不确定性成本，因此其实际成本低于 SWIFT 交易。

---

[1] 参见单科举《Ripple 与 SWIFT 比较研究分析》，载《金融理论与实践》2016 年第 10 期，第 105~107 页。

3. Ripple 系统

在第五编介绍瑞波币时已对 Ripple 系统做了详细介绍。Ripple 可以被视为一种支付协议，能够使任意符合 Ripple 系统规则的交易实现全球实时支付。相比 SWIFT 系统和 CLS 系统，Ripple 协议适用于任意货币，包括美元、欧元、人民币等主权货币及比特币等虚拟数字货币。由此可见，Ripple 协议进一步扩展了交易的货币范围。Ripple 系统对接入系统的用户基本没有限制，只要具备基本的开户条件，就可以通过 Ripple 系统进行交易，这对于不能直接接入 SWIFT 系统的小型金融机构具有较大的吸引力。Ripple 系统建立在 P2P 网络上，只要有互联网就可以接入使用，对缺乏传统金融机构的偏远和落后地区来说是非常大的便利，这对于普惠金融的实现具有重大的意义。同时，Ripple 系统对支付体系进行了优化，不需要任何清算中心、银行等中间金融机构就能够完成瞬时、点对点支付，到账时间仅为 3~5 秒，且 24 小时不间断，在支付速度上大大快于其他两种支付清算系统。此外，Ripple 系统不收取任何转账费用，仅收取交易金额的十万分之一的消耗费用，因此每次交易费用非常低。

4. 数字货币冲击下的全球清算系统

当前，全球性全额实时清算系统由 SWIFT 系统、CLS 系统和 Ripple 系统构成。随着数字货币的不断发展和技术水平的不断提高，未来全球清算体系的效率会更高，其清算的范围也会从传统货币扩展到数字货币，甚至可能扩展到数字金融资产的交易清算。我们认为，未来 Ripple 系统和 CLS 系统不仅能够交易数字货币，也能交易包括股票、债券、衍生品等在内的数字金融资产。由于 SWIFT 系统受美国控制，未来在中美博弈中，存在人民币被剔出 SWIFT 清算系统的风险；因此，人民币需要尽快通过数字货币构建新的清算系统，以应对可能存在的风险冲击。

第二节　数字货币对国际金融体系的冲击

一、数字货币对国际支付清算体系的影响

1. 数字货币对美元主权货币的挑战

在美国仍对世界经济具有重大影响的背景下，国别型货币对美元的替

代很难发生，但数字货币为国际货币的发展方向提供了新思路。当前，高度全球化和数字化发展趋势明显，对国际结算的需求不再集中于公司、政府等全球贸易和金融的大型参与者，个人消费者参与国际结算的需求也在大大提高。全球互联网用户和跨国旅行者的人数在过去的15年中翻了一番，跨境电商更是让每一个消费者都直接参与了国际结算，他们也因此体会到传统国际结算体系速度的缓慢和成本的高昂（如货币转换费等）。个人消费者对某一主导货币的黏性远远比不上大型参与者，相反，他们对交易的成本更为敏感，也因此更容易受到数字支付技术带来的成本降低的吸引，转换支付手段。

此外，生产大宗商品的广大发展中国家和非货币霸权发达国家都更有动力接纳一次支付体系的变革。当前，各国对以美元为主导的国际货币体系的缺陷都充分了解，也都期待国际货币体系能够更加均衡、多元。对发展中国家而言，其国内缺少方便、成熟的支付体系，数字支付给发展中国家带来的收益更大；在接受国际汇款方面，2017年，世界银行的调查指出，全球每年6000亿美元的国际汇款平均成本高达6.84%，基于数字技术的国际支付体系改进无疑也会受到发展中国家的欢迎。

2. 数字货币大幅提升国际支付和清算效率

与传统的银行转账、汇款等方式相比，数字货币交易不需要向第三方支付费用，其交易成本更低；与需向支付服务供应商提供高额手续费的跨境支付相比，其优势更加明显。同时，数字货币所采用的区块链技术具有去中心化的特点，不需要任何类似清算中心的中心化机构来处理数据，交易处理速度更快捷。除了实物形式的货币能够实现无中介参与的点对点交易外，数字货币相比其他电子支付方式的优势之一就在于支持远程的点对点支付。它不需要任何可信的第三方作为中介，交易双方可以在完全陌生的情况下完成交易而无须彼此信任，因此具有更高的匿名性，能够保护交易者的隐私。

二、数字货币可能引致的风险与监管挑战

监管是为了防控风险，数字货币可能引发的风险和监管挑战有五个方面。

1. 非法定数字货币具有较强的投机性，容易引发市场风险

区块链技术本身也有风险，货币账户和数字货币交易平台容易被黑客

攻击。非法定加密数字货币的价格不稳定会带来信用风险，公众易失去信心。

2. 非法定数字货币常常被用于走私和洗钱，存在较大的违法风险

非法定数字货币的匿名性给网络犯罪创造了便利，容易被洗钱和其他犯罪活动等所利用；通过暗网进行的数字货币交易成为各国重点监控的对象，也是各国监管面临的重大挑战。

3. 法定数字货币也存在一定的风险

法定数字货币可能会带来对商业银行存款的挤兑，产生"狭义银行"现象——当公众对商业银行不信任时，会将存款转移到数字货币账户，从而对商业银行存款造成较大的冲击，带来挤兑风险。

4. 底层技术的不成熟可能会引发技术风险

现有区块链技术无法保证数字货币在运行中不出现纰漏，其技术风险可能会引发数据风险、信息风险和监管风险，造成较大的破坏。作为一种创新型货币，数字货币的应用会对货币的发行、流通、信用创造等业务流程带来较大的冲击。与法定数字货币相关的业务可能会创造新的金融业态，新的金融业态可能会给现有的监管体系带来较大的影响。同时，法定数字货币加快了货币流通速度和资产转换速度，也加剧了金融恐慌和金融风险的传染。

5. 数字货币尚处于研发阶段，配套的监管政策并不成熟，存在政策风险

从各国对数字货币的监管实践来看，各国对于非法定数字货币存在两种态度。一种持鼓励态度，如日本、新加坡、加拿大、英国、澳大利亚、德国、瑞士等国家。日本不仅承认数字货币合法，还免除数字货币交易税，澳大利亚也取消了对比特币的双重征税。另一种持审慎态度，如美国、俄罗斯、法国、中国、韩国等国家，认为数字货币交易存在技术不成熟、监管缺失、交易不安全、价格操纵、过度投机等风险，因此要求对数字货币进行严格监管。但不论是哪种态度，都倾向于将数字货币纳入监管的范围。

三、Libra 对国际金融体系的影响

Libra 被定位为跨境支付工具，拥有实物货币资产作为抵押，依托全球超过 30 亿的用户和诸多实力雄厚的盟友进行推广。Libra 以其丰富的支

付场景、超高的结算效率和稳定的币值,形成了对现有国际金融体系的挑战。

1. Libra 可能强化美元霸权

Libra 对美元体系的影响将在很大程度上取决于美国的态度。一方面,Libra 将对美元的储备货币地位形成挑战。当前,全球贸易结算、商品计价、储备资产构成均以美元为主,全球的支付体系也以 SWIFT 为核心,而 Libra 的介入将对现有美元体系产生影响。Libra 是事实意义上的超主权货币,将完全独立于现有的货币结算体系,且可以实现封闭式运营;其在跨境支付上的高效率、低成本也将直接冲击美元体系。另一方面,Libra 依赖于美元的霸权地位。Facebook 是在美国注册的企业,Libra 听证会也率先在美国进行。Libra 在反洗钱、防止恐怖融资,以及用户数据采集、处理上具有显著优势,美国可以借助 Libra 进一步加强其"长臂管辖"。从 Libra 听证会透露出的消息可知,在短期内,Libra 的一半储备金将来自美元,即 Libra 的稳定性有一半来源于美元。也就是说,Libra 的这种超越主权性质依然是建构在美元霸权的基础之上。这一点也是促使 Libra 与美国政府深度合作的重要原因。目前,美元在全球结算中的占比在 40% 左右,而在 Libra 的货币篮子中则给了美元 50% 的权重,这实际上在加强美元已有的霸权地位。未来,不排除 Libra 通过与美国政府的合作,继续加大美元在货币篮子中的比重。

2. 优化国际清算体系

Libra 将大幅优化国际清算体系,大大提升跨境支付交易和清算效率。Libra 的设计主要针对当前跨境支付面临的费用高和效率低问题。一方面,Libra 在运营时间上体现出巨大优势。人民币跨境清算体系使用的是以 CHIPS、SWIFT 为核心的系统,无法实现全天候运营,Libra 则可以实现 7×24 小时运营。另一方面,基于区块链技术的 Libra 可以将跨境交易的完成时间缩短至秒级。2018 年 6 月,蚂蚁金服联合渣打银行和菲律宾私人数字货币 GCash,率先完成了区块链基础下的跨境汇款试验,单笔交易平均完成时间为 3~6 秒。区块链去中心化的技术特点将大大缩减跨境结算时间,提高交易效率。Libra 改变了原来跨境交易逐层确认审批的"接力棒"式逐个节点传递的汇款模式。在区块链技术下,一笔 Libra 汇款发起后,链条上所有业务节点将实时、同步确认,大大缩减了交易时间,提升了交易效率。

3. 冲击国际货币体系

Libra 可能参考 SDR 来管理货币篮子。根据 Facebook 发布的白皮书和美国国会对 Facebook 听证的相关内容，Libra 的运行机制类似于"布雷顿森林体系＋SDR"。Libra 通过盯住一篮子货币进行稳定，类似于 SDR。各国货币可以通过套算得出与 Libra 的汇率，即与 Libra 挂钩；同时，Libra 还与分散程度较高、波动较少的储备资产挂钩，即"双挂钩"机制，类似于"布雷顿森林体系"。

长期来看，Libra 可能会颠覆全球支付体系。Libra 的颠覆性效果产生的前提是 Libra 钱包成为绝大部分个人和企业的基本账户，成为他们持有的基本资产，即个人和企业在 Libra 体系内可以实现其一切需求，不再需要购买或出售 Libra。在这种情况下，不仅是支付清算体系，世界的货币体系、银行体系都会被彻底颠覆。

4. 对各国央行和国际金融组织的影响

根据 Facebook 发布的白皮书，Libra 的使命是建立一套简单的、无国界的货币以及为数十亿人服务的金融基础设施，其最终目标是成为全世界通用的货币，这无疑会给各国央行以及世界银行、国际货币基金组织等国际金融机构带来巨大的冲击。

首先，Libra 拥有背后的储备，以维持其币值稳定，可以将其在市场上对储备资产的买卖视为 Libra 的"公开市场操作"。Libra 选择储备资产的目的是最大限度地降低价值波动性，使持有者相信 Libra 能够长期保值，即 Libra 的"货币政策"目标是维护币值稳定。但是，Libra 对储备资产的买卖和各国中央银行对相应法定货币的公开市场操作并非总是一致的。因此，当两者发生冲突时，Libra 的市场操作可能对各国中央银行的货币政策实施带来一定程度的干扰。

其次，Libra 的发行可能给世界银行和国际货币基金组织的工作带来巨大挑战。第一，Libra 是一项独立的货币工具，它对国际货币基金组织的汇率政策实施和货币兑换规则制定都会形成巨大的挑战。第二，在目前仍然未实施资本管制的国家中，Libra 可以成为跨境资本流动甚至资本外逃的工具。第三，Libra 的大规模使用很可能对一些弱势国家的货币构成威胁。由于 Libra 挂钩美元、欧元、英镑等强势货币，很可能会对一些国家主权货币造成严重的冲击。

第三节 各国应对数字货币的措施

一、各国对非法定数字货币的监管现状

非法定数字货币具有交易便利、抗通胀、去中心化等优点,同时又容易被非法利用,币值波动大,容易成为投机工具。目前,各国对于非法定数字货币实施的监管措施不一。

1. 各国对比特币的监管措施

各国对于比特币的监管措施大致可以分为五类。

(1)提示风险。由于比特币价格高速攀升,大幅震荡,各国纷纷出台了对比特币的风险警示。早在 2013 年,各国就开始对比特币做出风险提示。2013 年 12 月 3 日,荷兰中央银行发表声明质疑比特币没有国家信用背书、价格波动过大等缺点。2013 年 12 月 5 日,法国中央银行指出,比特币具有高度投机性质,可能给持有者带来金融风险。2013 年 12 月 12 日,欧洲银行管理局针对比特币币值不稳定、网络安全问题和立法缺失等风险进行提示。[1] 2013 年 12 月 5 日,中国人民银行也发布了《关于防范比特币风险的通知》,建议加强对社会公众的货币知识教育及投资风险提示,提示公众要加强风险意识,树立正确的投资意识。

(2)打击犯罪。这一方面主要是打击以比特币为支付手段的黑市交易、洗钱和贩毒等犯罪行为。2013 年 10 月,美国关闭了通过比特币进行黑市交易的"丝绸之路"网站。2014 年 11 月,欧洲警察机构与美国联邦调查局和国土安全部进行跨国合作,开展打击网络黑市的专项行动,查封了多个走私市场。2016 年 1 月,荷兰警方逮捕了用比特币为贩毒网站洗钱的若干名荷兰青年。

(3)纳入监管。部分国家将比特币交易正式纳入监管范围。2013 年 3 月,美国财政部下属的金融犯罪执法网络发布公告称,比特币等虚拟货币一旦涉及转账或交易,就应当向政府提交交易信息及符合反洗钱条例的证

---

[1] 参见陈道富、王刚《比特币的发展现状、风险特征和监管建议》,载《发展研究》2014 年第 4 期,第 104~109 页。

明。2015年9月，美国商品期货交易委员会将比特币期货交易纳入监管。2015年1月，法国国家银行监管当局发布声明，规定任何人在法国经营比特币交易必须有执照。2015年11月，西班牙国会和财政部规定比特币应按现有电子支付系统的法规接受监管。2015年，英国财政部表示，英国的电子交易场所要接受反洗钱规定的监管。2013年，中国人民银行等五部委联合发布的《关于防范比特币风险的通知》提出，中央银行各分支机构要将比特币交易纳入反洗钱监管。

（4）税收征收。一些国家对比特币的使用征收相关税费。2014年1月，新加坡税务局将比特币定义为商品，比特币交易要上缴个人所得税或资产增值税。2014年8月，澳大利亚税务局认为比特币是一种资产，适用资本利得税。

（5）归为非法。与其他国家"接受"或"半接受"的态度不同，俄罗斯、泰国、玻利维亚、孟加拉国等国认定持有或交易比特币是非法行为。2014年2月8日，俄罗斯宣布全面禁用比特币。泰国也明确表示用比特币进行购买商品或服务为非法行为。

各国对比特币的监管措施总结见表23-1所列。

表23-1　各国对比特币的监管措施

国家	监管措施
中国	2013年12月5日，中国人民银行等五部委发布《关于防范比特币风险的通知》，明确表示比特币"并不是真正意义的货币"，并要求现阶段各金融机构和支付机构不得开展与比特币相关的业务。2014年3月，中国人民银行向各分支机构下发《关于进一步加强比特币风险防范工作的通知》，禁止国内银行和第三方支付机构为比特币交易平台提供开户服务
美国	寻找对比特币进行监管的法律框架，积极实施非法打击
英国	对比特币进行反洗钱等方面的监管
法国	成立"比特币中央"交易平台，是欧盟框架下首家运行的比特币交易所
俄罗斯	全面禁用比特币
荷兰	公开警示比特币存在风险，采取实际措施打击犯罪

续表 23-1

国　家	监管措施
西班牙	对比特币进行法律监管
泰国	明确将买卖比特币、用比特币买卖任何商品或服务、与国外进行比特币交易定为非法,成为全球封杀比特币的首个国家
韩国	拒绝承认比特币的货币地位,不会对比特币投资征收资本利得税

(资料来源:作者根据相关资料整理。)

迄今为止,国际社会对比特币的性质、功能和监管的讨论仍然不足;但从金融本质上应该服务实体经济的视角看,比特币不具备货币的基本职能,不可能演进为全球货币。如果比特币更多的是与投机、洗钱、欺诈以及国际有组织犯罪结合,那么其前景堪忧。同时,我们必须把区块链等技术手段和非法定数字货币甄别开来,金融科技不构成对金融活动的信用背书。如果比特币以及各类 ICO 活动继续在正规金融体系之外发展,并导致出现各种风险和违法活动,可能会在全球范围内遭遇严厉的监管甚至打击。

2. 各国对 Libra 的态度

对于 Facebook 推出的 Libra,各国也有不同的态度。美国并不担心 Libra 会动摇美元的主权法币地位,在美国看来,Libra 的核心问题在于美元占储备货币的比重是否有利于加强美元的数字霸权,因此并没有明确表态。欧洲中央银行对 Libra 基本是持反对态度,因为 Libra 是事实意义上的超主权货币,可能威胁到欧元的地位。但是,相比美国,欧盟对 Libra 的话语权较弱。德国和法国等欧盟国家强烈反对 Libra。欧盟似乎已提前感知到欧元将遭遇威胁,呼吁加快对欧元法定数字货币的研发。与之相比,已经脱欧的英国对 Libra 比较欢迎,因为 Libra 的一篮子货币加入了英镑,有可能加强英镑的地位。英国中央银行行长马克·卡尼表示,将对 Libra "报以开放的态度但又并非完全敞开大门"。新加坡监管当局对 Libra 并没有明确表态。新加坡金融管理局称没有足够的信息可以做出禁止 Facebook 旗下加密货币 Libra 的决定。日本方面曾以首相安倍晋三的名义回复关于 Libra 的质询,安倍晋三表示:"关于 Libra,由于其详细内容尚未明了,所以现在难以回答其对日本的影响。无论如何,今后我们将密切关注事态的发展,并立足于国际舆论做出适当的应对。"

二、未来各国法定数字货币的布局

目前，根据国际清算银行的调查，全球 68 家中央银行有 70% 正在或将要进行 CBDC 的研究工作，并且同时关注通用目的 CBDC 和批发目的 CBDC。就项目进度而言，大多数国家的 CBDC 还处于研究阶段，进入概念验证与项目试点阶段的 CBDC 仍是少数。尽管各国中央银行认为在短期内发行中央银行数字货币的可能性只有 20%，但在中长期展望中，这一发行意愿上升至 40%。表 23-2 反映了未来全球各中央银行法定数字货币的布局。目前，各国中央银行就 CBDC 发行的技术、制度与金融风险等问题进行了很多尝试和探索，也取得了一定的可实施成果。同时，法定数字货币的推进仍旧面临着许多问题，如中央银行法定权限的使用、数字货币在反洗钱与反恐监管方面的挑战、分布式账本技术的可靠性与网络安全等问题。当各国都发行数字货币的时候，法定数字货币之间的清算和兑换将是一个有待探索的关键问题。这些问题都需要各国中央银行共同努力研究并进行监管协调。

表 23-2　各中央银行法定数字货币的布局

进度	国家	名称	内容
实施	新加坡	Ubin	由新加坡金融管理局主导先行试验银行清算的特殊币种
	厄瓜多尔	Dinero Electronico	2014 年启动，尝试与美元 1∶1 兑换。政府在 2017 年宣布因缺少使用基础而终止该项目
	委内瑞拉	Petro	2017 年发行，电子代币属性，可在交易所交易
	塞内加尔	eCFA	与商业机构合作，在 2016 年发行，并尝试在非洲范围内推广
	突尼斯	eDinar	与商业机构 Moetas 合作，以区块链形式推出零售用数字货币，需要在银行申请账户
	阿联酋与沙特阿拉伯	Aber	2019 年启动，用于两国之间银行的金融结算

续表 23-2

进度	国家	名称	内容
试验	中国	DC/EP	有序推进，采用双层架构，作为 M0 的替代
	俄罗斯	CryptoRuble	与卢布 1:1 兑换
	加拿大	Jasper	基于 DLT 的结算与支付系统，进入第三阶段试验
	瑞典	e-Krona	拟推出数字货币用于小额零售使用
研究	英国	RSCoin	由中央银行管理 DLT 账簿，商业金融机构参与
	美国	Fedcoin	概念研究阶段，并关注其与 Libra 之间的关系
	欧盟	Project Stella	泰国区块链技术作为跨境支付提供解决方案，关注 CBDC 的潜力并就框架设计进行研究
	以色列	暂无	为降低国际交易成本和反洗钱监管而启动研究
暂无计划	澳大利亚	eAUD	认为应用于金融体系还过早，并且没有需求
	德国	暂无	目前属于高风险项目，短期内不会发行
	韩国	暂无	考虑对金融稳定和货币政策的影响，暂无计划
	印度	暂无	研究数字卢比的可能性，以降低货币的发行成本
	日本	暂无	框架关注阶段，近期没有发行计划

（资料来源：作者根据相关资料整理。）

◆思考讨论题◆

1. 如何看待超主权货币诞生的需求与前景？
2. SWIFT、CLS 和 Ripple 清算系统的相同点和不同点分别是什么？
3. 数字货币对国际金融体系监管提出了哪些挑战？
4. 如果发行 Libra，会对世界货币体系造成哪些冲击？
5. 未来，随着各国中央银行法定数字货币的发行，世界将形成什么样的货币体系新格局？

第二十四章　数字人民币的国际化展望

随着中美竞争不断加剧，人民币国际化成为我国对外开放和提升国际地位的重要战略。为了防范和减少外部经济环境对我国造成的不良影响，加快推进人民币的国际化进程显得格外重要。但是，通过传统方式推进人民币国际化会存在很大的挑战，而借助数字人民币推进人民币国际化可能会是一个崭新的途径。

第一节　人民币国际化的现状与挑战

一、人民币国际化的现状

1. 人民币跨境清算

根据中国人民银行《2019 年人民币国际化报告》，2018 年人民币跨境收付金额为 15.85 亿元，收付比为 1∶0.98。人民币已连续多年成为中国第二大国际收付货币，全球第五大支付货币、第三大贸易融资货币、第八大外汇交易货币和第六大储备货币。60 多个中央银行或货币当局将人民币纳入外汇储备，规模达 2027.9 亿美元，居世界第 6 位；242 个国家和地区与中国发生跨境人民币收付，人民币作为国际货币的支付、计价和储备功能的特性在不断增强。继人民币跨境支付系统（Cross-border Interbank Payment System，CIPS）推出之后，中国人民银行又推出人民币跨境收付信息管理系统，专门对人民币跨境流动进行监测，跨境现钞调运稳步增长。中国人民银行已在 25 个国家和地区建立了人民币清算机制，共授权 25 家银行担任清算行，其中，中资银行 24 家、外资清算行 1 家。

2. 离岸人民币

在境外收付国家和地区中，离岸人民币占比最大的是中国香港，占比达40.5%，其次是新加坡、德国、韩国和日本等。最近两年，伦敦发展最为迅速，成为亚洲之外最大的人民币离岸市场。境外离岸市场的人民币存款余额超过1.2万亿元，香港地区占比超过50%，紧随其后的是中国台湾、英国和新加坡。

同时，我国与"一带一路"沿线国家合作深入，人民币跨境收付金额超过2.07万亿元，占同期收付总额的13.1%。其中，直接投资金额达2244亿元。与周边国家跨境结算金额约为3.1万亿元，同比增长46.3%，高于同期全国结算增幅。资本项目下人民币跨境收付金额合计10.75万亿元，同比增长65%，净流入1.13万亿元，主要集中在证券投资、直接投资和跨境融资项目。熊猫债发债主体深度扩展，有政府主体、金融与非金融机构、开发性机构等，累计发行规模超3100亿元。人民币大宗商品计价取得重大进展，以人民币计价的原油期货合约在上海期货交易所挂牌运行，人民币计价的铁矿石期货、精对苯二甲酸期货开始引入境外交易者。

经过十余年发展，目前人民币国际化已取得了重大进展。人民币跨境收付金额稳步提升，经常账户、资本账户往来相互支撑格局形成，香港、伦敦、新加坡离岸市场有所发展，境内外人民币资产投资渠道不断健全完善，人民币国际化迈出了坚实有力的步伐。

二、人民币国际化面临的挑战

虽然人民币国际化取得了重要进展，但是就人民币国际化程度和与中国的政治经济地位匹配而言，二者之间仍存在很大的差距，尤其是在中美竞争加剧的背景下，人民币国际化面临着很多挑战。

1. 受国际货币竞争环境的制约

当前的国际货币竞争主要是牙买加体系中四大主要世界货币之间的竞争，其中以美元和欧元之间的竞争为主。传统国际贸易结算准则在一定程度上阻碍了人民币结算的开展；同时，人民币国际化发展必然会受亚洲主要世界货币——日元的抵制，新兴经济体俄罗斯及印度的货币也会与人民币展开激烈竞争。可以预见，激烈的国际货币竞争环境使得人民币国际化的难度不断加大。

2. 人民币的资本项目完全开放面临挑战

1996年12月1日，中国接受国际货币基金组织第八条款，实现了人民币经常项目可兑换，成功成为"第八条款国"。人民币资本项目在国际上还难以自由兑换，这不利于人民币的国际化。人民币国际化涉及人民币的流出和流入机制。人民币国际化引发人民币升值，部分人民币回流，而境外人民币回流国内的特殊制度远远不能满足投资者的需求，且目前中国金融体系不完善，仍不具备资本项目完全开放的条件，若实现资本项目完全开放，会使国内金融风险提高，短期资本流动冲击易导致人民币汇率失衡，影响中国国际收支平衡。因此，人民币国际化和资本项目的开放会是一个两难选择。

3. 国内外缺乏成熟的金融体系支撑

人民币国际化的开展需要成熟的国内金融体制和国外离岸市场体系。中国国内金融的业务范围大部分局限于国内业务，缺乏国际金融业务经验；同时，中国外汇市场不发达，国内金融业目前处理国际人民币业务的能力仍不足，国际地位不高。

4. 中国宏观经济调控手段在人民币国际化进程中面临挑战

人民币国际化的推进会影响众多宏观经济因素，如汇率等。人民币的境外流通、结算和国际储备会对宏观经济指标产生重大的关联影响，最终影响到中国宏观经济。中国目前的宏观经济调控手段还有待加强，市场经济体制尚处于发展阶段，而中国对市场经济的建设也处于探索阶段，在应对人民币国际化带来的宏观经济冲击方面还缺乏足够的风控经验。没有形成一套成熟的宏观经济调控手段来应对人民币国际化发展带来的经济冲击，会使人民币国际化发挥不出对进出口贸易、国际影响力和经济促进等方面的积极作用。

5. 在岸市场与离岸市场脱节

离岸市场与在岸市场的有序对接，既是本国货币国际化的内在需求，也是世界实体经济全球一体化和金融市场国际化的外在压力。经济全球一体化、金融市场国际化提高了国家对货币离岸市场与在岸市场对接、国际化发展、提升国际经济事务话语权等方面的需求。同时，目前我国在岸管制的有效性还不足以面对现有及潜在的诸多挑战，在岸管制的成本也很高。因此，人民币国际化需要在岸市场与离岸市场的有序对接。目前，中国正在积极推动发展香港的人民币离岸市场，英国伦敦、德国法兰克福等也在逐步发展建设离岸市场体系；但是就推进的进度而言，离解决人民币国际化的需求还有很大差距。在岸市场与离岸市场的有效对接将是人民币国际化进程中亟须解决的一个重要课题。

6. Libra 等超主权稳定数字货币的潜在冲击

在境外，Libra 等超主权数字货币可能会与人民币形成竞争关系，从而影响人民币国际化的进程。我国正在与不少国家和地区共同推进人民币与当地货币的直接兑换、外贸结算等。Facebook 很可能会从监管较为宽松的发展中国家起步，这必然会与人民币形成竞争关系。加上不少发展中国家缺乏必要的金融基础设施，政府的管理能力较弱，可能难以避免 Libra 对部分国家和地区的渗透，从而减缓人民币国际化的进程。

第二节 数字人民币国际化的机遇与措施

一、数字人民币国际化的机遇

经济的全球化发展以及世界贸易之间的紧密结合需要世界货币的全球流通。中国作为世界第二大经济体，人民币的国际地位与经济总量并不匹配。如今的国际货币体系仍然建立在两次世界大战之后的美元霸权的主导之下，而中国也没有条件复制其他国家的货币国际化路径。对于人民币国际化所面临的严峻挑战，数字化人民币为人民币的国际化发展提供了新的机遇。

构建数字化人民币需要具备五个方面的条件和机遇。

1. 数字化人民币的发行有我国强大的主权信用保障

作为快速崛起的新兴大国，中国的国家治理能力以及高效的行政管理能力保障了我国强大的主权信用。从中华人民共和国成立以来，我国抵御住了东南亚金融危机、美国次贷危机、新冠疫情冲击等一系列经济与金融风险，展示出强大的危机治理能力和主权信用。

2. 5G、移动支付、区块链等技术的发展为人民币的数字化提供了技术支持

中国作为移动支付最为普及的国家之一，在支付领域有着绝对优势。区块链技术的应用直接引导了人民币数字化的发展，而随着 5G 的全国化建设，其将为人民币的数字化提供更坚实的基础设施保障。

3. 我国移动支付在国内市场和国际市场的迅速发展为数字人民币的国际化提供了庞大的用户基础

我国的支付宝、微信、银联等支付应用在海外已经拥有庞大的用户群

体，覆盖了全球多个国家，能够在多个场景进行方便快捷的支付。这些国内支付应用在海外的用户群体基础为数字化人民币提供了坚实的发展基础。当海外用户对国内的支付应用产生用户黏性时，数字化人民币借助这些支付应用可以快速地开展全球化的清算和支付活动。

4. 市场的广阔应用前景为数字人民币提供了巨大的发展空间

人民币的国际化需要广阔的市场规模与海量的交易规模作为基础，中国作为世界第一人口大国，同时也是世界第一制造业大国、世界第一货物贸易大国、世界第二大经济体，中国商品流通全世界，这些都为数字化人民币的国际化提供了良好的市场条件。

5. "一带一路"与经济全球化建设为人民币的国际化流通创造了应用场景

从2013年习近平总书记提出"一带一路"倡议以来，随着亚投行的建立，中国与其他发展中国家以及新兴市场的联系日益密切，这为数字人民币的国际化应用提供了广阔场景。

二、数字人民币国际化的措施

根据前述数字人民币进行国际化的机遇，建议参考Libra的特点，抓住"一带一路"倡议的机会，联合其他国家，发起以人民币作为主要储备的"一带一路币"来加速人民币国际化的进程。

1. "一带一路币"的构想

我国可以与加入"一带一路"倡议的各个国家的中央银行合作，共同成立"一带一路"数字货币联盟，推出类似于Libra机制的"一带一路币"，以数字人民币为核心储备，其他国家的法定数字货币也按照贸易需求纳入一篮子储备货币中。"一带一路币"的发展可以分三步走：第一步，在"一带一路"沿线国家的贸易往来中率先采用数字人民币结算，提升数字人民币在"一带一路"沿线国家中的流通便利度，进一步扩大数字人民币在这些合作国家中的跨境收付；第二步，帮助各国中央银行发行其自身的法定数字货币，实现法定数字货币之间的直接兑换；第三步，建立"一带一路"数字货币联盟，开始发行"一带一路币"。

目前，人民币跨境支付系统已经延伸至80多个国家和地区，其中一半以上为"一带一路"沿线国家，因此，利用数字人民币形成"一带一路币"具有非常高的可行性。"一带一路"建设在活跃欧亚大陆贸易活动的同时,必然也会加快货币流动。在贸易环节使用数字人民币,商品的流通必然伴随着数字人民币的流出,这将增加数字人民币的境外储备。同时,境外数字人民币可以通过投资国内数字人民币[如设立合格境外有限合伙人(Qualified Foreign Limited Partner,QFLP)基金]等方式流回国内,从而形成数字人民币的国际循环流动,其流动速度将随着跨境贸易和金融交易的活跃而逐渐提高。在这一过程中,数字人民币的计价结算与投资功能将逐步被加强,促使人民币国际化程度不断加深。同时,数字人民币依托"一带一路"建设平台,通过扩大对外投资、活跃欧亚贸易等方式,将显著提高其国际化水平。

2. 数字人民币通过移动支付迅速推广

我国可以借助微信、支付宝、抖音等互联网公司在海外的强大影响力推广数字人民币和"一带一路币"。目前,以微信支付和支付宝支付为代表的第三方支付在海外市场具有非常大的市场,中国人民银行可以与第三方支付公司合作,一同助推数字人民币的国际化。我国的移动支付水平相较其他国家更加成熟,而移动支付相比传统支付方式更加方便快捷。例如,我国的支付宝作为全球最大的海外支付平台之一,正在不断扩展海外市场,其与多个国家或地区的企业和平台签订了战略协议,从而获取更多的活跃用户。依托于这些支付平台和用户基础,数字化人民币可以实现方便快捷的移动支付,而更加便捷、低成本的支付方式往往更容易被用户所接受,因此有利于促进人民币的国际化。

3. 充分利用粤港澳大湾区资源优势推进中国人民银行数字货币国际化

在四部委共同发布的《关于金融支持粤港澳大湾区建设的意见》中,明确表示要促进粤港澳大湾区跨境贸易和投融资便利化,提升本外币兑换和跨境流通使用的便利度。香港作为最大的离岸人民币市场,具有推动人民币国际化的发展优势。粤港澳大湾区有三种货币、三种经济制度、三种货币管理机构,可以作为"一带一路币"的试点,先形成包括数字人民币、数字港币和数字澳门币在内的数字货币联盟,发行"一带一路币"的雏形——"湾区币",在粤港澳大湾区进行试验,成功后以此为雏形推动其他东盟和"一带一路"沿线国家加入,形成"一带一路币"。

4. 和大宗商品交易相融合进行推广

当前,我国的大宗商品交易在世界上占有重要地位。但是,很多商品由于没有海外投资者参与，缺少国际定价权，价格都是参考芝加哥或伦敦期货交易所的价格。我国可以改革国内的期货交易所，允许海外投资者直接使用人民币参与我国大宗商品期货的交易，提高我国对大宗商品期货的定价权。同时，通过采用数字人民币的交易结算机制，替代美元结算，将成为人民币国际化的一个重大突破。①

5. 建立数字人民币在岸市场与离岸市场

制约人民币国际化发展的一个重要因素是我国资本账户难以完全开放。因此，我国需要建立在岸市场与离岸市场，做好二者的对接。但是，其前提是在岸市场与离岸市场具有可控性。中国人民银行可以开设一个特别账户，保障资本管制，使得离岸数字人民币总量可控。同时，数字人民币的形式可以保证资金出境和入境的可控性与可追踪性。

◆思考讨论题◆

1. 如何看待人民币国际化的现状和挑战？
2. 数字人民币将怎样促进跨境支付？
3. 数字人民币和第三方支付融合，在人民币国际化推广方面有哪些优势？
4. 数字人民币在国际支付方面有哪些能够迅速被推广的应用场景？
5. 你认为"一带一路币"的构想要推进，还需要克服哪些困难？

---

① 参见白津夫、白兮《货币竞争新格局与央行数字货币》，载《金融理论探索》2020年第3期，第3～9页。

参考文献

[1] 巴曙松,胡靓,朱元倩.澳大利亚监管科技：现状及经验[J].经济社会体制比较,2020(4):21-29.

[2] 巴曙松.加强对影子银行系统的监管[J].中国金融,2009(14):24-25.

[3] 巴曙松.中国金融科技发展的现状与趋势[N].21世纪经济报道,2017-01-20(4).

[4] 白津夫,白兮.货币竞争新格局与央行数字货币[J].金融理论探索,2020(3):3-9.

[5] 鲍忠铁.数字货币的利与弊[J].金融博览,2016(3):11-12.

[6] 北京市地方金融监督管理局.北京市地方金融监督管理局2019年度绩效管理工作报告[R/OL].(2020-01-10)[2020-10-17].http://jrj.beijing.gov.cn/tztg/202001/t20200110_1571676.html.

[7] 薄纯敏.监管科技五大应用场景：2018年中国监管科技发展研究报告[R/OL].(2018-09-28)[2020-09-10].https://www.iyiou.com/analysis/2018092882270.

[8] 陈道富,王刚.比特币的发展现状、风险特征和监管建议[J].发展研究,2014(4):104-109.

[9] 陈明端.监管科技发展模式探索与实践：基于国际做法的经验借鉴[J].北方金融,2017(10):71-75.

[10] 陈云贤.国家金融学[M].北京：北京大学出版社,2018:163-165,198-235.

[11] 储雨知.智能合约编写之Solidity运行原理[EB/OL].(2020-04-03)[2020-9-10].https://www.tuoluocaijing.cn/article/detail-9996548.html.

[12] 创业邦研究中心.2019中国金融科技产业研究报告[R/OL].

（2019－09－25）［2020－07－18］. https：//oss. cyzone. cn/2019/0925/f49e074aa461ce8c8299d477d360b4f7. pdf.

［13］创业邦研究中心. 2018－2019 中国金融科技白皮书［R/OL］.（2019－04－02）［2020－07－18］. https：//oss. cyzone. cn/2019/0402/1382923a6a7e1b6c875f323f1c3a7b80. pdf.

［14］崔毅安，熊熊，韦立坚，等. 金融科技视角下的计算实验金融建模［J］. 系统工程理论与实践，2020，40（2）：373－381.

［15］戴润静. 金融科技监管的国际经验［J］. 清华金融评论，2017（10）：97－99.

［16］董佳慧，李可心. 我国影子银行对货币政策的影响［J］. 对外经贸，2020（7）：97－99.

［17］董洁. 金融科技与金融监管［J］. 中国商论，2020（4）：60－61.

［18］范捷，易乐天，舒继武. 拜占庭系统技术研究综述［J］. 软件学报，2013（6）：1346－1360.

［19］范云朋，赵璇. 澳大利亚金融科技"监管沙盒"的经验与启示［J］. 财会月刊，2020（1）：131－138.

［20］方环非. 大数据：历史、范式与认识论伦理［J］. 浙江社会科学，2015（9）：113－120.

［21］冯永琦，刘韧. 货币职能：货币权力与数字货币的未来［J］. 经济学家，2020（4）：99－109.

［22］傅强. 监管科技理论与实践发展研究［J］. 金融监管研究，2018（11）：32－49.

［23］葛文双，郑和芳，刘天龙，等. 面向数据的云计算研究及应用综述［J］. 电子技术应用，2020，46（8）：46－53.

［24］工程师之余. 大数据的四大特点与六大行业领域应用［EB/OL］.（2018－10－11）［2020－6－20］. http：//www. elecfans. com/rengongzhineng/796132. html.

［25］谷来丰，赵国玉，邓伦胜. 智能金融：人工智能在金融科技领域的13大应用场景［M］. 北京：电子工业出版社，2019：144－160.

［26］广州市地方金融监督管理局. 2020 广州金融发展形势与展望［EB/OL］.（2019－07－16）［2020－11－10］. http：//jrjgj. gz. gov. cn/zwgk/xxgk/gzjrbps/content/post_6457562. html.

［27］广州市地方金融监督管理局.运用金融监管科技创新地方金融监管模式：广州金融风险防控工作成效显著［EB/OL］.（2019－05－28）［2020－10－14］.http：//jrjgj.gz.gov.cn/gzdt/content/post_2790270.html.

［28］郭春松,朱孟楠.加强金融监管的国际协调与合作［J］.上海金融,2004（10）：28－30.

［29］郭雳,赵继尧.智能投顾的发展现状与概念界定［EB/OL］.（2019－06－05）［2021－01－10］.https：//mp.weixin.qq.com/s/w6－PGiAZqy－E_p57iN_kDg.

［30］国务院.国务院关于印发推进普惠金融发展规划（2016－2020年）的通知［R/OL］.（2016－01－15）［2020－08－13］.http：//www.gov.cn/zhengce/content/2016－01/15/content_10602.htm.

［31］韩洁,郝亚琳,于佳欣,等.解读习近平主席在亚投行开业仪式上的致辞［EB/OL］.（2016－01－18）［2020－03－10］.http：//www.xinhuanet.com/politics/2016－01/18/c_128638057.htm.

［32］洪伟.区块链技术在供应链金融中的应用研究［D］.广州：中山大学,2020：29－33.

［33］后端小王.云原生（cloud native）概念与实践［EB/OL］.（2020－09－11）［2020－10－10］.https：//blog.csdn.net/qq_34896199/article/details/108535699.

［34］胡滨,杨涵.英国金融科技"监管沙盒"制度借鉴与我国现实选择［J］.经济纵横,2019（11）：2,103－114.

［35］胡庆康.现代货币银行学教程［M］.5版.上海：复旦大学出版社,2018：5－10.

［36］黄昌文.论区块链技术在证券市场的应用及法律监管［J］.中国经贸导刊（中文版）,2020（2）：131－132.

［37］黄国平.区块链发展及其在金融领域的应用［N］.金融时报,2019－12－23（11）.

［38］黄鑫雨.北京银行转型"智慧行"的"小"秘密［N］.新京报,2018－03－14（B08）.

［39］姜海燕,吴长凤.智能投顾的发展现状及监管建议［J］.证券市场导报,2016（12）：4－10.

[40] 李恒超,林鸿飞,杨亮,等.一种用于构建用户画像的二级融合算法框架[J].计算机科学,2018,(45):157-161.

[41] 李继尊.关于互联网金融的思考[J].管理世界,2015(7):1-7,16.

[42] 李嘉宝.基于智能投研提高券商投研能力的探讨[J].金融纵横,2019(6):65-71.

[43] 历军.中国超算产业发展现状分析[J].中国科学院院刊,2019,34(6):617-624.

[44] 李麟.共享+智能:未来的银行长这样[EB/OL].(2017-01-13)[2020-04-30].https://mp.weixin.qq.com/s/gcxvyDQ_PssR1IHuPRZA2g.

[45] 李敏.全国第三家互联网法院挂牌成立[J].人民司法(应用),2018(28):2.

[46] 李倩.探一探区块链技术背后的历史,如何一步步走到今天的呢[EB/OL].(2018-05-04)[2020-07-20].http://www.elecfans.com/d/672137.html.

[47] 李伟.中国金融科技发展报告2019[M].北京:社会科学文献出版社,2019:410.

[48] 李永宁,郑润祥,黄明皓.超主权货币、多元货币体系、人民币国际化和中国核心利益[J].国际金融研究,2010(7):30-42.

[49] 梁毅芳."5G+金融"的应用前景及挑战[J].金融科技时代,2020(4):37-40.

[50] 廖岷.全球金融科技监管的现状与未来走向[J].新金融,2016(10):12-16.

[51] 廖岷.全球金融科技监管的现状与未来[N].上海证券报,2016-08-19(12).

[52] 林春.法定数字货币发行与中国货币政策有效性[J].深圳大学学报(人文社会科学版),2019,36(5):77-86.

[53] 刘昌用.货币的形态:从实物货币到密码货币[J].重庆工商大学学报(社会科学版),2020,37(2):9-22.

[54] 刘罡.云计算关键技术及其应用[J].信息与电脑(理论版),2016(18):68-69.

[55] 孟小峰, 慈祥. 大数据管理：概念、技术与挑战［J］. 计算机研究与发展, 2013（1）：146-169.

[56] 穆长春, 狄刚. 基于区块链技术的供应链金融分析［EB/OL］.（2020-04-11）［2020-09-10］. https：//mp. weixin. qq. com/s/K2UroKFIPNe8HAAkqZ8_7g.

[57] 聂跃光. 物联网关键技术与应用研究［J］. 计算机产品与流通, 2020（9）：142.

[58] 蒲成毅, 数字现金对货币供应与货币流通速度的影响［J］. 金融研究, 2002（5）：81-89.

[59] 钱斌. 加快开放银行建设、提升金融服务实体经济效率：专访工商银行网络金融部总经理钱斌［J］. 债券, 2020（9）：22-25.

[60] QYUooYUQ. 大数据在金融行业的应用［EB/OL］.（2019-07-05）［2021-01-10］. https：//blog. csdn. net/dsdaasaaa/article/details/94763757.

[61] 单科举. Ripple 与 SWIFT 比较研究分析［J］. 金融理论与实践, 2016（10）：105-107.

[62] 施若, 周怡君. 金融科技推动银行业数字化转型发展探究［J］. 农村经济与科技, 2020, 31（14）：260-261.

[63] 孙国峰. 从 FinTech 到 RegTech［J］. 清华金融评论, 2017（5）：93-96.

[64] 孙鹏, 赵维久. 地方金融监管实践创新研究：论以机构监管和监管沙箱为双核心的新型地方金融监管模式［J］. 南方金融, 2020（9）：66-77.

[65] 孙效华, 张义文, 秦觉晓, 等. 人机智能协同研究综述［J］. 包装工程, 2020（18）：1-11.

[66] 田眈, 薛源, 毛晴晴, 等. 保险科技未来真正有前景的方向是什么［EB/OL］.（2020-08-04）［2020-09-15］. https：//mp. weixin. qq. com/s/4s7G81U8dPtR3UxXNT9olw.

[67] 王朝阳, 郑步高. 互联网金融中的 RIPPLE：原理、模式与挑战［J］. 上海金融, 2015（3）：46-52.

[68] 韦立坚. T+0 交易制度的计算实验研究［J］. 管理科学学报, 2016, 19（11）：90-100.

[69] 韦立坚, 张维, 熊熊. 股市流动性踩踏危机的形成机理与应对机制

[J].管理科学学报,2017,20(3):1-23.

[70] 韦立坚,张云鹏,王帆.防范和化解P2P网贷风险的情景-应对分析[Z].广州:2019年中国数字金融研究联盟首届学术年会工作论文,2019:2.

[71] 微众银行,艾瑞咨询.2019年中国金融科技价值研究报告[R/OL].(2019-12-31)[2020-07-18].http://report.iresearch.cn/report/201912/3507.shtml.

[72] 伍旭川.人工智能发展趋势、挑战及对金融安全的影响[J].财经智库,2018,3(3):26-43,141-142.

[73] 肖钢.坚持科技引领、建设智慧银行[N].人民日报,2012-09-11(24).

[74] 肖华,吴湘宁.商业智能的功能及发展[J].电脑知识与技术,2009(15):4010-4011.

[75] 向家莹.严监管趋势不变,材料造假等成罚单"重灾区"[N].经济参考报,2020-10-15(A07).

[76] 谢星,封思贤.法定数字货币对我国货币政策影响的理论研究[J].经济学家,2019(9):54-63.

[77] 许桂华,谭春枝.我国新兴金融业态的发展趋势、问题及应对策略[J].经济纵横,2016(6):101-105.

[78] 徐忠,孙国峰,姚前.金融科技:发展趋势与监管[M].北京:中国金融出版社,2017:23-24,31-33,48,50-52,342-345.

[79] 闫建文.金融科技监管的国际经验借鉴[J].现代商业,2019(36):89-90.

[80] 杨东.监管科技:金融科技的监管挑战与维度建构[J].中国社会科学,2018(5):69-91,205-206.

[81] 杨东,陈哲立.法定数字货币的定位与性质研究[J].中国人民大学学报,2020,34(3):108-121.

[82] 杨莹,徐强.透过货币起源和发展探讨货币的本质[J].陕西学前师范学院学报,2017,33(9):42-45.

[83] 杨再山.电子渠道创新助力智慧银行建设[J].中国金融电脑,2015(10):23-26.

[84] 姚前.法定数字货币的经济效应分析:理论与实证[J].国际金融

研究，2019（1）：16-27.

[85] 姚前.法定数字货币对现行货币体制的优化及其发行设计［J］.国际金融研究，2018（4）：3-11.

[86] 姚前.全球资本市场科技监管发展现状［J］.中国金融电脑，2020（1）：9-13.

[87] 姚远.监管科技在影子银行风险防范中的应用及研究［J］.黑龙江金融，2020（4）：8-10.

[88] 于斌，陈晓华.金融科技概论［M］.北京：人民邮电出版社，2017：465-466，471-493.

[89] 袁勇，王飞跃.区块链技术发展现状与展望［J］.自动化学报，2016，42（4）：481-494.

[90] 袁煜明，王蕊，胡智威.360度详解Libra的机制、路径与影响［EB/OL］.（2019-06-24）［2020-07-10］.https：//www.sohu.com/a/322712646_579490.

[91] 曾繁荣.央行发行法定数字货币的动机及影响研究［J］.金融发展评论，2018（5）：26-39.

[92] 张加海.智能投顾基金的组合优选策略［D］.广州：中山大学，2020：19-22.

[93] 张巾.金融行业数字化转型的现状、挑战与建议［J］.信息通信技术与政策，2019（9）：39-41.

[94] 张思达.科技赋能：普惠金融发展新契机［J］.农银学刊，2020（3）：23-27.

[95] 张维，熊熊，张永杰.计算实验金融研究［M］.北京：中国科学出版社，2010：5，14.

[96] 张怡超，徐国成.法定数字货币对于货币需求与供给的影响探究［J］.北方金融，2019（3）：43-47，

[97] 张宇婷.H5的新媒体语境传播及应用研究：以《人民日报》H5产品《快看呐！这是我的军装照》为例［N］.西部学刊，2018（9）：23-25.

[98] 赵伟，张问银，王九如，等.基于符号执行的智能合约漏洞检测方案［J］.计算机应用，2020，40（4）：947-953.

[99] 中国金融四十人论坛研究部.中国版"监管沙盒"需处理好三个平

衡［EB/OL］.（2020-04-29）［2020-8-17］. https：//mp. weixin. qq. com/s/uPpItkfspecu2tK-afHh-Q.

［100］中国人民大学金融科技研究所，中国人民大学国际货币研究所，中国人民大学银行业研究中心. 开放银行全球发展报告［R/OL］.（2020-03-12）［2021-01-10］. https：//www. cebnet. com. cn/20200312/102645757. html.

［101］中国人民银行党校37期专题研究班第四课题组. 基于金融风险防范的监管科技发展思考［J］. 国际金融，2020（3）：46-50.

［102］中国信息通信研究院. 中国金融科技生态白皮书（2019）［R/OL］.（2019-07-10）［2020-11-10］. http：//www. caict. ac. cn/kxyj/qwfb/bps/201907/P020190710343477298824. pdf.

［103］钟伟. 国际货币体系的百年变迁和远瞻［J］. 国际金融研究，2001（4）：8-13.

［104］钟伟，魏伟，陈骁. 数字货币：金融科技与货币重构［M］. 北京：中信出版社，2018：65, 313-316.

［105］周代数. 金融科技监管：一个探索性框架［J］. 金融理论与实践，2020（5）：62-68.

［106］周亮. 区块链在价值互联网建设中的应用介绍［EB/OL］.（2018-10-01）［2020-04-10］. http：//www. elecfans. com/blockchain/778277. html.

［107］周伟，张健，梁国忠，等. 金融科技：重构未来金融生态［M］. 中信出版社，2017：312.

［108］周小川. 关于改革国际货币体系的思考［J］. 理论参考，2009（10）：4-5.

［109］朱宁宁. 聚焦个人信息保护突出问题、落实个人信息保护责任：个人信息保护法草案首次亮相［N］. 法治日报，2020-10-13（2）.

［110］邹均，张海宁，唐屹，等. 区块链技术指南［M］. 北京：机械工业出版社，2016：59-70, 136-140.

［111］ARNER D W, BARBERIS J N, BUCKLEY R P. FinTech and RegTech in a nutshell, and the future in a sandbox［EB/OL］.（2017-12-18）［2020-05-05］. https：//papers. ssrn. com/sol3/papers. cfm? abstract_id = 3088303.

[112] BROEDERS D, PRENIO J. Innovative technology in financial supervision (SupTech): the experience of early users [R]. Basel: BIS, 2018: 15 – 16.

[113] FCA. Feedback statement on call for input: supporting the development and adopters of RegTech [EB/OL]. (2016 – 07 – 20) [2020 – 05 – 15]. https://www.fca.org.uk/publications/feedback-statements/fs16-4-feedback-statement-call-input-supporting-development-and.

[114] HOLLAND J H. Adaptation in natural and artificial systems: an introductory analysis with applications to biology, control, and artificial intelligence [M]. Cambridge, MA: MIT Press, 1992: 9.

[115] IIF. RegTech in financial services: solutions for compliance andreporting [EB/OL]. (2016 – 03 – 22) [2021 – 06 – 10]. https://www.iif.com/Publications/ID/1686/Regtech-in-Financial-Services-Solutions-for-Compliance-and-Reporting.

[116] KPMG, H2 Ventures. 2019 Fintech100: leading global FinTech innovators [EB/OL]. (2019 – 11 – 01) [2020 – 02 – 16]. https://home.kpmg/xx/en/home/insights/2019/11/2019-fintech100-leading-global-fintech-innovators-fs.html.

[117] NAKAMOTO S. Bitcoin: a peer-to-peer electronic cash system [EB/OL]. (2008 – 12 – 31) [2020 – 02 – 16]. https://bitcoin.org/bitcoin.pdf.

[118] UK Government Office for Science. FinTech futures: the UK as a world leader in financial technologies [EB/OL]. (2015 – 03 – 18) [2020 – 05 – 10]. https://www.gov.uk/government/publications/fintech-blackett-review.

[119] WEI L J, ZHANG W, XIONG X. Position limit for the CSI 300 stock index futures market [J]. Economic Systems, 2015, 39 (3): 369 – 389.

后　　记

本教材内容源自我从2016年开始讲授的金融科技课程的教案。起初，我为企业高层讲授高级经理人发展课程（EDP）而举行了金融科技讲座，随后为本科生开设了量化投资课程，并为MBA和金融专业硕士研究生开设了金融科技专业课程。金融科技创新日新月异，金融科技既是多学科交叉的研究前沿，又是金融业界的发展热点。教学需要将科研和实践紧密结合，于是，我将金融科技领域的科研成果引入教学，并通过和业界人士的交流合作获得大量金融科技实践案例，我将这些案例应用于教学，和学生共同研讨，教学相长，逐步积累了本教材的内容。

我指导的研究生为本教材做了很大贡献，他们在资料整理、案例采集和文字校对等方面做了大量工作。林俊勤和张云鹏两位博士研究生协助进行书稿总体材料的整理，陈晓阳、王朝顺、孙伟健、曾健茁、李雪妍、郑娇龙、张勇、王晓莲和张晨阳等硕士研究生积极参与各章节材料的梳理。本教材的部分资料还来源于李小桃、贾坤和洪伟等人的硕士学位论文。

本教材得到众多学术界和业界人士的指导与帮助。天津大学张维教授较早提出金融科技是技术驱动的金融创新，我的学术研究得益于恩师张维教授的持续指点。王帆、袁先智、何学中、陈树衡、李仲飞、熊熊、李世炳、张永杰、郑子彬和任江涛等学者以及马聪、李杰、李大为、刘二谋、覃振杰、苏年乐、杨春和漆瑾生等业界专家对本教材的内容提供了指导。同时，我也要感谢一直支持金融科技教学发展的广州市地方金融监督管理局、广州民间金融街信用数据技术有限公司、鼎链数字科技（深圳）有限公司、广州金融科技股份有限公司、深圳前海大数金融服务有限公司、成都数联铭品科技有限公司、深圳天软科技开发有限公司、广州市数字金融协会等。本教材的出版还得到了李广众、李小玲、林新贵以及中山大学出版社的大力支持，在此一并致谢。

同时，本教材也是我主持和参与的金融科技领域科研项目的积累。由我主持的项目包括国家自然科学基金面上项目"基于大数据与计算实验的市场流动性危机研究"（项目编号：71671191）、广东省自然科学基金杰出青年项目"面向防范和化解地方金融风险的监管科技研究"（项目编号：2021B1515020073）。由我和其他学者联合主持的项目包括广东省"区块链与金融科技"重点领域研发计划项目"面向防范和化解金融风险监管科技的技术研究"（项目编号：2020B0101100004）、广州市地方金融监督管理局课题"设立粤港澳大湾区金融'监管沙盒'试点研究"及其委托给广州市数字金融协会的课题"'十四五'期间基于金融科技构建粤港澳大湾区供应链生态研究"。我参与的重大项目包括由王帆教授主持的国家自然科学基金基础科学中心项目"基于大数据的地方金融安全智能预警与防控系统"（项目编号：U1811462，我担任项目协调人），由李仲飞教授主持的国家自然科学基金创新研究群体项目"金融创新、资源配置与风险管理"（项目编号：71721001，我担任项目成员），以及由湖南大学杨胜刚教授主持的国家社会科学基金重大项目"征信大数据与智能化社会信用体系构建的技术方法及应用研究"（项目编号：19ZDA103，我担任课题一负责人）。

在本教材编写过程中，我还引用了一些来源于专家讲座和网络评论的观点、案例或小故事等资料，已尽力标明出处，但难免有遗漏。如果有专家的原创成果引用缺失或者引用不够准确的地方，敬请直接联系我，以便后续修订完善。联系邮箱：weilj5@ mail. sysu. edu. cn。

最后，感谢家人对我教学、科研和社会服务工作的大力支持，所有成果的背后都有他们辛勤的付出和常年的包容。

韦立坚

2021 年 6 月 8 日于广州中山大学南校园善衡堂